ARCHIVES CURIEUSES

DE

L'HISTOIRE DE FRANCE

DEPUIS LOUIS XI JUSQU'A LOUIS XVIII,

OU

COLLECTION DE PIÈCES RARES ET INTÉRESSANTES, TELLES QUE
CHRONIQUES, MÉMOIRES, PAMPHLETS, LETTRES, VIES,
PROCÈS, TESTAMENS, EXÉCUTIONS, SIÉGES,
BATAILLES, MASSACRES, ENTREVUES,
FÊTES, CÉRÉMONIES FUNÈBRES,
ETC., ETC., ETC.,

PUBLIÉES D'APRÈS LES TEXTES CONSERVÉS A LA BIBLIOTHÈQUE ROYALE,
ET ACCOMPAGNÉES DE NOTICES ET D'ÉCLAIRCISSEMENS;

Ouvrage destiné à servir de complément aux collections Guizot, Buchon,
Petitot et Leber;

PAR M. L. CIMBER,

ET AUTRES PERSONNES EMPLOYÉES A LA BIBLIOTHÈQUE ROYALE.

1re SÉRIE. — TOME 1er.

PARIS,

BEAUVAIS, MEMBRE DE L'INSTITUT HISTORIQUE,

Rue Saint Thomas-du-Louvre, n° 26.

1834.

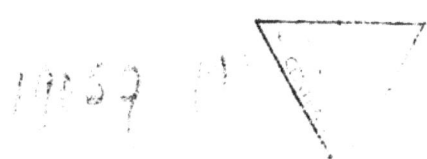

Paris. — ÉVERAT, Imprimeur, rue du Cadran, 16.

ARCHIVES CURIEUSES

DE

L'HISTOIRE DE FRANCE.

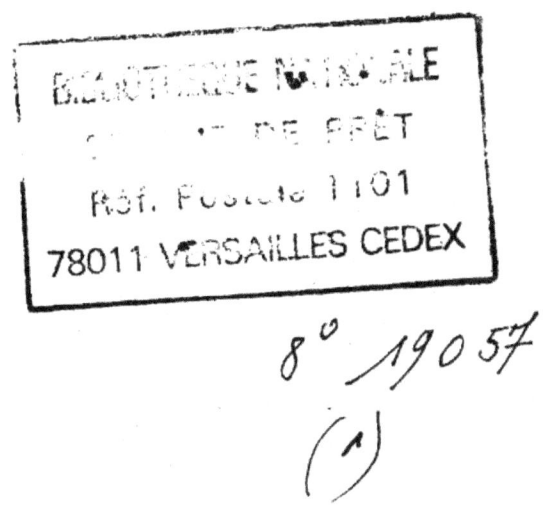

INTRODUCTION.

Le registre de la gloire ne s'ouvre point aux destinées vulgaires. Ceux-là seuls y occupent une place qui ont été forts par la puissance, grands par le génie, saints par la vertu. Mais ce privilége individuel peut devenir un droit national. Le jour où les peuples, montant par les degrés de la civilisation au trône de l'indépendance, règnent sur eux-mêmes, ils règnent pour l'histoire. Alors, comme ils y jouent un rôle éminent, ils en font une étude sérieuse. Leur enfance disparait avec ses plaisirs naïfs et ses vues bornées. Les citoyens, dirigeant leurs pensées où tendent leurs efforts, veulent envisager toutes les faces, calculer toutes les chances, expliquer tous les revers de la fortune publique. Autrefois esclaves, aujourd'hui collègues du commandement, ils en suivent la marche pour en apprendre l'exercice, et mesurent l'attention qu'ils donnent à sa destinée, sur la part qu'ils prennent à son action. Ainsi leurs goûts s'élèvent comme leurs droits s'étendent. Les annalistes succèdent aux rhéteurs, la science positive des choses à l'art ingénieux des paroles, et ces enseignemens politiques, dont Bossuet n'entrevit l'indispensable nécessité que pour les rois, tombent dans le domaine de l'instruction générale. Ici, par le privilége accordé aux travaux de l'intelligence, l'homme s'éclaire et puis s'attache; où le besoin le forçait, le plaisir l'entraîne. On remue à l'envi la poussière des siècles pour y découvrir les moindres reliques du passé, et recomposer cette grande image dans sa majesté complète. Voilà comment, parvenus à l'état viril, pendant la tutelle de notre longue minorité, nous avons vu les révolutions successives, qui nous ont déclarés majeurs, pour l'investiture du pouvoir et de la liberté, inspirer plus vivement encore la connaissance déjà si attrayante des vieux âges, et ajouter à la curiosité de notre esprit celle de notre raison. Cette connaissance en effet réclame quiconque veut, dans les fonctions de la royauté sociale, ou décider avec sagesse, ou prévoir avec certitude.

D'après la nature de notre époque, il ne faut pas être étonné si les travaux historiques se poursuivent avec tant de zèle et se produisent avec tant d'éclat. Toujours en ce genre un nouvel ouvrage obtient une faveur nouvelle. Le public désire pousser la science jusqu'au bout. Ce serait donc servir son intérêt et satisfaire sa curiosité que de lui mettre sous les yeux une foule de pièces aussi difficiles à rassembler qu'importantes à connaître. Nous nous occupions depuis long-temps de ce projet, quand deux sociétés littéraires se sont formées successivement, pour achever aussi l'éducation nationale. Le motif qui a décidé plusieurs savans à entrer en second dans la carrière nous y fait entrer nous-mêmes. Il est toujours temps de rechercher avec patience afin de reproduire avec fidélité. Dans cette communauté d'efforts, les nôtres peut-être ne se verront point perdus. D'ailleurs si nous exploitons le même fonds, notre publication se distingue en partie pour le choix, et en totalité pour le plan. Ce qui nous caractérise, sous ce dernier rapport, c'est de ne pas donner les pièces comme le hasard les présente et sans observer l'ordre des temps, mais de passer d'un règne à l'autre, en suivant une marche chronologique : sous le premier, c'est de ne pas réimprimer les ouvrages volumineux ou connus par de nouvelles éditions, mais d'offrir seulement ceux qui unissent la briéveté à la rareté.

Pour établir que notre collection diffère également de celles qui existent déjà, nous dirons ce qui avait paru et ce qui restait à paraître. Il ne s'agit point ici de ces histoires complètes qui embrassent tout et que tous possèdent. Il s'agit des relations limitées à un fait, ou consacrées à une époque. Ces documens si précieux pour la peinture des mœurs, la vérité des détails, la description des lieux, la connaissance des personnes peuvent se diviser en trois classes et comprennent :

D'abord les chroniques et les mémoires d'une certaine étendue, laissés les premières par des écrivains qui ont débrouillé les origines de la monarchie, tracé le tableau du règne sous lequel ils ont vécu, adopté tout autre siècle en particulier; les seconds par des personnages que leur position sociale mettait à même d'observer la marche des événemens, et qui racontent ce qu'ils ont ou fait, ou vu, ou souffert. MM. Guizot, Buchon et Petitot ont reproduit, d'après les meilleures versions, ces mémoires enrichis de notes intéressantes, judicieuses, et telles qu'on devait les attendre de littérateurs aussi distingués.

Ensuite les dissertations raisonnées sur la fortune des mœurs, des sciences et des arts, ou autres examens critiques d'auteurs qui rapprochent des faits, tirent des inductions, hasardent des conjectures, pensent beaucoup et donnent beaucoup à penser. MM. Leber, Salgues et Cohen, ont réuni la meilleure partie de ces traités, choisis avec habileté pour le fonds, et collationnés avec soin pour le texte. En cela, ils ont, comme leurs devanciers, bien mérité de la science.

Enfin, les récits détaillés d'un événement pris à part, les fragmens d'histoire anecdotique et de correspondance curieuse, les pamphlets satiriques, etc. Ce sont les pièces dont la publication manquait à notre siècle et appartient à notre recueil. Quelques-unes ou certainement par le nom de l'auteur, ou évidemment par le ton de l'ouvrage, sortent d'une plume plébéienne. Il convient que toutes les voix du passé s'élèvent pour l'instruction de l'avenir. Le clergé, la noblesse, la magistrature, nous ont déjà fait une partie de leurs confidences. Aujourd'hui le tiers-état monte avec eux à la tribune de l'histoire.

Notre collection n'atteindrait pas entièrement son but d'agrément et d'utilité, si nous omettions d'y comprendre les notices biographiques qui révèlent, soit les principes, soit les préjugés d'une époque; tantôt les vices dont les hommes étaient capables, tantôt les vertus dont ils étaient susceptibles; les habitudes de la vie privée en général, comme aussi la physionomie originale de certaines destinées, de certains caractères.

Souvent les pièces que nous publions joignent au mérite du fond celui de la forme. Une plaisanterie piquante, un raisonnement habile, une éloquence forte, une grâce enjouée, voilà ce qu'on peut admirer alors, et ce qu'on doit imiter toujours.

Le présent recueil offre le même avantage que ces cours d'histoire où le professeur insiste sur un événement pour le démontrer à l'intelligence et le graver dans la mémoire de ses auditeurs. Ici chaque pièce est une leçon. En prenant ainsi les faits un à un, précédés de leurs motifs, accompagnés de leurs détails, suivis de leurs résultats, le lecteur acquiert une instruction profonde et durable. Il possède ensuite le moyen sûr de découvrir une erreur, de confondre un préjugé, de réparer une omission et de flétrir un mensonge. En effet, les récits curieux que nous exhumons aujourd'hui ont en leur faveur d'avoir paru souvent à l'époque des événemens dont ils consacrent le souvenir, avant ou avec la plupart des histoires générales et des chroniques particulières, et d'offrir par le compte minutieux des détails, par la candide naïveté du style, tous les caractères d'une vérité prise sur le fait. Au reste, le public lui-même exercera son jugement et formera son opinion. Voilà ces pièces comme les siècles les ont transmises. Ce sont celles du grand procès de l'histoire. Notre tâche est d'en compléter l'instruction et de préparer les arrêts de l'avenir.

Si au degré de confiance qu'il inspire, on ajoute le mérite de rareté qu'il possède, on ne peut nier la prééminence de ce recueil sur les autres du même genre. Ces derniers comprennent des ouvrages qui, imprimés vingt fois chez nous et chez l'étranger, étaient, pour tout ou partie, soit dans la main, soit à la disposition de chacun ; on ne peut en dire autant des pièces dont la collection se faisoit désirer. Les unes gisant au milieu de compilations grossies d'élémens hétérogènes, dépourvues de notes explicatives, composées de volumes nombreux, confuses pour les temps, incomplètes pour les choses, d'un prix élevé, d'un format incommode, il serait difficile et ruineux de les acquérir. Les autres que ce double inconvénient met tout-à-fait hors du commerce, existent à la Bibliothèque royale où détachées pour la plupart, elles éprouvent nécessairement les ravages du temps et causeraient, un jour, par leur destruction, une perte irréparable. On doit aux profondes connaissances, aux soins assidus, aux sacrifices coûteux des savans célèbres qui dirigèrent ou dirigent cet établissement, la réunion et la conservation de ces pièces. Elles se trouvent, d'une manière complète, seulement là et seulement pour ceux qui ont le fil du labyrinthe, que leur position met à même d'en parcourir tous les détours, d'en explorer tous les recoins, d'en fouiller tous les trésors, qui enfin par goût, vu leurs études et par nécessité, vu leur emploi, possèdent, si on peut s'exprimer ainsi, les cachettes de la science. Il s'agit de rendre populaire la connaissance de ces mystères historiques, à laquelle sont initiés très-imparfaitement peu d'érudits eux-mêmes. Nous entreprenons donc un ouvrage aussi neuf par sa nature, qu'indispensable par son utilité, un ouvrage que, dans ce genre, rien ne tend à remplacer et qui sert à compléter tout.

Passons aux motifs qui, dans l'examen de tant de pièces, ont décidé l'admission des unes et le rejet des autres. Ce choix n'a été dirigé ni arbitrairement d'après nos goûts, ni partialement d'après nos opinions. Nous avons cherché la règle qui devait nous guider à cet égard, dans le titre et le but du présent recueil. Annoncer des documens historiques c'était promettre des faits. En conséquence, nous avons écarté cette foule innombrable de dissertations théologiques, morales, politiques, financières, véritables traités *ex professo*, vainement déguisés sous une forme dramatique, et de nulle convenance avec notre objet.

Il ne suffisait pas d'inventorier la Bibliothéque, il falloit enrichir la science, en traitant à l'égal des écrits qui ne disent rien ceux qui ne disent rien de neuf. Nous avons donc omis les actes publics déjà insérés dans des recueils spéciaux, les témoignages sèchement justificatifs de choses entièrement justifiées, les descriptions qui se ressemblent pour le fonds et les détails, excepté celles qui, indépendamment des circonstances ordinaires, en présentent de caractéristiques. Telle est la méthode de discernement à laquelle nous avons l'espoir de ne pas obéir sans succès, et nous prenons l'engagement de ne pas déroger sans motif.

Après le bon choix des pièces, vient le bon choix dans chacune. Élaguer les redites fatigantes, les passages obscurs, les réflexions oiseuses, les détails insignifians, constituait un devoir indispensable. Ces défauts rebuteraient et arrêteraient le lecteur. Toutefois, on s'abstiendra de tout changement capable d'affaiblir l'authenticité, de dénaturer l'objet et de cacher la tendance des pièces dont il s'agit. Si on est attentif à ne rien dire de superflu, on le sera davantage encore à ne rien omettre d'essentiel. Des additions importantes auront même pour but d'amener et d'éclaircir ces relations détachées, en plaçant chaque événement dans le cadre de son époque, en traduisant les mots tombés en désuétude, en fixant les dates sur lesquelles il y a variation, en levant les doutes, en cherchant des transitions et, pour tout dire, en popularisant tout.

Ayant principalement pour objet de reproduire des pièces contemporaines et rares, nous devions commencer à Louis XI, avant lequel rien n'est imprimé, et finir à Louis XVIII après lequel rien n'est inconnu. En conséquence et pour l'avantage des personnes qui ne voudraient étudier à fond qu'une époque seulement de la monarchie, le présent recueil sera divisé en trois séries, savoir : la première de Louis XI à Louis XIII ; la seconde de Louis XIII à Louis XV ; la troisième de Louis XV à Louis XVIII

Tel est l'objet et l'étendue de l'ouvrage que nous offrons au public. Il possède le triple mérite d'être neuf, intéressant et utile. Nous avons prouvé suffisamment les deux premiers points ; le manque absolu d'une bonne histoire de France démontre le troisième. Pas un écrivain, s'il entreprend de dérouler nos annales aux regards de la postérité, qui ne justifie son entreprise par le besoin de remédier aux défauts graves de ceux qui le précèdent dans la carrière. Ces défauts tiennent, pour les faits, à un inventaire sans exactitude et à une estimation sans justesse. Malheureusement, il est plus facile d'exercer que d'éviter la critique, et le nombre des mêmes essais n'a rien ôté à la valeur des mêmes reproches, ainsi les grands tableaux qui composent la suite de nos fastes veulent être corrigés ou complétés, et les Français attendent encore un historien égal à leur fortune. Notre tâche est de mettre en lumière les documens que nos Tacites mettront en œuvre. Cet ouvrage répond à l'état imparfait de la science, et au goût investigateur de l'époque. On cherche moins aujourd'hui à grossir la liste chronologique des choses, qu'à en sonder l'organisation mystérieuse ; on veut pénétrer dans les entrailles mêmes de chaque événement, pour y découvrir la nature des élémens qui le constituent, et le jeu des ressorts qui l'animent. Méthode attachante et instructive. La connaissance des faits partiels importe à celle des faits généraux qui les résument, et les petits détails préservent des grandes erreurs. Entourons-nous donc complètement du passé et remontons nous asseoir au foyer de nos pères, afin de les peindre en présence d'eux-mêmes. Ce livre établit cette contemporanéité. On y pourra étudier, mais avec plus de précision qu'on ne l'avait fait jusqu'ici, et le mouvement des troupes dans les guerres, et l'ordonnance des cérémonies dans les fêtes, et la variété des métamorphoses dans les usages, et le secret des intrigues dans les cours ; et l'influence des vertus, et le ridicule des préjugés, et l'égarement des passions, et le progrès des lumières ; et les agitations de la vie politique, et les détails de la vie privée, et les maximes de la vie morale; enfin, on y trouvera la plus grande partie des relations les plus curieuses sur l'histoire de France, c'est-à-dire, à tout événement, des matériaux pour la refaire, ou des mémoires pour la remplacer.

L. Cimber.

AVIS DES EDITEURS.

En déférant à l'usage universellement adopté de substituer, dans la réimpression de nos anciens auteurs, le J et le V à l'I et à l'U, employés comme consonnes, nous nous ferons un devoir de conserver scrupuleusement pour le reste l'orthographe du temps. On ne s'étonnera pas de voir souvent le même mot écrit dans le même ouvrage de plusieurs manières. Ces contrariétés ne cessent qu'à l'époque où la langue est soumise à des principes fixes.

LE
CABINET
DV ROY
LOVIS XI.

CONTENANT plusieurs Fragmens, Lettres missiues, et secretes Intrigues du Regne de ce Monarque, et autres Pieces tres-curieuses, et non encores veuës.

Receüillies de diuerses Archiues et Tresors.

A PARIS,
Chez GABRIEL QUINET, au Palais, dans la Galerie des Prisonniers, à l'Ange Gabriel.

M DC. LXI.
AVEC PRIVILEGE DV ROY.

AVERTISSEMENT.

Le *Cabinet de Louis XI* renferme un grand nombre de lettres et instructions de ce monarque à ses agens, liées entre elles par un récit succinct des événemens auxquels elles ont rapport. Ce recueil est important en ce qu'on y trouve des faits omis par les historiens contemporains, et des détails qu'ils n'ont point donnés sur plusieurs événemens remarquables de ce règne. Le *Cabinet de Louis XI* fut publié pour la première fois, en 1661, par Tristan l'Hermite (Jean-Baptiste), seigneur de Soliers, auteur de plusieurs compilations généalogiques, et d'une *Histoire de la noblesse de Touraine*. Il était frère de Tristan l'Hermite, poète dramatique et rival oublié du grand Corneille. D. Godefroi et l'abbé Lenglet du Fresnoy firent réimprimer le *Cabinet de Louis XI* parmi les preuves des mémoires de Comines; en le donnant de nouveau, nous avons eu le soin de comparer le texte imprimé avec les lettres originales qui existent pour la plupart dans les manuscrits de Béthune, à la Bibliothèque royale. Nous avons eu souvent à corriger des fautes ou à réparer des omissions importantes. La suppression de l'épître dédicatoire au marquis de Plancy est la seule que nous ayons faite.

LE CABINET

DU

ROY LOUIS XI,

CONTENANT

PLUSIEURS FRAGMENS, LETTRES MISSIVES ET SECRÈTES INTRIGUES DU REGNE DE CE MONARQUE, ET AUTRES PIÈCES TRÈS CURIEUSES ET NON ENCORE VEUES.

CHAPITRE PREMIER.

La disgrâce du comte de Dammartin et l'enlèvement de Monsieur, frère du Roy.

La grandeur de courage qui fist dire à Louis, père du peuple, que sa majesté ne se souvenoit point de l'offense receuë en la personne du duc d'Orléans, ne toucha point l'esprit de son prédécesseur Louis XI, qu'il ne pût oublier le déplaisir rendu à monsieur le dauphin, par l'aveugle obéissance que Jacques de Chabannes (1) eust pour le roy Charles VII. Louis, son fils, venant à la couronne, lança tous les traits de sa colère contre ce fidele ministre : il partagea ses biens et ses terres à ses favoris. Le seigneur du Lau eust pour sa part la terre de Blanquefort en Guyenne; et la baronnie de Rochefort, avec la terre d'Aurière, furent données à Uvast de Montespedon : Charles de Me-

(1) Il ne s'appelait point Jacques, mais Anthoine de Chabannes.

lun (1) s'efforça d'avancer la condamnation de ce disgracié ; et de tous ceux qui estoient le plus en crédit, comme l'Admiral de Montauban, Boniface de Valpergue, Roüaux, Rellac, et autres, le seul Joachim Roüaux (2), mareschal de France, conserva amitié pour ce malheureux; et lors qu'il fut prendre possession du gouvernement de Laon, ce généreux seigneur recevant les lettres du comte de Dammartin, les accompagna de ses larmes, et par ses réponses l'avertit de mettre sa personne en sûreté, tandis qu'il envoyeroit quelqu'un des siens en cour. A ces nouvelles Dammartin se retira à Saint Forgeau et envoya vers le Roy Robert de Balzac, son nepveu, qui fut introduit près le duc Philippe de Bourgongne, par le seigneur de Charlus, auquel ce prince dit tout haut, parlant au duc Jean de Bourbon, que Chabannes estoit l'un des honnestes gentilshommes du royaume, et qu'il auroit bien voulu qu'il se fust retiré à son service, l'asseurant qu'il luy auroit fait plus de bien que ne lui en fit jamais Charles VII. Le duc de Bourbon dit aussi au mesme Balzac d'asseurer son oncle que, devant qu'il fût peu, il auroit de ses nouvelles. Cependant les cérémonies du sacre estant achevées, le comte

(1) Charles de Melun, baron des Landes, de Normanville et de Nantouillet, chambellan de Louis XI et son favori, gouverneur de Paris et de l'Ile-de-France, lieutenant-général du royaume. Ayant obtenu du roi la gestion des biens du comte de Dammartin, avec promesse de confiscation à son profit en cas de condamnation, il n'attendit pas que cette condamnation fût prononcée, et, accompagné de son frère de Nantouillet, il enleva tous les meubles appartenant à Anthoine de Dammartin, dans toutes ses maisons et propriétés, et réduisit la comtesse sa femme au plus affreux dénuement.

(2) Rouaux (Joachim), seigneur de Chastillon de Boismenard en Poitou, sire de Gamaches en Picardie, rendit de grands services à Charles VII. En 1465, il défendit Paris pour Louis XI contre les princes ligués. Il en fut récompensé par le roi, qui lui donna le gouvernement de cette ville, et le fit maréchal de France. Il fut pourtant disgracié dans sa vieillesse.

de Dammartin, impatient de se justifier, suivit la cour à Bordeaux, et à la faveur du seigneur de Cominges, entra dans la chambre du Roy (1), et parlant à genoux à sa majesté, luy demanda plustost justice que miséricorde : mais le Roy, toujours inflexible, lui fit commandement de sortir du royaume, ce qu'il fit, et passa en Allemagne, où il demeura quelques temps, tandis que Jeanne de Charlus (2) sa femme, se trouvant chassée de toutes ses maisons, et sans aucuns amis, fut contrainte de mendier l'assistance d'un laboureur de Dammartin, nommé Anthoine le Fort, lequel la retira chez luy, où il la nourrit fort long-temps avec son fils, filleul du duc de Bourbon, lequel n'avoit alors que dix-huit mois. Cependant Jean Vigié, qui depuis fut évesque de Lavaur, ne pouvant souffrir que le comte de Dammartin, son oncle, fût plus long-temps exilé, le pressa par ses lettres et par ses conseils de se rapprocher de la cour, où il revint, et se constitua luy-mesme à la Bastille, pour se purger des crimes que ses ennemis luy imposoient; mais comme Charles de Melun se déclara ouvertement contre luy, et poursuivit sa condamnation, il prit résolution de se remettre en liberté. En ce temps, Monsieur, frère du Roy, se retira en Bretagne, feignant d'aller à la chasse avec Odet Daydie (3), seigneur de Les-

(1) Dammartin fut introduit auprès du roi par Charles de Bort ; ce dernier fut condamné, par arrêt du parlement de Bordeaux, *à requérir mercy du Roy, à l'issue de la messe, à genoux, la tête découverte, et sans ceinture, disant qu'il a follement et indiscrétement accompagné, conduit et mené Dammartin dans les hostels et chambres où étoit ledit sire, et jusque devant la personne d'iceluy.*

(2) Suivant le traité de Saint-Maur, de 1465, elle se nommait Marguerite de Nanteuil.

(3) *Odet d'Aydie*; il fut fait amiral de Guyenne et comte de Comminges en 1472, par donation du roi Louis XI.

cun, vaillant et hardy chevalier, qui fit cette entreprise, après laquelle fut composée cette ballade :

> Mettez sus chiens et oyseaux,
> Aussi toute gaudiserie.
> Jusqu'à ce que Odet Daydie
> Aura remis sus jeux nouveaux,
> Lesquels ne seront trouvez beaux ;
> Mais ils pourroient bien cher couster.
> Un grand mal est bon à oster.

Alors l'estat estant en trouble, et tous les princes liguez contre l'authorité de la couronne, le duc de Nemours dépescha le seigneur de Lanzac pour advertir le Roy, que pour certaines causes il s'estoit accommodé avec les autres princes, et chargea ledit Lanzac d'en parler à monsieur du Maine, et aux autres princes qui estoient à la cour. Le duc de Bourbon, d'autre part, prit toutes les finances du Languedoc, et arresta le sieur de Crusol, fort familier du Roy, et les sieurs de Tresnel (1), ci-devant chancelier de France, et d'Oriolle. Cette occasion si favorable aux affaires du comte de Dammartin, luy fit songer aux moyens de recouvrer sa liberté à la faveur du frère, bastard de son nepveu Vigié, qui luy aida, et luy fournit une corde pour descendre d'une des tours de la Bastille. Il passa de là à Saint-Forgeau, dont il chassa Geoffroy-Cœur, qui en avait eu la confiscation, et retourna à Moulins se joindre au duc de Bourbon, qui luy donna le gouvernement de Moulins et la lieutenance de sa compagnie de gens d'armes. Ce fut en ce temps que se forma la guerre appelée du Bien public, qui avança la journée de Mont-l'Héry, et l'approche des princes devant Paris, auquel temps le Roy trouva peu de fidèles serviteurs, puisque ses plus familiers prirent le party ennemy. Le patriarche de Bourges, fils de Jacques-Cœur, qui

(1) Juvénal des Ursins.

avoit inutilement demandé la cassation de la sentence donnée contre son père (1), divertit le duc de Nemours d'aller trouver le Roy, qui lui avoit envoyé Yvon-du-Fou : le mesme conseilla ledit duc de Nemours d'enlever le Roy, lorsque sa majesté estoit à Montluçon ; et pour cet abouchement, il fallut que les seigneurs du Lau et de Cominges fussent donnez en ostage. En ce temps le Bourguignon, venant hostilement en France, prit la ville de Beaulieu, où le mareschal Rouhaut avoit mis garnison tandis qu'il commandoit dans Péronne ; mais il eut aussi-tost ordre du Roy de se rendre à Paris avec Jean Baluc, évesque d'Evreux, qui eut charge d'y mener le guet avec Charles de Harlay, qui en estoit chevalier. Le Bourguignon fit grande violence du costé de Sainct-Denys, et poussa son avant-garde jusques à Sainct-Lazare; mais le mareschal Rouhaut luy résista courageusement. Entre les traistres, dans la maison du Roy, l'on découvrit le seigneur du Lau, auquel le duc de Nemours envoya ses instructions par escrit pour présenter à sa majesté, et lui fit demander secrètement, par le seigneur de Lanzac, si l'entreprise qu'ils avoient faite ensemble d'enlever le Roy se pourroit exécuter, auquel il manda dire que non ; mais il ne laissa de s'aboucher avec le comte Charolois, comme fit aussi Charles de Melun, grand maistre de France, et lieutenant général de l'armée du Roy, lequel commençant à les soubçonner d'infidélité, ordonna pour la garde de Paris Gilles de Sainct-Simon, bailly de Senlis, avec le comte de Cominges, bastard d'Armagnac, sous l'authorité du mareschal Rouhaut; auquel temps les Bretons passèrent les rivières de Seine et d'Ionne sur des basteaux, et furent repoussez par le mareschal Rouhaut. Un page duquel, nommé Pamabel, eust un bras emporté en cette occasion, et furent aussitost depeschez les

(1) Il l'obtint en août 1463.

sieurs de Précigny, président en la chambre des comptes, et Christophle Paillard, conseiller en la mesme chambre, pour aller trouver le duc de Calabre. Jean Beraud, conseiller au mesme parlement de Paris, se retira en Bretagne, et le comte d'Eu fut reçu grand maistre de France et gouverneur de Paris, en la place du gouverneur de Melun, disgracié, et appelé le Sardanapale de son temps, engorgeur de vins et de broüets.

CHAPITRE II.

Mariage du bastard de Bourbon : disgrâce du grand-chambellan et sa prison. Arrest prononcé en faveur du comte de Dammartin : son retour près du Roy, et autres incidens arrivés dans les années 65, 66 et 67.

(1465.) Cette première année en octobre, le Roy fut souper en l'Hostel-de-Ville à Paris, où il y eust, selon le manuscrit, moult beau service de chair et poisson, et illec la fille naturelle du Roy, nommée Jeanne, qu'il avait euë d'une dame en Dauphiné, nommée madame de Beaumont, fut fiancée à monsieur Louis, bastard de Bourbon, gentil et loyal chevalier, lequel fit de bons, grands et agréables services au Roy, et à la couronne, et ne donna jamais à avarice une seule demi-heure de repos pour dormir en son cœur.

L'année suivante, messire Anthoine de Chasteauneuf, seigneur du Lau, sénéchal de Guyenne, grand chambellan du Roy, et plus aimé de luy que oncques n'avoit esté aucun, et à qui le Roy fist de moult grands biens, tant qu'il fut autour de lui et de son service; car en moins de cinq ans il amenda des biens du Roy de trois à quatre cents mille escus d'or, ayant esté fait prisonnier du Roy, et mis au chasteau du Sully-sur-Loire, par sadite ordonnance, fut envoyé audit lieu au mois d'octobre messire Tristan l'Hermite prevost des mareschaux de l'hostel du Roy, et maistre Guillaume Cerisai, nouvellement greffier civil du parlement, pour illec tirer hors ledit sieur du Lau, et le mener prisonnier au chasteau de Husson en Auvergne.

En ce mesme temps, le Roy fit publier à Paris, que toutes personnes, de quelle condition et estat qu'ils fussent, depuis l'âge de seize, jusques à soixante ans, qu'ils ississent hors de la ville, en armes et habillemens de guerre; et s'ils y en avoit aucuns qui n'eussent harnois, que néantmoins ils eussent en leur main un baston deffensable et sur peine de la hart, et lors issit hors de la ville de Paris, la pluspart du populaire chacun sous son estendard ou bannière, et estoient bien quatre-vingt mille têtes armées, et ce fut alors que monsieur de Crusol (1) dit au Roy: Sire, entendez-vous pas bien qu'en cette montre, il y en a plus de dix mille qui ne sçauroient faire dix lieuës à cheval sans repaistre : et le Roy luy répondit, par la foy de mon corps, monsieur de Crusol, je crois bien que leurs femmes chevauchent mieux qu'ils ne font.

Le mardy 22 septembre de la mesme année, le Roy partit de Paris pour aller à St.-Denis en France, et estoient avec luy, aussi à pied, monsieur d'Evreux, monsieur de Crusol, Philippes l'Huillier et autres; et au retour de son pélerinage s'en retourna en son hostel des Tournelles; et d'illec fut souper en l'hostel du sire Denis Hesselin son pannetier et Esleu de Paris, qui nouvellement estoit devenu compère du Roy, à cause d'une sienne fille dont sa femme estoit accouchée, que le Roy fist tenir pour luy, par maistre Jean

(1) Louis, sire de Crussol, grand panetier de France.

Baluc, évesque d'Evreux, et pour commère estoient madame de Revel (1) et madame de Monglat, (2) et audit hostel le Roy fist grande chère, et y trouva trois beaux bains et richement accoustrez, cuidant que le Roy deust illec prendre son plaisir et se baigner, ce qu'il ne fit pour aucunes choses qui en raison l'emeurent : c'est à sçavoir, tant pour ce qu'il estoit enrhumé, qu'aussi le temps estoit dangereux.

Le jeudy 8 du mois suivant, Silvestre le Moyne, natif de la ville d'Auxerre, pour aucuns cas et delits par luy commis, et qui pour aucuns temps avoit esté constitué prisonnier ès prisons de Thiron, fut tiré hors et mené noyer en la rivière de Seine près de la grange aux Merciers, par la sentence et jugement de messire Tristan-l'Hermite.

Sur la fin de l'année, le sieur de Balzac (3) fut voir le Roy de la part de son oncle le comte de Dammartin, et après plusieurs audiences, le Roy consentit au retour de son oncle, qui revint en grace; et au mois d'aoust de l'année 68, après toutes les procédures faites par les officiers du Roy en sa cour de parlement, en matière d'erreur contre Anthoine de Chabannes, comte de Dammartin, grand maistre d'hostel de France, fut prononcé un arrest au profit dudit grand maistre, en la manière qui s'ensuit.

C'est à sçavoir, qu'à l'occasion du recellement de la déposition de Renaut du Traynay chevalier, et autres causes à ce mouvans, les sieurs de ladite cour ont ordonné que l'arrest donné l'an mil quatre cents soixante et trois, contre ledit de Chabannes, comte de Dammartin, seroit de

(1) Suivant *la Chronique scandaleuse*, c'était madame de Beuil, fille naturelle du roi, épouse d'Antoine de Beuil, comte de Sancerre.

(2) Germaine Hesselin; femme de Jean Bureau, sire de Monglat.

(3) C'était Robert de Balzac, fils de Jean, sire d'Entragues, et de Jeanne de Chabannes.

nulle vigueur, et totalement annulé; et que la déposition dudit Renaut du Traynay, seroit mise dans la cour, et que pour ce faire seroient regardez tous les moyens et diligences que faire se pourroient, pour recouvrer ladite déposition, et qu'à ce faire seroient contraints tous ceux qui auroient esté cause de la recellation d'icelle déposition; et qu'en cas qu'elle ne pourroit estre recouvrée, seroient députez par ladite cour certains commissaires pour aller par devers ledit messire Renaut du Traynay, pour refaire ladite déposition, afin que ledit sieur de Chabannes s'en pust ayder à sa justification.

Le samedi 20 aoust de la mesme année, messire Charles de Melun sieur de Normanville, qui avoit esté grand maistre de l'hostel de France, et nouvellement fait prisonnier au chasteau Gaillard-les-Andelis sur Seine; après son procez fait par messire Tristan-l'Hermite, accompagné d'aucuns seigneurs de la cour de parlement, par ledit messire Tristan fut condamné d'estre décapité pour plusieurs crimes. Il déclara aussi avoir eu quatre mille escus du sieur de Chalençon, à cause que ledit de Melun luy avoit fait avoir plusieurs faveurs et lettres du Roy, pour avoir le vicomté de Polignac, qu'il plaidoit : il fut exécuté au marché d'Andélis (1), et fut le pourchas de son exécution fait par le cardinal Balue, qui lors gouvernoit.

(1) On lit dans une ancienne chronique : « que du premier coup que le bourreau donna à Charles de Melun, il ne lui coupa la tête qu'à moitié, et que le chevalier se releva, et qu'il dit tout haut qu'il n'avoit cause ne coulpe en ce que le Roi le mettoit, et qu'il n'avoit mort desservie ; mais, puisque c'étoit le plaisir du Roy, il prenoit la mort en gré, et quand il eut ce dit il fut par après décapité. » Les biens de Charles de Melun furent confisqués au profit du comte de Dammartin, qui, touché de compassion pour les enfans du condamné, se contenta de garder la terre de Saint-Marc et les Tournelles pour tout dédommagement de la prise et vente de ses meubles par Charles de Melun, et jouissance de ses biens pendant quatre ans.

Le comte de Chabannes retourné en grace, et se trouvant près du Roy, à Montils-les-Tours, sa majesté le déclara son lieutenant-général en Champagne, et luy mit sous sa charge quatre cents hommes d'armes, commandez par Salasar, le sieur de St.-Just, Estienne de Vignoles et Robert de Conigan, et avoit en outre quatre mille francs archers.

CHAPITRE III.

Le Roy allant à Péronne trouver le Bourguignon, à la persuasion du cardinal Balue, escrit diverses lettres au grand maistre de Chabonnes; les lettres de Balue au Bourguignon interceptées; son emprisonnement et confiscation de ses biens, et les vers composés sur sa disgrâce.

Au commencement de l'année suivante, le Roy délibéra d'ailer vers Monsieur de Bourgogne, espérant faire un bon appointement ensemble, et mena le cardinal Balue, auquel le Roy avoit plus de fiance qu'aucun de son sang, et est à sçavoir que ce voyage se fit contre le gré et volonté de Messieurs les connestables, grands maistres et mareschaux de France, qui firent leur devoir de remontrer au Roy les inconvéniens qui en pourroient avenir, à luy et à son royaume, et nonobstant ledit cardinal fit leurs opinions estre nulles, et connoissant le grand maistre la faussete et mauvaiseté du duc de Bourgogne, et les pratiques qui pour lors se mouvoient en France contre le Roy, il ne voulut obtempérer à une lettre que le Roy lui escrivit, dont la teneur s'ensuit :

Monsieur le grand maistre, vous pouvez avoir sçeu que

depuis aucuns temps en çà, certaines parolles ont esté
tenuës entre mes gens et ceux du conseil de mon beau-
frère de Bourgogne, pour affaires qui estoient entre moy
et luy, et tellement a esté procedé, que pour y prendre
aucune bonne conclusion, je suis venu jusques en cette
ville de Péronne; auquel lieu, avec plusieurs demandes
qui ont esté faites entre moy et luy, avons tellement besongné, qu'aujourd'hui, graces à Nostre Seigneur, moy et
mondit frère avons ès mains du cardinal d'Angers, présens tous les seigneurs du sang, prélats et autres grands et
notables personnages en grand nombre, tant de ma compagnie comme de la sienne, juré paix finale solemnelle-
ment sur la vraie croix, et promis ayder, deffendre et
secourir l'un l'autre à jamais; et avec ce, avons juré ès
mains et sur la croix susdite, le traité d'Arras, sur les cen-
sures et contraintes en iceluy contenues, et autre qui cor-
diallement ont esté advisées, pour perdurablement demeurer confédérés en paix et en amitié, incontinent ce
fait, mondit frère de Bourgogne a ordonné en rendre
graces et loüanges à Dieu, par les églises de son pays, et
desjà il fait faire en cette ville grande solemnité : et pour
ce que de mondit frère de Bourgongne a eu nouvelles que
les Liégeois ont pris mon cousin du Liége, lequel il est délibéré de recouvrer par toutes les manières à luy possibles;
il m'a supplié et requis qu'en faveur de luy, et aussi que
ledit évesque est mon prochain parent, lequel je suis en
son bon droit tenu de secourir, que mon plaisir fust aller
jusques ès marches du Liège, qui sont proches d'icy, ce
que luy ay octroyé et ay mené en ma compagnie partie
des gens de mon ordonnance, dont monsieur le connestable
a la charge, en espérance de brief retourner, moyennant
l'aide de Dieu : et pour que ces choses sont au bien de
moy et de tous mes sujets : je vous escris présentement,

pour ce que je suis certain que de ce serez bien joyeux; et afin qu'en fassiez faire pareilles solemnités, d'autre part, monsieur le grand maistre, ainsi que dernièrement vous ay escrit, je vous prie que plus diligemment que pourrez, vous faites départir tout mon arrière-ban, ensemble tous les francs archers, et que y mettiez tel ordre et provision qu'ils s'en puissent aller au moins de charge et foule du peuple que faire se pourra; et leur baillez gens de bien pour la conduite d'eux par chacun bailliage et séneschaussée; et surtout gardez bien qu'ils ne fassent nulles nouvelletés : et ce fait, si vous voulez venir à Rouen, je le voudrois bien, afin d'ordonner et pourvoir au surplus de ce qui sera à faire, selon que les matières seront disposées. Donné à Péronne, le 9 octobre. Signé, Loys : et au-dessous, Neurain, et en la suscription : A nostre cher et amé cousin, le comte de Dammartin, grand maistre de France.

Il est à remarquer, qu'après la lecture faite de ladite lettre, le grand maistre ne voulut consentir aux ordres y contenus, ne les jugeant pas estre pour le bien de l'état.

Le Roy après le traité de Péronne, allant contre les Liégeois, escrit cette suivante au susdit comte de Dammmartin, y estant persuadé par le susdit duc de Bourgongne, afin qu'il licentiast son armée.

Monsieur le grand maistre, j'ay receu les lettres que par le sire du Bouchage (1) m'avez escrites, tenez vous seur que je ne vay en ce voyage du Liège par contrainte nulle, et que je n'allay onques de si bon cœur en voyage, comme je fais en cettuy-cy : Et puisque Dieu m'a fait grace et Nostre Dame, que je me suis armé avec monsieur de Bourgongne, tenez vous seur que jamais nos broüilleurs de par delà ne le sçauroient faire armer contre moy; monsieur le

(1) Imbert de Batarnay, baron du Bouchage.

grand maistre mon amy, vous m'avez bien monstré que m'aimez, et m'avez fait le plus grand service que pourriez faire; car les gens de monsieur de Bourgongne eussent cuidé que je les eusse voulu tromper et ceux de par delà eussent cuidé que j'eusse esté prisonnier, ainsi par défiance les uns des autres, j'estois perdu. Monsieur le grand maistre, touchant les logis de vos gens d'armes, vous sçavez que nous devisâmes vous et moy, touchant le fait d'Armagnac, et me semble que vous deviez envoyer vos gens tirer tout droit en ce païs-là, je vous bailleray trois, ou quatre ou cinq capitaines, dès que je seray hors d'icy; et pource, choisissez lesquels que vous voudrez, et je vous les envoyeray : monsieur le grand maistre, je vous prie, venez vous-en à Laon, et m'attendez là, et m'envoyez un homme incontinent que vous y serez, et je vous feray savoir souvent de nos nouvelles, et tenez vous seur que si le Liège estoit mis en subjection, que dès le lendemain je m'en irois; car monsieur de Bourgongne est délibéré me presser de m'en partir incontinent qu'il aura fait au Liège, et désire plus mon retour de par-de là, que je ne fais : François du Mas vous dira la bonne chère que nous faisons, et adieu monsieur le grand maistre. Escrit à Namur, le 22 d'octobre. Signé, Loys : et au-dessous, Joustin, et à la suscription : A nostre très-cher et amé cousin, le comte de Dammartin, grand maistre de France.

Après la lecture de ces lettres, le grand maistre dit à Nicolas Boisseau de la maison du duc de Bourgogne, qui avoit accompagné ledit du Mas, qu'il s'estonnoit du mauvais procédé de son maistre, qui trahissoit le Roy, à qui il avoit tant d'obligation, et luy dit que ledit duc se tint asseuré, que si le Roy son seigneur ne venoit bientost, que tous ceux du royaume avoient deliberé de luy joüer en ces pays un

(1) Cette lettre se trouve dans les manuscrits de Colbert, vol. 64, pag. 863.

tel et semblable jeu qu'il vouloit joüer au pays de Liège, et que monsieur de Guyenne n'estoit pas mort, ny le royaume despourveu de gens chevalereux.

Tost après le Bourguignon envoya un ambassadeur vers monsieur de Guyenne, pour entretenir les promesses qui avoient esté faites entr'eux; ce que sçachant, le Roy dépescha à sondit frère monsieur du Beuil (1), Imbert de Bastarnay, et maistre Pierre d'Oriole, lesquels estans près de monsieur de Guyenne, escrivirent la lettre suivante au Roy :

Sire, nous recommandons à vostre grace tant et si très-humblement, que plus pouvons et vous plaise sçavoir, Sire, que samedy dernier les Bourguignons arrivèrent vers monsieur vostre frere; c'est à sçavoir Jacques, monsieur de St. Paul et maistre Pierre de Remiremont, lesquels luy ont apporté deux paires de lettres, c'est à sçavoir une générale, et l'autre petite et particulière, laquelle après monsieur vostre frère nous a récitée, et contient en effect six points : le premier que monsieur de Bourgongne envoye visiter mondit sieur vostre frère en son nouvel advènement de seigneurie; le second si luy avez fourny entièrement tout ce qu'avez promis pour son appanage, s'offrant s'employer de toute sa puissance pour le luy faire bailler; le tiers point, qu'il a esté bruit que monsieur de Bourgongne avoit voulu entreprendre le gouvernement du royaume, au préjudice de mondit seigneur vostre frère, et qu'ils voudroient bien advertir que ledit bruit n'estoit pas véritable: le quart point, s'y estoit d'offrir à mondit sieur vostre frère la toyson, laquelle, Jacques, monsieur de St. Paul, avoit apportée pour luy bailler, s'il luy plaisoit la prendre; le quint, pour offrir à mondit sieur vostre frère le mariage de mademoiselle de Bourgongne, au cas qu'à présent il

(1) C'était Anthoine de Bueil, comte de Sancerre, qui avait épousé Jeanne, fille naturelle du roi Louis XI.

voudroit prendre la toyson, auquel cas il avoit puissance de conclure ledit mariage, et s'en asseurer : Le sixiesme point de faire nouvelles alliances avec mondit sieur vostre frère, disans qu'ils avoient apporté blanc signé et scellé de mondit sieur de Bourgongne, pour faire lesdites alliances si fortes, si exprès, et en quelque qualité que mondit sieur vostre frère les voudroit deviser.

Sur ces points, monsieur votre frère a fait faire une réponse selon l'effect et substance qui s'ensuit.

Au premier point, mondit sieur vostre frère remercie mondit sieur de Bourgongne ; au second, qu'après que monsieur vostre frère à veu, que par tous les traistez qu'on faisoit de son appanage, on ne luy offroit pas rien, qu'il fust propre ne convenable, ne chose dont il se peut bonnement entretenir : il n'a trouvé moyen fors d'avoir recours à vous, et vous a supplié qu'il vous pleust luy bailler le pays de Guyenne qu'il a de présent, où il avoit son affection plus qu'ailleurs, et qu'il vous a trouvé si franc et si libéral envers luy, que vous luy avez donné ledit appanage et pays qu'il demandoit : toutefois qu'il remercie ledit sieur de Bourgongne de son bon vouloir ; au tiers point, que Monsieur s'est trouvé avec vous bien familièrement et en privé, et par plusieurs jours ; mais qu'à vous, en vostre hostel ne ailleurs, il n'a point ouy parler de ladite matière, et croyt que ce sont rapports controuvez qui ont été faits à Monsieur de Bourgongne ; au quart point, touchant la Toyson, que de nouvel, vous qui estes son Roy et son chef, avez fait un ordre pour vous et vos successeurs, bel et notable, fondé en l'honneur de monsieur Sainct-Michel, prince de chevalerie de Paradis, la représentation duquel vous et tous vos Roys de France avez tousjours portée en vostre estendard ; lequel ordre il vous a plu lui offrir, et l'a pris, et bien désiré à avoir ; et par iceluy ordre, vous comme chef, et tous les autres chevaliers qui en sont esté liez et abstraints les uns avec les autres, à plusieurs choses bien honnestes et raisonnables, à l'honneur de Dieu et pour le bien du royaume et de la couronne de France; et qu'à vostre dit ordre, monseigneur se tient et licitement n'en peut, et n'est pas délibéré d'en prendre; mais qu'il remercioit mondit sieur de Bourgongne de son bon vouloir; au quint, que Monsieur remercie monsieur de Bourgongne, et ne leur a tenu nulle parole.

Et au sixiesme, touchant les alliances que mondit sieur vostre frère croit, que monsieur de Bourgongne soit joint et uny avec vous en bonne amour et alliance, et comme vostre parent et subjet, et que tous ceux qui sont vos bienveillans amis et alliez, mondit sieur les tient pour les siens: et par ce, croit que mondit sieur de Bourgongne soit de ce nombre, car mondit sieur est délibéré d'avoir amour à tous vos amis et bienveillans, et tenir pour ses ennemis ceux qui seront les vostres.

Depuis ladite délibération, mondit sieur vostre frère nous a dit qu'aucuns l'avoient adverty de donner de la vaisselle d'argent auxdits Bourguignons; pource c'est chose accoustumée de faire aux ambassadeurs, soit d'amis ou d'ennemis, et qu'on auroit jà trouvé ladite vaisselle; mais qu'il ne le voulait point faire sans vostre conseil : sur quoy nous luy avons dit qu'il nous sembloit qu'il ne le devoit point faire, et à tant s'est conclud qu'ils n'en auroient point.

Si, c'est à l'effect de ce qui a esté besongné touchant la matière dessus dite et après que mondit sieur vostre frère a veu et leu de mot à mot les présentes lettres qui sont selon ladite délibération, il nous a dit qu'il a fait auxdits Bourguignons telle réponse que cy-dessus est contenuë, et trouvons toujours mondit sieur vostre frère en très-grand désir et vouloir de vous servir et obéir, et en cette matière et toutes autres, soy conduire et gouverner entièrement selon vostre bon plaisir, et tenir le chemin qu'il vous plaira, et non autre.

Sire, tantost après que lesdits Bourguignons seront partis, nous en retournerons au plaisir de Dieu, que par sa saincte grace il vous donne très-bonne vie et longue, et accomplissement de vos très-nobles désirs. Escrit à Sainct Jean d'Angely, le vingt-deuxième jour d'octobre; ainsi signé: vos très-humbles et très-obéyssants subjets et serviteurs, Jean de Bueil, Imbert de Bastarnay, et Pierre d'Oriole; et à la subscription de la lettre: au Roy, nôtre souverain seigneur.

Les lettres du cardinal Balue, escrites au Bourguignon, ayant esté surprises, il fut arresté prisonnier, mené à Montbason, et laissé à la garde de monsieur de Torcy (1), et des commissaires establis à faire inventaire de ses meubles, et pour l'interroger sur les charges à luy imposées; sçavoir: Tanneguy du Chastel, gouverneur de Roussillon, maistre Guillaume Cousinot (2), ledit sieur de Torcy, et maistre Pierre d'Oriole, général des finances: les biens dudit Balue ayant esté confisquez, monsieur de Crussol eut d'iceux une pièce de drap d'or de vingt-quatre aulnes et quart, valeur de douze cents livres, quantité de fourrures de martre sebeline, et une pièce d'escarlate de Florence.

Lors de la destruction dudit Balue, furent fait, ces vers:

> Maitre Jean Balue
> A perdu la veuë
> De ses évesches:
> Monsieur de Verdun (3)
> N'en a plus pas un;
> Tous sont dépeschez.

Le Roy estant à Amboise, envoya à Paris monsieur de

(1) C'était Jean d'Estouteville, grand maitre des arbalestriers.
(2) Il était maitre des requêtes et seigneur de Montreuil.
(3) Guillaume de Haraucour, évêque de Verdun, fut aussi arrêté.

Chastillon, grand maistre enquesteur et général réformateur des eaux et forest, pour prendre et recevoir les monstres des bannières, des officiers, gens d'estat, et populaire de la ville de Paris.

Au mesme temps, le Roy constitua son lieutenant général ès pays de Guyenne, Bourdelois, Gascogne, Languedoc, Albigeois, Roüergue, Quercy, Agenois, Périgord, Auvergne, Haut et Bas-limousin, la Marche, Xaintonge, et autres pays où se faisoient vols et violemens, et oppressions sur les subjets du Roy de la part des Anglois, Anthoine de Chabannes, comte de Dammartin, auquel fut donné plein pouvoir et authorité pour en faire telle justice qu'il trouveroit bon estre; et manda le Roy, aux séneschaux, baillifs, chefs, capitaines des vivres, nobles, vasseaux, bourgeois et habitants des villes desdits pays, obéïr, donner ayde et faveur à son lieutenant général, tout ainsi qu'il paroist par ces paroles : sçavoir faisons, que nous confiant à plein de grand sens, vaillance, expérience, loyauté, prud'hommie, et bonne diligence de notre cher et féal cousin, etc. Cet acte fut passé au Montil-les-Tours, l'an 1468. Signé : Loys; et plus bas : Lalouette, tesmoins lesdits de Bourbon, le connestable, les seigneurs de Craon et de la Forest, Tanneguy du Chastel et autres, lesquelles lettres contiennent entre autres choses le pouvoir d'absoudre, et de pouvoir mesme poursuivre les sieurs d'Armagnac et de Nemours, qui avoient adhéré au party des Anglois.

L'année suivante, 1469, le 26 avril, le grand maistre lieutenant général en Guyenne, partit avec son armée, et arriva en la ville de Rhodès, auquel lieu il fit prester serment de fidélité aux principaux subjets, et au mesme temps le Roy fut adverty que les Bourguignons armoient dans ces pays, et en escrivit au grand maistre de cette sorte :

Monsieur le grand maistre, je vous envoye le double des mandemens que monsieur de Bourgongne a fait en ce pays, et est le tout par l'advertissement qu'il a eu de Bretagne, par le moyen du sieur de Lescun, et vous asseure que s'il me veut rien demander, je me deffendray bien, et ne vous requerray de cet an de me venir servir; toutefois je vous prie que vous mettiez peine d'avoir promptement le secours; car en ce faisant vous chevirez bientost du demeurant, et vous prie que souvent vous me récriviez de vos nouvelles : aussi j'ai escrit à monsieur le gouverneur de Roussillon qu'il se vienne joindre à vous, et que je vous ay fait mon lieutenant général en cette année, et que je veux qu'il vous obéysse comme à moy-mesme; et de rechef luy en escris bien expressément, et qu'il se haste de se joindre avec vous en toute l'armée de par de là; et pour ce, je vous prie que de vostre part vous luy escriviez qu'il se haste de s'y rendre, afin qu'abrégiez à toute diligence, car plus grand plaisir ne service ne me sçaurez faire. Adieu, monsieur le grand maistre. Escrit à Tours, le 6 novembre; signé : Loys; et au-dessous : Toutain; et en la subscription : A nostre très-cher A. C. L. C. D. G. maistre, et nostre lieutenant général en Roüergue, Gascogne, et autres marches de par de là.

Le comte d'Armagnac voyant cette armée contre luy, envoye le seigneur de Barbazan vers le Roy, pour tascher à détourner cet orage sur eux. Le Roy en escrit au susdit grand maistre, en ces termes :

Monsieur le grand maistre, j'ay veu par le sieur de la Choletière ce que m'avez escrit; aussi ouy ce que m'a dit Georges vostre serviteur, et veu bien au long le mémoire que vous lui avez baillé, dont je vous remercie tant que je puis, et vous prie qu'en la plus grande diligence que vous pourrez, vous mettiez à fin la charge que je vous ai baillée; au surplus, le comte d'Armagnac a envoyé vers moi le sieur de Barbazan et autres, pour me supplier qu'il fust receu par procureur en la cour du parlement, et que je fisse cesser la voye de fait en mon armée : et semblablement les estats du pays me l'ont fait par eux requérir. Mais réponse leur a esté faite en mon conseil bien assemblé, qu'autre provision ils n'auroient en cette partie, fors que ledit comte d'Armagnac se tirast en ladite cour de parlement, pour se justifier des charges qui luy sont données. Toutefois, si ledit seigneur de Barbazan ou autres, se trouvent devers vous, et qu'ils fassent que la possession de Lectoure, et autres places de par delà vous soient loyalement baillées, et qu'ils fassent au surplus entière obéissance, et en ce cas et non autrement, pour supporter le pauvre peuple; et afin qu'ils puissent mieux payer les tailles, je suis content que l'armée n'entre point audit pays, et que vous le supportiez des charges au mieux que faire se pourra; mais ne vous laissez point endormir de paroles; mais aussi il me semble pour le mieux, quelque chose qu'il vous promette, que vous mesme devez aller en personne pour prendre la possession, et qu'à nul autre ne vous devez fier; et aussi si vous voyez qu'ils veulent dissimuler, et que la possession des places ne vous soit loyalement baillée, procédez outre à vostre entreprise dans aucun délai, ainsi qu'il a esté conclud et délibéré, et me faites souvent savoir de vos nouvelles. Monsieur le grand maistre, j'ay eu des lettres de monsieur de Torcy, qui sont bien bonnes, et croy qu'il se tirera devers vous; s'il y vient, je crois que le traiterez bien; mais je vous en ay bien voulu advertir, car son homme est venu vers moy, je crey que ce soit à bon escient. Au Montils-les-Tours, le 15 novembre. Signé, Loys, et au-dessous, Toustain; et en la subscription, à nostre cher et amé cousin, le comte DD. G. M. de Fr., et nostre lieutenant général ès marches de par de là.

Le sieur de Barbazan tascha depuis de surprendre le grand maistre, luy voulant faire croire que le Roy avoit changé d'intention, et qu'il ne vouloit plus que la guerre continuast en Guyenne; mais le grand maistre ne laissa de suivre ses ordres ponctuellement, et en escrivit au Roy en ces termes :

Sire, le plus humblement que je puis à vostre grace, me récommande, vous plaise sçavoir que depuis que vous ay dernièrement escrit par Pierre Cléret, l'ambassade que le comte d'Armagnac a envoyée devers vous est venue devers moy; c'est à sçavoir, le sieur de Barbazan et autres, et m'ont dit comme ils ont esté devers vous, et que vous avez esté content que l'armée n'entrast point au pays ; au cas que ledit comte d'Armagnac se rendist au parlement de Paris, pour soy justifier des cas à lui imposer, et qu'il baillast en la main de monsieur de Guyenne, les terres qu'il a delà la rivière de Garonne, et les autres qui sont deçà le pays de Roüergue à moy; mais je leur ay dit, que vous ne l'aviez ainsi voulu, et que sinon qu'ils me baillassent la possession de Lectoure, l'obéissance des autres places qui sont deçà et delà ladite rivière; et que ledit d'Armagnac eust à se rendre en personne en parlement, pour s'y justifier desdits cas ; de quoy ne leur accorderois point ce qu'ils me demandoient; mais quand ils viendroient ainsi faire, en ce cas, et non autrement, et en suivant ce qu'il vous a pleu me mander, je suis bien content que l'armée n'entrast plus avant, mais j'ay bien connu qu'ils ne quéroient que dilayer le plus qu'ils peuvent, et à cette cause je partiray demain d'icy, au plaisir de Dieu, passeray la rivière, et iray loger en l'isle Jourdain, qui est à présent en vostre obéïssance ; et sont venus les cohsuls vers moy, ont apporté les clefs et ont fait toute obéïssance : ledit comte d'Armagnac est à Lectoure, et si je puis l'encloray comme je vous ay toujours escrit, et croy qu'en peu je vous feray sçavoir de bonnes nouvelles de tout, au plaisir de Dieu.

Le grand maistre réduisit tout le pays d'Armagnac en l'obéïssance du Roy, et avoir sous sa charge le bastard de Bourbon, admiral de France, monsieur de Craon, monsieur de Crusol, le capitaine Salazar et autres, et lors fut faite une chanson qui commençoit :

> Canaille d'Armagnac, comme a poigné souffrir
> La venuë de France du comte Dammartin.

Dès le règne précédent, il avoit conquis tout ce païs en l'obéïssance du Roy, et après cette dernière victoire le Roy luy escrivit cette lettre :

Monsieur le grand maistre, présentement j'ai eu lettre de mon fils l'admiral (1), du marquis et du séneschal de Beaucaire, telles que je croy que le sçavez bien, et en effet il n'y a plus que Rodez que tient le bon corps Brillac ; j'escris à mon fils l'admiral, que surtout le plaisir qu'il désire me faire, qu'il mette ledit Brillac entre mes mains ; aucuns m'ont rapporté que le comte d'Armagnac rode environ Lectoure, ce que je ne puis pas bien croire ; si ainsi estoit je vous prie que fassiez bonne diligence et mettiez toute la peine que pourrez pour le prendre : au surplus mon frère le duc de Guyenne est icy, et faisons bonne chère, et nous en allons à Amboise, en attendant de vos

---

(1) *L'admiral*, Louis, bâtard de Bourbon, qui avait épousé Jeanne, fille naturelle du roi Louis XI.

nouvelles. Monsieur le grand maistre, je voudrois que vous eussiez tout bien fait, et que vous y fussiez; je vous prie abrégez et vous y en venez, et me faites sçavoir souvent de ce qui vous souviendra. On m'a dit que le comte d'Armagnac a aucune retraite ès terres de monsieur de Foix, et si ainsi est, faites le sçavoir à monsieur de Foix et je croy qu'il ne le souffrira pas. Escrit à Montils-les-Tours, le 27 décembre. Signé, Loys, et au dessous, le Clairet.

CHAPITRE IV.

Lors de l'institution de l'ordre de Saint-Michel, le Roy envoye le collier au grand maistre, qui obtient la grace du comte d'Armagnac; le refus que le duc de Bretagne fait dudit collier; la réduction des villes d'Amiens, Montdidier et Roye. Lettres injurieuses du duc de Bourgongne au grand maistre, et la response du grand maistre au Bourguignon.

Lettre du Roy au grand maistre :

Très-cher et amé cousin, pour ce que depuis naguères, par l'advis et délibération de nostre très-cher et amé oncle, le roy de Sicile, de Hierusalem et d'Arragon, et nos très-chers et amés frères, les ducs de Guienne et de Bourbon, et autres de nostre sang et grand conseil, a esté délibéré que nous ferions et porterions l'ordre de monsieur Saint-Michel, et de nostre compagnie et fraternité, ferions le nombre de trente-six chevaliers; et par l'advis des susdits, avez esté esleu du nombre des douze, lesquels ont esté choisis pour eslire le surplus et jusques audit nombre, et pour un des plus grands et notables chevaliers d'ancienne lignée, extraict des grandes et notables maisons, et qui toujours avez bien et loyaument servy nos prédécesseurs et nous; et qui plus a fait et veu en armées, et aussi pour l'estat et office de souverain maistre d'hostel de France, et pour la grande prochaineté que vous avez à l'entour de nostre personne, avez esté, comme raison est, esleu pour un des principaux de ladite compagnie; et pour ce, nous vous envoyons présentement le collier de nostredit ordre, par nostre amé et féal conseiller et maistre de nostre hostel, le sire de la Cholétière, afin que le preniez et reteniez, et que doresnavant vous le portiez en faisant le serment en sa présence, de bien et loyalement entretenir le contenu ès chapitres et articles fait sur ce, de point en point, ainsi qu'ils sont contenus; lequel sire de la Cholétière, vueillez croire de ce qu'il vous en dira de par nous, comme nous-mesme, et par luy a nous faites sçavoir de vos nouvelles. Donné à Cesnan, le 26 octobre. Signé, Loys, et au-dessous, Toustin, à la subscription, à nostre amé cousin, le comte de Dammartin, grand maistre d'hostel de France, et nostre lieutenant ès païs d'Auvergne, de Roüergue et d'Armagnac.

Depuis, ledit de Nemours s'estant jeté entre les bras du grand maistre, il obtint sa paix à sa faveur, le Roy en ayant expédié un plein pouvoir audit grand maistre, lequel tandis qu'il fut ès païs de Roüergue et Armagnac, usa d'un pouvoir plus absolu qu'aucun lieutenant général du Roy qui ait esté, donnant graces, absolutions, rémissions, confiscations, et autres semblables actions de puissance souveraine; auquel temps, le Roy luy escrivit la présente:

Monsieur le grand maistre, j'ai receu vos lettres, et ne faut pas que je vous mande, mais que je vous remercie de tout mon pouvoir, du grand aide et secours que m'avez fait à mon besoin; et prie Dieu et Nostre-Dame qu'il me donne grace de le vous rendre : monsieur le grand maistre, il y a trois points où il faut respondre; c'est à sçavoir, du logis des gens d'armes, de monsieur de Nemours, et de la composition de Rodez; au regard des gens d'armes, il me semble que chacun d'eux doit retourner en son logis; et au regard du séneschal de Toulouse, du séneschal de Carcassonne, et de monsieur le mareschal de Loyac, il me semble que vous les devez envoyer en Normandie; je les logeray le mieux que je pourray : au regard de Salazard, il doit demeurer à la Marche. Item, touchant monsieur de Nemours, je vous prie mettez-y conclusion le plustost que vous pourrez, pour vous en revenir, et qu'il fasse la transaction, car c'est le plus seur point que je puisse avoir. Item, touchant Rodez, j'eusse bien voulu avoir Brillac, ainsi que vous pourrez connoistre par nos lettres que leur avons escrites, dont je vous envoye le double; mais veu que Brillac fait ce serment, et qu'il ne va point après le comte d'Armagnac, il me suffit et me semble, monsieur le grand maistre, que si n'avez fait autre appointement depuis, que vous devez accepter celuy-cy, afin de vous en venir; car j'ay espérance à l'aide de notre Seigneur, que vous me fassiez de grands services. monsieur le grand maistre, je vous envoye aussi la response que j'ay faite aux lettres que monsieur l'admiral m'a escrites touchant cette composition; je ne sçay si l'avez acceptée, j'en envoyeray mes lettres patentes sans difficulté, telles que vous me manderez; et veu la peine que les gens d'armes ont eue cet hiver, je vous prie despeschez-vous en le plustot que vous pourrez; si n'eust esté vos lettres que vous m'avez escrites, je leur eusse envoyé leur dite confirmation; car je mandois que vous fussiez encore en Gascogne, et que leur eussiez envoyé vostre pouvoir par

Roüergue. Donné à Amboise, le troisième février. Signé, Loys, et plus bas, Cleret, 1470.

Après la cérémonie des chevaliers, le Roy envoya le collier au duc de Bretagne, qui le refusa, disant qu'il ne tirerait jamais au collier avec le gouverneur du Limousin, Gilbert de Chabanes, seigneur de Curton, n'y autres gens du Roy.

Peu après, le Roy ayant fait un Pellerinage à St-Michel, escrivit au grand maistre la lettre suivante :

« Monsieur le grand maistre, au retour de mon voyage de St-Michel, j'arrivay en cette ville lundy dernier, et incontinent que je fus descendu, j'eus nouvelle de l'admiral, du gouverneur de Roussillon, et autres qui sont à Harfleur et Honfleur, que les Bourguignons estoient toujours là qui faisoient guerre, brûlans plusieurs maisons et vaisseaux près de la coste de la mer, tuans gens, et prenans prisonniers, et mesmement un vaisseau qui retournoit de Roüen, chargé de marchandises, ont pris et retenu et envoyé le maistre Plege de la finance, des autres hommes qui estoient dedans; et semble que veu les manières que font lesdits Bourguignons, qu'ils attendent plus grande puissance, soit d'Angleterre ou d'ailleurs, pour descendre pour venir par mer combattre mes gens : vous sçavez quelle faute ce ne seroit, s'ils n'y trouvoient bonne résistance, et pour ce ne m'en suis pas voulu retourner, jusques à ce que j'aye veu la fin de cette besongne, et me suis déliberé d'aller là en personne, pour résister à leur puissance, et faire ce que l'on verra estre à faire; et demain m'en parts d'icy pour y tirer tout droit, et pour le faire plus seurement, j'ay mandé vos gens qu'ils se tirent à moy audit lieu de Harfleur, à ceux du gouverneur de

Roussillon, du seigneur de Craon et de Sallazar ; pour ce que sont ceux qui sont les plus près d'icy ; aussi j'ay mandé à Capdorat, et à tous les francs archers, et si en chemin j'ay nouvelle que le duc de Bourgongne s'en soit départy, incontinent je contremanderay vosdits gens, et les autres aussi, et leur feray sçavoir ; et plut à Dieu que vous y fussiez quand j'y seray ; car si j'eusse sçeu cette aventure, je ne vous eusse pas laissé aller. Je vous feray sçavoir ce qui surviendra, aussi me faites sçavoir pareillement de vòstre costé. Donné à Avranche, le premier aoust signé Loys, et plus bas, Leclerc.

Lors mesme, les villes d'Amiens, Royes, Mondidier et autres estant réduites au pouvoir du Roy, par les soins du grand maistre le Bourguignon lui escrivit la suivante.

CHAPITRE V.

Lettre injurieuse du Bourguignon au grand maistre de France.

Le duc de Bourgongne, de Brabant, de Leimbourg et de Luxembourg, comte de Flandre, d'Artois, de Bourgongne et de Hainaut, de Holande, Zélande et Namur : comte de Dammartin, nos très-cher et bien amez les majeurs et eschevins de nostre bonne ville et cité d'Amiens, eux démontrans nos bons, vrais et loyaux subjets, ont envoyé certaines lettres closes du Roy, présentées à aucuns de nostredite ville, par un officier d'armes, lequel a fait certaine sommation, et depuis nous ont envoyé autres vos lettres à eux adressantes ; sans icelles lettres du Roy ny les vostres ouvrir, voir ny faire response que par nostre vouloir et plaisir ; à cette cause, nous nous sommes voulu charger de faire responce à vous, qui vous dites lieutenant général du Roy. Et pour responce, vous sçavez que par les traittez faits à Conflans, desquels n'avez pas eu moindre fruit ny profit, que de vostre vie, estats et chevance, le Roy nous laissa, céda et transporta ladite ville d'Amiens et autres villes et terres estant sur la rivière Somme, que feu nostre très-cher seigneur et père, que Dieu absolve, avoit possédées depuis le traité d'Arras, et lesquelles le Roy, en sa ville de Tours, nous avoit promis et juré en parole de Roy n'en rachepter du vivant de nostredit feu seigneur et père; et outre nous transporta les prevotez de Vimeux et Beauvoisis, en tout droit et titres que les autres villes et terres dessusdites, desquelles il nous feroit bailler et délivrer la possession, en quittant et deschargeant tous les vassaux et autres subjets d'icelles villes et terres, des fidelité et serment qu'ils avoient à luy, en leur mandant de nous faire le serment de fidélité et nous estre bons, vrays et obéissans subjets; ce qu'il ont fait tant à la personne de nos commis, ambassadeurs, qu'à nostre personne. Lesquels transports, le Roy par lesdits traitez de Conflant et de Péronne, faits et jurez sur la vraye croix, a promis et juré en parole de Roy, et sur son honneur, garder et entretenir, sans aller au contraire en aucune manière, et sur les peines contenües au traité de Péronne, et neantmoins en enfraignant et contrevenant notoirement ausdits traitez, il a fait mettre en sa main lesdites prevostez de Vimeux et Beauvoisis, pour estre rejoints à son domaine : il a fait prendre nos gens et serviteurs, et les traiter inhumainement, après vous avoir envoyé par luy grand nombre de gens d'armes devant ladite ville d'Amiens, à toutes lesdites lettres du Roy, cuidant au moyen d'icelles émouvoir les habitans de nostredite ville à vous adhérer, et ajouter foy aux paroles dudit officier d'arme, et de maistre Pierre de Morvilliers, s'ils l'eussent voulu vr, pour les soustraire de nostre obeïssance, ce qu'ils n'ont pas voulu faire, mais de garder leurs promesses, sermens et loyautez envers nous. Par quoy à telles paroles séditieuses ils ont estouppé leurs oreilles, usant en ce de la prudence que nature donne au serpent, commandée à la saincte Escriture, à s'estoupper les oreilles contre la voix des enchanteurs; et pour ces causes plus que par crainte ny subjection d'autry, ainsi que contiennent vosdites lettres, ils ont délaissé à vous faire responce, en la remettant à nous, sçachant que de leur bonne volonté, ferme et entière loyauté envers nous, nous sommes bien certiorés, et qu'en icelles leur loyauté, eux et autres nos subjets, nous garderons, deffendrons et persévérerons, moyennant l'ayde de Dieu nostre créateur, duquel la présence et tesmoignage par lesdits sermens entretenus, lesdits droicts sont par telle et autre manière contemnez et violés. Nous avons bien veu par vos lettres escrites à nostre amé et féal conseiller et chambellan, et capitaine de Mondidier le bon d'Arly, que vous présupposez que ce que nous avons fait par nos gens, entretenir nostre possession desdits prevostez, cesseront contre l'authorité du roy; Dieu le tout-puissant duquel les roys et princes tiennent leurs seigneuries, ne leur ayant pas donné authorité de rompre leur promesse, et contemner son nom et sa puissance par les sermens entrevenus en leurs convenances : Parquoy plus véritables, on pourroit dire que ladite main-mise faite esdites prevostez, sans cause et sans ordre. Nous non appellez ny ouys, et pour du tout nous en cuider, debouter a esté et est contre l'authorité de Dieu lesdits traitez et promesses, lesquels vous n'ignorez pas estre violez ny enfreins par la cauteleuse et décepteuse prise de nostre ville de Sainct-Quentin, par le comte de St.-Paul connestable, par les courses, pilleries, meurtres et occisions faits par les gens du Roy en nostre comté d'Auxerre, et les feux boutez et homicides faits ès eglises en nostre comté de Bourgongne, et en vous n'a tenu que les habitans de nostre ville d'Auxerre ne se soient soustraits de nostre obeïssance, desquels à cette fin avez fait venir aucuns pardevers vous, qui depuis nous ont fait sçavoir les paroles que leur avez dites, tant en apert, qu'en secret : comme aussi ont fait autres nos féaux, lesquels par promesses, le Roy a voulu faire attraire et esmouvoir à l'encontre de nous; mais par la bonté divine seront convaincus toutes telles cautelles et frauduleuses malices, et n'est jà besoin que désormais vous essayez de parvenir à vos fins par telles escritures ny langages; car au plaisir de Dieu nous sommes déliberez de garder, préserver et deffendre nosdits subjets, de tout nostre pouvoir, ainsi que nature et raison l'enseigne, et par la contrevention et fraction dudit traité de Péronne, et les peines contenües en iceluy encourüe à nostre profit, il nous loist de le faire : Escrit à nostre Chastel de Hedin le seiziesme janvier 1470. Ainsi signé par monsieur le duc; et au-dessous, de Longueville, et scellé en cire rouge à scel plaqué.

Le grand maistre se voyant injurié par cette lettre, fit response en cette sorte :

Très-haut et puissant prince, j'ay veu vos lettres que vous m'avez escrites, lesquelles je croy avoir esté dictées par vostre conseil et très-grands clercs, qui sont gens pour faire lettre mieux que moy, car je n'ay pas vescu du métier de la plume ; et pour vous faire responce par icelle, je connois bien le mécontentement qu'avez de moy, pour ce que tout ce que j'ay fait et feray toute ma vie contre vous, n'est qu'à l'honneur et profit du Roy et de son royaume. Très-haut et puissant prince, pour vous faire responce touchant l'article de Conflans, que vous appellez le bien public, et que véritablement doit estre appellé le mal public ou j'estois, dont vous dites que je n'ay point eu moins de fruict et honneur, que de ma vie, estat et chevance. Vous entendez bien qu'à l'avénement du Roy à la couronne, il ne tint point à moy que je n'entrasse à son service, et de ce faire fis mon loyal devoir; mais qui garda le Roy de ce faire, fut la redoutance de mes hayneux et malveillans, desquels à l'ayde de Dieu, connoissant le droict des parties, je suis venu au-dessus à mon honneur, et à leur grande honte et confusion; car je me suis bien justifié contre eux par de bonnes justifications, vues par la cour de parlement, et par arrest d'icelle donné à l'encontre d'eux qui ne me sceurent atteindre : Très-haut et puissant prince, monsieur vostre père, à qui Dieu pardonne, sçavoit bien que je luy escrivis que son bon plaisir fut me mettre en la bonne grace du Roy, ce qu'il me promit faire; et s'il estoit en vie, je fais sans doute qu'il ne portast bon tesmoignage pour moy; et veux bien que vous entendiez que sy j'eusse esté avec le Roy, lors que commençastes le mal public, que vous dites le bien public, vous n'en eussiez pas eschapé a si bon marché que vous avez fait, et mesmement à la rencontre de Montl'hery, par vous induëment entreprise. Mais vous qui estes ingrat du bien que le Roy vous fait, avez pris et prenez peine de jour en jour de luy faire toutes les extorsions et machinations que luy pouvez faire, tant sur ses subjects et seigneurs de son sang, que autres princes ses voisins qui luy veulent mal à vostre requeste, lesquels vous avez émus et taschez encor d'émouvoir de jour en jour à luy vouloir mal, de quoy vostre souverain seigneur et le mien viendra bien à bout à l'ayde de Dieu et de Nostre-Dame, et de ses bons et loyaux capitaines et gens d'armes. Très-haut et puissant prince, vous m'escrivez des paroles par vosdites lettres qui équipolent d'estre enchanteur; ce que je n'ay fait jamais, et quand je me fusse aydé de cet art je l'eusse exploité et mis en effect, lorsque menastes le Roy en Liége, contre le gré et consentement des seigneurs de son sang, et les plus sages de son royaume, tant de ses capitaines, et autres de ses conseillers de sa cour de parlement; et de son grand conseil; mais la grande sédition que par vous luy fut faite, ne l'en peut oncques émouvoir qu'il n'allast devers vous, sous l'espérance de l'affiance qu'il avoit en vous, non precogitant le danger où il s'est mis d'estre entre vos mains, et ne luy en demeure que la peine et le travail d'y aller, dont la bonté infinie l'a preservé et gardé, que ne peustes venir à vos fins et fera encore, si Dieu plaist, et de vos malignes intentions obliques et occultes. Très-haut et puissant prince, il ne vous en est demeuré que le déshonneur et la foy que vous avez par droict perdüe, lesquelles choses dureront par éternelle mémoire envers tous princes qui sont nez et à naistre; et de moy, je ne suis point la guide de mener ledit seigneur Roy audit pays de Liége; mais je fus plustost cause de son retour, parce que je ne voulus rompre l'armée qu'il m'avoit laissée entre les mains, et que luy voulies faire effacer. Très-haut et puissant prince, si je vous escris chose qui vous deplaise, et qu'ayes envie de vous venger de moy, j'espère qu'avant que la feste se départe, vous me trouverez si près de vostre armée, contre vous, que vous connoistrez la petite crainte que j'ay de vous, estant accompagné de la puissance qu'il a plu au Roy de me donner, qui n'est pas petite, pour la reconnoissance qu'il a euë des services que j'ay faits au Roy son père, à qui Dieu pardoint et à luy, et pouvez estre seur que vous ne me sçauriez escrire chose qui me sçeut garder de faire toujours service au Roy; et requiers à Dieu qu'il luy plaise de me donner graces de faire selon que j'ai le vouloir, et devez sçavoir que je ne vous escris choses touchant cette matière, que je

ne vous donne à connoistre, et soyez aussi seur que la mort,
que si voulez longuement guerroyer le Roy, il sera à la fin
trouvé par tout le monde que vous avez abusé du mestier
de la guerre. Ces lettres sont escrites par moy Anthoine
de Chabannes, comte de Dammartin, grand maistre d'hostel
de France, et lieutenant général pour le Roy en la ville de
Beauvais, lequel très-humblement vous escrit; et en la
subscription estoit. A monsieur de Bourgongne.

Quelques jours après le Roy ratifia l'accord fait par le
grand maistre avec les habitans de la ville d'Amiens, dans
laquelle il entra, et reçeut bien tost après la lettre suivante
de la part de sa majesté :

Mons eur le grand maistre, j'ay receu vos lettres, que
par le bailly de Caux m'avez escrites, dont je loue Dieu
et Nostre-Dame, et connois bien le bon service que m'a-
vez fait, et à jamais m'en ressouviendray, et de ceux qui ont
esté avec vous, et au regard de ceux de la ville, tout ce que
vous leur avez promis, je le ratifieray, et les dons que
vous avez faits sortiront à effect, ainsi que verrez par les
dons et ratifications que j'en feray, tout ainsi que vous avez
promis, et sans aucune faute. Je connaistray à jamais le
grand service qu'ils m'ont fait, j'envoye Blanchefort et les
fourriers pour faire mon logis, et bien bref y serai sans
point de faute; j'espère demain parler à mon frère le connestable, afin de sçavoir mieux ce que j'ay à faire et aviser
sur le tout. J'ay escrit à Philippe de Morvillier, au majeur
de monsieur de Torcy, au mareschal, au bailly, et autres
qui m'ont escrit. Monsieur le grand maistre faites moy
toujours sçavoir de vos nouvelles, et aussi je vous adverti-
ray de ce que je sçauray; et au surplus, je vous prie, croyez
ledit bailly, ce qu'il vous dira de mes nouvelles; et adieu

monsieur le grand maistre : Escrit à Compiègne, le huitiesme septembre : Loys. et audessous, Toustin.

Huict jours après, le grand maistre receut de la part du Roy une instruction par escrit, touchant l'ordre qu'il devoit tenir à l'approche de l'armée du duc de Bourgongne, laquelle contenoit les paroles suivantes :

Si le duc de Bourgongue va droict à Amiens, que monsieur le grand maistre garde bien la ville, et qu'il se garde de combattre, que le Roy ne soit point avec luy, il ne mettra guères à y estre, qu'il fasse tousjours donner sur les fourrageurs du duc de Bourgongne du mieux qu'il pourra, et sur leurs gardes. S'il passe la Somme pour venir à Montdidier et à Roye, monsieur le grand maistre pourra laisser tout l'arrière-ban, qui ne seroit pas bien en habillemens pour la guerre, et les francs archers pour garder Amiens, avec les gens de l'ordonnance, et aucuns de l'arrière-ban, s'il en avoit qui fussent pour se joindre avec le Roy, et s'il sçavoit quelques logis de chevaux à l'écart qu'il donnast dessus, et aussi sur les fourrageurs dudit Bourguignon, et qu'il leur fasse du pis qu'il pourra; s'il venait au Mont St-Quentin, il pourrait aller remparer Ruë, et la ville de Crotoy, et avec l'artillerie qu'ils ont prendront le chasteau, et peut-estre pourroit bien prendre Montreuil sur la mer; et, ce fait, laisser les gens de l'arrière-ban et francs-archers à Rue, au Crotoy et à Montreuil, s'ils le pouvoient, et abattre la fortification de St-Riquier, et s'en revenir avec cinq cens lances de l'ordonnance à Amiens et à Péquigny, pour garder les pays d'illec environ, en tenant bon ordre, et tel que les vivres ne leur faillent; et par ce moyen lesdits gens de l'arrière-ban, et francs archers vivront hors de pays obeïssans au Roy. Fait à Noyon, le 16 février 1470. Signé, LOYS.

Monsieur le duc de Guyenne estant mal content, attira près de luy monsieur d'Armagnac, surquoy le roy escrit la suivante au grand maistre.

(1471.) Monsieur le grand maistre, monsieur de Guyenne a rendu les terres au comte d'Armagnac, et ne luy a pas encore rendu Lectoure, mais il le lui doit rendre bientôt; pour ce il me semble qu'il seroit temps d'exploiter le fils de monsieur de Fimarcon. Et si je pouvois prendre Lectoure, elle serait mienne de bon gain, et ne l'auroient jamais l'un ne l'autre, et seroit pour tenir tout en subjection; monsieur de Marle est aujourd'huy arrivé, qui a laissé monsieur de Guyenne à Sainte Sevère, malade des fièvres quartes, et sont maintenant ralliez le seigneur de Lescun et le gouverneur de la Rochelle, contre madame de Thoüars et le seigneur de Grammont, et a couché le seigneur de Grammont avec luy, et le moyne est du costé de monsieur de Lescun, et tasche d'approcher mon frère de Bretagne, et de l'amener jusques à Xaintes. Je vous prie que si vous sçavez rien de nouveau, advertissez moi. Je mets la plus grande diligence que je puis à assembler le reste de ce que je vous dois : je vous prie que me mandiez si vous avez receu ce que je vous ai envoyé; et le reste que je vous dois encore, je le vous envoyeray le plutost que je pourray. Adieu monsieur le grand maistre. Escrit au Montils les Tours, le 22 décembre (1).

(1) Bibliothèque royale. M. de Béthune, n. 8457.

CHAPITRE VI.

Lettres secrètes du Roy au grand maistre; ensemble celles de la maladie de Monsieur frère unique du Roy, sa mort, son testament, et le voyage du Roy en Guyenne et en Bretagne.

Monsieur le grand maistre, j'ay depesché François de Ballefort; et a eu cent francs du trésorier des guerres, et vous assure que je ne l'ay pas trouvé si bon que je faisois, quand je le dépeschay à Amboise, et n'y ay point de fiance; toutefois laissez-le aller, mais mettez-y en d'autres en besongne, dont cettuy-cy ne sçache rien, et le pouvez faire par les mains du séneschal de Beaucaire vostre nepveu; et que le séneschal monstre bien manière de se fier en cettuy-cy, mais qu'il y mette d'autres couriers; et sur mon ame, monsieur le grand maistre, je me doute quand il a parlé a ceux que vous entendez bien, ils l'ayent converty. Et je vous prie, questionnez-le un peu de loin, pour voir si vous serez de mon opinion; toutefois, en y mettant d'autres levriers après la queuë, dont cettuy-cy ne sçache rien; il me semble que nous devrions avoir ce que nous demandons. Adieu, monsieur le grand maistre, sitost que je sçauray des nouvelles de monsieur le connestable, je vous en feray sçavoir. Monsieur le grand maistre, retenez Fremont de Lorfe avec vous, jusques à ce que vous ayez parlé au prevost, et que vous ayez sçeu au vray si la caille est de gibier, car je ne veuille rien prendre pour le laisser aller, ainsi que vous dis au départir; mais si elle est de gibier, faites y diligence. Donné à Meaux, le 26 juin. Signé Loys. Et en la subscription, à nostre très-cher et amé cousin, le comte de Dammartin, grand maistre de France.

Il est a remarquer que le Roy escrivit cette lettre de sa propre main, et comme dit le manuscrit, pour quelque intelligence qu'il avoit avec Dammartin, et que peu de gens sçavoient.

Depuis, le mesme Roy, apprenant la maladie de Monsieur, son frère, escrivit la suivante (1).

Monsieur le grand maistre, mardy au soir j'ay receu vos lettres, dont je vous mercye tant que je puis, se Bourré (2) ne fust allé à sa mère qui est morte, vous eussiez desjà les mille cinq cents francs de reste ; mais je l'attends icy d'icy a ung jour ou deux, et incontinent qu'il sera venu, je m'acquitteray en la plus grant diligence que je pourray.

Mery de Coué Le bicle qui estoit à monsieur de Lescun s'en est venu, et a dit adieu au duc, pourquoy je pense qu'il est instruit : je luy ay dit qu'il se tinsit en son hostel. Je vous envoye par escript ce qu'il m'a dit, qui se contrarie l'un à l'autre, et est langage tout forgé ; et de ce qu'il charge monsieur le connestable, il m'en donne meilleure espoir que par avant.

Madame de Thouars est morte, et ils en ont amené à St-Jean d'Angely, monsieur de Guyenne ; qui a les fièvres quartes ; il a fait faire serment à ses gens d'armes de le servir mêmement contre moy : mais il y en a aucuns qui ne l'ont pas voulu faire, et s'en sont venus comme le fils du sieur de Dampierre.

(1) L'original de cette lettre existe à la Bibliothéque royale, M. de Béthuné, n. 8455, p. 56.
(2) Bourré (Jean), sieur du Plessis, secrétaire de Louis XI, avoit beaucoup de part à la confiance de ce prince.

Je vous envoye le fils de Jean des Aulbus mon maistre d'ostel, auquel j'ay chargé vous parler plus au long de toutes choses. Je vous prie que vous le croyez de ce qu'il vous dira de par moy, adieu monsieur le gran maistre. Escrit à Montils les Tours, le vingt-neuviesme de décembre. Signé Loys, et plus bas, Thillebault, et au dessus, et nostre cher et aimé cousin etc.

Aultre lettre du Roy sur le mesme sujet (1).

Monsieur le grant maistre, depuis les dernières lettres que je vous ay escriptes, j'ay eu nouvelles que monsieur de Guienne se meurt, et qu'il n'y a point de remède en son fait, et me l'a fait sçavoir ung des plus privez qu'il ait avecques luy, par homme exprès, et ne croyt pas, ainsi qu'il dit, qu'il soit vif à quinze jours d'icy au plus qu'on le puisse mener : s'il m'en vient autres nouvelles, incontinent les vous feray savoir.

Le séneschal d'Agenais est icy, je luy ay appointé son estat, en manière que je croy qu'il est bien content.

Afin que soiez seur de celui qui m'a fait sçavoir les nouvelles, c'est le moyne qui dit les heures avecques monsieur de Guyenne, dont je me suis fort ébahy, et m'en suis signé depuis la teste jusques aux piez, adieu. Escrit au Montils les Tours, le dix-huitième jour de may. Signé, Loys, et au dessous, Tilhard, et en la subscription, à nostre cher et aimé cousin, le comte de Dammartin, grand maistre d'hostel de France.

Le manuscrit dit ces mesmes paroles, il est à sçavoir, que le moyne estait soubçonné, qu'il avoit joué la fourbe à monsieur de Guyenne, et baillé la corne verte, et qu'ice-

---

(1) L'original de cette curieuse lettre existe à la Bibliothéque royale, M. de Béthune, n. 8455, p. 62. Nous avons rectifié plusieurs fautes commises dans les précédentes impressions.

luy moyne fut cause de le mettre hors de la terre des vivans.

Ce mesme prince estant à l'extrémité fit son testament en cette teneur.

TESTAMENT

DE MONSIEUR, FRÈRE DU ROY.

Au nom du Père, et du Fils, et du Sainct-Esprit, amen. Charles, fils et frère du Roy de France, duc de Guyenne, comte de Xaintonge et seigneur de la Rochelle: bien souvenant de nostre salut, et sain de pensée; jà çoit que de corps soyons malades, pensant tousjours à la parole de Nostre-Seigneur, disant au roy Ezéchiel : dispose de ta maison, car demain tu mourras; comme si cette parole nous fust singulièrement transmise. Non refusant iceluy mandement, mais icelluy humblement recevant; puis qu'il plaist à Dieu, à l'ordonnance de qui toutes choses sont sujettes, et à qui rien ne se peut tapir de nostre maison, prise en trois sentences.

C'est à sçavoir de nostre ame, qui d'iceluy est dite le siége, mais qu'elle soit juste et de nostre corps; puis après de nostre famille, tout par ordre, et successivement par ce présent testament, avons voulu disposer et ordonner en la manière qui s'ensuit :

Premièrement donc, considérans nulle chose estre parfaite, si finalement elle ne retourne dont elle a pris son estre et sa naissance; considérans aussi, et croyans fermemens nostre-dite ame, comme de nostre père Adam et de tous autres mortels, estre créée de Dieu tout-puissant, qui de néant a créé toutes choses icelle à son Créateur; rendons finalement luy très-humblement suppliant, comme sera arrivé à port d'humain salut, la reçoive en ses éternelles maisons, à tousjours perpétuellement vivre avec les benoits saincts. D'humble courage aussi et dévote requeste, la commettons à la Vierge glorieuse, qui des pescheurs, jusques icy, nous confessons estre advocate, et qui, non sans cause, est dite du rédempteur de l'humain genre, et roy de gloire, mère très-débonnaire; à monsieur sainct Michel et à toute la cour de paradis céleste, afin que par leurs prières elle monte ès saincts lieux, pour perdurablement régner avec eux : si leur prions et requérons, et très-dévotement les supplions qu'ils me soient en aydé ; et après, puisque toute chose doit justement du sien estre rendue, et que ce corps mortel que nous portons n'est que terre, il est bien raison et expédient que luy livrions et rendions à la terre et aux vers, engendré pour estre d'iceux rongé et consumé, iceluy dont à l'exemplaire des bons chrétiens, instituons estre baillé à ecclésiastique sépulture, laquelle nous élisons en l'église Saint-André de Bourdeaux, devant le grand autel, auquel lieu, par nostre héritier, nostre très-redouté seigneur monsieur le Roy lequel, s'il luy plaist, nous instituons notre principal exécuteur, et par nos autres exécuteurs de cettuy nostre testament et dernière volonté, cy-après déclarées, soit procuré nostre corps estre honnestement ensevely, à la loüange de Dieu, non pas à la pompe et orgueil mondain, et fasse faire les obsèques, si qu'au jour de nostre trespas, et au service fasse célébrer pour nostre ame et les ames de nos parents, tous ceux qui voudront célébrer, en les payant deuëment. Finalement faut venir en nostre famille, que vulgairement on dit nostre maison; laquelle combien que mal ou bien nous l'avons gouvernée : celuy seul le sçait qui tout connoist. Toutefois, des biens faits, loüange à Dieu ; et des fautes, nous luy supplions et requérons vray pardon et mercy ; et quant au surplus, comme nous devons à plusieurs plus que nous ne possédons, à celuy qui quand et de ce pourra souvenir, faut recourir par quoy à iceluy que par droict d'héritier nous doit succéder, nostre dit très-redouté seigneur monsieur le Roy, comme avons dit devant, en l'honneur de la passion de nostre seigneur Jésus-Christ : supplions tant comme nous pouvons, et ce nonobstant autant que nous pouvons charger sa conscience, qu'à tous ceux à qui nous devons, fasse payer nos debtes, et nous descharger d'icelles, comme en luy nous avons parfaite fiance; et ainsi qu'il eust voulu pour luy estre fait, si premier que nous fust décédé. Outre plus bénignement luy requérons, qu'il luy plaise tous nos serviteurs traiter humblement, et iceux pourvoir d'offices et bénéfices, selon leur vacation, et les justement et raisonnablement récompenser des bons services qu'ils nous ont faits. Et après si aucunement avons jamais offensé nostre dit très-redouté seigneur et très-amé frère, nous luy requérons qu'il luy plaise nous pardonner; car, de nostre part, si oncques en quelque manière il nous offença, de très-débonnaire affection, prions la divine Majesté qu'elle luy pardonne, et de si bon courage et bonne volonté lui pardonnons; et au surplus pour nostre ame, fasse faire monseigneur le Roy, nostredit héritier, tant de services qu'il verra estre à faire; et voulons qu'à ce faire procurent ceux que après monseigneur le Roy, nous ordonnons, et par ce présent escrit, nous déclarons et nommons exécuteurs de cettuy nostre testament et dernière volonté.

C'est à sçavoir, révérend père en Dieu, nostre bien-amé et féal conseiller Arthus de Monthauban, archevesque de Bourdeaux, Roland Coissier, nostre confesseur, Jean Maschineau, premier chapelain de nostre chapelle, et docteur en théologie, Odet Daydie, seigneur de Lescun, Jean Aulbin, seigneur de Malicorne, nostre premier chambellan; le seigneur de Grammont; c'est à sçavoir: Roger de Grammont et Thierry de Lenoncourt, gouverneur de la Rochelle aussi nos chambellans. Desquels nous instituons les principaux à tous poursuits, les susdits seigneurs de Grammont et de Malicorne. Nous voulons aussi et ordonnons finablement que ce présent escrit, signé de nostre seing manuel, soit fait et réputé authentique, comme s'il estoit scellé de nostre grand scel, et signé du notaire public, lequel nous avons signé, présent à ce tesmoins, nobles hommes Jean de Roche-Choüart, vicomte de Brulaix, Guillaume de Ponville, Marc Clairet, maistre Robert du Lyon et Robert Foucques, docteur en médecine, le vingt-quatrième jour de may 1472. Ainsi signé : Carolus.

Monsieur de Comminges soutenoit à toute puissance que le duc avoit esté empoisonné et maléficié par l'exprès commandement de celui qui naturellement estoit tenu à l'aimer, et monsieur de Lescun prist l'abbé de Sainct-Jean-d'Angely, et Jean de la Roche, escuyer de cuisine, autheurs de la mort dudit duc, l'un desquels se pendit estant en prison chez le duc de Bourgongne.

Après la mort du duc de Guyenne, le Roy fut prendre possession de ses estats, dont il fit monsieur de Beaujeu gouverneur, et au retour délibéra de passer en Bretagne, pour faire guerre au duc; mais par le moyen de Odet, seigneur de Lescun, le Breton fit son accommodement, et Odet fut gouverneur de Guyenne tant que le Roy vescut. La mesme année le duc d'Alençon, se retirant vers le duc de Bourgongne, fut pris par Tristan-l'Hermite, qui l'envoya au Roy; et sur la fin d'avril, le roy d'Aragon fit entreprise sur la ville de Perpignan et la prit, monsieur de Lau en estant gouverneur; peu après le roy la reprit par le seigneur de Gaucourt, qui y posa le siége en juin de la mesme année: ledit seigneur de Gaucourt conduisit le duc d'Alençon au chasteau du Louvre, lequel duc ayant esté condamné, fut renvoyé prisonnier à la garde de Jacques

Hinsselin, escuyer d'escurie du Roy, et de Jean de Harlay chevalier du guet. En juillet de la mesme année, les nouvelles vinrent au roy, en la forest de Loches, que François, duc de Berry, son fils, estoit mort; et pour ce fit abattre grant quantité de forest, ayant de coustume quand mauvaises nouvelles lui venoient dans aucuns habits, ou sur quelque cheval, il ne s'en vouloit plus jamais servir. En ces mêmes temps revint en France Pierre de Morvilliers, jadis chancelier, qui s'estoit retiré en Bretagne depuis la mort du duc de Guyenne. La mesme année, le roy estant encore en trève avec le Breton, il escrivit la suivante au grand maistre.

Monsieur le grand maistre, le duc de Bretagne a icy envoyé Montfort, son poursuivant, pour aller signifier les trèves au duc de Bourgongne, finissantes au dernier jour de ce mois : j'escris à monsieur le connestable, que si vous et luy voyez que ladite trève ne vous soit sceante par delà, la faire crier, au moins qu'il fasse semblant, et dire qu'ils l'ont rompue de leur costé; aussi si voyez qu'elle vous soit bonne tenez-la, car avant que le poursuivant soit par delà, il n'y aura pas huit jours de trève; tenez-y les termes ainsi que vous aviserez estre à faire, et selon que verrez les affaires de par delà; les Bretons montrent qu'ils la veulent tenir, car ils s'en sont allez chacun en son hostel. Monsieur le grand maistre, j'envoye mes deux séneschaux, pour avoir Lectoure, dans laquelle messire Jean d'Armagnac s'est mis par trahison; et cela fait, j'espère que la Guyenne sera plus seure qu'elle n'estoit auparavant. Incontinent que j'auray nouvelle de mes Bretons, je vous le ferai sçavoir. Escrit à Amboise, le troisième novembre. Signé, Loys; et au dessous : Tillard. (1)

(1) On trouvera à la page 66 deux lettres qui ont rapport à des événemens passés pendant l'année 1472.

CHAPITRE VII.

Le roy soupçonnant le connestable d'infidélité, ledit connestable escrit la suivante au grand maistre et au duc de Bourgongne; sa prise et mort, et les vers qui furent faits à ce sujet, ensuite la mort du mesme Bourguignon, et le deuil du duc de Lorraine.

L'an mil quatre cens septante-quatre, que le roy ordonna que la feste de saint Charlemagne fust célébrée par tout son royaume; au mois de janvier, le connestable, mal voulu du roy, escrivit la suivante au grand maistre.

Monsieur le grand maistre; je me recommande à vous, tant comme je puis, pour ce que le bruit de mon abandonnement court toujours de plus en plus, et en suis chacun jour adverty, tant d'un parti que de l'autre. J'ay présentement et depuis mes lettres à vous escrites, envoyé devers le roy M. de Mouy mon lieutenant, pour luy remonstrer mon cas, afin que son bon plaisir soit y donner provision; et semblablement j'en escris à messieurs de l'ordre, estant de présent en cour, de toutes lesquelles lettres je vous ay envoyé les doubles, pour en estre adverty à plein : si vous requiers et prie tant comme je puis, veu que n'ay fait et ne voudrois faire chose pourquoi le roy doive avoir cause de faire de moy ledit abandonnement, qu'en cette matière me veuillez conseiller et ayder et servir si mestier est, comme en pareil cas voudrois faire, ce que tenus sommes l'un à l'autre, par le serment solemnel fait à la réception de l'ordre, et sur ce me faire sçavoir vostre bon advis et vouloir. Monsieur le grand maistre, si est chose que pour vous puisse faire en me le faisant sçavoir, le feray, je prie nostre Seigneur qu'il vous donne ce que désirez. Escrit au Castelet, le penultième octobre : et au dessous, le comte de Saint-Paul, connestable de France.

Ledit connestable sçachant l'accommodement fait entre le roy et le duc de Bourgongne, il se retira à Mons en Hainaut, où il escrivit la suivante audit duc.

Mon très-honoré et redouté seigneur, si humblement et affectueusement que faire puis, me recommande à vostre bonne grace, de laquelle j'ay totalement affaire, veu la nécessité où je suis, pour vous penser avoir fait service; et moy comme vostre très-humble serviteur et pauvre parent, me suis retiré en vos pays, pour y vivre et mourir, sans espargner ma vie ny mes biens, où il vous plaira m'employer, pour vous mon très-honoré seigneur, j'ay souvenance des biens et honneurs que j'ay reçus en vostre maison, tant que j'y ai demeuré, qui me donne espérance que ne me voudriez mettre en oubly; car je sçaique ne voudriez blesser vostre honneur, et aussi ne fais nulle doute que n'ayez assez de souvenance des promesses que m'avez faites et fait faire, ensemble du service que je vous ay fait en la journée Montlhéry, vous suppliant très-humblement à la fin de mes lettres, que mon loyer n'en soit perdu, et qu'il vous plaise croire ce gentilhomme qui est à moy; présent porteur, auquel j'ai donné charge de vous remonstrer mon dolent affaire. Escrit à Mons, le quatorzième novembre. Et au dessous, mon très redouté seigneur, vostre très-affectionné serviteur. Loys.

Cette lettre fut inutile; le Bourguignon se plaignant de ce que sur la confiance qu'il avoit en luy, le roy d'Angleterre avoit fait des routes, croyant qu'il luy rendroit la ville de Saint-Quentin; et il dit au porteur, qu'il n'avoit perdu a écrire, que l'espérance et le papier; et peu après fit livrer ledit connestable ès mains de l'admiral de France, le bastard de Bourbon et des seigneurs de Saint-Pierre et du Bouchage : sur quoy l'on disoit en cour qu'il y avoit eu guerre en paradis, et que St.-Pierre avoit pris St.-Paul. (1) Après la mort et exécution dudit connestable, furent composez ces vers.

> Mil quatre cent, l'année de grace
> Soixante et quinze, en la grand' place
> A Paris que l'on nomme Grève,
> L'an qu'il fut fait aux Anglois trève,
> De décembre le dix-neuf,
> Sur un eschaffaut fait de neuf,
> Fut amené le connestable
> En compagnie grande et notable,
> Comme le veut Dieu et raison,
> Pour sa très-grande trahison;
> Et là il fut décapité
> En cette très-noble cité (2).

De plus fut dressé un poteau en la mesme place de Grève, sur lequel on lisait ces deux vers latins :

> Detegit imbelles animos nil fortiter ausa
> Seditio, tantumve fugam meditata juventus.

L'année suivante, le roy, traitant de pair avec le duc de Bretagne, escrivit cette lettre au grand maistre.

(1) *Saint Pierre avoit pris saint Paul.* C'est à ce mot que se rapportent les vers suivans de *Jean Molinet*, dans ses *Faict: et dicts*. Paris, 1540, page 225.

> J'ai veu sainct Pol en gloire
> Ravy jusques es cieux,
> Puis descendre en bas loire (lieux)
> Mal en grâce des Dieux ;
> Sainct Pierre s'en délivre.
> Pas ne le respita
> Et au prince le livre
> Qui le décapita.

(2) Le corps du connétable fut pendu ensuite au gibet de Paris; sa tête mise au bout d'une pique, dans la halle, et ses membres attachés à quatre potences, aux portes de la ville; ils restèrent ainsi exposés jusqu'au samedi 23 décembre, jour où son enterrement fut fait dans l'église des Cordeliers.

Monsieur le grand maistre, je vous envoyai l'autre jour une forme de scellé, afin que m'en envoyez le pareil, pour faire tenir au duc de Bretagne; et depuis ay advisé qu'il n'est pas en bonne forme, et l'ay fait corriger, ainsi que vous verrez. Et pour ce tant que puis vous prier, que me le renvoyez au plutost que pourrez, et vous me ferez grand plaisir, car je vous promets de faire rompre et canceler l'autre, et vous le renverray; et adieu, monsieur le grand maistre. Escrit à St.-Martin-de-Cande, le cinquième jour d'aoust. Signé Loys.

Cette lettre reçuë, le grand maistre envoya son scellé contenant ces paroles:

Nous, Antoine de Chabanes, comte de Dammartin, grand maistre de France; comme il soit ainsi que pour l'entretenement et union de paix fait entre monseigneur le Roy, d'une part, et le duc de Bretagne, d'autre, ait esté advisé pour plus grande seureté, et afin que ledit traité et paix soit mieux entretenu, observé et gardé, qu'aucuns seigneurs et autres de la part du Roy, et pareillemes qu'aucuns seigneurs et autres de la part dudit duc, baillèrent leur scellé en la forme et manière que nous autres de la part du Roy, et par son exprès commandement. Promettons audit duc de Bretagne, sur nostre honneur et baptesme qu'apportasmes sur les fonts, qu'au cas que mondit seigneur le Roy mèneroit guerre audit duc de Bretagne, de jamais ne l'accompagner ne suivre hors du royaume, ny avec luy courir en ladite duché ne païs du duc. Ny y faire entreprise, pillerie aucune, ny entreprendre harnois ne faire chose quelconque, directement, ou indirectement, qui porte préjudice audit duc, ny à son païs, hors du royaume, tel qu'il est à présent; en renonçant à tout commandement ou contrainte que le Roy nous pourroit faire faire.

T. I. 4

En tesmoins de ce nous avons signé de nostre main aux présentes, et à icelles avons fait mettre le scel de nos armes, le huitième du mois d'aoust 1476.

L'année suivante, le duc de Bourgongne ayant esté tué devant Nancy, le duc de Lorraine fut audevant de son corps en habit de deuil, ayant une grande barbe d'or, venante jusqu'à la ceinture, à la mode des anciens preux, quand ils avoient gagné quelques victoires : et lors le grand maistre ayant esté envoyé en Picardie, par ordre du Roy, il escrivit la suivante à sa majesté.

Sire, le plus humblement que je puis, me recommande à vostre bonne grace, et vous plaise sçavoir que j'ay receu les lettres qu'il vous a pleu m'escrire par un chevaucheur de vostre escurie. Sire, de cette matiere nous vous escrivons, et à nous a esté occasion de courir à Valenciennes, et me desplaist bien, sire, que nous n'y avons fait autre chose ; mais on y fera encore ce qui sera possible touchant le faict d'Avènes ; comme aussi sur ce qu'il vous a plû m'escrire par une autre lettre : j'en ay parlé à monsieur Celtier plusieurs fois, paravant et depuis vos lettres receuës, mais il m'a toujours dit qu'il a fait le mieux qu'il a pû, et qu'il voudroit que le feu fust dans la ville et au païs, puisqu'ils ne se veulent mettre en vostre obéïssance. Sire, plaise vous me mander et commander vos bons plaisirs, pour les accomplir à mon pouvoir, au plaisir de Dieu, auquel je prie, sire, qu'il vous donne bonne vie et longue. A Eschelle, le dix-septième avril.

Plusieurs villes se rendirent alors au Roy dans l'estat de Bourgongne ; Arras résista quelque temps, mais enfin le Roy entra le mardy, quatrième mars 1476 (1), après avoir

(1) 1477, l'année commençait à Pâques.

envoyé dans la ville le cardinal de Bourbon, le chancelier, et Guyot-Pot, bailly de Vermandois, pour recevoir les serments des habitants de ladite ville, qui luy fut remise par Philippes de Crève-Cœur, seigneur de Querdes, et à qui le Bourguignon s'estoit le plus fié, luy ayant baillé la charge de sa fille; et peu avant cette prise, les mesmes habitants d'Arras avoient composé ces vers:

> Quand les rats mingeront les cas
> Le Roy sera seigneur d'Arras,
> Quand la mer, qui est grande et lée (1),
> Sera à la Saint-Jean gelée,
> On verra par dessus la glace
> Sortir ceux d'Arras dans leur place.

Le Roy, après son entrée dans cette ville, escrivit cette lettre au grand maistre:

Monsieur le grand maistre, Dieu mercy et Nostre-Dame, j'ay pris cette ville, et m'en vais à Nostre-Dame-de-la-Victoire, et à mon retour je m'en vais en vostre quartier et vous mèneray bonne compagnie, et pour ce ne souciez que de moy bien guider, car j'ay tout fait par deçà. Au regard de ma blessure (2), ç'a esté le duc de Bretagne qui le m'a fait faire, parce qu'il m'appelloit le Roy coüart, et aussi vous sçavez de pièce à ma coutume, car vous m'avez veu autrefois: et de ceux que vous m'escrivez de Taleran et de Bertrand de Roye, que je vous ay renvoyé, je n'en sçay onques rien, et ne croy pas que rien leur en ait esté dit de par moy, quelque chose qu'il vous die. Monsieur le grand maistre, je vous prie que me fassiez sçavoir souvent de vos nouvelles, et de ce qu'il surviendra de par delà; et adieu. A Arras, le septième de may. Signé, Loys.

(1477.) La mesme année, le prince d'Orenge soutint la

---
(1) *Lée*, large.
(2) Le Roy avait été blessé au siége d'Arras.

guerre en Bourgongne, contre le seigneur de Craon (1), et avoit en sa compagnie messire Claude de Vaudré, et le sieur de Chasteau Guyon, frère dudit prince d'Orenge, vint à leur secours; là il y eut grand hurtibilis (2) entre la bataille des François et des Bourguignons, où quinze cents furent tués, et le seigneur de Chasteau-Guyon prisonnier : au mesme temps le grand maistre prit d'assaut la ville d'Avènes, et le mareschal Joachim Rouault luy escrivit la lettre suivante :

Monsieur le grand maistre, je me recommande à vous, tant que je puis; j'ay receu de vos nouvelles par ce porteur, et comme vous avez pris Avènes d'assaut, et qu'avez la conduite de l'armée du Roy, dont je vous assure que j'ay esté et suis fort joyeux : monsieur le grand maistre, je vous prie que si vous voyez que le puissiez faire, que vous me recommandiez humblement à la bonne grace du Roy, et qu'il lui plaise avoir bonne souvenance de moy, et prie Dieu, qu'il lui donne accomplissement de tout ce qu'il desire, et vous prie, de rechef, que tout ce que vous pourrez faire pour moy, que le fassiez ; et à Dieu, monsieur le grand maistre, auquel je prie qu'il vous donne bonne vie et longue. A Chastillon, le vingt-quatrième juin, et au-dessous le tout vostre, Joachim.

En juillet de la mesme année 1477, l'admiral défit le duc de Gueldres (3), près de Tournay, ayant quatorze ou quinze mille Allemans, huit cents desquels furent prison-

(1) Georges de la Trémouille, seigneur de Craon.
(2) *Hurtibilis*, choc (de heurter).
(3) Adolphe de Gueldres, fils d'Arnoul, duc de Gueldres, destiné par les Gantois à devenir l'époux de Marie de Bourgogne, perdit la vie dans ce combat.

niers, et deux mille tués sur la place, auquel le grand maistre, estant gouverneur du Quesnoy, fit fortifier cette place et la mit en défense contre le prince d'Orenge, qui faisoit de grands dégats aux lieux circonvoisins, et soutint le siége contre l'armée de l'archi-duc. Le seigneur du Ludes fut à son secours, avec le seigneur de Gyé, que le Roy fit mareschal de France, et luy donna les comtés de Marle et de Chastel en Portien, et estoit renommé, ledit seigneur de Gyé, par les grands et sages capitaines du royaume, de faire une fois grand fait et service au Roy, et celuy mesme prit Baudoüin, bastard du Bourguignon, qui s'estoit eschappé : ledit Roy après cette action, escrivit ainsi au grand maistre :

Monsieur le grand maistre, j'ay receu vos lettres, et vous asseure par la foy de mon corps, que je suis bien joyeux qu'avez si bien pourvu à vostre fait au Quesnoy que n'avez pas esté surpris comme fut Salesar, à Grey, car on eust dit que vous autres vieilles gens, ne vous connoissez plus au fait de la guerre; nous autres jeunes nous eussions pris l'honneur pour nous : Je vous prie que faites tant que averiez le cas de ceux qui vous ont voulu trahir jusqu'à la racine, et que les punissiez si bien qu'il ne vous fassent jamais mal. Je vous ay tousjours dit qu'il ne faut point que me demandiez congé pour aller faire vos besongnes; car je suis seur que n'abandonnerez point les miennes, que n'ayez bien pourveu à tout, et pour ce je m'en remets tout à vous, et vous en pouvez aller sans congé. Touchant le faict de Cimay, Dieu mercy, tout en va bien, et aime mieux que vous soyez bien gardé, que vous estre aventuré de perdre deux pour un, et à Dieu soyez. Au Plessis du Parc-les-Tours, le vingt-sixième janvier. Signé, Loys, et plus bas, Courtin.

CHAPITRE VIII.

Mort du duc de Nemours, de Charles d'Amboise, et celles de plusieurs autres seigneurs; et autres choses remarquables arrivées l'an 1478, 79 et 80.

Jacques d'Armagnac, duc de Nemours, ayant esté détenu prisonnier par le moyen du cadet de saint Bazile, favori du seigneur de Beaujeu, fut conduit à la Bastille-Saint-Antoine, où il escrivit la lettre suivante au Roy:

Mon très-redouté et souverain seigneur, tant et si humblement que faire je puis, me recommande à vostre grace et miséricorde. Sire, j'ay fait à mon pouvoir ce que par messieurs le chancelier, premier président, monsieur de Montagu et de Vifray, leur a pleu me commander; car pour mourir ne vous veux désobéir ne désobéiray. Sire, ce que leur ay dit, me sembloit que devois dire à vous et non à autre, et par ce vous supplie qu'il vous plaise, n'en estre mal content, car rien jamais ne vous veux celer, ny céleray, sire, en toutes les choses dessus dites. J'ay tant méfait envers Dieu et envers vous, que je vois bien que je suis perdu, si vostre grace et miséricorde ne s'estend, laquelle, tant et si très-humblement, et en grande amertume et contrition de cœur que je puis, vous supplie et requiers, en l'honneur de la benoiste passion de nostre seigneur Jésus-Christ, et mérite de la benoiste vierge Marie, et des graces qu'il vous fait, plaise vous me l'octroyer, et libéralement donner; si ce seul prix a racheté tout le monde, je le vous présente pour la délivrance de moy, pauvre pécheur, et entière abolition et grace. SIRE, par les grandes graces qui vous sont faites, faites-moy grace et à mes pauvres enfans, ne souffrez que pour mes péchés je meure à honte et confusion, et qu'ils vivent en déshonneur, et au pain quérir; et si avez amour à ma femme, plaise vous avoir pitié du pauvre malheureux, mary et orphelins. SIRE, ne souffrez qu'autre que vostre miséricorde, clémence et piété, soit juge de ma cause, ne qu'autre que vous, pour l'honneur de Nostre-Dame, n'en ait connoissance. SIRE, derechef, en l'honneur de la benoiste passion de mon Rédempteur, tant et si très-humblement que faire puis, vous requiers pardon, grace et miséricorde; je vous serviray bien et si loyaument, que vous connoistrez que suis vray repentant et que de force de bien faire veux amander mes deffauts. Pour Dieu, SIRE, ayez pitié de moy et de mes pauvres enfans, et estendez vostre miséricorde, et à tousjours ne cesseront de vous servir, et de prier Dieu pour vous, auquel supplie que par sa grace, SIRE, il vous doint très-bonne vie et longue, et accomplissement de vos bons desirs. Escrit en la cage de la Bastille, le dernier janvier 1476; et au-dessous, vostre très-humble et très-obéïssant subjet et serviteur, le pauvre Jacques.

Jean Boulanger, premier président, condamna à mort ledit duc de Nemours, accompagné de Denis Heinsselin, maistre d'hostel du Roy, (1) et au mesme temps, Charles

(1) Jacques d'Armagnac, duc de Nemours, avait constamment conspiré contre Louis XI, qui lui avait pardonné plusieurs fois. Les sermens de fidélité qu'il avait faits à ce prince ne l'empêchèrent pas d'entrer dans de nouveaux complots contre lui. Il était accusé, entre autres crimes, d'avoir promis au duc de Bourgogne de lui livrer le roi et le dauphin. Arrêté par le sire de Beaujeu, dans le château de Carlat, où il avait vainement tenté de se dé-

d'Amboise, gouverneur de Champagne, fut envoyé dans la Haute-Bourgongne, où il prit Verdun, Montfaucon, Se-

fendre, on le conduisit dans la forteresse de Pierre-Cize, et de-là à la Bastille, où il fut renfermé dans une cage de fer. On instruisit son procès, et il fut condamné à avoir la tête tranchée. L'arrêt reçut son exécution, qui eut lieu le 4 août 1477, à l'échafaud ordinaire des halles. Il est à remarquer que *la Chronique scandaleuse* et Commines ne parlent pas de cette atroce cruauté reprochée à Louis XI d'avoir fait placer les jeunes enfans du duc de Nemours sous l'échafaud de leur père. Toutefois le roi fit preuve, pendant tout le cours du procès, d'un désir effréné de vengeance.

Voici trois lettres que Louis XI écrivit relativement à ce procès :

Lettre de Louis XI au chancelier.

« Monsieur le chancelier, j'envoye le duc de Nemours à Paris par monsieur de Saint-Pierre, et lui ai chargé le mettre dedans la Bastille Saint-Antoine, et pour ce, avant qu'il y arrive, faictes prendre tous ses gens qui sont à Paris, et les faictes mettre dedans la Bastille, et les faictes bien enferrer, afin que à l'heure que monsieur de Saint-Pierre y arrivera, il les trouve tous ; mais avancez-vous en, car s'ils oyent le bruit que leur maître aille à Paris, ils s'enfuiroient.

» Faites aussi qu'il y ait douze hommes à la morte paye dedans ladite Bastille, pour la garde dudit de Nemours, oultre ce que Philippe Luillier a de gens, car j'écris à Philippe qu'il en aura la garde, et que les mortes-payes feront ce qu'il leur commandera.

» Et mais que ledit de Nemours soit mis en bonne garde et seureté dedans la Bastille, si vous en venez devers moi à Tours, et y soyez dedans, le dix-huitième d'août, et qu'il n'y ait point de faute.

» J'ai chargé à monsieur de Saint-Pierre de vous parler de cette matière plus au long.

» Escrit à Orléans, le dernier jour de juillet 1476.   Loys.

» Et plus bas : J. Hesme. »

Lettre du Roy Louis à monsieur de Saint Pierre sur la conduite qu'il doit tenir à l'égard du duc de Nemours (Jacques d'Armagnac), prévenu de crime d'état, et dont il avait la garde à la Bastille.

« Monsieur de Saint-Pierre, j'ai reçu vos lestres ; il me semble que veus n'avez qu'à faire une chose, c'est de sçavoir quelle seureté le duc de Nemours avait baillée au connétable d'estre tel comme luy pour faire le duc de Bourgogne régent, et pour me faire mourir, et prendre monseigneur le dauphin, et avoir l'autorité et gouvernement du royaume, et le faire parler clair sur

meur et Beaune : et le grand maistre assaillit près Valen-
tiennes Jacques Gallyot, lequel fut presque défait et fort

ce point-cy, et le faire géhenner bien estroit. Le connétable en parle plus clair par son procès que ne le fait messire Palamedes, et si notre chancelier n'eust eust peur qu'il eust découvert son maistre le comte de Dammartin, et lui aussi, il ne l'eust pas fait mourir sans le faire géhenner, et sçavoir la vérité de tout ; et encore, de peur de déplaire à son dit maistre, vouloit que le parlement connust du procès du duc de Nemours, afin de trouver façon de le faire échapper, et pour ce quelque chose qu'il vous en die, n'en faites sinon ce que je vous mande.

» Monsieur de Saint-Pierre, je ne suis pas content de ce que m'avez averty qu'on lui a osté les fers des jambes, et qu'on le fait aller en autre chambre pour besogner avec luy, et que l'on l'oste hors de la cage, et aussi que l'on le mène oüir la messe là où les femmes vont, et qu'on luy a laissé les gardes qui se plaignoient de payement, et pour ce que die le chancelier ne aultres, gardez bien qu'il ne bouge plus de sa cage, et que l'on voyse la besogner avec luy, et que l'on ne le mette jamais dehors, si ce n'est pour le géhenner, et que l'on le géhenne en sa chambre ; et vous prie que si jamais vous avez voulenté de me faire service que vous me le faites bien parler.

» Monsieur de Saint-Pierre, si monsieur le comte de Castres veut prendre la charge de la personne du duc de Nemours, laissez-la-luy, et qu'il n'y ait nulles gardes des gens de Philippe Luillier, et qu'il n'y ait que de vos gens les plus seurs que vous ayez à le garder, et si vous me voulez venir voir un jour pour me dire en quel estat les choses sont, et amener maistre Estienne Petit quant et vous, vous me ferez grand plaisir ; mais que tout demeure en bonne seureté, et adieu.

» Escrit au Plessis du Parc, le premier octobre ;

» *Signé :* Loys.
» Et plus bas : Bourré. »

Lettre du Roy Louis XI au parlement, au sujet de trois conseillers de la dite cour, révoquez et cassez par ce prince, parce que lesdits conseillers vouloient civiliser la procédure criminelle qui s'estoit faite contre le duc de Nemours.

« Messieurs, j'ai reçu vos lettres, par lesquelles désirez que je remette les offices que souloient avoir en parlement maistre Guillaume Le Duc, Estienne du Bays et Guillaume Grignon ; et je vous respons que la cause pourquoy ils ont perdu leurs offices, ce a esté pour vouloir garder que le duc de Nemours ne fust pugny de crime de lèze-majesté, pour ce qu'il vouloit me

blessé à la teste : et en ce temps ledit grand maistre escrivit cette lettre au roy (1).

Sire.

Le plus humblement que je puis, me recommande à vostre bonne grace, et vous plaise sçavoir, que puis cinq ou six semaines en ça, plusieurs gens de Jacques Gallyot, se sont venus rendre en cette ville, et entre autres, il y en vint dernièrement ung qui, faignant de soy venir rendre, venoit icy pour veoir quel nombre de gens il y avoit en ceste ville, et celà fait s'en devoit retourner vers ledit Galliot, pour le luy déclairer, et pour ce que j'en fus adverty par ung de ses compaignons, je le fis prendre et incontinent faire son procès, je congnus le cas, puis accusa ung homme de cette prévosté qui alloit et venoit souvent en ceste ville, et qui y avoit ses amys, lequel je fis prendre semblablement et faire son procès. Je congnus de son bon gré sans force, que ung nommé Prudence, qui est

faire mourir et destruire la saincte couronne de France, et en ont voulu faire cas civil et pugnition civille, et pensois que, veu que vous estes subjects de ladite couronne, et y devez vostre loyauté, que vous ne voulsissiez approuver qu'on deust faire si bon marché de ma peau.

» Et pour ce que je vois par vos lettres que si faictes je connois clairement qu'il y en a encore qui voulentiers seroient machineurs contre ma personne, et afin d'eux garentir de la pugnytion, ils veulent abolir l'horrible peine qui y est; parquoy sera bon que je mette remède à deux choses; la première, expurger la cour de tels gens, la seconde, faire tenir le statut que jà une fois j'en ay fait que nul ença ne puisse alléger les peines de crimes de leze-majesté.

» Escrit à Puiseau, le onzième jour de juing.

» *Signé*: Loys et Le Maréschal. »

(1) L'original est conservé à la Bibliothéque royale; M. de Béthune, n. 8455, p. 90, d'après lequel nous avons fait de nombreuses corrections et additions.

lieutenant dudit Gallyot, avoit marchandé à luy à une somme d'argent, qui luy devoit donner pour mettre le feu en cette ville, et le devoit advertir du jour qu'il le pourroit faire, auquel jour ledit Gallyot et ledit Prudence son lieutenant, au plus grand nombre de gens qu'ils eussent peu assembler, se devoient trouver devant cette ville à l'heure que le feu y devoit estre mis; à cette cause leur procès fait, leur ay fait couper les testes et mettre en quatre quartiers; le fait dudit Gallyot est peu de chose par deçà, la pluspart de ses gens ont esté tuez; les uns et les autres, se sont venus rendre, et encore il y a qu'il en a esté pour vingt chevaux devant Valenciennes, et a esté luy depuis peu de temps fort rebouté, outrailgé dedans la ville, et fort blessé. Il n'est pas à Valenciennes, et dit-on qu'il est alié vers le duc d'Autriche, bientost vous sçaurez nouvelles de ce qui en sera, Sire. Je prie à Dieu qu'il vous doint bonne vie et longue.

Escrit au Quesnoy, le 23 décembre; et à la suscription, et au Roy mon souverain seigneur.

Ledit grand maistre fist depuis pratiquer ledit Gallyot (1), et l'attira au service du Roy, en ayant eu congé du duc d'Autriche, et il prit grand peine à l'avoir, dit le manuscrit, parce qu'il le sentoit estre très-bon et vaillant chevalier.

Autre lettre au Roy et au grand Maistre de France.

Monsieur le grand maistre, vous retiendrez avec vous tant que vous voudrez, les deux cents lances qui vont à Tournay, et mille ou douze cents chevaux ne sont pas pour

---

(1) Jacques Gallyot, gentilhomme napolitain. Il fut grand écuyer, grand maître de l'artillerie de France et sénéchal d'Armagnac. Il mourut des blessures reçues à la bataille de Saint-Aubin du Cormier, donnée en 1488 contre les Bretons.

vous courir sus, veu la compagnie que vous avez ; mais je vous prie qu'il ne fasse pas faire une autre fois le gast, car vous estes aussi bien officier de la couronne comme je suis ; et si je suis Roy, vous estes grand maistre, et adieu. A St.-Quentin, le vingt-cinquième juin. *Signé,* Loys : et plus bas, Jean de Chaumont.

Dans cette mesme année 1479, la ville de Cambray fut prise sur les François, le sieur de Fiennes y commandant : ce qui donna lieu à la chanson.

> Elle est bien habillée
> La ville de Cambray,
> Marafin l'a pillée.

Le seigneur de Chaumont faisoit en ce temps la merveille dans la Franche-Comté, où il prit la ville de Dôle d'assaut, et l'admiral gagna quatre-vingts navires Flamans : ce fut sur la fin de cette mesme année, que le mareschal de Gyé désirant avoir une espée de la main du grand maistre, ledit grand maistre luy escrivit la suivante :

Monsieur le mareschal, je me recommande à vous, tant et si bon cœur que je puis ; mon neveu Vigier m'a dit que vous aviez volonté d'avoir une espée que j'ay, je voudrois bien avoir meilleure chose de quoy vous eussiez envie, car vous en finiriez bien, si homme en finoit : je veux garder les statüts du deffunt roy, à qui Dieu pardoint, qui ne vouloit point qu'on donnast à son amy chose qui piquast ; mais je l'envoye à monsieur de Bajaumont, qui vous la rendra ; si j'étois homme à qui l'on deust faire sçavoir des nouvelles, je vous prierois que m'en fissiez sçavoir ; mais je ne suis pas au compte des gens de bien pour le présent. J'escris au Roy touchant la garde de cette place ; je luy voudrois bien supplier que s'il n'y met autres gens qu'il luy plust m'en décharger ; car je fais doute d'y faire mal ses besongnes et les miennes. Je prie Dieu, monsieur le mareschal, qui vous doint ce que vous desirez.

Ledit grand maistre envoya à monsieur de Bajaumont, qu'il vendist l'espée six blancs, pour en faire dire une messe en l'honneur de monsieur St.-Georges ; pour ce qu'il estoit d'opinion qu'on ne devoit rien donner à son amy qui piquast.

(1478.) *De l'assemblée générale qui fut tenüe à Orléans pour la pragmatique-sanction.*

Fut en ce temps tenüe une moult belle et grande assemblée en la ville d'Orléans, où furent envoyez, par le Roy, les plus grands clercs de son royaume, pour la pragmatique-sanction ; et illec se trouvèrent les trois neveux de monsieur le comte de Dammartin, grand maistre de France ; c'est à sçavoir l'évesque de Valence, frère du séneschal de Beaucaire, nommé Balzac, et aussi l'évesque de Lavaur, et l'abbé de Marmoutier, lesquels firent bon et loyal service au Roy, tant que ont finy.

Responce du Roy à celle que Edoüard Roy d'Angleterre luy escrivoit sur le sujet de l'emprisonnement de son frère le duc de Clarence.

Audit temps, le roy Edoüard d'Angleterre fit prendre son frère le duc de Clarence, lequel vouloit aller au secours de la douairiere la duchesse de Bourgongne ; et bientost après envoya ses ambassadeurs en France, avec lettres au Roy pour avoir son advis, et le Roy ne luy fit autre responce que le vers suivant du poëte Lucain.

Tolle moras semper nocuit differre paratum.

Depuis les nouvelles arrivèrent que ledit duc de Clarence avoit esté noyé dans un tonneau de malvoisie.

En la mesme année un nommé Julio de Pize, Italien, donna le gage de bataille à outrance, à Bofile de juge, Néapolitain, sur quoy le mareschal de Loyac escrivit la suivante au grand maistre.

Monsieur le grand maistre, je me recommande bien fort à vous, tant et de si bon cœur comme je puis ; j'ay receu les lettres que m'avez escrites, et ouy ce que le prevost m'a dit ; au regard de ce que m'escrivez que messire Julio de Pize a refusé le sauf-conduit du Roy, disant estre suspect, et que messire Albert dit, qu'il est au-dessusdit d'eslire tel juge qu'il luy plaira ; laquelle chose ne croyez pas, au contraire, monsieur le grand maistre, j'ay veu trois ou quatre gages devant moy, de foy mentir, et aussi de rompture de sauf-conduits ; mais les demandeurs venoient toujours requérir la raison aux capitaines a qui estoit le deffendeur ; et par meilleur raison, comme il me semble, ledit Julio l'a devroit demander au Roy de messire Bofile, puisqu'il est son serviteur, et me semble que devriez avoir la sommation que messire Juolio a faite audit messire Bofile, pareillement la response qu'a faite ledit messire Bofile sur ladite sommation. Aussi moy estant à Laval, André Trolop et Jacques de Guiter entreprirent de faire armes à outrance devant moy, à quoy je leur baillay jour, où ils se trouvèrent tous deux ; et moy estant en mon siége, et les dessus nommez au camp tous armez, et jà le dit Trolop hors de sa tente, garny de toutes ses pointes et bastons prêts à assembler, entra audit camp Loüis le Clery, lequel se mit à genoux devant moy, me réquérant justice, et me disant : mon seigneur, voicy André Trolop, qui n'est homme digne de combattre Jacques de Guiter, qui icy est, et j'ay eu sa foy, laquelle il ma mentié, et s'il veut dire le contraire, je suis prest à la combattre devant vous, et sur ce ledit André qui avoit avec luy du meilleur conseil qui fut lors en nos marches; c'est à sçavoir Aubert de Montfort, Mendonnet, Beauvade, et autres notables hommes, et par leur advis et déliberations, me demanda congé de lui respondre, lequel je luy donnay et dis oui; je suis icy sur le sauf conduit de monsieur le mareschal, embesongné pour accomplir les armes entreprises, et pour ce je vous fais response que si aucune chose avez à me demander, que quand vostre plaisir sera de vous trouver de mon party et devant mon juge, et que m'en accuserez que vous y respondrab, ainsi qu'en tel cas un gentilhomme doit faire, et en façon qu'au plaisir de Dieu, mon honneur y sera bien gardé; et lors par l'advis de monsieur de Büeil, Louis de Beüil et autres notables gens-là présent, j'en envoyay ledit Louis Leclerc, et furent lesdites armes accomplies et luy fut dist que je n'estois pas son juge en cet endroit.

Pourquoy je vous advertis de ces choses, afin que vous y advisiez, priant Nostre-Seigneur qu'il soit garde de vous. Escrit à Pontoise, le huitième décembre : le tout vostre, le sire de Loyac, de la Vaux, de Quergorlay, mareschal de France. Signé : André de Laval ; et au-dessous de ladite lettre : A monsieur le grand maistre de Chabannes.

Lettre du Roy audit grand maistre l'année suivante.

Monsieur le grand maistre, j'ay esté merry quand j'ay veu que ne me faisiez point de response ; car il me sembloit que vous n'estiez plus dans la volonté que je vous avois laissé touchant Bourgongne ; et je n'ay autre Paradis en mon imagination que celuy-là. J'ay eu ce matin des lettres du séneschal de Beaucaire, que je vous ay envoyées, et remédirons bien à tout quand j'auray parlé à vous; et pource que je m'en vais lundy à Tours, je ne vous escris autre chose; mais j'ay plus grande faim de parler à vous, afin de trouver remède en cette matière, que je n'eus oncques à confesseur pour le salut de mon ame. Escrit à Loches, le 28 octobre. Signé : Loys; et au-dessous : Tillac, et à la suscription : A monsieur le comte de Dammartin, grand maistre de France.

Autre lettre du Roy à monsieur de Curton, gouverneur du Limousin.

Monsieur de Curton, ainsi finez comme avez si loyaument commencé; j'espère en l'aide de Dieu que la chose ira bien en nostre volonté et vouloir pour l'affaire de Flandres; et si vous avez les espies, faites les bien géhesner et les livrez au prévost; j'ay escrit à monsieur le grand maistre qui vous mandera bien au long de nos nouvelles. Escrit à Montils-les-Tours, le 6 novembre. Signé : Loys; et plus bas : Tillac.

Le mesme seigneur de Curton, selon le manuscrit, moyenna la trève entre le Roy et l'archiduc Maximilian, avec lequel le Roy s'aboucha près de Cambray.

Sur la fin de l'année, l'on avoit arresté ès prisons de Paris, un cordelier accusé de quelque crime, lequel toutefois fut mis en liberté par la faveur de Jean le Boulanger, premier président, du sieur Heinsselin, et d'Olivier-le-Daim, ce qui paroist par les vers suivans, qui furent faits sur ce sujet :

> Un puissant noble Boulanger,
> Un Heinsselin et un barbier,
> Ont mis hors le bon cordelier.

Audit temps, le Roy prit en sa protection Guillaume-de-la-Marck, dit le Sanglier d'Ardène, et luy fournit argent et hommes, selon le manuscrit, pour faire la guerre à l'évesque de Liége. Il est à remarquer que les comtes de la Marck n'ont pas toujours esté appelés de ce nom, et qu'ils estoient anciennement nommez les comtes de Teisferbance (1), et puis après furent appelez les comtes d'Altène, à cause du voisinage de certaines terres d'Adolphe, premier comte d'Altène, et de celles du comte d'Arombourg. Le voisinage et les pays contigus estoient appelés, du langage du pays, Altonce. Cet Adolphe Ier, estant secondé de la valeur de son frère, se fortifia sur la montagne de Volfesegge, en Westphalie; et depuis l'empereur érigea ces terres en comté souveraine, en leur faveur, et ils furent appelez les comtes d'Altène, comme qui diroit les comtes Voisins; on les appela aussi les comtes du Mont, à cause des forteresses qu'ils avoient fait bastir sur cette montagne.

Adolphe V du nom, comte d'Altène, se signala dans le Septentrion, et se rendit comte de la Marc, l'une des plus anciennes comtez d'Allemagne.

Théodoric, comte de Clèves, fut le premier de cette maison qui occupa une partie de la Palestine, où il mourut en 1114.

Théodoric III, aussi comte de Clèves, entreprit le voyage de la Terre-Sainte, sous l'empereur Frédéric Ier.

Arnoul, du mesme sang, et le neufvième comte de Clèves, fut aussi en Orient; et, après plusieurs victoires obtenuës sur les infidelles, il mourut l'an 1218, et fut inhumé avec une pompe toute royale dans la ville Hierusalem.

Jean, premier du nom, duc de Clèves et comte de la Marck, employa aussi ses forces contre le Turc, et tous

(1) Ou Teistorbant, qui comprend l'île de Bomel et autres terres au pays de Gueldres.

ceux de cette maison, toujours armez pour la défense et
les intérests de l'Église, quoy que ledit surnommé Sanglier
d'Ardène fust obligé de faire guerre à l'évesque de Liége.
Cet illustre sang est allié en France dans les maisons de la
Tour-d'Auvergne et Deschalar, des marquis de la Boulaye,
et des comtes de Beaumont-Harlay, A. Chanvalon et autres.

La lettre suivante que le connestable écrivit au grand
maistre, lors du siége de Beauvais, a esté obmise dans son
rang.

(1472.) Monsieur le grand maistre, je me recommande à
vous; j'ay reçu vos lettres, et incontinent après la réception
d'icelles, j'ay escrit par tous les lieux où j'ay peu sçavoir et
connoistre que l'on peut avoir des charpentiers; j'ay mandé
aux officiers des lieux d'en envoyer à Beauvais en toute
diligence, le plus grand nombre qu'ils pourroient, et dès
hier vous envoyay huit charpentiers que je trouvay sur le
chemin; semblablement j'ay escrit à monsieur de Moüy,
et à ceux de la ville de Sainct-Quentin, qu'ils envoyent
audit Beauvais deux des plus grosses coulevrines qui soient
en la ville, et qu'ils les fassent mener, que jour, que nuit,
le plus tost que faire se pourra, et en toute diligence. Au regard des douze cents livres que m'avez mandé vous envoyer,
je luy ay baillé la somme que monsieur de Torcy m'a envoyée, ainsi que hier l'avois dit, et tout ce qui me sera
possible de ce que vous me ferez sçavoir, je le feray de bon
cœur. Monsieur le grand maistre, Nostre-Seigneur soit
garde de vous. Escrit à Creil, le 12 juillet. Soubscrit le
comte de Sainct-Paul, connestable de France. Signé:
Loys.

*Lettre du duc de Bourgongne escrite au duc de Bretagne,
qui a esté oubliée dans son rang.*

(1472.) Mon bon frère, je me recommande à vous de très-bon cœur; j'estois en certain espoir ayant marché jusque devant Rouen, de profiter audit Rouen, du moins pour avoir passage, mais toute la puissance des ennemis estant en cette frontière, où est le grand maistre, dont je ne sais aucun doute sur la loyauté dont il est garny, et n'ay pas la chose encore pu sortir de son effet; ne sçay ce qu'il s'en suivra, ce voyant je leur ay donné matière de penser ailleurs, et ay pris icy camp entre ledit Rouen et le Neuf-Chastel, à l'intention de retourner toutes voyes sur la prime, sinon j'exploiteray la guerre en autre quartier plus dommageable auxdits ennemis, et feray tout ce que possible me sera pour les esloigner de vostre marche. Mes gens de guerre de Bourgongne et de Luxembourg font bon devoir en Champagne. J'ay sceu qu'aussi faites-vous en vostre endroit, dont je suis très-joyeux. J'ai ards et bruslé tout le païs de Caux, par manière qu'il ne nuira de long-temps ny à vous ni à nous autres, et ne me départiray des armes sans vous, ainsi que certain suis que ne le ferez sans moy. Mais poursuivray l'œuvre encommencée, selon vos advertissements et remontrances, au plaisir de Nostre-Seigneur, qui vous donne bonne vie et longue, et fructueuse victoire. Escrit en mon camp lez Boisize, le quatrième septembre. Signé : vostre loyal frère CHARLES; et au-dessus : A mon frère le duc de Bretagne.

(1478) En octobre de la mesme année, fut trouvé en Auvergne, en une religion de moines noirs (1), apparte-

---

(1) *En une religion de moines noirs.* Mézerai dit que c'était dans l'abbaye d'Issoire, en Auvergne.

nant au cardinal de Bourbon, un religieux herma frodide qui devint gros d'enfant (1) et fut pris et gardé jusques a ce qu'il eust accouché.

Au commencemeut de l'an 1482 moururent (2), Jean le Boulanger et Charles de Gaucourt, gouverneur de Paris bel et honneste homme, sage et grand clerc, dit le manuscrit, comme fit aussi Charles d'Amboise, gouverneur de Champagne et de Bourgongne; qui décéda en la ville de Tours; au mois d'hyver, et à sa louange luy fut faite cette épitaphe.

> Mars, mettez jus vos armes et bannières,
> Et entendez un peu à lamenter;
> Ne posez plus vos tentes par bannières;
> Laissez les champs sans plus guerres hanter;
> Vous n'avez causes de rire ny chanter,
> Perdu avez vostre aisné fils et chef,
> Dont France souffre à présent grand méchef.
>
> Dame Pallas, vostre escu de christal
> Avoit porté ce grand chef que je dy;
> Faisant reluire maint acier et métail
> En ost rangé comme preux et hardy;
> Onc plus grand mal en France ne sourdy
> Quand Atropos, qui toutes gens vient prendre,
> Sa vie osta sans craindre de méprendre.
>
> Cruelle mort, dont te vient telle envie
> Que tel chef dost et autain chevetaine,
> Tu as voulu si-tost priver de vie,
> Bien te cuidions de lui estre lointaine;
> Mais tu a pris ton courroux et autaine
> A le ravir puisqu'il estoit mortel,
> Sache qu'en France on en voit peu de tels
>
> De son estat tout étoit accomply;
> Qui Scipion, Pompée et Annibal,

---

(1) *La Chronique scandaleuse* dit : « qu'il avait les deux sexes, et de chacun d'iceulx se aida. »

(2) Ils moururent, suivant *La Chronique scandaleuse*, de « maladie de fièvre et raige de teste. »

Non pas César de vouloir si remply
Ne fut jamais à pied ne à cheval ;
La haute mort fait as un si grand mal
A tous nobles et tous gens de guerre
Qu'on doit de toy vers Dieu vengeance querre.

Le Roy l'avoit pour la vertu haut mis
Et eslevé sur tous les chefs de guerre,
Pour pugnatif de tous ses ennemis,
Comme un lion de force et de vaillance,
Joyeux estoit de sa convalescence ;
Mais tost après, comme en un seul moment,
La mort lui fit grand couroux et tourment.

Aux Italies jadis fit maints beaux faits
De son fier bras et de sa dure espée,
En rencontre mortel portoit les faits
Pour sa force de vertu attrempée ;
Et puis en France sa vertu a montrée
En plusieurs lieux, tant que le bruit en court
Partout aussi bien qu'à la cour.

Duché, comté de Bourgogne haute et basse,
Comment a-t-il subjugué et réduite,
Et d'autres lieux en bref temps repassé
Par sa force et sa bonne conduite ;
Tant de fois ses ennemis en fuite
Mis et chassez jusques en Allemaigne,
N'a guerroyeur qui ne le doute et craigne.

Si vous l'aimiez, sire, pas n'aviez tort,
Car il estoit à vous serviteur feable,
Tant de travail a pris a grand effort
Que sa vie a esté moins durable ;
Mais sa gloire sera plus perdurable
D'avoir eu tel maistre et si grand Roy
Qui loyaument a servi sans deroy.

Il estoit né de maison ancienne,
Charles d'Amboise dont tant est de renom,
De Chaumont sire et comte de Brienne,
Et d'autres lieux dont je laisse le nom ;
Je prie à Dieu qu'il lui fasse pardon,
Et donne au Roy toujours homme propice
Qui le féal le serve à son office. Amen.

Après le deceds de Charles d'Amboise, le Roy donna le gouvernement de Champagne à Baudricourt, et le gouvernement d'Arras qu'avoit auparavant ledit Baudricourt à messire Olivier Cohesmin, gouverneur d'Auxerres, lequel commandoit cent lances.

Ledit Charles estoit fils de Pierre d'Amboise, sieur de Chaumont, Chambellan du roy Charles VII. La maison et chasteau duquel le roy Louis XI, fit razer au temps de la paix du bien public; mais depuis la fit refaire, pour descharger sa conscience : car ledit sieur de Chaumont estoit renommé, très-bon et sage chevalier.

CHAPITRE IX ET DERNIER.

Le Roy donne le gouvernement du Quesnoy au seigneur du Lude, et luy en envoye la commission ; le mesme seigneur du Lude, favory du Roy, fait licentier plusieurs compagnies d'ordonnance, et mesme celle du grand maistre; les lettres escrites sur ce sujet de la part du Roy, les appointemens et pensions qu'avoit ledit grand maistre.

Lettres de créance du Roy au grand maistre.

Monsieur le grand maistre, j'ay despeché le gouverneur de Dauphiné, pour s'en aller au Quesnoy, je luy ay chargé de vous dire aucunes choses ; et pour ce je vous prie que vous fassiez ce qu'il vous dira, et le croyez comme ma propre personne, et sans difficulté et sans dissimulation nulle : adieu, monsieur le grand maistre. A Cambray, le 8 juin. Signé Loys, et plus bas Courtin.

Coppie de la commission du Roy en faveur de Jean Daillon seigneur du Lude, et gouverneur du Dauphiné.

Loys, par la grace de Dieu, Roy de France, à nostre amé et féal cousin le comte de Dammartin grand maistre d'hostel de France, salut et dilection. Nous voulons et vous mandons, que les Chastel et ville de Quesnoy le Comte, dont de présent avez la charge pour nous, que vous les bailliez et mettiez entre les mains de nostre amé et féal conseiller et chambellan, le sire du Lude, gouverneur du Dauphiné, pour en faire et disposer ainsi que par nous luy a esté ou sera ordonné; et en ce faisant nous vous tiendrons quite et deschargé de la garde que en avez eüe de par nous, et vous en quittons et deschargeons par ces presentes, signées de nostre main. Donné à Cambray, le 8 juin 1480, et au bas, par le Roy, le prothonotaire de Cluny, maistre Guillaume Picard et autres présens. Et au dos éloit escrit.

Nous Jean Daillon, chevalier seigneur du Lude, gouverneur du Dauphiné, certifions que par monsieur le grand maistre, par vertu de ces presentes lettres, nous a esté baillé en main la ville et chasteau du Quesnoy le Comte; en témoin de ce, nous avons signé les présentes de nostre main.

Lettre du Roy au grand maistre.

Monsieur le grand maistre, pour ce que je sçay la peine et le service qu'avez toujours porté, tant envers feu mon père que moy, j'ay advisé pour vous soulager de ne vous faire plus homme de guerre; nonobstant que j'entends bien que je n'ay homme en mon royaume qui entende mieux le faict de la guerre que vous, et ou gist plus ma fiance s'il me venait quelque grand affaire; aussi l'ay-je dit à

Pierre Cleret pour vous le dire : et touchant vostre pension et estat qu'avez de moy, je ne vous l'osteray jamais, mais plûtost la vous croistray; et si n'oubliray jamais les grands services que m'avez faits, pour quelque homme qui en veuille parler; et adieu. Signé Loys.

Response du grand maistre au Roy.

Sire, le plus humblement que faire je puis, je me recommande à vostre bonne grace, et vous plaise sçavoir que par monsieur de Monfaucon, qui est passé par icy; j'ay desjà sçeu que vostre plaisir a esté que je n'aye plus la charge de la compagnie qu'il vous avoit pleu me bailler à conduire :

Sire, j'avois bien sçeu paravant qu'il estoit bruit que vous aviez volonté de ce faire; mais je ne le pouvois croire et me tenois aussi seur de cet estat que de rien que j'aye; considerez que j'ay longuement servi, et qu'il vous a pleu me faire cet honneur de m'en donner vostre ordre; aussi que les miens ont servy le feu Roy vostre père, que Dieu pardoint, en ses grandes affaires, et en temps qu'il en estoit besoin, pour les grands troubles qui estoient lors en ce royaume; en quoy ils ont fixé leurs jours. C'est à sçavoir feu mon père en la bataille d'Azincourt, mon frère Estienne à Crevan, et mon frère dernier en Guyenne, et de moy, Sire, depuis que j'ay pû monter à cheval, j'ay servi le Roy vostre père, et vous, le mieux que j'ay peu, et non pas si bien que j'en ay eu vouloir en ma vie, que la mercy Dieu vous n'y avez eu perte ny dommage, et ne vous ay point fait de faute. Toutefois, Sire, puis qu'ainsi en cela tout est à vous, vostre bon plaisir en soit fait. C'est bien raison, Sire, je vous supplie, très-humblement que vostre plaisir soit que je demeure en vostre bonne grace, et qu'il vous plaise avoir regard à mon fait et aux services que moy et les miens vous avons fait, au moins que je puisse vivre sous vous, selon l'office et estat qu'il vous a pleu me donner : et, SIRE, je suis tousjours pour faire et accomplir vos bons plaisirs, et tout ce qu'il vous plaira me commander, aidant le Benoist fils de Dieu, auquel je prie vous donner bonne vie et longue.

Estat des appointemens qu'avoit le grand maistre.

Le grand maistre d'hostel de France avoit vingt-cinq mille deux cents livres de revenu des bienfaits du Roy : c'est à sçavoir :

Pour l'office de grand maistre dix mille livres ;

Pour l'ordre de la chevalerie, quatre mille livres ;

Sur le Briensonnois, huit mille livres payables au jour de la Chandeleur ;

Pour sa compagnie de cent lances d'ordonnance, douze cents livres ;

Et pour les gouvernemens de Montivilliers, Harfleur et Chasteau-Gaillard, deux mille livres.

Et ce en reconnoissance des bons et agréables services rendus au roy Charles et Louis XI, et l'estimoit le Roy un homme très-hardy et bon chevalier; et se quelques grandes affaires luy fussent survenuës en son royaume, en lui gisoit toute son affaire.

Lettre du Roy Louis XI, par laquelle il veut que Marie, sa fille naturelle, espousant Aimar de Poictier, sieur de Saint-Valier, porte les armes de France, avec une bande d'or. 1467.

Loys, par la grace de Dieu, Roy de France. A tous ceux qui ces présentes lettres verront, salut. Comme puis na-

guères nous avons traité et accordé le mariage nostre très-
chère et amée fille naturelle, Marie, avec nostre cher et féal
cousin Aimar de Poictiers, sieur de Saint Valier; parquoy seroit bien expédient d'ordonner les armes qu'il nous
plaira que nostre fille porte : Sçavoir faisons, que nous
acertenez que ladite Marie est véritablement nostre fille naturelle, voulant honorer elle et sa postérité, et qu'elle
joüisse des honneurs et prérogatives qu'aux enfans naturels des princes appartiennent, pour l'amour et singulière
affection que nous avons en elle, avons voulu et ordonné,
voulons et ordonnons par ces présentes, que ladite Marie,
nostre fille naturelle, porte les armes de France, à la dif-
férence d'une bande d'or, commençant au costé sénestre,
ainsi que les enfants naturels ont accoustumé de faire ;
de laquelle chose faire, nous lui avons donné et donnons
puissance et faculté perpétuelle. En tesmoin de ce, nous
avons fait mettre nostre scel à ces présentes. Donné à
Meslay, le 11 juillet 1467, et de nostre règne le 6°. Par le
Roy, le sire de Crussol, maistre Pierre Doriole, et autres
présens, L. Toustain.

Nous apprenons par cette lettre un secret que l'histoire
a ignoré. La princesse que Louis XI reconnoist pour sa fille
naturelle, naquit dix ou douze ans avant que son père
fût roy. La mère est demeurée inconnue (1), et tout ce
que l'on a sceu de cette aventure, est que cette princesse
Marie fut quelque temps mariée avec le sieur de Saint Val-
lier, et qu'elle mourut sans enfants.

(1) Suivant le président Hénault, c'était Marguerite de Sassenage.

TABLE DES CHAPITRES
CONTENUS EN CE LIVRE.

Pag.

Chap. i. La disgrace du comte de Dammartin, et l'enlevement de Monsieur, frère du Roy 3

Chap. ii. Mariage du bastard de Bourbon, disgrace du grand chambellan, et sa prison : arrest prononcé en faveur du comte de Dammartin : son retour près du Roy, et autres incidens arrivés dans les années 1465, 66 et 67. 8

Chap. iii. Le Roy allant à Péronne trouver le Bourguignon, à la persuasion du cardinal Balue, escrit diverses lettres au grand maistre de Chabannes : les lettres de Balue au Bourguignon interceptées, son emprisonnement et confiscation de biens, et les vers composez sur sa disgrace. 12

Lettre du Roy au grand maistre.

Lettre du grand maistre au Roy.

Chap. iv. Lors de l'institution de l'ordre de Saint-Michel, le Roy envoie le collier au grand maistre, qui obtient la grace du comte d'Armagnac, le refus que le comte de Bretagne fait dudit collier, la réduction des villes d'Amiens, Mondidier et Roye. Lettres injurieuses du duc de Bourgongne au grand maistre, et la response du grand maistre au Bourguignon. 25

Lettre du Roy au grand maistre. 3 février 1470.

Lettre du Roy au grand maistre. 1 août.

Chap. v. Lettre injurieuse du Bourguignon au grand maistre de France. 29

16 janvier 1470.

Response du grand maistre au duc de Bourgongne.

Lettre du Roy au grand maistre 8 septembre.

Instruction du Roy au grand maistre. 16 février 1470.

Lettre du Roy au grand maistre.

Chap. vi. Lettres secrettes du Roy au grand maistre, ensemble celles de la maladie de Monsieur, frère unique du Roy, sa mort, son testament, et le voyage du Roy en Guyenne et en Bretagne. 38

Lettre du Roy au grand maistre. 29 octobre.

Autre lettre du Roy sur le mesme sujet. 18 may.

Testament de Monsieur, frère du Roy. 24 may 1472.

TABLE DES CHAPITRES.

Pag.

Chap. vii. Le Roy soupçonnant le connestable d'infidélité, ledit connestable escrit la suivante au grand maistre et au duc de Bourgongne; sa prise et mort; et les vers qui furent faits sur ce sujet; ensuite la mort du mesme Bourguignon, et le deüil du duc de Lorraine.   46

Lettre du Roy au grand maistre. 5 aoust.

Promesse du grand maistre. 8 aoust.

Lettre du grand maistre au Roy. 7 avril.

Lettre du Roy au grand maistre. 7 may.

Lettre du maréchal de Rouault au grand maistre. 24 juin.

Lettre du Roy au grand maistre. 26 janvier.

Chap. viii. Mort du duc de Nemours, de Charles d'Amboise, et celles de plusieurs autres seigneurs; et autres choses remarquables arrivées l'an 1478, 79 et 80.   54

Lettre du duc de Nemours au Roy. 31 janvier 1477.

Lettre du grand maistre au Roy. 26 décembre.

Autre lettre du Roy au grand maistre de France. 25 juin.

Lettre du grand maistre au maréchal de Gié.

De l'assemblée générale tenuë à Orléans pour la pragmatique-sanction.

Response du Roy à celle d'Edouard, roy d'Angleterre, sur l'emprisonnement de son frère, le duc de Clarence.

Lettre du maréchal de Loheac au grand maistre. 8 décembre.

Lettre secrette du Roy au grand maistre. 28 octobre.

Autre lettre du Roy à M. de Curton, gouverneur du Limousin. 6 nov.

Lettre que le connestable écrivit au grand maistre lors du siége de Beauvais. 12 juillet.

Chap. ix. Le Roy donne le gouvernement du Quesnoy au seigneur du Lude, et luy en envoye la commission; le mesme seigneur du Lude, favory du Roy, fait licencier plusieurs compagnies d'ordonnances, et mesme celle du grand maistre; les lettres escrites sur ce sujet de la part du Roy, les appointemens et pensions qu'avoit ledit grand maistre.   70

Lettres de créance du Roy au grand maistre.

Commission du Roy en faveur de Jean Daillon, seigneur du Lude et gouverneur de Dauphiné.

Lettre du Roy au grand maistre.

Response du grand maistre au Roy.

Estats des appointemens qu'avoit le grand maistre.

Lettre du Roy Louis XI, par laquelle il veut que Marie, sa fille naturel, espousant Aimar de Poictiers, sieur de Saint-Valier, porte les armes de France, avec une bande d'or.

FIN DU CABINET DE LOUIS XI.

CHRONIQUE

SUR

LE COMTE DE DAMMARTIN[1].

Le comte de Dammartin pour pensa soy évader et s'en alla hors du royaume, pour éviter la fureur du Roy, laquelle n'avoit justement desservie, si demanda ses gens et serviteurs, qui de long-temps l'avoient servy et auxquels il avoit fait moult de grands biens, s'ils étoient délibérés de le servir comme ils avoient accoutumé, et de eux en aller avec luy hors dudit royaume pour éviter ladite fureur du roy, et la haine qu'il avoit à luy, et la pluspart d'iceux lui répondirent que non, et qu'ils ne se mettroient point en danger pour luy, dequoy ledit comte fut fort mary, en leur remonstrant les grands biens et honneurs qu'ils avoient eu de luy, et avoit ledit comte pour lors du Roy dernier cent hommes d'armes; et mesmement un nommé Carville, son varlet de chambre et tailleur, auquel ledit comte demanda un petit courtault qu'il avoit, qui ne valoit pas cent sols, pour envoyer un page dehors; lequel Carville luy respondit tels mots ou semblables : Monseigneur, si vous me voulez donner le mulet que monseigneur de Nemours vous a donné, je vous bailleray mon courtault, et non autrement, dont ledit comte eut grand deuil, et luy dist : Ha! Carville, vous ne monstrez pas que vous soyez bon serviteur, ne loyal de m'abandonner maintenant en ma grande nécessité, et de me refuser si petite chose, c'est mal reconneu les biens et honneurs qu'avez eu de moy. Ce dit, le même jour, un nommé Voyault Dimonville,

[1] Cet extrait est tiré des recueils de l'abbé Legrand, et est imprimé parmi les preuves des Mémoires de Comines, édition de Lenglet Dufresnoy.

qui pareillement estoit serviteur dudit comte, s'en estoit allé en la salle du chasteau dudit Mehun, où gisoit mort ledit feu roy Charles sur un grand lit de parement, couvert d'une couverture de velours bleu semée de fleurs de lys, qui estoit merveilleusement belle, et y avoit plusieurs torches allumées, et grande quantité de cierges, et plusieurs grands seigneurs et dames qui plouroient et gémissoient ledit feu roy Charles. Et ainsi que ledit Voyault s'en retournoit devers sondit maistre, il rencontra en chemin un nommé le Tailleur, qui le servoit en sa chambre et son buffet, lequel luy dist qu'il se hastast, et que ledit comte le demandoit. Et ainsi qu'il entra en sa chambre pour aller à luy, il le vist qu'il estoit à genoux devant un banc, et disoit ses vigilles, et plouroit moult fort, dequoy ledit Voyault fut fort esbahy, en pensant en luy-mesme, qu'il pouvoit avoir. Et quant ledit comte eut achevé sa dévotion, il demanda audit Voyault dont il venoit, lequel luy respondit qu'il venoit de la salle où gisoit mort le feu roy Charles. Et alors ledit comte luy dist celles paroles ou semblables : Voyault, vous sçavez que je vous ay nourry de vostre jeunesse, et ainsi qu'estes mon vassal, n'estes-vous pas délibéré de me servir comme vous avez fait du temps passé ; et il luy respondit que ouy, et qu'il ne l'abandonneroit point jusqu'à la mort. Et quant ledit comte vit qu'il avoit bonne volonté de le servir, si escrivit plusieurs lettres missives ; et entre autres à monsieur Philippes, duc de Bourgongne, à l'admiral de Montauban, à Boniface de Valpergue, et à Joachim Rouault (1), qui estoit alors en la bonne grace du Roy ; et luy estoient, ledit Valpergue et admiral, ses ennemis à luy inconnus, pour ce qu'il pensoit que ils luy deussent aider à faire son appointement envers le Roy, et aussi que ils les tenoit pour ses amis. Et bailla icelles

(1) Il fut depuis disgracié et condamné comme concussionnaire.

lettres audit Voyault, en luy défendant qu'il ne se renommast point estre a luy, sinon qu'il avoit laissé son maistre, et qu'il s'en alloit à son aventure pour trouver quelque bon maistre. Et alors ledit Voyault print lesdites lettres, et s'en partit dudit lieu de Mehun seul, et s'en alla à Avennes, où estoit ledit Roy Loys, et quand il fut arrivé en ladite ville, il s'en alla vers le logis du roy, en regardant s'il verroit personne de ceux à qui il avoit à besongner, si va choisir entre les autres ledit amiral de Montauban, qui s'en vouloit aller disner, si se tira vers luy, et regarda bien qu'il n'y eust personne et qu'il ne fust veu, et le salua ainsi qu'il appartenoit en luy présentant lesdites lettres de par ledit comte; et quand ledit admiral eut ouvert lesdites lettres, et veu le signet dudit comte, lequel il conneut bien, sans aucunement voir la substance, les jeta par terre comme par despit, en regardant autour de luy s'il venoit personne de ses gens pour le faire prendre, en disant audit Voyault qu'il le feroit jeter en un sac en la rivière, si aperceut d'aventure chevalier Flament, qui estoit homme très hardy et vaillant chevalier, qui s'en vouloit aller disner avec ledit admiral, si luy dit qu'il tient bien ledit Voyault jusques à ce qu'il eût trouvé un de ses gens pour le mener prisonnier. Et quand ledit chevalier eut bien entendu tous le cas, et la mauvaiseté et ingratitude dudit admiral, si le print par le bras, en luy disant: Monsieur, que voulez-vous faire? vous sçavez qu'il n'y a guères que le Roy vous a donné l'office d'admiral, et paravant vous n'en aviez point d'autre, monstrez que vous estes sage et homme digne de mémoire, et devez tascher d'accueillir bruit et honneur, et non pas croire en vostre fureur, vous sçavez que du temps du feu roy Charles, le comte de Dampmartin vous a fait tous les plaisirs qu'il a pû faire, considérez aussi si vous envoyiez un message par devers un, que vous pensissiez qu'il fust vostre ami, et le queriez d'aucunes choses, et il luy fist déplaisir, vous ne seriez pas joyeux.

Quand ledit chevalier eut tout bien remonstré audit admiral les choses devant dites, si rappaisa un peu sa fureur, et appela ledit Voyault, qui estoit tout pensif, et luy dit qu'il dist hardiment audit comte, que si le roy le tenoit, qu'il feroit manger son cœur aux chiens, et dit aussi audit Voyault qu'il s'en allast bien-tost, et que s'il estoit trouvé a sept heures prés du roy, qu'il le feroit noyer.

Et ledit jour à l'heure de soupper ledit Voyault s'en alla en l'hostel de monseigneur Phelippe de Savoye, pour bailler les lettres à Boniface Valpergue, que ledit comte luy escrivoit, ainsi qu'il luy avait chargé de faire, et lequel monseigneur de Sayoye estoit fort tenu audit comte, à cause du traité et appointement qu'il avoit fait entre le roy Charles septième et ledit duc de Savoye, qui fut en l'an 1456, et fut ledit accord fait à l'honneur et avantage du roy, et prouffit de son royaume; et lequel duc Pheleippe de Savoye connoissant le bon traité et accord que ledit comte avoit fait entre le roy et luy, qui n'estoit au dommage de l'un ne de l'autre, il donna audit comte la somme de dix mille escus d'or, dont pour seureté de ce il luy bailla la baronnie de Clermont en Genevoys, pour en jouir luy et les siens jusques à ce qu'il eust payé ladite somme de dix mille escus, de laquelle seigneurerie de Clermont, dont ledit comte Dampmartin avoit jouy, et dont il avoit esté receu en foy et hommage par ledit Phelippe duc de Savoye, lui fut ostée après le deceds dudit Roi Charles septieme, et en fut dessaisi par force et violence, et remise en la main du duc de Savoye, son fils; lequel non reconnoissant les services que luy avoit faits ledit comte de Dampmartin, qui n'estoient pas de petite estimation, remit en ses mains ladite baronnie, de Cler mont, nonobstant que par les lettres signées et scellées de son grand sceau, à Paris, ladite baronnie disoit estre et appartenir audit comte de Dampmartin à tousjours, et dont il avoit esté receu en foy et hommage dudit duc de Savoye, jusques à ce que ladite somme de dix mille escus luy fust payée.

Après que ledit Boniface eut leu lesdites lettres, il fit tel recueil audit Voyault que avoit fait ledit admiral, qui pareillement le vouloit mettre en prison, n'eust esté aucunes remonstrances qui luy furent faites, et aussi qu'il y eust aucuns gentilshommes qui le furent veoir, et le laissèrent aller, et mirent hors de la maison. Et ainsi que ledit Voyault s'en sortist hors d'icelle maison, qui ne sçavoit où s'en aller loger, et estoit bien deux heures de nuit, quand il apperceut à la lune un des clercs de maistre Jehan de Reilhac, secrétaire du Roy Loys, qui depuis fut général de France, lequel dit de Reilhac il avoit autrefois connu en la cour dudit feu Roy Charles; si se tira vers ledit clerc et le salua, et quand ledit clerc l'apperceut si le connut bien, et luy demanda d'où il venoit et s'il avoit souppé; lequel luy respondit que non, et qu'il ne faisoit que arriver; et quand ledit clerc ouït qu'il n'avoit point souppé et qu'il ne sçavoit où aller loger, il le mena au logis de son maistre, et le fit soupper avec eux : de quoy ledit Voyault fut fort joyeux, car il ne sçavoit où se retirer, tant pour ce qu'il estoit desjà tard, que aussi qu'il ne fust conneu d'aucuns qui luy eussent pû faire quelque desplaisir; car, comme dit est, il avoit esté menacé par ledit admiral que, s'il le trouvoit, qu'il le feroit noyer.

Et quand ils eurent souppé, il se print à deviser avec lesdits serviteurs, en attendant ledit maistre Jehan de Reillac, qui estoit au logis du Roy, lequel ne vint qu'il ne fut plus de minuit. Et quand iceluy de Reilhac fut avancé en son dit hostel et monté en sa chambre, il demanda à un de ses serviteurs, qui estoit en ladite chambre, qui estoit celuy qu'il avait veu en bas parler à son clerc, et qu'il cherchoit; et alors ledit serviteur luy respondit que c'estoit un qui avoit autrefois esté serviteur du comte de Dampmartin, et qu'il cherchoit son adventure, car il avoit son maistre comme il disoit et; quand ledit de Reilhac ouït qu'il se disoit avoir esté serviteur dudit comte de Dampmartin, si se doubta bien qu'il estoit venu en cour pour aucunes affaires, car il sçavoit bien que le Roy l'avoit en haine du temps qu'il estoit daulphin, jaçoit ce que il l'eust bien et loyaument servy, sans y espargner crainte de vie en plusieurs lieux, si manda ledit Voyault venir secrettement en sa dite chambre, et si fit sortir hors d'icelle tous ceux qui y estoient, et luy demanda qui il estoit, et qui il avoit affaire en cour : si luy respondit ledit Voyault qu'il avoit servi autrefois le comte de Dampmartin, et qu'il avoit laissé depuis un peu de temps en çà, et qu'il estoit venu en cour pour trouver quelque bon maistre. Et lors ledit maistre Jehan de Reilhac luy fit faire serment qu'il luy diroit la vérité de ce qu'il luy demanderoit, ce qu'il fit. Et puis luy demanda où il avoit laissé son dit maistre, et ledit Voyault luy respondit qu'il l'avoit laissé à Mehun sur Yeure, bien troublé et pensif; et à donc luy dit ledit Reilhac, que ce n'estoit pas bien fait à un bon serviteur de laisser son maistre en son adversité, et sans autres choses luy dire pour celle nuit, le fit mener coucher en une belle chambre près de la sienne.

Le lendemain au matin il envoya quérir ledit Voyault, et luy dit qu'il n'eût doubte de luy, et qu'il luy dit hardiment ce qui le menoit, et qu'il luy pourroit bien aider en ses affaires. Et quand ledit Voyault vit que ledit Reilhac luy tenoit si bon termes, si se pensa en luy-mesme qu'il se découvriroit du tout à lui, et que en tant qu'il estoit secrétaire du Roy, qu'il luy pourroit dire quelque bonne nouvelle; et voyant ledit Voyault, que ledit de Reilhac parloit si franchement à luy, se decouvrit du tout à luy, en luy disant telles parolles ou semblables : monseigneur, puisqu'il vous plaist que je vous die la cause qui me meine par deçà, je la vous diray; il est vray que depuis que le feu Roy Charles, que Dieu absolve, est trespassé, il a esté fait aucuns rapports à monseigneur mon maistre, que le Roy l'avoit très-fort en hayne, et que s'il le pouvoit tenir qu'il le feroit manger aux chiens; et quand ledit de Reilhac l'eut ainsi ouï parler, et aussi qu'il sçavoit bien qu'il en estoit; car, comme dit est, il estoit secrétaire du Roy, si luy demanda iceluy de Reilhac s'il avoit apporté nulles lettres de par ledit comte à aucuns pour pourchasser sa paix envers ledit seigneur; lequel lui respondit que ouï, et qu'il en avoit apporté une à l'admiral de Montauban, pour le joindre et unir au service du Roy, et une autre à Boniface, lesquels le comte de Dampmartin tenoit pour ses amis; et qu'il pensoit que ils luy eussent aidé et secouru en ses affaires, ainsi que plusieurs fois il avoit fait pour eux, et luy dit aussi qu'il les leur avoit baillées, mais qu'ils l'avoient voulu faire noyer, n'eust esté aucuns qui luy avoient fait le passage, et qui les appaisèrent. Et lors ledit de Reilhac appela un clerc qui avoit nom Robert, et quand ledit clerc fut venu, il luy dit ces mots ou semblables : Baille-moy ce sac où sont ces mandemens de ces envieux qui demandent les confiscations du comte de Dampmartin. Et quand ledit clerc eut apporté lesdits mandemens, ledit de Reilhac les monstra audit Voyault, en luy disant que c'estoient les mandemens pour avoir la confiscation de son dit maistre, que Sallezart et Anthoine du Lau pourchassoient, mais que le Roy ne les avoit pas voulu signer.

Après ces choses, ainsi dites que dit est, ledit Voyault

dit audit Reilhac qu'il avoit encore deux paires de lettres à bailler, l'une au duc Phelippe de Bourgongne, prince très-bon et de haute renommée, auquel le Roy estoit très-tenu du secours qu'il luy avoit fait en sa nécessité, auquel Voyault ledit maistre Jean de Reilhac respondit, qu'il ne pouvoit bailler lesdites lettres, pource que ledit duc estoit un peu mal disposé; et une autre pour bailler à Joachim Rouault : et lors ledit de Reilhac luy dit que les luy monstrat, ce qu'il fit; et que, au regard de celle de Joachim de Rouault, seigneur de Gamaiches, il ne luy pourroit bailler, car il s'en estoit allé prendre la possession de ce que le Roy luy avoit donné en Lan en Lansnoy, et qu'il s'en retournast hardiment devers le comte son maistre; et pria audit Voyault de luy dire qu'il se recommandoit bien fort à luy, et qu'il ne se souciast que de garder sa personne, car avant qu'il fust peu de temps, que on le rappelleroit bien volontiers; et aussi que tous les plaisirs qu'il luy pourroit faire, qu'il le feroit volontiers, car il se sentoit estre plus tenu à luy que à homme du monde; et deffendit bien audit Voyault qu'il se gardast bien de se renommer estre audit comte, en quelque manière que ce fust, et luy bailla lettres. Et ayant print congé ledit Voyault dudit de Reilhac en le remerciant très-humblement des bonnes nouvelles qu'il luy avoit dites, et s'en alla ledit Voyault en Lan en Lasnoys; et ainsi que ledit Voyault s'en alloit parmy ladite ville de Lan, ledit Joachim Rouault, qui estoit en une fenestre de sa chambre, le conneut, avec lequel estoit le bastard d'Armignac et Sallezart; et incontinent ledit Joachim envoya un sien serviteur par devers ledit Voyault, si luy demanda qu'il cherchoit, et quand ledit serviteur fut devers ledit Voyault, si luy demanda qu'il cherchoit, et il luy respondit qu'il avoit un peu à parler audit Joachim Rouault, maistre dudit serviteur. Et quand Joachim

Rouault sçut qu'il, si renvoya son serviteur par devers ledit Voyault, luy dire qu'il ne vint point vers luy, jusques à ce qu'il le mandast, et qu'il se gardast bien de se renommer estre au comte de Dampmartin ; et quand ledit Rouault eut laissé ledit bastard d'Armignac et Sallezart, et qu'il se fust retiré en sa chambre, il envoya querir ledit Voyault secrettement par un de ses serviteurs, et quand ledit Voyault fut vers luy, il luy demanda qu'il cherchoit ; car il sçavoit bien que le Roy avoit ledit comte de Dampmartin en haine, dont il estoit fort marry, car il connoissoit ledit comte long-temps estre bon et hardi chevalier, que long-temps il y avoit une ancienne amitié entre eux pour les plaisirs que ils s'estoient faits l'un à l'autre, et ledit Voyault voyant que il avoit opportunité de luy bailler lesdites lettres, les luy présenta ; et quand il les eut leuës, se prinst à plorer en disant telles paroles : Très-doux amy, si ce n'estoit de peur que fussiez cherché en chemin et détenu prisonnier, je rescrirois volontiers à monseigneur de Dampmartin, vostre maistre ; lors luy montra ledit Voyault les lettres de maistre Jehan de Reilhac : et quand ledit Rouault les eut vuës, luy bailla autres lettres pour porter audit comte, et entre autres choses luy dit de bouche que le plus fort de son affaire estoit de mettre sa personne en seureté, et que le Roy s'en alloit à Rheims pour se faire sacrer, et qu'il ne faisoit nul doubte que on le rappelleroit volontiers ; et quand il eut fermé sesdites lettres, il les bailla audit Voyault, en luy priant qu'il le recommandast bien fort audit comte, et que là où luy pourroit faire plaisir, il le feroit volontiers. Et lors print congé de luy ledit Voyault, et monta à cheval pour s'en aller à Saint-Fargeau vers ledit comte son maistre, qui y estoit, qui estoit troublé en son cœur, car de plus en plus avoit rapports que le Roy de tous points estoit délibéré de le faire mourir, et cherchoit de tous points sa destruction, pour le rapport un nommé Georges Demancy son serviteur, qui leur dit qu'il l'avoit ouï dire vray, et ainsi que ledit comte se vouloit mettre à table pour disner, ledit Voyault va arriver, et luy fit la révérence ainsi qu'il appartenoit; et quand ledit comte le vit si mua couleur, et sans autre chose dire, luy demanda quelles nouvelles il apportoit; lequel luy respondit qu'il les apportoit bonnes selon le temps. Et lors se leva ledit comte de sa table, qui vouloit commencer à disner, et le print par la main, et le mena parmi la cour dudit chastel dudit Saint-Fargeau, en luy demandant quelles nouvelles il avoit apportées, et il luy conta comment il avoit trouvé l'admiral et Boniface, auxquels il avoit baillé les lettres qu'il leur rescrivoit; mais ils luy avoient fait trèsmauvais accueil, et n'eust esté par le moyen d'aucuns seigneurs qu'il avoit autrefois connus, ils le vouloient faire noyer; de quoy ledit comte fut fort dolent et marry, en disant que c'estoit mal reconnu à eux les plaisirs qu'il leur avoit faits. Et après que ledit Voyault luy eut conté bien au long les paroles que Reilhac luy avoit dites, il en fut moult resjoui, et leva les mains vers le ciel en rendant graces à Dieu des nouvelles qu'il avoit euës; et lors print de rechef iceluy Voyault, et le mena en la grand'salle du chasteau de Saint-Fargeau, en luy demandant tousjours quel bruit y avoit en cour, et il luy dit que le Roy s'en estoit party pour aller à Rheims, et puis tira les lettres de Joachim Rouault qu'il avoit en son pourpoint, et les bailla audit comte de Dampmartin, desquelles il fut encore plus joyeux que devant, et les moustra à son nepveu Robert de Balzac, seigneur de Ranmartin. Et peu après ledit comte tint conseil avec les des susdits, et advisèrent que ledit Robert de Balzac s'en iroit au sacre du Roy pour sçavoir des nouvelles, ainsi que ledit Rouault luy avoit escrit, et que ledit comte s'en iroit en Limosin, et meneroit avec luy ledit Voyault où il le trouveroit, avec une lettre qu'il escrivoit au duc de Bourgogne.

Lors s'en partit ledit Voyault pour aller à Rheims, et là trouva le Roy et plusieurs grands seigneurs et princes, et entre autres monseigneur de Charlus, qui estoit nepveu dudit comte, auquel il se adressa, et luy conta tout son cas, et luy dit entre autres choses, qu'il avoit des lettres à monseigneur le duc de Bourgogne, que ledit comte luy rescrivoit. Et quand ledit Voyault eut longuement parlé à luy touchant son affaire, ledit seigneur de Charlus luy dit qu'il le feroit dépescher, et quand se vint au soir que mondit seigneur de Bourgogne se voulut retirer en sa chambre, il appela avec luy monseigneur de Bourbon son nepveu, pour s'en aller avec luy. Et lors ledit de Charlus dit à Voyault qu'il se tint près de la chambre, et qu'il le feroit dépescher; et quand lesdits seigneurs furent en la chambre du duc Philippe de Bourgogne, ils devisèrent de plusieurs choses, tant des affaires du Roy que autrement; et puis ledit seigneur de Bourbon appela à part ledit seigneur de Charlus, et luy dit qu'il fist entrer ledit Voyault en la chambre, ce qu'il fit, et luy demanda les lettres; et quand il les eut, il les présenta à mondit seigneur de Bourbon, qui les bailla au duc de Bourgongne son oncle, lequel les print et les ouvrit, et en les lisant, se seignoit, et demanda à monseigneur de Bourbon qui les avoit apportées; et il lui dit que c'avoit esté un des gentilshommes dudit comte, lequel il fit appeler; et quand le duc de Bourgogne le vit, il lui demanda où estoit le comte de Dampmartin; et ledit Voyault lui respondit qu'il l'avoit laissé à Saint-Fargeau, délibéré de s'en aller à son adventure, là où Dieu le conseilleroit, et qu'il estoit tant pensif et courroucé, que plus ne pouvoit; à donc, dit le duc à monseigneur de Bourbon, que c'estoit l'un des honnestes gentilshommes du royaume de France, et qui autant valoit et sçavoit, et qu'il voudroit bien qu'il se retirast vers luy, et qu'il luy feroit des biens plus que ne fit jamais le Roy Charles. Et quand monseigneur de Bourbon oyt ainsi parler son oncle, il luy dist que s'il luy plaisoit rescrire quelque chose, qu'il resjouiroit; à quoi le duc respondit qu'il ne faisoit jà mestier, en disant cet homme ne règnera pas longuement en paix; sans avoir un merveilleusement grand trouble; et après ces choses dites, chacun se départit de la chambre du duc de Bourgongne, et le duc de Bourbon s'en partit pour aller en son logis, puis appela ledit Voyault, et luy demanda s'il luy souviendroit bien de ce que le duc de Bourgogne lui avoit dit, et il respondit que oui; et dit aussi audit Voyault que, quand il verroit ledit comte, qu'il luy dist qu'il se recommandoit bien fort à luy, et que avant qu'il fust deux ans, qu'il oyrroit d'autres nouvelles, mais quoiqu'il en fust qu'il gardast sa personne; lors print congé ledit Voyault de monseigneur de Bourbon, et s'en alla droit à Saint-Fargeau, où il ne trouva que mademoiselle la comtesse de Dampmartin, avec laquelle n'avoit que Loys du Soulier, gouverneur de Dampmartin, laquelle estoit en grande pensée dudit comte son mary, pource qu'elle ne sçavoit où il estoit; et ne séjournast ledit Voyault à Saint-Fargeau que deux jours, qu'il se mit en chemin pour trouver son maistre : et ainsi qu'il passoit par la Palisse, il trouva monseigneur de Charlus, qui estoit retourné du sacre; lequel escrivit une lettre audit comte, qu'il bailla audit Voyault, par lesquelles il luy escrivoit ce qu'il avoit fait à Rheims, et comment il avoit parlé à messeigneurs les ducs de Bourgogne et de Bourbon, et qu'il creust ledit Voyault de ce qu'il lui diroit; si s'en partit et s'en alla à Charlus, à deux lieuës de Bort, où il trouva le comte de Dampmartin, et quand il le vit, si le tira à part et luy demanda quelles nouvelles il avoit apportées; et il luy dit ce qu'il avoit fait, et luy récita les paroles qu'il avoit ouï dire au duc de Bourgogne et à monseigneur de Bourbon, et entre autres choses, luy dit qu'il estoit de necessité de trouver quelque prélat ou homme d'église de bonne présentation, pour envoyer à Paris à la venuë du Roy et des princes, pour sçavoir comment son fait se porteroit; et quand ledit comte eut ainsi ouï parler ledit Voyault, il appela un de ses serviteurs et envoya querir monseigneur de Bort son nepveu, fils de sa sœur; et quand il fut venu, il luy dit qu'il convenoit qu'il envoyast quelque prélat ou autre homme d'honneur et de bonne présentation à Paris à la venuë du Roy, et qu'il luy prioit qu'il voulust aller, car il luy feroit plaisir; lequel respondit par ses bons dieux il n'en feroit rien, et que s'il luy eust fait plaisir le temps passé, qu'il l'eust trouvé à sa nécessité.

FIN DE LA CHRONIQUE SUR LE COMTE DE DAMMARTIN.

EXTRAITS

DES COMPTES ET DÉPENSES

DE LOUIS XI[1].

(1469.) A Guillaume Harelle, marchant de draps, demourant à Paris, la somme de six livres quinze sols, pour trois aulnes de taffetas vermeil de Florence, prins et acheté de lui le 28eme du mois de juillet et baillé à Mathelin de Laval, tailleur de robbes du Roy notre dit seigneur, pour faire deux petit estandars de guerre pour icelluy seigneur, au pris de 45 sols l'aune.

A Jacob de Litemont, paintre du Roy notre sire, la somme de 24 livres tournois pour avoir paint en chacun desdits deux estendars l'imaige saint Michel, ung dragon qu'il terrace, avec ung grand soleil et plusieurs petits soleils jettans leur raiz de fin or batu de deux costez, qui est au pris de 12 livres tournois la pièce.

A Guillaume Harelle, marchant de draps, demourant à Paris, la somme de 7 livres 6 sols 3 deniers tournois pour trois aulnes ung quartier taffetas blanc de Florence, prins et acheté de lui au mois d'aoust, et baillé à Mathelin de Laval, tailleur de robbes du Roy notre dit seigneur, pour faire deux banières en façon de banières de guerre.

A Yvon Fourbault, paintre, demourant à Paris, la somme

[1] Ces extraits sont tirés des manuscrits des Archives du royaume et de la Bibliothèque royale.

de 8 livres 5 sols, qu'il devoit avoir par marché fait avecques lui pour paindre lesdites deux banieres : c'est assçavoir, en l'une d'une part et d'autre l'imaige de Notre-Dame, et en l'autre d'une part et d'autre l'imaige saint Denis et ses deux compagnons, martirs.

Pour donner à ung pauvre homme qui présenta au Roy nostre seigneur à faire tenir sur fons un sien enfant à son partement d'Orléans, 4 l. 2 s. 6 den. t.

A Simon Moreau, appothicaire, demourant à Tours, la somme de 16 l. 2 s. 6 den., pour plusieurs eaues rozes, espice, vinaigre rozat et aultres choses odorantes par lui baillées et délivrées pour mettre et adorer la chambre ou le Roy de Secille, monseigneur le duc de Guienne et aultres seigneurs, ont logé ès Chasteaulx d'Amboise et des Montils-les-Tours.

A Guion de Broc, escuier, seigneur du Var, maistre d'hostel du Roy notre sire, la somme de 60 l. t., que ledit seigneur, par sa cédulle signée de sa main donnée à Amboise le 11me jour de février 1469 (1), lui a ordonnée et fait bailler comptant ledit jour pour icelle estre par lui employée à faire faire une caige de fer au chasteau Douzain, laquelle ledit seigneur a ordonné y estre faite pour la seureté et garde de la personne du cardinal d'Angiers.

A Olivier-le-Mauvais (2), varlet de chambre et barbier

---

(1) 1470 : l'année ne commençait alors qu'à Pâques.

(2) *Olivier-le-Mauvais*, barbier et favori de Louis XI, qui changea son nom en celui de Le Daim par lettres-patentes données à Chartres en 1474. Il parvint à gagner l'entière confiance du roi, et fut nommé capitaine du château de Loches et gouverneur de Saint-Quentin. L'abus qu'il avait fait de son autorité l'ayant rendu odieux, il fut mis en jugement après la mort de Louis XI, et condamné à être pendu par arrêt de la cour du parlement, en 1484. La confiscation de ses biens fut donnée par Charles VIII à Louis, duc d'Or-

de corps du Roy notre sire, la somme de 16 l. 10 s t. en 12 escuz d'or, pour le rembourser de semblable somme qu'il a frayé et despendu du sien en ung voyage qu'il a naguiers fait par son ordonnance et commandement, partant d'Amboise à Paris, pour prendre et appréhender au corps aucunes personnes dont il luy avoit expressément baillé la charge.

(20 Février 1470.) A Jehan Bovaine, Colin de l'Espine et Phelippon Bertin, sergens au Chastellet de Paris, la somme de 33 livres t., tant pour les récompenser de la dépense que

---

léans. Olivier Le Daim avait pour complice de ses crimes un de ses valets nommé Daniel Bar. On trouve dans les registres criminels de 1483 leur acte d'accusation, dont voici un extrait : « Étant capitaine du pont de Saint-
» Cloud, ledit Daniel Bar, son lieutenant audit lieu, par lequel il faisoit
» tenir justice, qu'il donnoit à la suasion dudit Olivier des sentences et ju-
» gemens dans lesquels il défendoit d'en appeler, sous ombre qu'il faisoit
» accroire aux parties qu'il avoit pouvoir du Roi de juger souverainement,
» se rendoit quelques fois juge et partie, comme fait apparoir le différend
» survenu entre l'évêque de Paris et ledit Bar, pour des attentats par lui com-
» mis contre quelques habitans de Saint-Cloud, qu'il avait fait emprisonner,
» s'arrogeant la connoissance de cette cause. Le procureur dudit évê-
» que, nommé maistre Jehan Bignon, avocat en la cour du parlement,
» ayant requis le renvoi pardevant ledit évêque, ledit Bar prit ledit Bi-
» gnon au corps, le constitua prisonnier, et lui bailla un carcan de fer où
» pendait une chaisne de fer fort pesant, et en cet estat le laissa toute la
» nuit. Ce qu'ayant appris ledit évesque de Paris, vint à la cour porter sa
» requête, sur laquelle elle ordonna à certains huissiers pour aller querir
» ledit Bignon, l'amener en ladite cour en l'état qu'il étoit; lequel, ne pou-
» vant marcher, fut apporté en la tournelle où messieurs étaient assemblés.
» Ils ordonnèrent à ce qu'il fût déferré, et que pour ce faire seroit mandé le
» dit Bar, qui avait la clef de ses chaisnes ; étant venu par le commandement
» de la cour, par cette cause et plusieurs autres charges qui se trouvèrent
» contre lui, ordonna qu'il fût mis à la question; mais la chose étant parve-
» nue jusqu'audit Olivier Le Daim, il en fit ôter la connoissance à la cour. »
Olivier Le Daim était aussi accusé d'avoir, dans le temps de sa faveur, abusé d'une femme, sous promesse de sauver la vie du mari, qu'il fit étrangler ensuite. Daniel Bar et son maistre furent pendus en 1484.

eulx et ung nommé Pichot ont faite, lequel ils ont amené du dit lieu de Paris devers le Roy, que aussi pour eulx en retourner audit lieu de Paris.

A maistre Jehan Jozeau et Henry Castrid, chanoines de l'église monseigneur Saint-Lo d'Angiers, la somme de six vingts dix-sept livres dix solz en cent escus d'or, que le Roy notre seigneur par aultre sa cédule signée de sa main, donnée à Amboise, le 20ᵉ jour de février, leur a donnée et ordonnée pour avoir faict porter la croix du dit Saint-Lo devers monseigneur le duc de Guienne à Saint-Jehan-d'Angely pour faire le serment sur ladite croix.

A Macé Jouen la somme de 8 l. 6 s. t., pour ung voyage par lui fait partant de Tours, le 23ᵉ jour de mars, à Caen, Harefleu et Chierbourg, devers l'admiral de France, le lieutenant de Harefleu et Jehan du Fou, cappitaine du dit Chierbourg, leur porter lettres closes de par le dit seigneur touchant les Allemans à ce qu'ils soient bien recueillis, se ils descendent ès ports et havres de la coste de Normandie.

A Clément Bocheteau, serrurier, demourant à Thouars, la somme de 8 l. 6 s. t., pour le paiement de trois grosses chesnes de fer garnies de gros anneaulx, serrures, et aultres choses servans pour enferrer aucunes personnes, lesquelles puis naguières ont esté detenus prisonniers.

Pour donner à un tabourin pour faire dancer autour du feu de la veille Saint-Jehan, 13 s. 9 d. t.

A Estienne Garnier la somme de 6 liv. 17 s. 6 den. t., que ledit seigneur lui a ordonnée pour ung voyage par lui fait au moys de juing dernier passé, partant d'Amboise à Tours devers monseigneur le chancelier, pour faire sceller une commission, et icelle scéllée, avoir esté à Honnefleu la porter à messire Yvon du Fou, lequel icelui seigneur avait envoyé par delà pour faire restitution aux Bourguignons des navires qui puis naguerres avoient esté prinses sur la mer par les gens du comte de Warvich, Anglois (1).

(Aoust 1470.) A Benard Hureau, chevaucheur de l'escurie du Roy nostre seigneur, la somme de 12 liv. 7 s. 6 d. t., pour ung voyage par lui fait partant le 2me jour d'aoust à Rheims et Luon devers les arcevesque et évesque des dits lieux leur porter lettres de par icellui seigneur pour savoir d'eulx s'ils avoient pouvoir de dispenser d'espouser le prince de Galles (2) à la fille du comte de Warvich.

(1470.) A Mathieu Fontenaittes, chevaucheur de l'escurie du Roy notre seigneur, la somme de 8 livres 6 sols en 6 escus d'or, que ledit seigneur, par sa cédulle signée de sa main le 24e jour de juillet 1470, lui a donnée et ordonnée oultre et pardessus ses gaiges ordinaires pour lui avoir des chevaulx avec qu'il face grant diligence en ung voyaige qu'il lui a ordonné faire présentement à Lyon, devers les ambassadeurs de notre saint père le Pappe et messire Guillaume Cousinot, leur porter lettres de par ledit seigneur pour avoir dispensé du mariaige accordé entre le prince de Galles et la fille de monseigneur le comte de Warvich, naguères fait (3).

A Jamet Galichon, pouvre homme tenant franchise en l'ermitaige de la Boismette, près Angiers, la somme de 26 livres que le dit seigneur, par sa cédulle signée de sa main,

---

(1) Une lettre de Louis XI à Bourré du Plessis confirme ce fait. Ce fut sans doute parce que le duc de Bourgogne menaçait d'user de représailles envers les marchands français que le roi prit cette détermination.

(2) Le prince de Galles; fils de Marguerite d'Anjou.

(3) Le mariage fut célébré le 25 juillet 1470.

donnée à Angiers le 13ᵉ jour de juillet 1470, lui a donnée le dit jour, tant pour certaine grosse amende en laquelle il a esté condamné pour ung coup de dague qu'il avoit donné à ung certain homme, que pour lui aider à paier certaine despence de bouche par lui faicte, et les officiers qui l'avoient prins et constitué prisonnier.

Au Roy notre seigneur, comptant le 14ᵉ jour de juillet 1470, pour offrir devant disné devant l'imaige Notre-Dame de Belinart, où il a esté le dit jour en pélerinage, quinze escus et dix-sept ducats qui vallent 46 livres 2 sols 6 deniers; à luy encore ledit jour audit lieu pour emploier en ymaiges d'or et d'argent et aucunes choses à son plaisir, 70 solz.

A lui ledit jour au dit lieu de Velinart, pour donner pour Dieu à une pouvre fille à marier, au retour de la dite église, 3 escus.

A lui plus, pour onze basses messes que en iceluy mois il a fait dire et célébrer à sa dévocion, qui est à 2 solz 6 deniers pour chacune messe.

A maistre Jacques de Caulers, conseiller du Roy notre seigneur, la somme de 17 livres 5 solz 8 deniers, que ledit seigneur, par cédulle signée de sa main, donnée à Launay le 10ᵉ jour de juillet 1470, lui a ordonné pour le rembourser et restituer de semblable et pareille somme que par l'ordonnance du dit seigneur il avoit baillée du sien, ainsi qui s'ensuit : c'est assavoir pour la dépense qu'avait faicte en la prison de la prévosté d'Orléans ung nommé Pierre Chanstereau, lequel ledit seigneur a voulu délivrer, et paier la dicte despense en faveur et contemplacion de monseigneur Sainct-Aignan, où ledit seigneur estoit allé en pélerinage, 42 solz 2 deniers.

Pour la despense que une gentille femme prisonnière avoit faicte ès dictes prisons, laquelle ledit seigneur a pareillement fait délivrer 8 livres.

A une nommée Jehanne, vevfue de feu Guillaume Blanchet, pour don à elle fait par le Roy, pour faire désenterrer son dit feu mary, lequel a esté enterré en terre prophanne, à cause de certain argent qu'il devoit, 110 solz.

Et à ung homme qui guida ledit seigneur d'Amboise à Savonniers, près Bloys, 27 solz 6 deniers.

A Olivier-le-Mauvais, varlet de chambre dudit seigneur, la somme de 110 solz tournois, que le Roy nostre seigneur lui a ordonnée pour le restituer de pareille somme qu'il a baillé du sien à un nommé..... (1), lequel ledit seigneur a de nouvel retenu en son service pour aide de barbier, pour lui avoir un cheval, à ce qu'il soit plus honnestement à l'entour d'iceluy seigneur, 15 septembre 1470.

(Août 1470.) A Pierre Boulon, orfèvre, demourant à Angers, la somme de 338 liv. 1 s. tournois, à lui ordonnée pour le paiement de dix huit tasses, ung pot, quinze cuilliers et deux sallières, le tout d'argent; laquelle vaissèle ledit seigneur a fait prendre et achapter de luy le 6ᵉ jour d'août 1470, pour icelle estre portée et baillée au président de Bretaigne et à André de L'Espine, auxquels le Roy nostre seigneur en a fait don, en faveur de ce que puis naguères ilz estoient venuz au pont de Sée en ambassade devers luy, de par le duc de Bretaigne.

A Jehan Roussin, escuier et varlet tranchant du Roy nostre dit seigneur, la somme de deux cens quatre vingt huit livres douze solz quatre deniers tournois, à lui ordonnée par ledit seigneur par ses lettres patentes signées de

(1) Le nom est en blanc.

sa main, données à Tours, le 25e jour de février 1479 (1), pour le rembourser de pareille somme qu'il avoit payée et despendue du sien, depuis le premier jour d'aoust de l'an dessus dit 1479 jusques au 19e jour de décembre, ensuivant au dit an, pour la despence de Hugues Jacquelin Damoiselle, vefue de feu Philippes de Chamargis, sergens et chevaulx estans en sa compaignie, laquelle le dit Jehan Roussin, et par l'ordonnance dudit seigneur, est allé quérir à Dijon, et icelle a menée en la ville de Tours.

Au Roy notre dict seigneur, comptant le 9e jour d'octobre mil quatre cent soixante-dix huit, la somme de six vingts livres tournois, laquelle somme il a envoyée a saint Hubert d'Ardaine pour le pesant de cire de deux sangliers qu'il a ordonnéz y estre offerts.

A Jehan Anscheron, notonnier, la somme de quarante cinq livres seize solz huit deniers tournois, à luy ordonnéz par ledit seigneur le 6e jour dudit mois d'octobre au dit an, pour avoir mené et fait mener par eau durant le moys de septembre dernier passé ledit seigneur et plusieurs autres, depuis Tours jusqu'à la Menistre, où il a barqué luy et 20 hommes, l'espace de 11 journées entières, tant à avoir ramené ung grand basteau auqueil il estoit et deux petites sentines qui estoient pour sonder l'eau devant ledit grant basteau qui est a la raison de 3 s. 4 deniers pour chacun homme, ledit Anscheron ne lesdits basteaux en ce non comprins.

A Jehan du Resson, maistre d'ostel dudit seigneur, la somme de sept livres ung sol huit deniers tournois, que le dit seigneur lui a ordonné et fait bailler au dit mays

---

(1) 1480; l'année commençait à Pâques.

d'octobre pour le rembourser de semblable somme qu'il a baillée du sien; c'est assavoir a ung homme qui avait amené, par l'ordonnance dudit seigneur, durant le moys de septembre, en la garenne de Chinon, plusieurs bestes noires, 32 sols tournois : au dit sire comptant pour faire ses plaisirs et voulentés 64 solz, et pour avoir fait mener en une litiere et par eaue, depuis les forges jusques a Tours, ung chien courant qui estoit malade 54 solz 4 deniers.

A Coppin Sauvaige, sellier et targier du dit seigneur, la somme de trente huit livres dix neuf solz sept deniers tournois, à lui ordonnée par ledit seigneur, au dit mois, pour deux douzaines et demye de colliers de levrier, de cuir de Lombardie, sans cloux; deux douzaines de lesses de soye de cheval, huit chaisnes doubles à mener chiens, seize chesnes simples garnies chacune d'un collier de cuir de Lombardie, trois grans colliers pour allans, et 3 douzaines de colliers à levrier, de cuir de Lombardie; sur chacun collier a sept graus clous dorez de fin or, soudez d'argent, lesquels parties il a baillées et livrées pour les chiens et levriers du dit seigneur durant le mois d'août et septembre au dit an 79.

A Jehan le Couvreaux, la somme de cent solz tournois, à luy ordonnée par ledit seigneur, audit moys de février, pour deux douzaines de petits oyseaulx appelés serins, et ung volier de fil de fer à les mettre, que ledit seigneur a fait prendre et acheter de luy, pour mettre en sa chambre du Plessis-du-Parc.

A Mace Prevost, la somme de quatorze livres dix sept solz tournois, à luy ordonnée par ledit seigneur, au dit moys, pour neuf douzaines de sonnettes que ledit seigneur a fait prendre et acheter de luy; durant le moys de décembre au dit an pour les oyseaulx de sa chambre.

A Jehan Galant, la somme de soixante solz tournois, à luy ordonnée pour six douzaines d'anelets de leton dorez de fin or, qu'il a fait prendre et acheter de luy pour mettre ès logis de ses oyseaulx.

A Jean Bordichon, paintre, la somme de vingt livres dix sept solz ung denier tournois, à luy ordonnée par le dit seigneur pour avoir paint ung tabernacle de fin or et d'azur.

A maistre Laurens Volme, canonnier dudit seigneur, la somme de deux cents soixante neuf livres douze solz six deniers tournois, à luy ordonnée par ledit seigneur au moys de mars; c'est assavoir: pour un grant fer trampez a double fereure et une grant chesne à sonnette au bout, qu'il a faiz et livrés au moys de may 1478, pour enferrer messire Lancelot de Berne, 38 livres.

Pour deux fers à grans chesnes et boulles, pour enferrer deux prisonniers d'Arras, que gardoit Henry de la chambre, 6 livres.

Pour ungs fers rivés, à chacun une chesne et une boulle, pour deux francs archiers, 6 livres.

Pour ungs fers rivés, à chacun une chesne et une boulle, livrés à Jehan Blosset, 6 liv.

Pour ungs fers trempés à double serrure, avecques une chesne et une sonnette au bout, et pour brasselet pour autres prisonniers, 38 livres.

Pour ungs fers rivés à crampes, à chesne longue et une sonnette au bout et ung brasselet à bouter deux hommes ensemble pour garder de nuyt, 11 livres.

Pour trois fers fermez à locquetz, à chacun une longue chesne et une sonnette au bout, pour enferrer des prisonniers que le maistre d'ostel Estienne avoit en garde, 60 livres.

Pour ung loquet pour les fers d'un prisonnier nommé Labbe, 60 solz.

Pour un treillis de fer pour mettre en la prison du Plessis du Parc, 60 s.

Pour deux fers rivés, à chacun une chesne et une boulle de fer, 6 livres.

Pour 16 tilhelles, vallant chacune 4 livres 16 s. 3 den., et trois doubles panderons à 64 solz la pièce, livrées par l'ordonnance dudit seigneur à monsieur Olivier, 86 livres 12 solz 6 deniers.

Pour ungs fers à bouter les deux bras, les jambes et à bouter au col et parmi le corps, pour un prisonnier, 16 livres.

Pour ce cy, par vertu du dit roole du Roy, a quietance du dit Laurens Volme, escripte le 16e jour d'avril 1479, après pasques, ci rendue la dicte somme de 269 livres 12 s. 6 d.

A maistre Laurens Volme, cy devant nommé, la somme de quinze livres trois sols tournois, à luy ordonnée pour le rembourser de pareille somme, pour avoir fourni du sien, par l'ordonnance et commandement dudit seigneur, pour avoir fait faire, au Plessis-du-Parc, trois forges à faire une caige de fer que ledit seigneur y avait ordonné faire faire.

(1480.) Au Roy notre seigneur, comptant le jeudi absolut, dixième jour du mois d'avril, la somme de deux cens soixante et unze livres deux sols ung denier tournois, que ledit seigneur a donnés et distribuez à 13 povres qui ont esté et servy au mandé dudit sire dudit jeudi absolut, qui est à chacun 13 escus.

A Jaquet François, faiseur d'imaiges et Jehan Bourdichon paintre et enlumineur, la somme de cent neuf livres ung sols huit deniers tournois, à eulx ordonnée par ledit seigneur, au mois d'avril, en 68 escus d'or, c'est assavoir : audit Jacquet, pour une imaige de bois de monseigneur saint Martin à cheval, et le povre, qu'il a fait et livré par l'ordonnance dudit seigneur, durant le mois de mars audit an, pour mettre en la chapelle du Plessis-du-Parc, 18 escus d'or.

Au dit Bourdichon, pour avoir estoffé et paint ledit saint Martin, le cheval et le povre, de fin or moulu et de fin azur et autres couleurs riches, 20 escus d'or.

Plus audit Bourdichon, pour avoir fait escrire ung livre en parchemin nommé le Papaliste, iceluy enluminer d'or et d'azur et fait en iceluy dix neuf histoires riches, et pour l'avoir fait relier et couvrir, 30 escus d'or.

Pour cecy, par vertu dudit roole du Roy, et quittance des dessus dits, escripte le cinquième jour d'avril 1480.

A Simon Moreau, appothicaire dudit seigneur, la somme de six cens cinquante une livre quatorze sols huit deniers tournois, que ledit seigneur luy a ordonnée au mois de juillet pour le paiement de plusieurs parties d'appothicairerie, drogues, médecines, espices de chambre, et aultres choses qu'il a baillées et livrées pour la personne dudit sire et plusieurs officiers et autres malades, lesquels ledit seigneur a fait panser durant le mois de novembre decembre et janvier 1479, comme pour plusieurs parties d'oignemens, lavemens, emplastres, pouldre, qu'il a pareillement baillées et livrées par l'ordonnance dudit seigneur, pour habiller et médeciner des chiens et levriers qui estoient bleciés et malades.

A Jehan Thiercelin, seigneur de la Roche, conseiller et chambellan dudit seigneur et cappitaine du Plessis-du-Parc, la somme de quinze livres tournois, que ledit seigneur lui a ordonnée au mois de septembre pour le rembourser de pareille somme qu'il a baillée du sien par l'ordonnance et commandemant dudit seigneur. C'est assavoir : pour avoir fait mener dedans une charrete ung prisonnier nommé le Bastard de Choisy, accompaigné de cinq hommes et cinq chevaulx à le conduire dedans ledit Plessis jusques à Pluviers en Gastinois, devers ledit seigneur, où illec il avoit fait venir, et pour avoir fait mener ung autre prisonnier allemant dedans une charrete acompaigné, d'autres cinq hommes et cinq chevaulx, pour le conduire dudit lieu du Plessis jusques à Vieville, près Orléans.

Pour cecy, par vertu ou dit roole du Roy, et quittance dudit Jacques Tiercelin, escripte le 24eme jour de septembre 1480.

A Lancelot Bertran, archier de la garde dudit sire, la somme de dix livres quatorze sols sept deniers tournois, que ledit sire lui a ordonnée au mois de septembre pour le rembourser de pareille somme qu'il a baillée du sien, par l'ordonnance et commandement dudit sire, pour avoir fait mener par charete ung prisonnier nommé Jacques Carondelay, qu'il avoit en garde de par ledit seigneur, par tous les lieux par ou ledit seigneur a esté durant les mois de juillet, aoust et septembre au dit an.

(1480) A maistre Chrestien Castel, medicin, la somme de quatre vingts livres quatre sols deux deniers tournois, en 50 escus d'or, que ledit seigneur lui a donnés et ordonnés, en faveur de plusieurs voyages qu'il a faits par l'ordonnance et commandement dudit seigneur, durant le mois d'avril, partant de Tours pour aller à Chinon, pour illec veoir et visiter le cardinal Balue et aultres qui estoient malades.

A Jehan Bourdichon, paintre et enlumineur, la somme de huit livres cinq deniers tournois, à lui ordonnée par ledit sire, au mois de novembre, en cinq escus d'or, pour avoir pourtrait et paint de plusieurs couleurs, en cinq peaulx de parchemin colez ensemble, la ville de Caudebec en Normandie.

A Jehan Galant, orfèvre, la somme de deux cens une livre deux sols cinq deniers tournois, à lui ordonnée par ledit seigneur au mois de janvier 1480 (1), pour le parfait du paiement de l'argent, façon et doreures de deux custodes pesant ensemble vingt marcs sept onces et demye, qui est à la raison de neuf escus d'or piece, surquoy ledit seigneur lui avoit fait bailler comptant 64 escus d'or, lesquelles ledit seigneur a fait offrir et présenter à sa dévotion, l'une à Notre-Dame de Ranguy, près Chinon, et l'autre à la chapelle de son hostel de Bonne-Adventure.

A Jehan de Porcon, varlet de chambre dudit seigneur, la somme de trente six livres dix-sept sols six deniers tournois en 24 escus d'or, à lui ordonnée par ledit seigneur, audit mois, pour le rembourser de pareille somme qu'il a baillée du sien audit seigneur, durant le mois de decembre, c'est assavoir : quinze escus d'or, lui estant au Puy-Notre-Dame, en Auton, pour bailler à une povre femme qui ne voit goute pour lui aider a vivre.

Cinq escus d'or, luy estant à Saint-Fleurent, près Saumur, lesquels il a donnez pour Dieu à sa dévocion, et trois escus d'or qu'il a donnez pour Dieu à une povre femme malade de monseigneur saint Antoine.

(1) 1481; l'année commençait à Pâques.

A Julien Millet, la somme de trente-six livres tournois, à lui ordonnée par ledit seigneur, pour ung voyaige par lui fait, par l'ordonnance et commandement dudit seigneur, lui estant accompaigné de quinze hommes notonniers, qui ont, par l'ordonnance dudit seigneur, mené son grand basteau de Tonrs jusques à Maillé, le 20ème jour de décembre audit an (1), et dillec avoir mené le cardinal Balue jusques à Orléans ou ils ont vacqué tant à aller que retourner ledit basteau à Tours douze jours entiers, qui est à la raison de 3 s. 4 d. à chacun homme par jour, 3o livres; et audit Julien Millet, pour avoir conduit ledit basteau pendant lesdits 12 jours, 6 livres.

A Pierre Auvray, la somme de trente-deux sols ung denier tournois, à lui ordonnée par ledit seigneur, au mois de février 1481, pour avoir tendu des raiz de cordes aux forges à prendre des corneilles et choettes, présent ledit seigneur pour y prendre son plaisir.

A Simon Moreau, appothicaire dudit seigneur, la somme de deux cens quatre-vingt deux livres quatre sols huit deniers tournois, à luy ordonnée par ledit seigneur, audit mois de février, pour le paiement de plusieurs parties d'appothicairie, drogues, médecines et aultres choses de son mestier, qu'il a baillées et livrées pour les maladies du cardinal Balue et de monseigneur de Chansay, par le commandement et ordonnance dudit sire, lesquels il a fait penser et gouverner jusques au 3ème jour dudit mois de février; toutes lesquelles parties ledit seigneur a fait veoir, visiter et calculer, et icelles fait canceller et les a eues pour agréables, et ne veut que autre déclaration en soit rapportée fors ce présent roole.

(1) 1480. Le cardinal Balue sortit à cette époque de l'étroite prison où il était retenu depuis dix ans. Il fut remis par Louis XI au cardinal de La Rovère, à condition que son procès serait fait à Rome ; ce qui n'eut pas lieu.

A Estienne Beau, siergier, demourant à Tours, la somme de neuf vingt quatorze livres tournois, à lui ordonnée par ledit seigneur, au mois de mars au dit an, pour trois grands cierges pesants chacun 250 livres de cire, que ledit seigneur a fait prendre et achepter de lui, pour offrir et présenter, en faveur du seigneur de Chaumont, gouverneur de Bourgongne durant sa vie, l'un devant monseigneur saint Martin de Tours, et les deux autres au Puy-Notre-Dame, en Auton, qui est à la raison de 6 sols la livre, et pour avoir fait mené tant par charroy que par terre, lesdits deux cierges dudit lieu de Tours jusques audit lieu du Puy.

A Jacob Loys, enfant de la cuisine dudit seigneur, la somme de soixante quatre sols deux deniers tournois, en deux escus d'or, a lui ordonnée par ledit seigneur audit mois de mars, pour ses peines et travail d'avoir veillé une nuyt entière à faire continuer du feu de charbon en la chambre dudit seigneur, au chasteau de Mons, près Mirebeau.

A Loys Lucas, pannetier dudit seigneur, la somme de six livres dix-neuf sols tournois, à lui ordonnée par ledit seigneur, pour le rembourser de pareille somme qu'il a baillée du sien, par l'ordonnance dudit seigneur, pour avoir fait mener et conduire, à une charrete à deux chevaulx, ung des lièvres dudit seigneur des Forges à Rochefort, près Mirebeau, et de là le ramener à Bonne-Adventure.

A Nicolas Mesnager, fourrier ordinaire dudit seigneur, la somme de cinquante sept livres dix sols six deniers tournois, à lui ordonnée par ledit seigneur audit mois de mars, pour le rembourser de pareille somme qu'il a baillée du sien, par l'ordonnance et commandement dudit seigneur.

C'est assavoir : pour trois poesles d'acier, deux de fer, deux tenailles, 6 livres.

Ung bassin pour mettre aux retraicts dudit seigneur, 20 sols.

Quatre chandeliers de fer pendant à chesnettes, pour mettre es chambres, 7 livres.

Deux sceaulx ferrez de fer pour faire boire les chiens et levriers, 10 sols.

Quatre petites estamies à mettre devant le feu, 3o sols.

Cinq grans sacs de cuir à mettre le retrait du dit seigneur. Chandeliers, cordes de boyau à les pendre, et autres choses, 46 s.

Lesquelles parties il a acheptées et livrées pour servir ès logis dudit seigneur.

Item, à ung homme et ung cheval qui a mené les choses dessus dites par tous les lieux où le dit seigneur a esté durant un moys entier, ez moys de novembre et décembre audit an, à la raison 7 solz 6 den. par jour, 16 liv. 12 s. 6 d. Item, pour autres parties, 27 livres 13 solz.

A maistre Laurens Volme, la somme de soixante-sept livres deux solz six deniers tournois, à lui ordonnée par le dit seigneur, au mois d'avril 1481, après Pasque, pour ses peines, sallaires, vacations et façon, c'est assavoir : d'ung petit coffre d'acier bruny et les bords dorés, pour mettre le sceau de secret du dit seigneur, ung fers trempé fermans à deux serrures, à une grosse chesne de fer et une grosse sonnette de cuyvre au bout que le dit seigneur a fait bailler à ung prisonnier qui a esté amené de Tournay, ungs autres petits fers pour enferrer le frère de Françoys de la

Sauvagerie, et pour un sercle avec une chesne et une sonnette au bout qu'il a baillé, par l'ordonnance et commandement du dit seigneur, à Jehan de Savigny, son maistre d'ostel, pour estre baillez à Pierre Clerc, maistre d'ostel de la royne.

A Jehan de Paris orlogeur, la somme de seize livres dix deniers tournois, en dix escus d'or, à luy ordonnée par le dit seigneur, au moys de mars, pour une orloge où il y a ung cadran et sonne les heures, garnie de tout ce qu'il luy appartient, laquelle ledit seigneur a fait prandre et achepter de luy pour porter avecques luy par tous les lieux où il yra. Pour cecy, par vertu du dit roole du Roy, et quittance du dit de Paris, escripte le quart jour d'avril 1480 (1), 16 livres 10 deniers.

A Jehan Bourdichon, paintre et enlumineur, la somme de vingt-quatre livres ung sol trois deniers tournois, en 15 escus d'or, à luy ordonnée par le dit seigneur, au dit mois, pour avoir escript et paint d'aznr cinquante grans rouleaulx que le dit seigneur a fait mettre en plusieurs lieux dedans le Plessis-du-Parc, esquels est escript *Misericordias Domini in æternum cantabo*, et pour avoir paint et pourtraict d'or, d'azur et autres couleurs, trois anges de trois pieds de haulteur ou environ, qu'ils tiennent chacun un des dits roulleaux en leur main, et est escrit le dit *misericordia*; pour cecy, par vertu du dit roole du Roy, et quittance du dit Bourdichon, escripte le 21 jour d'avril 1480, avant Pasques cy rendu, la somme de 24 livres 1 s. 3 d.

A Regnault Sullole, escripvain, demourant à Tours, la somme de douze livres seize solz huit deniers tournois, à luy ordonnée par le dit seigneur au dit mois, pour deux

(1) 1481.

livres de médecine qu'il a escripts au dit seigneur, et pour les enluminer et relier, lesquels iceluy seigneur a fait prendre et achepter de luy.

(1481.) A Jehan Bourdichon, paintre, demourant à Tours, la somme de huit livres tournois, à lui ordonnée par le dit seigneur, au mois de septembre, pour avoir pourtraict et paint en parchemin 24 peintures, où il y a pourtraict à chacun ung basteau, plusieurs demoiselles et mariniers.

A Regnault Feulole, escripvain, demourant à Tours, la somme de neuf livres douze solz six deniers tournois, à luy ordonnée par le dit seigneur, au dit mois, pour le paiement de neuf cayers de parchemin, escripts en lettre bastarde plusieurs chapitres du livre de Rasis, et ung petit traicté du régime pour la personne du dit seigneur; pour avoir fait enluminer plusieurs lettres d'or, d'azur; et pour avoir relié et cousu en ung livre, et iceluy avoir couvert de velour cramoisy.

A maistre Laurens Vorme, canonnier ordinaire du dit seigneur, la somme de quatre-vingts livres quatre solz deux deniers tournois, en escus d'or, à lui ordonnée par le dit seigneur, au dit mois de septembre, pour avoir fait et livré au dit seigneur ung eschelement pour monter sur une muraille, ensemble ung engin à rompre portes, avecques les vis et autres pièces appartenant au dit engin, à laquelle somme, le dit seigneur avoit fait marché avec luy.

FIN DES COMPTES DE LOUIS XI.

DISCOVRS
DV SIEGE
DE BEAVVAIS,

Par Charles Dvc
de Bourgongne,
en l'an 1472.

A BEAVUAIS,
Par G. Vallet, en la Chastellenie,
pres Sainct Barthelemy.
M. DC. XXII.

AVERTISSEMENT.

Charles-le-Téméraire, duc de Bourgogne, avait conclu, en 1471, une trêve avec le roi Louis XI; mais la haine que ces deux princes se portaient empêcha cette paix d'être durable. Le duc de Bourgogne fut l'agresseur, et au commencement de l'année 1472, il entra brusquement en Picardie, ravagea les frontières de cette province, s'empara de la ville de Nesle, et y commit des cruautés inouies; enfin il se présenta devant Beauvais, où ses projets de conquêtes échouèrent après 26 jours de siége. Ce fut pendant ce siége qu'il apprit la mort de Charles, duc de Guienne, frère du roi. Cette nouvelle mit le comble à sa fureur; il publia une lettre dans laquelle il accusait hautement le roi de la mort de son frère et annonçait la résolution de la venger d'une manière éclatante. La courageuse résistance des habitans de Beauvais déconcerta ses desseins, et il fut obligé de lever le siége.

La relation que nous imprimons dans notre collection fut publiée pour la première fois en 1622, par Pierre Louvet, avocat au Parlement et maître des requêtes de la reine Marguerite, mort à Beauvais en 1646.

DISCOVRS VERITABLE

DU SIÈGE

MIS DEVANT la Ville de BEAVVAIS,

Par Charles, Duc de Bourgongne, Prince de la maison de France, surnommé le Terrible-Guerrier, et qui n'a jamais cedé aux grands Roys.

Discours tiré d'un vieil manuscrit naguère recouvert, où sont remarquéez en bref plusieurs choses notables advenuës durant ledit siége. Puis ont esté adjoutées autres choses remarquables touchant ladite ville.

L'an mil quatre cent soixante-douze, le samedy 27 juin, environ 7 heures du matin, arrivèrent les Bourguignons devant la ville de Beauvais, estimans prendre ladite ville d'assault, et après que ceux de la ville eurent refusé de parlementer au hérault par eux envoyé, pour les sommer, à un jet d'arbalestre près d'icelle ville ; et soudain y livrèrent deux assaults, l'un à la porte de Bresle, et l'autre à la porte de Limaçon (1), qui sont distantes l'une de l'autre de plus d'un jet d'arbalestre : néanmoins les Bourguignons assailloient, entre lesdites portes, outre et quasi la moitié de la ville, parce qu'ils estoient grand nombre,

(1) La porte du Limaçon est derrière le palais épiscopal, et se trouve forte moins par des fortifications que par des eaues vives qui la défendent.

comme de (1) quatre-vingts mil ou plus. Lors n'estoient en ladite ville aucuns gens d'armes (à cause que les habitans ne se doutoient d'estre assiégés, ains estre secourus et avoir garnison du party de France), fors et réservé qu'audit Beauvais s'estoient refugié Loys Gommel, sieur de Balagny (2), après avoir, par luy et autres ses compagnons, habandonné auxdits Bourguignons la ville de Roye : auquel sieur de Balagny, pour ceste cause, combien qu'il fut capitaine de ladite ville de Beauvais, les habitans n'avoient pas trop grande confiance.

A huict heures du matin, lesdits Bourguignons sonnèrent trompettes, et donnèrent plain assault esdites deux portes. Et parce que lesdits Bourguignons, du costé de ladite porte de Limaçon, gaignèrent audit assault un fort qui faisoit closture des fauxbourgs (3) nommé le Deloy, qui estoient tourelles assises près du pont de pierre, et du costé où est à présent un vivier, ils commencerent à crier ville gaignée.

A l'assault duquel Deloy se trouva ledit Balagny, accompagné de quinze ou seize arquebusiers, habitans de ladite ville; et, pour ce faire, s'estoit transporté par la planche des jardins de monsieur l'évesque de Beauvais, par une petite porte qui depuis a esté bouchée, et combien qu'il fit son devoir de résister, toutefois ledit Deloy fut rompu, et entrèrent les Bourguignons à force, au moyen de quoy furent contraints ledit Balagny et sa compagnie eux retirer par

(1) Philippe de Comines a escrit que le duc de Bourgogne n'eut jamais plus belle armée.

(2) Il y avoit avec ledit sieur de Balagny quelque peu de gens de l'arrière ban.

(3) Comines appelle celui qui print ce faux-bourg messire Jacques de Montmartin, Bourguignon avaricieux, qui avoit cent lances et trois cens archers de l'ordonnance d'audit duc.

ladite planche, en quoy faisant ledit sieur capitaine de Balagny fut navré à la cuisse d'une sagette ou dard, en reculant, ses gens estant demeurés derrière. Et incontinent arrivèrent les Bourguignons en grand nombre dedans les faux-bourgs, criant de toutes parts : ville gaignée; mais quand ils apperceurent ladite porte de Limaçon, ils se jettèrent et retirèrent ès maisons et jardins, entre les arbres qui y estoient, et en l'église Saint-Hypolite, qui estoit quasi joignant ladite porte de Limaçon, et tantost après vindrent asseoir cinq guidons et deux estandarts au plus près du tape-cul (1) d'icelle porte, rompirent l'huis dudit tape-cul, vindrent gaigner la loge des portiers; et, comme ils estoient à ce faire, furent plusieurs des leurs tués par ceux de la ville, entre autres celuy qui avoit planté le principal desdits estendarts, d'une arbalestre qui luy fut déchargée. Et combien que ceux de la ville fissent bonne et aspre résistance, en tirant de leurs arcs, arbalestres, coulevrines et de grosses pierres que leurs femmes, fils, et filles portoient sur la muraille, tellement qu'il y eut plusieurs Bourguignons tués; néantmoins iceux Bourguignons s'efforcèrent d'aborder et approcher de ladite ville soubz ombre desdites maisons et églises de Saint-Hypolite, lesquelles maisons ils avoient percées pour venir à couvert de l'un à l'autre, et par dedans icelles; et en traversant s'envenoient loger en ladite église, et, approchant de ladite porte, tirèrent en si grande abondance, que c'estoit chose admirable de voir le traict qui couvroit presque la muraille : et par l'un d'eux fut dressé une eschelle à un endroit de la muraille faisant closture entre le pont levis et la tour qui estoit lors en ladite porte de Limaçon : mais néantmoins, ils ne s'osèrent oncques advanturer d'y monter, doutans le traict que lesdits habitans jettoient et déchar-

(1) Bascules de pont-levis.

geoient sur eux de leursdits arcs, arbalestres, et coulevrines, dont ils en tuèrent plusieurs, tant en ladite loge des portiers, ladite église de Saint-Hypolite, que ès environs : et dura ledit assault depuis huict heures du matin jusques à neuf heures du soir, auquel ne fut tué en icelle porte, sinon un des habitans, qui fut atteint d'une flèche par le col.

(1) Et au regard de l'autre assault que durant ce temps les Bourguignons livrèrent à la dite porte de Bresle, où ils descendirent à si grand nombre, qu'ils comprenoient, par dedans la ville, depuis ladite porte jusques outre celle de l'Hostel-Dieu, qui est assise entre ladite porte de Bresle et celle de Limaçon : ils se conduisirent tellement, que pareillement ils gaignèrent la loge des portiers, où aucuns d'eux se jettèrent à si grand effort que soudainement ladite loge en fut toute plaine. Et parce qu'en ce lieu il n'y avoit aucuns faux-bourgs ni maisons où ils se peussent mettre à couvert, ils eurent aussi beaucoup à souffrir, car ils ne furent pas de ce costé moins vaillamment recueillis que de l'autre part par lesdits habitans; lesquels, à l'ayde de leurs femmes et filles, qui leur portoient sur la muraille grosses pierres de toute sorte, avec grande quantité de trousses de flesches et de poudres, et s'y gouvernèrent si vaillamment, que par la grace de Dieu, l'honneur et la force leur demeura, tant parce qu'en livrant ledit assault, qui fut beaucoup plus fort et aspre à ladite porte de Bresle qu'à celle de Limaçon, l'on y porta e précieux corps et digne châsse de la glorieuse vierge saincte Angadresme, native de Beauvais, en requérant

---

(1) Assault donné à la porte de Bresle, depuis appellée Porte-Bruslée. Le seigneur Descordes assaillit ce costé-là, mais ses eschelles se trouvèrent trop courtes.

son ayde et bon secours envers Dieu, à l'encontre desdits Bourguignons.

Et environ l'heure de huict heures du soir, vindrent au secours de ladite ville monsieur de la Roche-Tesson (1), et monsieur de Fontenailles, lieutenant de monsieur de Bueil, nobles et vaillans capitaines, accompagnez de deux cens lances des gens de l'ordonnance du Roy, qu'ils avoient soubz leur charge; et sitost qu'ils furent arrivez dans la ville, sans prendre logis pour eux et leur chevaux, mais les habandonnant avec leur bagage et autres bagues, aux femmes et filles de la ville, combien qu'ils fussent fort foullez et travaillez, parce que ce jour, pour venir secourir la ville, ils estoient partis de Noyon, où ils estoient en garnison, distant dudit Beauvais de quatorze lieuës, auquel lieu les estoit allé quérir Jean de Rheims, sieur de Trassereux, près dudit Beauvais, s'en allèrent sur la muraille, et particulièrement à ladite porte de Bresle (2), laquelle estoit toute bruslée du feu, tellement qu'il n'y estoit demeuré manteau ny herche (3), lequel feu fut par leur conseil entretenu plus de huict jours après du bois des maisons prochaines, pour obvier que les ennemis n'entrassent dedans la ville, ledit feu cessant.

Et là lesdits gens de guerre travaillèrent si vaillament à l'ayde desdits habitans, en rebutant et rechassant lesdits

(1) Ledit sieur de La Roche mourut bien tost apres en la ville de Noyon. Et pour le grand secours qu'il apporta aux assiegez luy fut fait vn service en l'Eglise de Beauvais.

(2) Ladite porte fut percée de deux canons qui tirerent deux coups seulement, et par le trou qui fut fait très-grand en ladite porte, les gens dudit sieur des Cordes combatoient main à main : et pendant que le duc mit à venir qui tenoit la ville comme prise, quelqu'un de dedans apporta des fagots allumez pour jeter au visage de ceux qui s'efforçoient de rompre la porte.

(3) Au vieil exemplaire il est ainsi en picard, mais il faut prononcer herse.

Bourguignons, qu'en despits d'eux, après le feu cessé, ils fortifièrent ladite porte contre eux, tant de gros chesnes, qui naguerre avoient esté amené à ladite ville pour faire boulevers, que d'autre bois charpanté prest à édifier maisons que de terrasses, pierres et cailloux, qui, par lesdits habitants, femmes et filles, furent portés sur la muraille environ ladite porte : et là n'y furent tués n'y blessés qu'un archier et trois des habitans de ladite ville, combien que lesdits Bourgnignons tirassent sans cesse de leurs flèches, coulevrines et serpentines en ladite ville.

Et faut noter qu'en ladite ville de Beauvais sont plusieurs corps saincts de grand mérite, comme les corps précieux de sainct Lucian et ses compagnons, sainct Germer, sainct Just, sainct Evrost, et autres, que ladite saincte Angadresme, comme appert par leurs légendes : néantmoins iceux habitants ont telle confiance en ladite vierge saincte Angadresme, mesmement au temps de guerre, parce qu'ils disent que non seulement de leur temps, mais aussi bien de leurs prédécesseurs, icelle glorieuse vierge, souvent en habit de religieuse, s'est apparuë et montrée sur la muraille, tant contre les Anglois, anciens ennemis de la couronne de France, qu'autres adversaires, et a, icelle ville, esté préservée d'estre prinse d'assaut et de trahison ; et à la vérité, si la grace de Nostre Seigneur, de ladite benoiste vierge et des saincts, ne fût intervenuë, aydant la bonne querelle et la grande fidelité que lesdits habitans ont toujours gardé au Roy, ladite ville étoit lors en grand danger d'estre perduë.

Et n'est à oublier qu'audit assault, pendant que les Bourguignons dressoient eschelles et montoient sur la muraille, l'une desdites filles de Beauvais, nommée Jeanne Fourquet (1), sans autre baston ou ayde, print et arracha

---

(1) *Jeanne Fourquet*, surnommée *Hachette*. La plus grande incertitude

à l'un desdits Bourguignons l'estendart qu'il tenoit, et le porta en l'église des Jacobins.

Semblablement Louys Gommel, sieur de Balagny, capitaine de ladite ville, avec Jean le Goix, son lieutenant, se monstrèrent fort vaillants pour la deffense de la ville, lesquels continuellement se transportoient de quartier en quartier au long de la muraille, l'un d'un costé, l'autre de l'autre, en persuadant aux habitants de toujours vaillamment résister, leur remonstrant qu'ils seroient bientost secourus, et, pour leur bonne résistance, les plus honorez du royaume, et tellement persuadèrent avec le cœur des bons habitants, qu'ils resistèrent constamment et avec beaucoup de courage auxdits Bourguignons.

Finalement, iceux Bourguignons, surpris de la nuict, furent contraints d'eux retirer, et se loger tout au long des fossez, où ils firent toute la nuict des grandes et profondes tranchées, pour eux preserver du traict, depuis ladite porte de Bresle jusques à la porte de l'Hostel-Dieu, tant au long desdits fossez qu'en montant à mont dedans les vignes.

Et du costé de la porte de Limaçon, pareillement se

règne sur le véritable nom de cette héroïne, nommée Jeanne Laisnée par les auteurs de l'*Art de vérifier les dates*, et Fouquet par Mathieu. M. Fourquet d'Hachette, l'un de ses descendans, a donné à ce sujet des détails qui pourraient concilier toutes les opinions, mais qui ne sont appuyés du témoignage d'aucune autorité. Suivant lui, Jeanne Fourquet était fille d'un officier des gardes de Louis XI qui périt à la bataille de Montlhéry, et laissa sa fille, très-jeune encore, entre les mains d'une dame nommée Laisné, qui lui prodigua les soins d'une mère ; cette assertion permettait de penser qu'elle fut connue sous son nom et sous celui de sa mère adoptive. Quant au surnom d'*Hachette*, il lui aurait été donné sans doute à cause de l'arme qu'elle portait. Quoi qu'il en soit, la valeur de cette jeune fille est demeurée célèbre, et l'étendard qu'elle arracha des mains d'un soldat bourguignon est conservé à Beauvais. Elle fut mariée à un nommé Collin Pillon, et fut exemptée de la taille elle et ses descendans.

logèrent en la chaussée de Saint-Nicolas, outre la porte dudit faux-bourg, en l'abbaye et paroisse de Saint-Quentin, où il y avoit plusieurs belles maisons, et dedans les jardins qui sont entre ladite porte du Limaçon et l'église Saint-Gilles, qni s'estendent au long de la rivière.

Lesquels jardins furent fort préjudiciables, parce qu'en iceux on ne pouvoit voir (pour les arbres) lesdits Bourguignons, et néantmoins ils voyoient ceux de dedans sur la muraille; aussi tiroient-ils sans cesse leurs canons, courtaux, coulevrines et autres traicts, sans qu'on les peust apercevoir.

Ils se logèrent aussi en l'abbaye de Sainct-Lucian, et en tout le haut pays d'environ, où depuis ils fortifièrent de tranchées, chariots, et grand nombre de grosses artilleries, leur parc, qui contenoit cinq lieues du pays ou plus.

Le dimanche ensuivant, qui fut le 28 dudit mois de juin, environ deux heures après midy, vint au secours de la ville messire Joachim Rouault, chevalier, sieur de Gamaches(1), mareschal de France, accompagné de cent lances d'ordonnance qu'il avoit soubz sa charge; et luy arrivé, visita la muraille et la fist réparer et fortifier où il estoit besoin, spécialement aux portes de Bresle, l'Hostel-Dieu, et Limaçon; devant lesquelles lesdits Bourguignons affutèrent depuis plusieurs bombardes et gros canons, pour les battre et desmolir.

Le lundy 29 dudit mois, et autres jours ensuivans, arrivèrent les séneschaux de Poictou et Carcassonne, chacun avec cent lances; la compagnie de celui de Thoulouze; monsieur de Torcy, conducteur des nobles de Normandie; messire Robert de Touteville, prevost de Paris, chef et

(1) Le second jour du siége arrive autre secours. Ledit sieur mareschal, dans l'inventaire des mareschaux de France, est appelé homme d'extrême rtu et prudence.

conducteur des nobles de ladite prevosté et vicomté de Paris; monsieur le bailly de Senlis et les nobles dudit baillage, soubz la charge de monsieur le comte de Dammartin, grand maistre d'hostel de France, accompagné de cent lances, et Salezard (1), accompagné de six-vingts hommes d'armes de toutes les compagnies qui estoient lors en garnison à Amiens, tous lesquels furent grandement et joyeusement recueillis par lesdits habitans, crians Noël à haulte voix; et pour leur montrer la grande affection qu'ils avoient de les festoyer, firent mettre et dresser plusieurs tables garnies de vins et viandes au long des ruës, et effoncer plusieurs muids et tonneaux de vins, à si grande largesse qu'il leur estoient advis qu'il ne coutast qu'à puiser à la rivière.

Ledit jour de lundy, monsieur le mareschal Rohault, pour pourveoir à la charge de la ville, entre autres plusieurs capitaines qui lors y estoient, voulut distribuer les quartiers à un chacun, selon qu'il pouvoit faire par son authorité, avoit (pour supporter monsieur de la Roche et monsieur de Fontenailles, qui continuellement tant de nuict que jour, dès le samedy précédent qu'ils estoient venus au secours de ladite ville, avoient gardé le quartier de la porte de Bresle, qu'ils appellèrent la porte bruslée) advisé de commettre audit quartier autres capitaines, les portes et murailles qui estoient tellement battues de toutes parts, qu'il n'estoit homme qui osast se monstrer sur la muraille. A quoy lesdits sieurs de la Roche et Fontenailles, qui survindrent pendant qu'on parloit de la matière, firent prières très-instamment que ledit quartier leur fût laissé, autrement qu'ils n'auroient cause d'estre contens, attendu

(1) Jean de Salezard, gentilhomme espagnol du pays de Biscaye, qui s'était attaché au roi Charles VII. Il épousa Marguerite de La Trémouille, en eut un fils qui devint évêque de Meaux en 1474.

qu'au plus grand besoin et jusques à celle heure ils l'avoient tousjours soigneusement gardé et deffendu : si bien qu'à leur grande requeste ils furent commis à ladite garde, qui estoit la plus dangereuse et difficile que toutes les autres.

Le mardy en suivant, qui fut le dernier jour dudit mois de juin, par ordonnance des capitaines et chefs de guerre estans en ladite ville, et par aucuns de leurs gens, fut mis le feu en ladite église de Sainct-Hypolite, où s'estoient retirez et fortifiez lesdits Bourguignons en grand nombre, qui pouvoit porter un grand péril pour ladite ville, attendu la vicinité et proximité de l'hostel épiscopal, auquel ils eussent peu mettre le feu par les jardins de l'évesque.

Et comme lesdits Bourguignons sortoient hastivement à grande foule de ladite église de S.-Hypolite, qui estoit toute en feu, ils furent servis d'un gros canon que portoient deux fausses braies de l'hostel dudit sieur évesque, regardant vis à vis de ladite église, et ce par cinq ou six coups, et y en eut plusieurs tuez tant de pierres dudit canon que des autres coulevrines qui furent tirez sur eux ; encore en demeurèrent plusieurs, et des plus grands seigneurs, en ladite église, parce qu'ils ne pouvoient vuider tous ensemble, et entre autres en transportèrent un couvert d'une cotte d'armes, de la mort duquel ils firent lors grandes lamentations et cris.

Et ledit jour mardy, par ledit feu ou par trahison, fut mis le feu audit hostel épiscopal (1) : c'est à sçavoir en la cuisine basse, aux galeries devers les prisons, et en une bucherie estant soubz la haute cuisine, où il y avoit plus de cinq cents morceaux de bois sec, mis pour la provision dudit hostel. Toutefois on croit mieux ledit feu y a esté

---

(1) L'évesque qui estoit lors dudit siége s'appeloit Jean de Bar, qui est mort l'an 1497, inhumé dans le chœur de l'église de Beauvais, près de l'autel.

mis par trahison qu'autrement, parce que lesdits lieux sont loings l'un de l'autre, et environnans ledit hostel, et que l'on n'y faisoit long-temps y avoit aucun feu, lesquels feux furent incontinent esteints par la bonne diligence des habitans, excepté celuy dudit buscher, qui dura plus de huict heures, parce qu'il avoit besongné (1) audit bois long-temps devant qu'on s'en apperceut, soudain en sortit une si grande fumée qu'il n'estoit homme qui osast approcher pour l'impétuosité d'iceluy. Pour y remédier, on advisa que le meilleur seroit de le boucher à force de fiens et terreaux, par les huis et fenestres de ladite bucherie, afin qu'il ne s'estendit aux édifices d'environ; et, finalement, tant par force d'eauë que de trente tonneaux de vin qui y furent espenchez en grande diligence, pour obvier que le mur de ladite maison, qui servoit lors de muraille à ladite ville, ne fust bruslée, fut par ce moyen empesché l'entrée aux ennemis, par cet acte de suffoquer, combien que desjà le feu eust espris les poultres et soleaux qui estoient gros et quarrez, et plus faciles à ardoer (2) que autres bois.

Pendant ce les femmes et filles de Beauvais avec les anciens, valétudinaires et petits-enfans, estoient à genoux devant la châsse de ladite glorieuse vierge saincte Andragesme, qui fut là apportée, et faisoient, en plorant et se lamentant, leurs dévotes supplications pour la préservation et deffense de la ville.

Au moyen desquelles, et par l'intercession de ladite dame, on croit certainement ladite ville avoir esté préservée tant dudit feu que de la fureur des Bourguignons, lesquels, depuis les premiers assaults, se tindrent en leurs loges sans faire semblant d'assaillir, jusques au neufième jour de

---

(1) Au vieil exemplaire il y a besongné au lieu de commencé.

(2) Au lieu de brusler, tiré du latin.

juillet, qui estoit le treizieme jour dudit siége, excepté que ceux qui estoient logez aux faux-bourgs Sainct-Nicolas et Sainct-Quentin, et ès jardins de Sainct-Gilles, pour les eauës furent contraints eux retirer dedans leur parc, et environ ladite abbaye de Sainct-Lucain, qui est assise vers le haut pays, et sortans d'illec, boutoiens le feu à tous lesdits faux-bourgs, chaussées et églises de Sainct-Quentin, ou ils firent un dommage irréparable (1) du clocher qui fut bruslé, lequel estoit le plus somptueux et la plus belle esguille qui fust au pays, et aussi le degast des belles maisons, qui estoient quasi toutes neufves, estans ausdits faux-bourgs.

Toutefois lesdits Bourguignons pendant ce temps battoient continuellement la muraille (2), églises et maisons de ladite ville, de grosses bombardes, mortiers, canons, et serpentines, tellement qu'ils en descouvrirent, effrondèrent, et despeschèrent plusieurs, et abbatirent la muraille jusques à rez de terre.

Mais il est maintenant advis à ceux qui ont esté et sejourné en ladite ville durant ledit siege, que par singulier privilége, par les oraisons et intercessions desdicts saincts, nostre Seigneur ait bénignement préservé le peuple y estant, de ladite artillerie; car, attendu la multitude du peuple, de tant de gens de guerre, habitans, gens de village, qui s'y estoient retraits, que de marchands suivant l'armée, dont y avoit si grand nombre qu'à grand'peine pouvoit-on passer par les ruës, et aussi la longue continua-

---

(1) Peu après le siége, Jean de Boubres, abbé de Saint-Quentin, fit rebastir l'église plus belle qu'elle n'avoit esté auparavant.

(2) Se trouve encore, pour perpétuer la mémoire, la forme d'un boulet en une verrière du chœur de l'église de Beauvais, qui tomba dans les grandes chaises où sont assis les chanoines, sans qu'il offensast aucun d'eux. La chapelle Saint-Jean, à costé du chœur, et proche du grand autel, fut toute rompue par les serpentines et bombardes des Bourguignons.

tion du traict que lesdits Bourguignons, en un mesme instant et sans intervalle, jettoient en ladite ville, leurs mortiers, et austres bastons à feu, on se donnoit grand esbayssement qu'ils n'en avoient tué grand nombre que visiblement, et en plusieurs ruës de la ville ils pouvoient choisir a l'œil les passans, et toutefois au plus n'y en eut que vingt quatre de tuez.

Combien qu'entre ceux de la ville, dedans les églises, les maisons, mesmement dans les estables des chevaux, et autres plusieurs lieux, chéoient tres-souvent leurs pierres, les unes grosses comme le tour d'un fond de caque, autres de la rondeur d'une grande escuelle, autres de fer fondu, pesant vingt ou trente livres, et les autres de plomb et de fer de la grosseur d'un esteuf, ne faisant aucuns griefs ou dommage, sinon ausdites églises et maisons, qui en ont esté terriblement battuës et tellement, que par le rapport de *tous* les gens de bien de guerre qui y estoient, ils ne se trouvèrent jamais en lieu assiégé où fût fait telle batterie (1).

Aussi est-il vray que par ceux de dedans la ville, et pareillement de la tour de Croul, située au milieu des jardins de mondit sieur l'évesque, ils furent diligemment servis de serpentines et gros canons, et si asprement, que souventefois ils ont esté contrains de transporter de lieu en autre leurs tentes, qui estoient percées partout pourt la pluspart de grosses miches (2), qui leur estoient envoyées, et tellement que grand nombre d'eux y ont esté tuez, comme appert ès églises et cimetirèes de l'Abbaye de St-Lucian, Nostre-Dame du Til, Marissel, et lieux circonvoisins dudit Beauvais, qui ont esté si fort foüys et houez qu'il semble

---

(1) Au rapport de Gomines, jamais place ne fut mieux battue que ceste-cy.

(2) Vieil mot de l'original au lieu de boulets. Villon met *miches de saint Étienne* pour dire des pierres.

a veoir qu'on y ayt voulu planter nouveaux ceps, et pareillement les vignes d'environ, où l'on ne pouvoit choisir les provins, parce qu'ils avoient esté remplis des corps desdits Bourguignons.

Mais il fait à noter que trois ou quatre jours auparavant, ledit jeudi 9° jour de juillet, pour ce que lesdits Bourguignons avoient intention d'assaillir la ville, ils firent rompre à demy lieue de ladite ville ou environ, trois ou quatre esventelles sur la rivière de Therain, pour luy faire perdre ou divertir son cours, et essuyer l'eauë des fossez de ladite ville, qui sont tousjours plains par le moyen de ladite rivière, laquelle aussi prend son cours au long de la muraille, d'une part, d'icelle ville; et par dedans en deux ou trois petits bras qui se partissent en divers lieux en icelle.

Et ce fait, commencèrent à faire aucunes mines, qui ne leur profitèrent guère, parce que ladite ville, pour la basse situation d'icelle, ne pouvoit estre prinse par mines, obstant les eaues qui à grande habondance y sourdoient en minant; mais néantmoins pour soy garder des douteuses advantures, on fit dedans la ville deux ou trois autres contremines, combien qu'il n'en fust besoin.

Firent aussi lesdits Bourguignons grande provision de fagots, comme aucuns desdits Bourguignons prisonniers ont rapporté, et que le bastard de Bourgongne avoit dit à son frère le duc de Bourgongne qu'il n'estoit jà besoin d'en faire, parce que ceux de dedans empliroient assez leurs fossez de ses gens, s'ils leur livroient l'assault.

Ledit jour de jeudy, lesdits Bourguignons livrèrent un assault à la ville, a l'environ des portes de Bresle et de l'Hostel-Dieu, où ils descendirent en très-grande puissance en environnant toute la muraille à l'endroit des deux portes, et au-dessus et dessous d'icelles, lequel assault dura trois heures ou environ, où ils furent bien vaillamment recueillis par lesdits gens de guerre et habitans de la ville, qui ne leur donnèrent pas le loisir de jetter leurs fagots ès fossez.

En livrant lequel assault, les femmes et filles (comme elles avoient fait aux précédens) portoient ausdits gens de guerre sur la muraille grande habondance de grosses pierres de faiz, pots de terres plein de chaux vives, cercles de queuës, et gros muids, et autres tonneaux, croisez l'un parmi l'autre, avec chausse-trapes, cendres, huilles, et graisses toutes chaudes, pour jetter sur lesdits Bourguignons, afin qu'ils ne pussent monter sur la muraille.

Mais néantmoins, aucuns d'eux vindrent bien accompagnez planter deux ou trois estandarts au pied de la muraille qui estoit abbatuë, lesquels par ceux de dedans furent incontinent prins ès deschirez devant leurs yeux, et lors firent les habitans, en divers lieux au pied de la muraille, dresser sur bout et effoncer plusieurs queuës et muids de vin, que lesdites femmes et filles, avec grands brocs et cruches, portoient ausdits gens de guerre de quartiez en quartiez, pour les rafraischir, en les admonestans de tousjours avoir bon et entier courage. Autres aussi leur portoient vivres et viandes à grandes largesse, et recueillèrent le traict qui avoit esté tiré par lesdits Bourguignons en ladite ville, dont ils furent si asprement servis avec ceux qu'ils avoient dedans, qu'ils furent contraints eux retirer honteusement après grande occision de leurs gens, qui y demeurèrent en grand nombre, tant dedans les fossez que dessus les douves d'iceux. Auquel assault, comme au premier, fut portée et mise sur la muraille la chasse de ladite glorieuse dame saincte Angadresme, contre laquelle iceux Bourguignons tirèrent plusieurs flesches, et encore y en a une sur la chasse laissée pour perpétuelle mémoire (1). Et furent ceux de dedans bien marris, et desplaisans que ledit assault ne dura plus longuement, car ils ne désiroient rien plus que d'avoir à besongner contre lesdits Bourguignons, et leur estoit advis que de tant plus longuement y eussent esté tant plus y en fust demeuré.

Le vendredy en suivant, dixiesme jour de juillet, environ l'heure de 3 heures du matin, saillirent hors de la ville trois ou quatre mille habitans de toute leur compagnie, entre lesquels estoit Salezart, accompagné de 15 ou 16 hommes de cheval, et Guerin le Groin, Grenetier de Fescamp, qui fut conducteur des autres à pied, et parce qu'il n'y avoit aucune porte par laquelle ceux de cheval peussent sortir dehors, sinon par la porte de Paris, ils saillirent par ladite porte et trasversèrent tout court la rivière, passant auprès de ladite porte pour retourner au long de la muraille, afin d'eux joindre jouste les fossés, et de là se transportèrent plusieurs d'iceux jusques au parc desdits Bourguignons, auquel parc entrèrent environ soixante ou quatre-vingts, entre lesquels y fut le dit Salezart, et soubz lui fut son cheval blessé à mort, combien qu'il le rapportast à la ville, et par luy et aucuns des susdits tant à pied qu'à cheval, en furent tuez et navrez en leurs tentes jusques au nombre de deux cens ou environ. Et parce que la retraicte ne fut pas si bien conduite que l'issue, à cause qu'aucuns s'en retournèrent dedans la ville sans attendre les autres, et que ceux de cheval ne pouvoient rentrer que par la porte de Paris, en descendant au long de la muraille, et demeurèrent neuf ou dix de leurs gens, et entre autres y demeura mort monsieur de la Gasteine, homme d'armes,

(1) S'entend sur la vieille de bois : et en celle qui se voit à présent de cuivre doré, et qu'on dit que le Roy Louis XI a fait faire, il y en a la figure en cuivre.

soubz monsieur le grand Maistre, dont fut pitié et grand dommage, car c'estoit un vaillant chevalier et honneste. A ceste saillie ainsi qu'ils estoient encore audit parc, et qu'ils escarmouchoient lesdits Bourguignons, lesdits habitans en nombre de 15 ou 16, accompagnez de huict hommes d'armes, jetèrent ès fossez de ladite ville deux gros canons, l'un de fer et l'autre de metail, et sur celuy de metail estoit escrit, Montlhéry, et coupèrent les gorges aux canonniers qui les gardoient, et puis furent tirez de nuict par engins dedans la ville, sans que ce faisant aucun fust mortellement navré ou blessé. Et outre depuis ladite saillie furent faictes sur lesdits Bourguignons plusieurs autres petites saillies par lesdits gens de guerre, s'ils eussent peu trouver le moyen de saillir et eux retraire sans danger; mais parce qu'il n'y avoit aucune porte ouverte par laquelle on peust saillir sur eux, sinon ladite porte de Paris, qui estoit bien loing de leur parc, ne lieu par lequel on les peust battre, n'eussent peu si bien besonger comme ils eussent bien voulu.

Et combien que, depuis le dernier assault, les Bourguignons fissent chaque jour courir le bruit qu'ils assailleroient encore la ville, néantmoins mémoiratifs de la bonne résistance qui leur avoit esté faicte, et que plus ils viendroient, plus ils y perdroient, ils ne s'y osèrent oncques depuis adventurer.

Et finalement cognoissant le duc de Bourgongne, qu'il perdoit temps de séjourner devant ladite ville, et qu'il ne pouvoit grever ceux de dedans, combien qu'il eust donné à plusieurs traistres grande somme de deniers, qui estoient habillez en paysans, les autres en habits de maronniers et autrement, pour y bouter le feu, dont les uns furent prins en présens meffaits, les autres par soubçon avec leurs pouldres, qui eurent les testes coupées.

T. I.

9

Après, que pour soy venger des grandes pertes et dommages qu'il y avoit eus et portés, il brusla tous les villages des environs de ladite ville, comme Marissel, Bracheux, Vuagicourt, et autres, à 4 ou 5 lieuës d'icelle, mesmement du costé ou il tenoit son parc, car d'autre part il n'y eust osé passer. En un mercredy matin qui estoit le 22 juillet, en belle nuict, sans trompette, honteusement et villainement (1) s'enfuit, et deslogea avec son ost, clos et fermé dedans son parc, et tira par la ville de Poix devers Aumalle, et de là à S. Valery, et à Eu en Normandie; et, en y allant, brusloit toutes les places et les grains estans parmy les champs, où il commit plusieurs exécrables maux et dommages irréparables.

En effect, on a trouvé, tant par la déclaration d'aucuns religieux, qui, pour continuer le service divin, estoient demeurez en ladite abbaye de S. Lucain, comme par autres prisonniers Bourguignons, qu'il est demeuré de leurs gens devant ladite ville durant le siége, plus de trois mil hommes, et entre-autres seigneurs et gens de fait, y furent tuez: Monsieur de Licques, Monsieur de Cleron, Monsieur Vaffault, Messire Jean de Renty, maistre d'escurie, le grand bailly de Henault, Messire Jacques d'Orson, maistre de l'artillerie du Duc, Messire Loüys de Torfé, Messire Loüys de Montigny, Messire Gerard de Cloüis, le bastard de Mastelly, Messire Huë de S. Ammo, Messire Philippe de Montigny, Messire Jean de Mabres, Monsieur d'Espic (2), Monsieur de

(1) Le duc de Bourgongne faisant un jour du siége veoir aux ambassadeurs d'Angleterre la belle artillerie et en grand nombre qu'il avoit, disant que c'estoient les clefs des bonnes villes de France : le fol dudit duc fit contenance de chercher parmi ceste artillerie, comme s'il avoit perdu quelque chose : et estant interrogé par son maistre ce qu'il cherchoit, luy dist tout haut, en présence de ces ambassadeurs, qu'il cherchoit les clefs de Beauvais, et ne les pouvoit trouver.

(2) Comines l'appelle Despiris, qui fut le plus grand personnage qui fut tué en ce siége.

Ruilly, Messire Philippe de St. Mahan, avec le grand canonnier et deux archers de la garde dudit duc de Bourgongne.

Ne faut obmettre que plusieurs bonnes villes de ce royaume ont secouru, pendant le siége, les habitans de Beauvais, et entre-autres ceux de Paris, qui à toute diligence, sitost qu'ils en furent advertis, envoyèrent grand nombre de grosse artillerie, coulevrines, arbalestriers, canonniers et pionniers, et des vivres à si grand habondance, que, durant ledit siége (jaçoit que toutes les portes fussent fermées excepté celle de Paris), on y avoit plus grand marché beaucoup que l'on avoit eu long-temps auparavant ledit siége.

Ceux de Rouen y envoyèrent grand nombre de pioniers, arbalestriers, masçons et charpentiers, payez pour six sepmaines, eux offrans libéralement subvenir à la ville et habitans d'icelle, en tout ce qu'il leur seroit possible.

Pareillement ceux d'Orléans envoyèrent cinquante pippes de vin, qui y furent données et distribuées par les habitans d'icelle ville à Monsieur le connestable de St. Pol, qui venoit de Creil et qui estoit arrivé en ladite ville depuis la fuite des Bourguignons, comme aux autres capitaines dessus nommez

Voilà ce qui est du siége, tiré de mot à mot du vieil exemplaire.

L'histoire de France en la vie du Roy Louys XI est conforme à ce discours, qui est plus bref, comme aussi Philippes de Comines sieur d'Argenton, qui escrit la vie du mesme Roy, et qui estoit encore lors dudit siége au service dudit duc de Bourgongne, asseure en ses Mémoires que le duc estoit en telle colère contre le Roy Louys, à cause de la mort de monsieur Charles, duc de Guyenne (1), frère du Roy, dont il disoit parolles villaines et incroyables, que s'il eust prins la ville d'assaut, sans doute il l'eust bruslée; mais (ce dit-il) elle fut preservée par vray miracle, et non autrement. Car si le duc eust voulu du commencement loger une partie de son armée du costé de la porte de Paris, la ville n'eust peu eschapper de ses mains pour ce que nul n'y eu peu entrer; mais Dieu voulut qu'il fist doute là où il n'y en avoit point, car pour un petit ruisseau qui estoit à passer, il fit ceste difficulté, et depuis qu'il y eut largement gens-d'armes il le voulut faire, qui eust esté mettre tout son ost en péril, et grand peine l'en peust on démouvoir.

Et parce que les habitans de ladite ville de Beauvais ont esté de tout temps grandement fidèles à la couronne de France, ainsi qu'ils ont fort bien montré par effect, ayant vertueusement et constamment soustenu le siége cy-dessus, sans aucunement espargner leur vie et leurs biens, jusques à la mort, ils ont obtenu plusieurs priviléges du Roy Louys onziesme, suivant lesquels ils sont exempts de tailles et de l'arrière ban, et ils peuvent posséder fiefs sans payer aucune finance, ainsi qu'il appert par lettres-patentes données à la Roche au duc, au mois de juillet 1472. Bien est vray que long-temps au précédent, et en l'an 1417, Jean, duc de Bourgongne (2), ayeul de Charles,

(1) On estima la mort du duc de Guyenne lui avoir esté advancée par aucuns de ses domestiques, à la suggestion du Roy.

(2) Ce duc de Bourgongne fut le plus cruel prince qui fut jamais en grace,

qui siégea Beauvais, faisant son entrée dans ladite ville, entretint les habitans en ceste promesse qu'ils ne payeroient aucuns subsides, impositions, n'y gabelles, et par ce moyen pratiqua plusieurs villes qui se mirent en son obeyssance, recevant d'eux le serment qu'ils seroient bons et loyaux envers le Roy et luy : toutefois il ne tint rien de ce qu'il avoit promis; car ayant le roy Charles VI (qui estoit lors tombé en altération d'esprit) et la Royne à son commandement, faisoit toutes choses à son plaisir, envoya plusieurs mandemens royaux pour lever aydes et subsides en l'évesché dudit Beauvais.

INSTITUTION DE LA PROCESSION DE L'ASSAULT.

Par ordonnance, et du consentement des habitans de la ville de Beauvais, a esté ordonné que procession générale se feroit le dimanche 27 jour du mois de juin 1473, pour rendre graces à Dieu et aux Benoits Saincts (les corps desquels reposent en ladite ville), pour les avoir préservés, l'an passé à pareil jour, contre la furie du duc de Bourgongne, qui vint luy et toute son armée asseoir leur siége, et livrer assault aux trois portes, sçavoir : de Limaçon, l'Hostel Dieu, et de Bresle. A laquelle procession furent portez tous les corps saincts estans en la ville, sçavoir : les chasses de saincte Angadresme, St. Just, St. Evrost, St. Germer, le corps de St. Lucian en une chasse, et son chef en une autre. Monsieur l'évesque de Beauvais (1) assista à la-

---

ayant fait massacrer malheureusement en l'an 1407 Monsieur Louys, duc d'Orléans, frère du Roy Charles VI; aussi fut-il lui-même tué l'an 1419 par les gens de Monsieur le Dauphin Charles, qui fut depuis Roy VII du nom.

(1) Ledit sieur évesque s'appeloit Jean de Bar, comme a esté dit cy-des-

dite procession, avec tous les abbez et religieux de St. Lucian, St. Quentin et St. Symphorian, les colléges, paroisses et ordres des mendians, tous revestus en chappes, et portans reliquaires des saincts; furent faictes oraisons et stations à chacune desdites portes, où officioit ledit sieur évesque, puis fut chanté le *Te Deum* et fut fait le sermon, et ledit sieur évesque chanta la messe en la grande église, lesdits trois abbez présens. Depuis ce temps par chacun an, à pareil jour, se fait pareille procession.

INSTITUTION DE LA PROCESSION DE LA TRINITÉ.

L'an 1432, le comte d'Arondel, avec deux mille Anglois qui tenaient la ville et le chasteau de Gerberoy, firent et dressèrent embûches auprès de Beauvais, et envoyèrent quelques coureurs; le maréchal de Boussac, nommé Pierre de la Brosse, et Ponton de Xainctrailles, Gascon, bailly de Berry; et qui fut depuis mareschal de France; qui estoient dans la ville, sortirent dehors, et poursuivirent lesdits coureurs bien lieue et demie; mais les Anglois qui s'estoient cachez dans certains bois, se jettèrent sur ledit Ponton, qui fut pris et amené prisonnier, et fut incontinent délivré par eschange du sieur de Talbot, qui avoit esté pris à Patay (1) : le mareschal de Boussac se sauva dedans Beauvais.

sus. L'abbé de Saint Lucian ou de Villers, qui est mort le 17 juin 1492, gist en ladite abbaye, à costé droit du cœur, et l'abbé de Saint-Quentin, nommé Jean de Boubres, dans le cœur de ladite abbaye, proche du grand autel, à main gauche.

(1) Patay est un village en Beausse, où les François obtinrent une mémorable victoire contre les Anglois, au mois de juin 1429, par la boucherie

L'année d'après, qui fut le 7 juin 1432, jour de la Saincte-Trinité, lesdits Anglois surprindrent la porte de l'Hostel Dieu, et tuèrent les portiers qui la gardoient : ils tuèrent aussi Jacques de Quehengnies, sieur dudit lieu, lieutenant du capitaine de la ville, qui avoit coupé la corde qui soustient la herse de ladite porte, pour empescher l'entrée desdits ennemis, de sorte que tous ceux qui estoient entrés jusques au pont Saint-Laurent, furent tous mis à mort par les habitans : en mémoire de quoy et que la ville a esté préservée de l'ennemy, fut instituée la procession qui se fait le jour de la Saincte-Trinité à la porte de l'Hostel-Dieu.

DE LA PROCESSION POUR LA RÉDUCTION DE NORMANDIE(1).

Le douziesme jour du mois d'aoust, y a procession solemnelle, et messe du Saint-Esprit, pour la conqueste du duché de Normandie, et de Bordeaux, faicte par Charles VII contre le roy d'Angleterre, l'an 1450.

qu'ils en firent environ de trois mil qui demeurèrent morts sur la place, et par la prinse d'aucuns des plus braves de leurs capitaines, comme Talbot, et le seigneur de l'Escalle.

(1) Le duché de Normandie avoit tenu trente ans pour les Anglois, et le duché de Guyenne trois cens ans, depuis que Henry II, roy d'Angleterre, l'eut par mariage de la duchesse Éléonor, joint à sa couronne, qui avoit esté femme du Roy Louys-le-Jeune, et par lui répudiée.

FIN DU DISCOURS DU SIÉGE DE BEAUVAIS.

PROCÈS CRIMINEL
DE JEAN II,
DUC D'ALENÇON.
1458 ET 1474.

PROCÈS[1] DE JEAN II,

DUC D'ALENÇON,

COMTE DU PERCHE, PRINCE DU SANG ET PAIR DE FRANCE.

Jean II du nom, duc d'Alençon et comte du Perche, prince du sang, pair de France, issu par moyens de Charles de Valois, fils de Philippe III, dit le Hardi, Roy de France, épousa en secondes nopces Marie d'Armagnac, fille du comte d'Armagnac, dont il eut René, comte du Perche, depuis duc d'Alençon.

Ce prince fit de grands services à l'estat contre les Anglois il fut pris à la bataille de Verneuil et demeura trois ans prisonnier entre les mains des Anglois, et en sortit pour une grande somme qu'il bailla au duc de Bethfort. Estant en liberté, il continua la guerre contre les Anglois, et les chassa d'une partie de la Normandie. Estant fort pressé en ses affaires, il supplia le Roy de l'assister; mais la promesse du Roy s'estant trouvée vaine, et voyant que sa majesté ne lui faisoit point de raison, estant gouverné par des personnes qui lui vouloient mal, et lui, conseillé par quelques domestiques qui le voyoient piqué du mauvais traitement qu'il recevoit du Roy, lui persuadèrent de sonder, s'il ne pouvoit pas, suivant le parti des Anglois, réparer les pertes de sa maison. Ceux des siens qui l'excitèrent à faire cette trahison, estoient un religieux jacobin du couvent

[1] Cette pièce est imprimée à la suite de l'Histoire des Templiers de Pierre Dupuy. Paris, 1654, in-4°; et Bruxelles, 1702, in-12.

d'Argentan, son confesseur, Thomas Gillet, prestre, de Domfront, son aumônier, un autre, nommé Edmond Gillet, et autres.

Le duc, emporté de sa passion, se résolut d'écrire en créance au roy d'Angleterre, par ce confesseur. Ce Roy, étonné de cette proposition, écrivit au duc, lui promit, par sa couronne, que s'il lui vouloit être loyal, en tenant son parti, il ne feroit comme le Roy de France, mais le récompenseroit en sorte qu'il auroit sujet de se contenter. Le duc, acceptant ce parti, voulut persuader à l'Anglois de faire une descente en Normandie, et lui écrire par Gillet, son aumônier. Les lettres prêtes, Gillet s'excusa d'en être le porteur, disant qu'en affaires de telle importance, il failloit se servir de personnes sans soupçon, comme il avoit fait au premier voyage, ayant employé un religieux mendiant.

Le duc ne se doutant pas du mauvais dessein de Gillet, se servit d'un pauvre homme qui estoit boiteux, parent de ce Gillet, nommé Pierre Fortin, de Bauge près Domfront. Gillet l'assura qu'il conduiroit bien cette affaire. Ce boiteux, instruit par l'aumônier, accepte la commission ; mais ils complotèrent ensemble qu'il porteroit au Roy les lettres que le duc luy bailleroit pour le Roy d'Angleterre.

Le duc bailla à ce Fortin un baston creux dans lequel estoit la lettre qu'il écrivoit au Roy d'Angleterre : il la porta au roy comme il avoit été concerté entre luy et l'aumônier : ainsi le dessein dudit duc fut découvert.

En conséquence de ce, le duc, par lettres expresses du Roy, fut arresté à Paris au mois de may 1456. Le comte de Dunois eut ordre d'exécuter ce commandement du Roy, assisté de Pierre de Bresay, grand sénéchal de Normandie, de Jean le Boursier, général des finances, de Guillaume Cousinot, baillif de Rouen, et d'Odet d'Aydie, baillif de

Costantin. Une chronique ancienne dit que le duc fut mené en Auvergne où étoit le Roy, de là, mené prisonnier à Chantelle. Néanmoins les lettres du Roy qui ordonnoient la capture sont données au Chastel-Gaillard près Esbruelle.

Incontinent après cette capture, il courut un bruit que le duc de Bourgogne estoit de la partie, ce que le Roy ne voulant estre cru, fit publier par tout le royaume, sous peine de la hart, qu'aucun ne fût si hardi de dire que son beau-frère de Bourgogne fût de cette conjuration, ou l'en chargeât en aucune manière.

Après l'arrestation du duc d'Alençon, plusieurs de ses domestiques furent pris, et d'autres qu'il avoit employés en l'affaire. Voici les principaux : Edmond Gallet, Gille Berthelot, Pierre Fortin, Jean Fermeu, Thomas Gillet, et autres.

Le duc et ses gens furent interrogez, depuis le mois de juillet 1459, jusqu'en décembre suivant, par Edmond de Boursier, maistre des requestes, par deux conseillers de la cour, et par Jean de Longeuil, lieutenant civil de la prévosté de Paris, commissaires ordonnés par le Roy en cette affaire.

Par ces procédures, l'on voit manifestement les desseins qu'avoit le duc de faire entrer les Anglois en Normandie, de favoriser leur descente, combien de personnes il avoit envoyées en Angleterre pour cela, ce qu'il devoit faire pour recevoir le Roy d'Angleterre en Normandie, l'artillerie qu'il devoit fournir, quel argent il devoit recevoir des Anglois, quelles pensions, et quelles avances; qu'il avoit stipulé deux mariages, l'un, d'une de ses filles, avec le fils aîné du duc d'York, l'autre, de son fils avec la fille dudit duc d'York.

Les témoins furent interrogez si Monsieur le Dauphin estoit de la partie, comme aussi monsieur le duc de Bourgogne et le comte d'Armagnac; mais il n'y a point de charge contre eux.

Que le duc d'Alençon voulant inciter le Roy d'Angleterre de faire la descente en Normandie, il lui faisoit dire que le Roy estoit en Dauphiné contre son fils le Dauphin, bien loin de mettre ordre à cette incursion.

Ces témoins dirent que le duc d'Alençon se plaignoit fort de ce que le Roy avoit près de lui le comte du Maine, son ennemi capital; que les sujets estoient fort travaillés d'impositions, que le duc de Bretagne tenoit de luy la terre de Fougères en gage d'une grande somme qu'il lui avoit baillée pour payer sa rançon, qu'il avoit esté par plusieurs fois vers le Roy pour le supplier de l'aider pour la retirer, mais inutilement; qu'il avoit résolu de s'en venger.

Edmond Gallet, qui est un des principaux témoins, dit que le Roy d'Angleterre luy demanda si le duc d'Alençon persistoit en sa résolution telle quelle est cy-dessus; et lui ayant répondu que oui, il luy demanda quelle personne estoit son oncle de France, en parlant du Roi Charles VII; qu'il luy dit, qu'il ne l'avoit vu qu'une fois à cheval, et luy sembla gentil prince, et une autrefois en une abbaye près Caen où il lisoit en une vieille chronique, et luy sembla estre le mieux lisant qu'il vit oncques : et après, le Roy d'Angleterre lui dit qu'il s'étonnoit comment les princes de France avoient si grande volonté de lui faire déplaisir : au fait, dit ledit Roi d'Angleterre, autant m'en font ceux de mon pays.

Il est à noter qu'il fut convenu entre les Anglois qui conduisoient cette conjuration avec ledit duc d'Alençon que, pour tout ce qu'ils se voudroient faire savoir les uns aux autres, pour faire que celui qui seroit envoyé fût cru sans lettres de créances, qu'il suffiroit qu'il prist le poulce de celuy auquel le message s'adressoit.

Les commissaires ayant instruit le procès, le Roy, par ses lettres patentes du 23 mai 1458, ordonna que sa cour de parlement se tiendroit en la ville de Montargis, à commencer du premier jour de juin. Les conseillers et présidens de ladite cour eurent ordre de s'y trouver. Les pairs de France, les princes du sang tenans en pairie, et autres, le chancelier, aussi, aucuns des maîtres des requêtes, et de ceux du conseil. Ces juges continuèrent le procès jusques au 20 juillet en suivant qu'ils attendoient le Roy, les princes, seigneurs et ceux de son conseil qui estoient près de sa majesté en intention de procéder à la conclusion du procès.

Le Roy différa de se trouver à Montargis, à cause de la peste qui estoit à Orléans et à Sully, et autres lieux circonvoisins, et eut avis que ses ennemis estoient en mer avec une forte armée pour faire descente en France, tant en Xaintonge, Poitou qu'en Basse-Normandie. Le Roy donc afin d'estre plus en estat pour donner ordre à tout, transporta sa cour garnie de pairs, et tout le reste des juges, en la ville de Vendosme, pour vacquer au jugement de ce procès et y comparoir au 12 du mois d'aoust; et pour rendre la chose plus considérable, il fut enjoint aux conseillers du parlement qui restoient à Paris et qui composoient une chambre audit lieu de se transporter à Vendosme avec le reste de la compagnie : les lettres de la translation à Vendosme sont données à Beaugency, le 20 juillet 1458, et registrées au parlement, estant à Montargis, le 25 juillet, et aussi à Paris, en la chambre, le 28 dudit mois.

Le Roy se trouva à Vendosme au jour assigné, où il tint sa cour garnie de pairs, princes et seigneurs. Pour les pairs temporels, il ne s'y en trouva point. Mais le Roy, de son autorité, constitua pairs pour assister au jugement, le duc de Bourbon, les comtes de Foix, de la Marche et d'Eu.

Donc le duc d'Alençon fut amené devant le Roy tenant

sa cour; là il fut interrogé, et confessa la conjuration telle que dessus de la descente des Anglois en Normandie, et autres lieux, qu'il devoit favoriser : le mariage qui devoit être contracté entre sa fille et le fils du duc d'York, les pensions qu'il devoit avoir du Roy d'Angleterre. Il fut aussi examiné sur le fait du dauphin, et s'il estoit de la partie, y ayant dans le procès des instructions et lettres de sa part, qui furent enfin vérifiées fausses, et inventées par le dit duc, pour donner plus de poids à son dessein.

Le Roy, en une des séances, étant dans son trône avec toute l'assistance des juges, Jean Lorfèvre, président du Luxembourg, l'un des procureurs du duc de Bourgogne, supplia sa majesté d'ouir ce qu'il avoit charge de son maitre de lui dire en faveur du duc d'Alençon, ce qui lui fut accordé. La harangue nous est demeurée entière, et la réponse du Roy, qui est du 12 septembre 1458.

Cet ambassadeur donc supplia le Roy de la part de son maistre de donner grâce audit duc par quatre considérations, la première par la grandeur de sa majesté, qui représente Dieu; la deuxième, pour la proximité du sang qui estoit entre sa majesté et ledit duc ; la troisième, par les grands services rendus par les prédécesseurs dudit duc à l'estat. Son bisayeul tué à la bataille de Crécy; son ayeul fut ostage pour le Roy, pris à la bataille de Poictiers; son père tué à la bataille d'Azincourt, et luy pris à la bataille de Verneuil, mené prisonnier en Angleterre et délivré moyennant une grande rançon tirée de la vente de ses biens; la quatrième, par la personne dudit duc, non tenu pour fin ni malice, mais simple et négligent : et en tous cas l'effet de son dessein ne s'en est suivi. N'attendez pas, sire (disent les ambassadeurs), que monseigneur de Bourgogne veuille dire qu'en tous les délicts il convienne l'entreprise être consommée, avant que le délict soit formé, car il sait et connoît qu'en plusieurs crimes, et singulièrement en celuy dont par renommée l'on charge Monsieur d'Alençon, il est autrement, et que la volonté soit à punir comme l'effet.

Le Roy fit réponse à ces ambassadeurs par la bouche du cardinal de Coutances, en présence de plusieurs grands, et fut répondu à ces quatre points : au premier, que sa majesté étoit obligée de faire justice; au second, qu'il estoit vrai que ledit duc estoit son parent, que d'autant plus il estoit obligé de faire comme le fils au père; pour le troisième, qu'il estoit vray que les services des prédécesseurs dudit duc estoient grands; mais comme les enfants ne doivent pas porter les forfaits des pères, ils ne doivent pas aussi profiter de leur mérite; que la faute dudit duc estoit si grande, que les mérites des siens ne luy pouvoient profiter; pour le quatrième, que la malice dudit duc avoit été si grande en cette occasion, qu'elle a esté parfaite autant qu'à luy a esté : il n'est pas demeuré en la simple pensée, il a conduit son dessein aussi avant qu'il a pu, et ainsi il estoit digne de punition, comme de cas avenu. Pour conclusion, il fut dit à ces ambassadeurs, que le Roy ne feroit rien que par l'avis des princes et seigneurs de son sang, et autres de son conseil, ayant bien desiré que Monsieur de Bourgogne y pût estre pour avoir son bon conseil.

Quelques historiens ont remarqué que le duc de Bourgogne ne comparut point à l'assignation qui luy fut donnée comme pair, pour se trouver à Vendosme, parce que par le traité d'Arras, entre le Roy et luy, il ne pouvoit estre contraint de se trouver à quelque assemblée que ce fût sinon de son bon gré et volonté.

La duchesse, tant pour elle que pour ses enfants, présenta plusieurs requêtes au Roy, pour demander sa miséricorde, ces requêtes furent leuës publiquement, et devant tous les juges.

Le 8 octobre, Jean Juvénal des Ursins, archevêque et duc de Rheims, premier pair de France, fit une grande remonstrance au Roy, à ce qu'il plût à sa majesté faire miséricorde au duc d'Alençon. Avant que de commencer, il fit une protestation qui contenoit en effet la substance d'une cédule baillée par les gens d'Église qui estoient appelez pour assister à ce jugement, et spécialement par les pairs ecclésiastiques. L'acte étoit passé par devant notaires.

La protestation dudit archevêque porte que, vu qu'il estoit personne ecclésiastique, et que la matière étoit si criminelle, qu'il ne lui appartenoit pas de dire une opinion formelle et préfixe et qu'il voyoit la chose disposée à l'exécution entière de la loy *quisquis*, qui estoit confiscation de corps et de biens, qu'il se contentoit d'exhorter le Roy de préférer miséricorde à rigueur de justice. Au commencement de son discours, il déteste le crime du duc d'Alençon, et dit: supposé qu'il ne confesse pas qu'il eust aucune volonté d'attenter à vostre personne (parlant du Roy), toutefois, si son intention et ce qu'il avoit entrepris fût venu à effet, estoit contre vous et vostre royaume, comme grandement a esté monstré par plusieurs notables personnes, qui selon leur conscience ont bien délibéré et opiné, en alléguant et fondant fort sur la loy *quisquis*; et aussi selon l'usage du royaume, gardé et observé, c'est à sçavoir le col coupé et écartelé, et confiscation de biens, sans aucune réservation. Et peu après, parlant des gens d'Eglise assistants à ce jugement, il fait distinction entre ceux qui sont pairs et ceux qui ne le sont pas. « C'est (dit-il) ce qui meut (parlant du crime capital dudit duc) aucuns prélats et maistres des requestes de vostre hostel, et conseillers de vostre cour de parlement ecclésiastique, de ne vouloir opiner en la matière, ni estre présents, vu qu'on traitoit de matière dont effusion de sang se pouvoit ensuivre. Mais bien disons, qu'à cause des pairies que mes compagnons et moy pouvons bien assister sans dire opinion finale, et qu'à la prononciation de l'arrest, puisqu'il n'avoient esté à ouir les opinions, ni à la conclusion que ils n'y pouvoient estre; et combien qu'il vous plust ouir plusieurs imaginations ou opinions en cette matière, différentes à la leur. Toutefois vous ordonnâtes que lesdites personnes ecclésiastiques y seroient jusques à la prononciation de l'arrest; et au regard de mes compagnons et moy (qui estoient pairs ecclésiastiques), serions assistants et demeurerions en vostre présence sans dire opinion, et pour ce, ce que je dis de présent, n'est point par forme d'opinion, mais par manière d'exhortation piteuse. »

La conclusion donc de cette exhortation fut qu'il conseilloit le Roy, l'arrest de mort prononcé, de donner la vie au duc d'Alençon, et les biens à sa femme et ses enfants.

Après ces remontrances, la conclusion fut prise et l'arrest fait qui fut lu en présence de tous les assistants, le Roy séant en son siége par Guillaume Juvénal des Ursins, chancelier de France. L'arrest déclare que ledit duc est criminel de lèze majesté, et comme tel privé de l'honneur et dignité de pair de France, et condamné à recevoir mort et ses biens confisquez, réservé néanmoins au Roy d'en ordonner sur le tout à son plaisir, qui déclara à l'instant estre tel, sçavoir pour le regard de la personne dudit duc, que l'exécution sera différée jusques au bon plaisir de sa majesté; et que, quant aux biens, le Roy les donna à sa femme et à ses enfans; réservé à sa majesté l'artillerie et autres habillemens de guerre; et au regard des terres et immeubles, le Roy retint à luy Domfront et Verneuil, appartenances et dépendances, qui sont unies par l'arrest au domaine royal, ensemble le surplus des terres et seigneuries appartenant au duché d'Alençon, et les actions qui pouvoient appartenir audit duc à cause dudit duché, tant en propriété possession qu'autrement, et tous autres droits et seigneuries qui font partie de la couronne et apanages de France, sauf le comté du Perche. Se réserve aussi le Roy la seigneurie de Samblançay, en Touraine, et les péages du pont de Tours; de plus aussi se réserve la foy et hommage qui appartenoit audit duc, à cause du comté du Perche, sur Nogent-le-Rotrou. Au regard des autres biens, le Roy les laisse aux enfants dudit duc : c'est à sçavoir le comté du Perche, qui appartiendra à Réné, fils dudit duc, sans aucune prérogative de pairie ; et le reste desdits biens, sa majesté veut qu'ils soient et demeurent aux enfants dudit duc, tant masles que femelles, le tout pour en jouir par eux selon les coustumes où sont situées les terres.

Cet arrest est du 10 octobre 1458.

Il est à noter qu'il y a une clause dans l'arrest qui porte expressément que le Dauphin et le bastard d'Armagnac ne s'estoient nullement trouvez chargez d'estre de la conjuration dudit d'Alençon, bien qu'il y eût quelques actes et lettres desquels on pouvoit induire que ledit Dauphin avoit eu intelligence et communication avec ledit duc ; mais que ces actes s'estoient trouvés suspects de fausseté.

Le Roy, après la résolution de cet arrest, tint son lit de justice pour en faire faire la publication. L'assiète de l'assemblée fut fort célèbre, et se trouve dans divers autheurs, ensorte qu'il est superflu de la déduire par le menu. Les roys, en ces occasions, appellent avec eux un grand nombre de personnes qui n'assistent pas au jugement des procès, comme il fut fait en cette occasion.

Le duc d'Alençon estoit présent à la prononciation de cet arrest, assis sur une escabelle basse au milieu du parquet : l'arrest luy avoit esté notifié en la prison par maistre Élie de Torrettes, l'un des présidents de la cour, par maistre Jean le Boulanger, conseiller, et Jean Bureau, trésorier, et autres du grand conseil du Roy.

Le duc, après cette prononciation, témoigna en estre fort triste, voyant une continuation de ses misères.

Le Roy ensuite ordonna qu'il fût mené au chasteau de Losches, sous la garde de Guillaume de Ricarville, capitaine du chasteau et maistre d'hostel du Roy. L'instruction qui fut donnée à ce Ricarville contient la manière qu'il doit observer auprès dudit duc, les despenses spécifiées tant pour la garde que pour la personne du prisonnier; il y a un article concernant le chapelain, qui devoit dire la messe dans la chambre dudit duc et non ailleurs, que le chapelain sera changé toutes les semaines, ou plus souvent si ledit Ricarville le trouve à propos. La garde devoit estre fort étroite et devoit avoir toujours un garde dans sa chambre, ne devoit parler à personne, ni recevoir lettres, ni en écrire, ni avoir argent, et pouvoit avoir des livres, jouer aux eschecs avec ses gardes. Cette instruction est du 15 octobre.

La prison de ce prince dura tout le reste du règne du Roy Charles VII; c'est à dire jusqu'en l'année 1461, que Louis XI son fils, luy succédant, qui délivra ledit duc en octobre de la mesme année, lui donna une abolition qui portoit une entière restitution de tout ce dont ledit duc d'Alençon avoit esté privé par l'arrest ci-dessus : c'est à sçavoir de sa liberté, et de ses biens et seigneuries, dont le Roy entend qu'il jouisse comme avant l'arrest, et aux mesmes honneurs, désunissant aucunes d'icelles qui avoient esté unies à son domaine royal, pour estre réunies aux domaines dudit duc, le remettant en la possession d'icelles par la tradition simple de la lettre d'abolition, accordée à la prière de plusieurs princes et seigneurs qui en avoient supplié le Roy, et sur ce que les charges imposées audit duc n'avoient sorti aucun effet; ayant d'abondant ledit duc affirmé n'avoir jamais eu mauvaise volonté contre la personne du feu Roy Charles, père de sa majesté. Depuis, sur quelques difficultés faites sur la précédente abolition, le Roy, par ses lettres d'ampliation du mois de mars 1462, déclara que son intention avoit esté de rétablir ledit duc en tous ses honneurs, biens, droits et prérogatives, telles et si amples qu'il avoit avant l'arrest donné par le Roy son père.

Cette abolition ne fut pas donnée sans une promesse particulière que le Roy tira dudit duc, le lendemain 12 octobre : par lequelle il consentoit que le Roy mettroit des capitaines et des gardes à Verneuil, Domfront, et à Sainte-Suzanne, approuvoit que sa majesté se fust reservé la garde, gouvernement et administration de ses enfants, Réné et Catherine d'Alençon, pour estre avec sa majesté, et disposer de leur mariage, pour les allier à telles personnes que bon luy semblera, leur bailler telle part aux biens dudit duc qu'il voudra, consentant enfin ledit duc que s'il faisoit chose préjudiciable au Roy, soit par l'alliance de ses enfants, ou autrement, d'estre déchu de la grâce portée par son abolition.

Ledit duc fut quelque temps sans faire parler de luy, mais néanmoins il pensoit à se venger de ceux qui l'avoient trahi en l'exécution de ses desseins contre l'estat. Il fit mourir ce Pierre Fortin de Domfront, qui fut un des principaux témoins contre luy; il donna cet ordre à un nommé Lammace, pendant un pélerinage que ledit duc devoit faire à Saint-Nicolas et à Saint-Jacques en Galice. Ce qui augmenta le crime du duc en la mort de ce Fortin, fust qu'il avoit été mis en la protection et sauve-garde du Roy, et avoit esté baillé en garde audit duc. Outre cette charge, il fut accusé d'avoir fait mourir un orfévre, faux monnoyeur, et d'avoir envoyé en Angleterre un jacobin pour traiter avec le Roy d'Angleterre contre la France : sur quoi il y eut plusieurs tesmoins ouïs. L'affaire renvoyée au parlement de Paris où ledit duc fut adjourné à comparoir en personne à certain jour sur peine d'être convaincu des cas à lui imposez. Auquel jour ledit duc s'étant fait excuser, fit remontrer au Roy que par son privilége de pairie, il n'estoit tenu de comparoir que par devant sa majesté, comme son seul et souverain seigneur et juge, et qu'il plust à sa majesté évoquer à luy toutes ces affaires ; ce que le Roy fit par ses lettres ; et ensuite ayant égard aux services dudit duc, aux prières des princes et seigneurs de son sang, et aussi que les cas dont ledit duc est accusé, n'estoient pas bien prouvez, abolit et esteignit tous lesdits cas, et les mit au néant en toutes leurs circonstances, tant au regard dudit duc, que tous autres : « et par ce (portent lesdites lettres d'abolition) qu'à nous seul (dit le Roy) appartient la connoissance, correction, et punition de tous cas concernants la personne dudit duc d'Alençon, et l'abolition d'iceux et des procez qui se pouvoient mouvoir à l'avenir, et l'entretenement de ces présentes, icelles en notre présence avons fait lire et publier, et les avons entérinées et entérinons en tous leurs points, selon leur forme et teneur : et sur ce imposons silence perpétuel à nostre procureur-général, et à tous autres en notre main mis à cause des choses dessusdites dudit duc d'Alençon et de tous autres, avons levé et osté, levons et ostons par ces présentes, et les luy mettons en pleine délivrance sans y garder autre solemnité ou mystère de justice, ni qu'il luy soit besoin en avoir autre entérinement ou expédition en nostre cour de parlement, ou ailleurs. Si donnons en mandement au premier de nos amés et féaux conseillers, les maîtres des requestes de nostre hostel ou de nostre dite cour de parlement, que ces présentes ils mettent à exécution de point en point. » La date de ces lettres est du 22 mars 1464, qui furent mises à exécution par Jean Lenfant, maistre des requestes, par acte du pénultième mars de la mesme année. Cette forme d'abolition fort extraordinaire méritoit d'estre marquée particulièrement.

Le duc d'Alençon continuant ses mauvais desseins contre le Roy et l'estat, se trouva l'année suivante enveloppé dans la guerre qui avoit pour prétexte le bien public, dont Charles de France, duc de Normandie, frère du Roy, estoit le chef, assisté des plus grands princes du royaume. Le duc se déclara contre le Roy, donnant entrée par le chasteau d'Alençon au sieur de Laval de la Roche, prenant qualité de lieutenant-général dudit duc Charles, qui se rendit ensuite maistre de la ville, en laquelle demeure Réné, comte du Perche, fils dudit duc d'Alençon, pour tenir la place avec ledit duc de la Roche.

Le comte du Perche reconnoissant sa faute, prit le parti du Roy, rendit la ville à sa majesté, et le chasteau aussi. Le duc de Normandie estant averti de cette action, et tout indigné, s'échappa en présence de quelques personnes, de dire : *Si le comte du Perche a fait cela, il a montré estre le fils de son père.* Ce prince Réné remettant cette place entre les mains du Roy, traita avec sa majesté. Le traité porte que le Roy pardonnoit au duc d'Alençon, à sa femme et au comte du Perche, son fils, de ce qu'ils avoient adhéré avec le duc de Bretagne et ses alliés contre luy. Sa majesté devoit restituer audit duc d'Alençon tout ce qu'il luy détenoit, mesme Samblançay; qu'il auroit la mesme pension qu'avant ces divisions; augmenteroit de six mille livres celle du comte du Perche, et lui devoit donner les capitaineries de Revée et Falaise, la charge de cent lances à la grande ordonnance, et la somme de vingt mille écus pour raison de la dépense par luy à faire en remettant la place d'Alençon au Roy; et que ledit comte du Perche, au cas que l'on fasse un traité avec Charles de France, frère de sa majesté, sera un des principaux députés de la part de sa majesté. Ce traité est du dernier décembre 1467. Le Roy de Sicile, le duc de Bourbon, le comte du Maine, prince du sang, et le sire de Beuil, donnèrent assurance, par lettres, au comte du Perche, de la parole du Roy.

La ville et chasteau d'Alençon estant rendus au Roy, sa majesté fit expédier d'autres lettres du 20 janvier 1467, par lesquelles sa majesté, ayant déduit les promesses que luy avoit faites ledit duc d'Alençon de luy estre fidèle, les graces qu'il lui avoit faites, et les infidélités dudit duc ayant adhéré avec les princes et seigneurs rebelles, en considération des services rendus par le comte du Perche, fils dudit duc, sa majesté restitue aussi audit duc, quand il sera près de luy ou ailleurs, où il lui sera ordonné et dès lors audit comte du Perche toutes leurs terres, tant celles tenues par le Roy, que celles dont sa majesté avoit disposé, mesme Samblançay, Pont-de-Tous, Domfront et Porencémie : et ensuite le Roy abolit les crimes dudit duc d'Alençon et de son fils, à la charge que les places appartenant audit duc demeureront au pouvoir de son fils, jusqu'à ce que le Roy ait pris ses seuretés dudit duc. Le mesme jour, le Roy accorda d'autres lettres audit comte du Perche, par lesquelles il déclare que les fautes et crimes que commettra cy-après ledit duc son père, ne lui pourront préjudicier, si ledit comte n'y apporte son consentement, et n'en est coupable de son chef.

Le Roy, faisant expédier cette abolition, tira du comte du Perche des lettres d'assurance d'observer par luy tout ce qui estoit contenu en ladite abolition, qui demeurera nulle en cas de contravention de sa part. Ces lettres sont du vingt-sept de janvier mille quatre cent soixante-sept (1).

La paix estant faite entre le Roy et son frère et les princes, le duc d'Alençon se retira à Alençon, s'estant rendu par adresse maistre du chasteau, mais il fut aussitôt repris par le sieur du Lude, par ordre du Roy; et peu après ledit duc, conseillé par ledit de Lude, qui s'estoit reconcilié avec luy, se déclara pour le duc de Bourgogne, lors ennemi du Roy, avec intention de luy vendre ses places: le Roy, averti de ce dessein, fit arrêter le dit duc d'Alençon à Bresolles, par Tristan-L'hermite, prévost de l'hostel, qui l'amena au Roy, qui l'envoya au chasteau de Loches, de là à Roche-Corbon, près Tours, où il fut interrogé par le chancelier de France, assisté du comte de Dunois, de Jean le-Boulenger, premier président au parlement, de Guillaume Cousinot Chambellan, et autres conseillers, tant de la cour du parlement, que du grand conseil; et le 7 suivant, le patriarche de Jérusalem, évesque de Bayeux; le baillif de Rouen et Juvélin, correcteur des comptes, à Paris, mirent en la main du Roy le duché d'Alençon, madame Marie d'Armagnac, sa femme, par ordonnance du Roy délogea d'Alençon, et alla résider à Mortagne au Perche, où elle mourut de déplaisir le 25 juillet 1473.

Au mois d'aoust de ladite année Louis XI vint luy-même prendre possession du duché d'Alençon.

Pendant que le procès dudit duc s'instruisoit, François duc de Bretagne, proche parent de l'accusé, envoya vers le Roy, pour le prier de faire grâce, de con-

---

(1) L'original existe dans le trésor des chartes; en voici le titre : « Promesse de René d'Alençon, comte du Perche, au Roy Louis XI, auquel il promet foy et loyauté, et consent en deffaut de ce que la grace que le Roy lui a faite et à son père de le remettre en leurs terres, seigneuries et prérogatives, soit nulle. »

sidérer l'extraction dudit duc, les services de ses ancêtres, les grandes pertes qu'il a souffertes par les ennemis du royaume, son grand âge, et de plus qu'il était son cousin-germain; la conclusion des ambassadeurs du duc de Bretagne fut, qu'il plût au Roy de faire observer l'ordre de la justice, et de faire grâce au cas que ledit duc eût commis quelque faute. La réponse du Roy fut : qu'il avoit témoigné une grande bonté envers ledit duc, lui ayant souvent pardonné, et qu'il estoit retombé, en sorte qu'il ne pouvoit sans grande faute envers son estat en différer la punition; que l'ordre de la justice a esté tellement observé que l'on avoit trouvé que la matière étoit disposée à faire arrester la personne dudit duc, et qu'il n'estoit pas encore en estat de recevoir grâce, parce que le procès n'estoit pas tout instruit, quoy fait, sa majesté promit d'avoir mémoire de la requeste dudit duc de Bretagne.

Le Roy ensuite fit conduire ledit duc à Paris au Louvre pour continuer à luy parfaire son procès, par des commissaires nommés par le Roy, comme aussy à ses complices, et puis renvoyé au parlement pour juger définitivement avec les commissaires qui avoient instruit le procès. La cour en vertu de ces lettres ordonna que ledit duc et ses complices seroient transportés aux prisons du palais : de là il fut plusieurs fois amené devant la cour, et fut interrogé. Il reconnut, ayant esté convaincu par plusieurs témoins, qu'il avoit fait mourir ce Pierre Fortin, qui avoit découvert ses conspirations contre le feu Roy Charles VII. Ledit duc fut aussi convaincu d'avoir fait faire de la fausse monnoye, que de cent livres de bonne il en faisoit pour trois mille livres de fausse; faisoit faire de la vaisselle qui paraissoit être argent, et des chaisnes de faux or, qu'il avoit fait noyer un faux monoyeur dont il s'étoit servi. Il reconnut qu'en l'année 1463, il avoit traité avec les Anglois pour se joindre avec le frère du Roy, avoit débauché le comte du Perche son fils, avoit envoyé un jacobin nommé Lalande en Angleterre pour traiter avec le Roy d'Angleterre, et empêché le mariage que le Roy traitoit pour une des filles du comte de Foix avec le Roy d'Angleterre. Reconnut avoir fait pendre sans forme de procès un nommé Fillon qui servoit son dessein, et les moyens dont il s'étoit servi pour unir les ducs de Guyenne et de Bretagne; qu'il avoit traité avec les ministres d'Angleterre pour faire une descente en Normandie, offrant ses places et du secours : qu'il avoit envoyé le nommé Jacob vers le duc de Bourgogne ennemi du Roy, pour empêcher le mariage que le Roy vouloit faire du comte du Perche avec la sœur du duc de Bourbon, et demandé retraite au duc de Bourgogne dans ses estats, au cas qu'il y fust obligé.

Enfin, ledit duc fut jugé après une longue discussion, et fut condamné à mort pour crime de lèze majesté, d'homicide, et d'avoir fait forger de la fausse monnoye, au coin du Roy; ses biens acquis et confisqués au Roy; l'exécution néanmoins dudit duc réservée au bon plaisir du Roy. L'arrest est du 18 juillet 1474.

Le mesme jour de l'arrest, le chancelier le prononça publiquement en la grande chambre, toutes les chambres assemblées, et en présence d'un grand nombre de personnes, et par l'ordonnance de la cour les sieurs de Nanterre et de Corbie présidents, Fumée et Baillet, maistres des requêtes, de Caulers, Bourdelot et Le Maire, conseillers en la cour, se transportèrent par-devers ledit d'Alençon et luy prononcèrent l'arrest. A quoy ledit d'Alençon dit qu'il n'avoit fait choses avec les Anglois qu'il entendit qu'elle deust être contre le Roy : toutefois, il remercioit sa majesté et la cour de ce qu'il leur plaisoit luy faire dire présentement, et remettoit le tout à la bonne grace et miséricorde du Roy, le requérant qu'il lui plust avoir égard à sa maladie et vieillesse, et supplia ledit d'Alençon que la cour permist qu'il pust faire faire cette prière au Roy en présence de telle personne que ladite cour commettroit, à quoy luy fut répondu qu'il en seroit fait rapport à la cour, ce qui fut fait.

Le Roy, l'an 1475, désirant témoigner quelque douceur envers ledit d'Alençon, commanda qu'il fût tiré de la grosse tour du Louvre, et mis en la maison de quelque bourgeois de Paris, pour être sous une garde plus libre et avec espérance d'un plus doux traitement et d'une pleine délivrance. Il mourut enfin à Paris, en l'année 1476 (1).

(1) Réné, fils de Jean, duc d'Alençon, fut aussi condamné, en 1482, à une prison perpétuelle, pour avoir voulu vendre son duché au duc de Bourgogne; Charles VIII l'en fit sortir en 1483, et il mourut en 1492. Son fils Charles mourut de honte en 1525 pour avoir fui à la bataille de Pavie. Il n'eut point de postérité, et son duché fut réuni à la couronne.

FIN DU PROCÈS DU DUC D'ALENÇON.

MÉMOIRE

TOUCHANT

CHARLES VIII,

LES PERSONNES PRINCIPALES DE SON TEMPS ET CELLES PAR LUI ESLEVÉES, LES ACTIONS PLUS CONSIDÉRABLES ET DICTS PLUS MÉMORABLES.

AVERTISSEMENT.

Le Mémoire qui suit, et que nous publions pour la première fois, existe manuscrit à la Bibliothèque royale, fond Saint-Germain, n° 209. Il a été connu de M. de Foncemagne, qui le cite dans sa *Notice sur l'Expédition de Charles VIII* (Acad. des inscriptions, t. 17), pour établir la cession faite par André Paléologue à ce prince de tous ses droits sur Constantinople. Ce savant croit que cette pièce fut écrite au commencement du 17° siècle. Elle présente un tableau anecdotique du règne de Charles VIII, tracé avec méthode, d'un style clair et précis, et curieux par les détails.

MÉMOIRE PARTICULIER

FAIT PAR UNE PERSONNE D'ESPRIT

ET BIEN INSTRUITE DES AFFAIRES TOUCHANT CHARLES VIII, LES PERSONNES PRINCIPALES DE SON TEMPS, ET CELLES PAR LUY ESLEVÉES, LES ACTIONS PLUS CONSIDÉRABLES ET DICTS PLUS MÉMORABLES.

Mon dessein n'est pas d'entasser icy tout ce qui se peut trouver dans les livres communs, ou dans la cognoissance de tout le monde, mais seulement de remarquer quelques particularités qui ne se voyent que dans les autheurs peu cognus et dans les manuscrits, ou que j'ai apprises de la traditive ou de ceux qui approchoient le plus près des temps auxquels les choses sont arrivées.

A fin d'y observer quelque ordre, et d'éviter la confusion, je lès réduiray toutes sous ces quatre titres : *Maisons* (1), *Personnes*, *Actions* et *Paroles mémorables*.

Sous le titre des actions je comprendrai ce qu'il y a de plus remarquable pour l'accroissement ou diminution des vieilles charges, pour la naissance des nouvelles, et pour la prescéance d'entre les grands.

CHARLES VIII.

Je commenceray par le règne de Charles VIII, à la fin duquel j'estois desja quand il pleut à sa grandeur me commander de faire ces remarques.

---

(1) *Maisons*. Nous avons cru devoir retrancher ce chapitre, qui ne contenait que des renseignemens généalogiques.

J'ay trouvé deux choses assez rares, l'une pour sa naissance, l'autre pour sa mort. Pour sa naissance, quelques-uns ont creu de son vivant et après sa mort qu'il n'estoit pas fils de Louis XI ny de la Reine. Mais que ce Roy voyant qu'il n'avoit point d'enfants qui pussent vivre, en avoit pris un d'une pauvre femme des environs de Blois, l'avoit supposé au berceau à la place du sien qui estoit langoureux et moribond. De fait ce prince ne ressembloit guères à Louis XI ny de visage ny d'humeur; mais ce n'estoit pas l'origine de ce bruit. Je l'ai descouverte dans le procès de mort de Pierre Landais (1), qui est dans les papiers de la maison de Bourbon, dont feu monsieur le Prince apporta une partie du chasteau de Moulins. Dans ce procès Pierre Landais advoue qu'il a esté porté par quelques grands à prouver que le Roy Charles avoit esté supposé. Il ne spécifie point qui estoient ces grands; sans doute il le déclara; mais de pareilles choses ne se mettent jamais dans les interrogatoires. Il est aysé néantmoins de voir que c'estoit Louis duc d'Orléans auquel la couronne appartenoit après luy, ou du moins son conseil et ceux de son party; il ne dit point non plus de quels moyens et de quels tesmoignages il vouloit se servir pour prouver cette supposition, et quand il les auroit déclarés, les juges n'avoient garde de les mettre par escrit.

Pour sa mort il y eut aussi un autre soupçon, sçavoir qu'il fut empoisonné par une orange qui luy fut baillée par un valet de chambre. Belleforest en touche quelques mots sur la fin de sa vie. A cause de cela le grand Roy François disoit, en voyant des oranges, que la senteur luy en déplaisoit. Ludovic Sforce en estoit accusé, lequel avoit desjà traité son neveu de même, et la nation lom-

(1) *Pierre Landais*, favori du duc de Bretagne, mis à mort en 1485.

barde estoit en ce temps-là fort diffamée de semblables maléfices. Mais il semble que ce n'estoit pas l'interest de Ludovic que Charles VIII mourust, car il avoit de nouveau fait un traité avec luy, et il avoit bien plus à craindre Louis duc d'Orléans, lequel estoit son ennemy irréconciliable, pour ce qu'il prétendoit directement à la duché de Milan, joint qu'il avoit souvent tasché de luy donner le boucon (1) et avoit pensé luy faire perdre l'honneur et la vie dans Novarre, tellement que par le traicté secret avec le Roy Charles, il estoit dit que le duc seroit envoyé en Allemagne afin de s'esloigner de la cour. Or, comme cela estoit prest de s'exécuter, et que d'autre costé on vouloit escarter de luy George d'Amboise, archevesque de Rouen qui estoit son conseil et l'envoyer à Rome, ou à Ast, le Roy vint à mourir, et, comme dit Montluc dans la vie de Louis XII, « *Ceux qui avoient brassé cette menée en brassoient une, et il en advint une autre.*

Il est vrai qu'il estoit extrêmement débile et fresle, et qui naturellement ne pouvoit pas vivre long-temps, Barthélemy Cocles (2), physionomiste italien, fort entendu en cette matière, fit ce jugement-là sur sa physionomie qui luy fut escrit et envoyé par un de ses amis en cette sorte. « Il avoit la teste grosse et le nez excessivement aquilin et grand, les lèvres un peu plates, le menton rond avec une petite fosse, les yeux grands et sortants au dehors, le col trop court et non assez roide, la poitrine et le dos larges, les flancs assez pleins, et le ventre charnu, le siège de bonne largeur, mais les

---

(1) *Boucon*, vieux mot synonyme de poison.

(2) *Barthélemy Cocles*, célèbre astrologue du 15ᵉ siècle. Ayant osé prédire à Hermès, fils de Jean II Bentivoglio, qu'il mourrait en exil, ce seigneur le fit assassiner le 24 septembre 1504.

cuisses et les jambes fort gresles, quoique bien longues ; » d'où ce philosophe concluoit que ce corps estoit composé de mauvaise paste et de matière catarrheuse. Au reste il estoit de petite taille. C'est pourquoi le surnom de petit Roy luy demeura dans les règnes suivants. Les Italiens, qui ont eu grande raison de le haïr, pour ce qu'il alla remuer une guerre qui enfin les a mis sous le joug estranger, l'appeloient par mespris *Cabezzucco*, c'est à dire testu, faisant allusion à sa grosse teste, et à l'opiniastreté qu'ils luy reprochoient comme s'il eust entrepris ce voyage contre toute sorte d'advis et de raison ; mais ceux qui le vouloient loüer luy donnèrent cette devise.

Major in exiguo regnabat corpore virtus.

Louis duc d'Orléans, qui avoit grande passion pour ce voyage, se servit de ce moyen pour y porter le Roy. Il dressoit tous les jours de nouvelles parties de joustes, de tournois, de combats à la barrière. A chaque coin de rue dans Lyon il y avoit des perrons et des eschafaux pour combattre. On ne voyoit que cavaliers habillez à la grecque, à la romaine, à la moresque, à la turque, avec de belles devises. Les poètes ne chantoient que la guerre, les dames ne parloient d'autres choses. Ainsy par ces ressemblances de combats, par les magnificences, par les fanfares des trompettes, par les chants des poètes, et par les enchantements des dames, il esleva le cœur de ce jeune Roy à de hautes entreprises, et l'enflamma tellement du désir de la gloire, qu'il ne pouvoit dormir jusqu'à tant que le voyage d'Italie fust résolu.

PERSONNES.

LA REINE CHARLOTTE.

Charlotte de Savoye, veuve de Louis XI et mère de Charles VIII, assez belle de visage, de petite taille

aymoit fort la lecture et les livres, à quoy elle s'estoit
adonnée pour se désennuyer dans la grande contrainte
que son mary exerçoit en son endroit ; car il la tenoit de
si court, qu'elle ne pouvoit parler à personne qu'à deux
ou trois de ses domestiques ny s'esloigner du chasteau
d'Amboise sans sa permission, là ou il ne l'alloit jamais
voir que pour le désir d'avoir des enfants. Si bien qu'ayant
passé sa vie comme dans une prison, elle en devint plus
mélancolique et plus timide, et contracta mesme une difficulté de parler. Au reste elle estoit toute bonne et toute
simple, ce qui donna lieu à Madame de Beaujeu de prendre
la régence que plusieurs disoient luy appartenir, ou du
moins la garde de son fils. Le comte de Dunois et Jean Tiercelin pere du gentil la Roche du Mayne luy esveillèrent le
courage pour ne pas souffrir cette injure, et l'excitèrent de
sorte qu'elle voulut avoir la personne de son fils ; mais telle
comme l'affaire estoit desjà bien advancée par leur moyen,
elle vint à mourir non sans quelque mauvais soupçon.

PRINCES DE LA MAISON DE BOURBON.

Trois princes du sang eurent part au gouvernement ;
Jean duc de Vendosme, Pierre de Beaujeu son puisné,
et François duc de Vendosme, tous trois fort bons princes, doux, équitables, bienfaisants, mesnagers selon
l'humeur de la maison.

Le duc de Bourbon, comme le plus puissant, estoit
le plus chaud et le moins endurant, comme il l'avoit bien
fait cognoistre à Louis XI ayant brassé la ligue du bien
public, au reste si homme de bien qu'il ne voulut point
se mesler de la guerre que ce Roy fit à Marie fille de
Charles Duc de Bourgongne, ne dissimulant point que sa
majesté devoit donner un meilleur titre à ses armes que
le simple désir de joindre le Pays-Bas à sa couronne. Ce

qui fascha si fort le Roy qu'il fit secrettement informer contre lui, et fit prendre ses domestiques que le Parlement eslargit, cognoissant bien que c'estoit un artifice pour faire de la peine au maistre. La voix publique lui donna le surnom de Bon : et quoi qu'il luy faschast fort d'obéir à la femme de son cadet, il ne voulut point troubler le repos de l'estat, et se contenta du titre de connestable. St.-Gelais dit qu'on le luy donna. Il dissuada fort le voiage d'Italie, et sollicita instamment la délivrance du duc d'Orléans. Il mourut l'an 1488, sans enfants légitimes.

Pierre son frère, qui luy succéda en la duché avoit espousé la fille de Louis XI, qui estant fin et prévoyant, ne la luy avoit donnée que pour ruiner la maison de Bourbon. Car, comme il vit que son aisné n'avoit point d'enfants, et que cestuy-ci estoit pauvre et endebté, il la bailla avec cent mille escus à condition qu'il consentoit en tant qu'il estoit en luy que toutes les duchés, comtés et seigneuries qui estoient dans la maison de Bourbon retourneroient au Roy et à ses successeurs au cas qu'il décédast sans enfants masles. Louis XI en mourant luy donna toute la charge et gouvernement de son fils conjoinctement avec sa femme, c'est à dire indirectement la régence. Son naturel estoit bon et facile, et bien esloigné des rigoureux procédez de sa femme. Ce fut contre son advis qu'on détint le duc d'Orleans prisonnier, et s'il eust esté aussy ferme et vigoureux qu'il estoit bien intentionné, il n'y eust point eu de guerre dans la minorité. Mais sa femme estoit le maistre, et avoit toujours gardé sur luy l'auctorité de fille du Roy. Il avoit consumé en sa jeunesse presque sa légitime par des prodigalitez excessives qu'il répara avec un grand mesnage quand il fut plus vieux. Il portoit pour devise une nuée d'azur, d'où sortoient des langues de feu d'or et de gueules, au milieu un cerf volant d'or ayant un collier d'azur sur lequel estoit la devise de la maison de Bourbon, *Espérance*.

Sa femme estoit altière, impérieuse, inexorable, qui suivoit en tout les maximes du feu Roy son père et luy ressembloit presque tout à fait en humeurs, fort superstitieuse, à cause de quoy elle porta le Roy à la restitution du Roussillon, n'estant pas si consciencieuse d'ailleurs qu'elle ne le servist dans ses jeunesses. Pour se maintenir dans le gouvernement, elle appela le duc de Lorraine (1), et si elle en eust eu encor plus besoin qu'elle n'eust, on croit qu'elle luy eust relasché la Provence et l'Anjou.

Ce duc estoit grand homme de guerre qu'il avoit apprise à ses dépens contre Charles duc de Bourgongne, au reste un peu estourdy, ce qu'il tesmoigna dans toute la conduite de sa vie, et en ce qu'il fit au duc d'Orléans, si la traditive est vraye, car on dit que ce prince jouant à la paume aux halles, il y eut dispute par un coup, la régente (s'appelle ainsy Mme de Beaujeu) le jugea contre luy, le prince ne sçachant pas, comme il est vray semblable, qui c'estoit qui avoit jugé ce coup, dit que ceux qui le condamnoient en avoient menti, sur cela le duc de Lorraine luy donna un soufflet, dont il se fust bien repenty si le duc d'Orléans eust esté aussi vindicatif quand il fut Roy comme l'autre avoit esté prompt et léger.

François, comte de Vendosme, prince d'humeur gaye et joviale, qui aymoit la tranquillité, et qui se mesloit toujours de pacifier les différends, demeurant toujours auprès

---

(1) *Le duc de Lorraine*, Réné II. Madame de Beaujeu voulant se faire un appui de ce prince, lui restitua le duché de Bar, lui donna une pension de 36,000 livres avec une compagnie de cent lances, et lui céda toutes les sommes et tous les droits que Louis XI réclamait sur la Lorraine. Elle lui fit épouser en 1485 la fille d'Adolphe de Gueldres et de Catherine de Bourbon, sœur du sire de Beaujeu. Le duc de Lorraine mourut le 10 décembre 1508.

du Roy, n'y servoit pourtant que de nombre, tandis que madame de Beaujeu gouverna; mais par après, le Roy le prit en grande affection et l'appeloit son bon parent. Il mourut de dissenterie au retour de son voyage d'Italie. Le Roy voulut que semblable honneur fust fait à son enterrement que si c'eust esté son frère. Aussi estoit-il l'escarboucle des princes de son temps, en beauté, bonté, sagesse, douceur et bénignité; il espousa Marie de Luxembourg, fille aisnée et principale héritière de Pierre, comte de Saint-Pol, à cause de laquelle Henry-le-Grand disoit qu'il touchoit de parenté à tous les princes de l'Europe. Elle demeura en viduité cinquante et un an après la mort de son mary.

Durant la régence, l'admiral de Graville et La Trimouille (comme aussy le mareschal de Gié, bon serviteur du Roy, mais mauvais Breton) furent les deux plus employez, tous deux personnages de grand sens. La Trimouille, grand capitaine; Graville, ennemy du duc d'Orléans pour quelques picques particulières, de sorte qu'il s'opposa toujours à sa délivrance. Lorsque Charles VIII approcha de l'âge de vingt ans, le crédit de Graville diminua, et ses advis, qui dissuadoient la guerre d'Italie, le rendirent tout-à-fait odieux.

LES FAVORIS ET CEUX QUI GOUVERNENT.

Charles VIII eut pour favoris, premièrement le comte de Ligny, son cousin, fils du malheureux comte de Saint-Paul, prince gentil, vaillant, adroict, généreux, qui estoit l'amour des dames et l'admiration de la noblesse. Un degré au-dessous Miolans (1) et Cossé (2), et par après, ces quatre,

(1) *Miolans*. Louis de Miolans, favori et premier chambellan de Charles VIII.

(2) *Cossé*. Réné de Cossé, premier panetier de Charles VIII, devint le confident intime de ses plaisirs.

Chastillon, Bourdillon, Galliot et Bonneval, gouvernèrent le sang royal; mais Briçonnet (1) et Estienne de Vaese (2), administroient absolument les affaires, desquelles on peut dire, s'il est vray ce qu'en ont escrit les historiens, qu'il n'y en eut jamais de plus incapables; de fait, ils n'avoient aucune expérience et presque point d'autre conduite ny d'autre intention que de faire leurs affaires particulières. On dit qu'ils ne conseillèrent la guerre de Naples, l'un que pour avoir un chapeau de cardinal, et l'autre pour avoir une duché en ce pays-là, ce qu'ils obtinrent l'un et l'autre; mais Vaese ne garda pas long-temps sa duché. Il eut aussi des favoris de ses simples domestiques comme Paris, Gabriel et Dijon, pareillement Hervé de Chesnoy, qui fut prévost de l'hostel, et exerça justice à Rome (3).

Dans la guerre de Bretagne il y eut deux principaux personnages qui remuoient presque tout de part et d'autre, l'un estoit François d'Orléans, fils de ce brave comte de Dunois, adroit et subtil negociateur, doué d'une vivacité merveilleuse, et fort heureux à persuader tout ce qu'il vouloit, et à noüer et desnoüer des intrigues. Comme il estoit attaché de devoir à la maison d'Orléans, il porta toujours les interêts du duc, et remua ciel et terre pour

(1) *Briçonnet* (Guillaume), évêque de Saint-Malo, premier ministre de Charles VIII.

(2) *Estienne de Vaese*, valet de chambre de Charles VIII, s'éleva à la plus haute faveur sous le règne de ce prince.

(3) On trouve les noms des favoris de Charles VIII dans les vers suivans du Vergier d'honneur :

> Mignons du Roy ainsi que Bourdillon,
> Balzac, Lachaulx, Gaillot, Chastillon,
> George Edouille et aultres familiers,
> Comme Paris, Gabriel et Dijon.
> Pour assaillir un féminin donjon
> Trop plus propres que dix aultres milliers.

luy faire espouser la duchesse de Bretagne ; mais comme il vit qu'il n'y avoit point d'autre moyen de le tirer de prison, il négocia ce mariage pour le Roy, au retour duquel il fut suffoqué par un catarrhe. On remarque de luy, comme aussy de François, duc de Guise, qu'il ne se fioit à aucun secrétaire, faisant ses despesches luy mesme, et qu'il avoit, dans un coffre qu'on portoit toujours avec luy, tous les scellez et tous les seings de tous les seigneurs et officiers de marque du royaume, afin de les conférer avec ceux qu'il recevoit, de peur d'estre trompé. Car Louis XI et Landais avoient appris en France à contrefaire les sceaux et les seings, ce qui estoit devenu si ordinaire qu'il s'en falloit donner de garde. Ce comte de Dunois succéda à Jeanne Harcourt, fille du frère de sa mère, et par ce moyen eut la comté de Tancarville et autres belles terres.

LE MARESCHAL DE RIEUX.

Le mareschal de Rieux, à qui le duc de Bretagne avoit recommandé sa fille en mourant, fut un des plus grands capitaines de son temps, fort judicieux et sage, mais actif, hardy et vigilant, et surtout très-affectionné à la liberté de son pays, pour la conservation de laquelle il tenta tout ce que la prudence humaine a de moyens, et se changea en mille formes comme un autre Prothée ; mais quoy qu'il fust bien advisé, il ne put s'empescher d'estre trahy par ses propres domestiques. Car il s'est trouvé des lettres d'un certain maistre d'hostel à qui il se fioit, qui révéloit tous ses secrets à madame de Beaujeu. Tellement que ses entreprises, conçües avec tant de jugement, manquoient bien souvent pour avoir esté descouvertes, car c'est le dernier mal que les grands puissent chasser de chez eux la trahison. Le Roy faisoit grand estat de ses conseils, et s'il les eust suivis à Fornoue, poursuivant les ennemis qui estoient deffaits, il y a apparence qu'il eust ce jour-là conquis toute l'Italie par une seule bataille.

LOUSIÈRES.

Au voyage de Naples, je trouve que Guy ou Guyot de Lousières fit les préparatifs de l'armée navale, et qu'il y fut en qualité de grand-maistre de l'artillerie. Il estoit de Louzières, d'où sont les marquis de Thenimes. On ne trouve point qu'il ait eu de postérité; quelques-uns ont voulu nier qu'il fust grand-maistre de l'artillerie, mais j'ay veu ses lettres de provision.

LA GRANGE.

Jean de La Grange, bailly d'Aussone, estoit son lieutenant, bien gentil homme, mais au-delà duquel il ne se rencontre rien d'illustre en sa maison; c'est aujourd'huy celle de Montigny.

BOUDET.

J'y trouve aussy qu'un nommé le capitaine Boudet estoit capitaine-général du bagage, et j'ay appris qu'il portoit, d'azur à la fasce d'or, trois roses d'argent en chef et un sanglier passant d'or en pointe.

BALUE.

Je ne veux pas oublier deux personnes qui eurent grand crédit sous Louis XI, dont la fin a esté toute autre, que l'on n'a pas creu communément; sçavoir, le cardinal Balue et Doyac. Car Balue, ayant esté mis hors de prison par le mesme Roy, s'en alla à Rome, d'où le pape Innocent VIII l'envoya légat avec Charles VIII, en 1485, et à son retour l'honora de la légation vers la marche d'Ancone, et de protection de l'Ordre de Saint-Jean de Hyérusalem. Il vescut jusques en 1491, et fut enterré dans l'église de Ste.-Praxède, là où dans son épitaphe il est appelé Héros. La commune créance est qu'il estoit fils d'un munier de Verdun. Mais depuis peu quelques-uns, alliez de la maison de la Balue, l'en ont voulu faire descendre.

DOYAC.

L'autre fut Jean Doyac, il estoit natif de Cusset, en Auvergne, dont il a basty les murailles. Il fut trésorier général des fortifications de France. Les historiens ont escrit, qu'après la mort de Louis XI, il fut condamné au foüet et à avoir les deux oreilles coupées, l'une à Paris, l'autre en Auvergne. Je ne sçay si cela est vray; mais il fut remis en sa bonne renommée et mesme dans l'employ par Charles VIII, en récompense de ce qu'il trouva le moyen de passer le canon en Piémont. Il vescut jusques soubs le regne de Louis XII, et fit rebastir le pont de Nostre-Dame. On y voit ses armes soubs une arcade, qui sont d'argent, à une teste de Maure de Sable, bandée d'argent. Il portoit pour devise : *Fay ce que devra, advienne que pourra.*

DES QUERDES.

Philippes, seigneur Des Querdes, de l'ancienne maison de Crévecœur, fut estimé et appelé le Pyrrhus de ce siècle là, pource qu'il apprit aux gens de guerre à camper, et qu'il commença à faire combattre l'infanterie par rangs et par bataillons, laquelle ne combattoit que tumultuairement et estoit presque inutile; mais pour establir cette discipline et les empescher d'estre pillards comme ils avoient toujours esté, il luy fallut user d'une grande rigueur et faire pendre jusques à vingt soldats en un jour. Il dissuada fort le voiage d'Italie, et mourut à Lyon comme le Roy estoit prest d'y passer. Il avoit de coustume de dire que la grandeur et le repos de la France dépendoient de la conqueste des Pays-Bas, et que c'estoit de là principalement qu'elle pouvoit estre troublée.

Entre les persones de lettres et de plume furent mémorables Robert Briçonnet, archevesque de Rheims et chancelier, tant à cause de sa doctrine, assez considérable pour ce temps-là, que pour sa capacité dans les affaires de justice. Il avoit esté conseiller, puis président des enquestes au parlement. Il portoit pour devise : *Marcessit sine adversario virtus.*

Jean de Rely (1), chanoine de Paris et docteur en théologie, personnage de grande authorité et sçavoir, qui n'ignoroit rien de ce qui estoit necessaire pour la réformation et commoditez du royaume. C'est pourquoy il fut esleu par tous les trois estats, à Tours, pour porter la parole et discourir devant le Roy sur les désordres et sur les réglements qu'il y falloit apporter (2). Il fut depuis évesque d'Angers.

Guillaume Cousinot s'entremesla aussy fort dans ces estats comme persone de grande suffisance, et qui, par la cognoissance de l'histoire, pouvoit donner cognoissance et résolution sur beaucoup de poincts difficiles qui se pré-

(1) *Jean de Rely* naquit vers 1439 d'une ancienne famille d'Arras, et mourut à Saumur en 1499. Ce fut lui qui, en 1461, rédigea les remontrances que le parlement fit à Louis XI au sujet de la *pragmatique sanction*. Ces remontrances sont écrites avec une vigueur remarquable. On en connait une ancienne édition, mais elles ont été réimprimées plusieurs fois dans les œuvres de Duaren d'après la version de ce jurisconsulte. Jean de Rely accompagna le roi dans l'expédition de Naples, et prononça dans l'église de Saint-Denis, en 1498, son oraison funèbre.

(2) On peut consulter l'*ordre tenu et gardé en l'assemblée des trois états de France, convoquez à Tours par Charles VIII, contenant les propositions faites par Jean de Rely, chanoine de Paris.* Dupré, in-4°, sans date, et dans le recueil de Quinet. Paris, 1651, in-4°.

sentent en semblables occasions; il estoit fils d'un conseiller du parlement, et fut conseiller d'estat. Il ne laissa qu'une fille, qui fut mariée en la noble et ancienne maison de Marivaut. Son père avoit esté eslevé par Pierre l'Orfèvre, chancelier du duc d'Orléans, tué par le duc de Bourgongne. Ce Guillaume a composé une histoire de son temps.

Pierre du Chaffant, évesque de Nantes, fut un prélat de très saincte vie et très bon conseil. Le duc de Bretagne eut quelque temps grande créance en luy; mais Landais, qui ne pouvoit souffrir un si homme de bien, l'esloigna de la cour. Il fut toujours fort affectionné aux intérêts de la Bretagne, et mourut en réputation de sainct l'an 1488, ayant esté évesque onze ans.

Pinelle, célèbre docteur de la faculté de théologie, accompagna Charles VIII, et prescha souvent devant luy en Italie et à Rome. Il fut fait évesque de Meaux, et n'ay peu rien trouver de sa parenté.

Il y eut de ce temps-là deux grands prédicateurs, tous deux observantins qui faisoient grand bruit, et attiroient merveilleusement les peuples après eux. Le premier estoit Jean Bourgeois, qui mourut l'an 1488, et fut enterré en son couvent, Nôtre-Dame-des-Anges, à Lyon.

Le second fut Jean Tixerran, qui ayant, par ses prédications, converty plusieurs femmes desbauchées, fit en sorte qu'on institua l'ordre de Sainte-Magdelaine, ou filles repenties, qui commença l'an 1490.

Adam Fumée, docteur en médecine de la faculté de Montpellier, premier médecin de Charles VII, Louis XI; conseiller et maistre des requestes du mesme Louis XI, fut par luy fait garde des sceaux, et exerça cette charge depuis l'an 1479 jusques en 1483. Pierre Doriole ayant esté esloigné de l'exercice de la charge de chancelier. Il le fut aussy sous Charles VIII, la chancellerie estant vacante l'an 1493. Sur la porte des escoles de Montpellier, on lit cette inscription : *Adam Fumee, patria Turonensis, tam gravitatis quam nobilitatis gloria inclytus claris. Doctor medicus, universitatis Monspessulanæ alumnus, qui cum primo consiliarius, magisterque requestarum ordinarius, ac medicus primus Caroli VII, Ludovici XI et Caroli VIII, tanta probitate effulsit, quod Franciæ cancellarius merito tandem effectus est, dumque dierum maturus esset, Lugduni animam exhalavit.*

Tout cela est vray, à la réserve qu'il ne fut pas chancelier, mais seulement garde des sceaux. Au reste, il falloit bien que ce fust un habile homme, et qui entendist mieux le Tacite que le Galien pour avoir subsisté sous Louis XI. L'on a soupçonné qu'il s'en servoit à faire des coups secrets.

ACTIONS.

Il se fit deux belles choses en ce règne : l'union de la duché de Bretagne et la conqueste du royaume de Naples, mais toutes deux de peu de durée, car le royaume lui eschapa après son retour d'Italie, et la duché s'en retourna après sa mort avec la duchesse.

Il s'y commit aussy deux grandes fautes : la restitution du comté de Roussillon, à laquelle le Roy fut poussé par le grand désir de passer en Italie, et par un scrupule de conscience. Quelques gens d'église luy firent croire que son père les avoit chargés, à l'article de la mort, de luy faire faire cette restitution; et l'ambassadeur d'Espagne trouva moyen de gaigner son confesseur : car, comme il sceut qu'il aymoit le vin d'Espagne, il luy envoya deux barils, l'un plein de cette liqueur, l'autre de réales, qui tous deux lui semblèrent fort doux, et luy fortifièrent bien la parole en faveur du Roy Ferdinand.

Actions généreuses.

Les actions généreuses se doivent recueillir comme des pierres précieuses qui ont un esclat très avantageux pour ceux qui les font, et une vertu spécifique envers ceux qui les entendent pour les porter à bien faire.

Jean de Loen, gentilhomme breton, avoit esté baillé en ostage pour le comte de Dunois au mareschal de Rieux et à Alain d'Albret, pour seureté de ce qu'il leur devoit mener la duchesse de Bretagne à Nantes. Ce comte luy avoit donné sa promesse et scellé qu'il le retireroit, et qu'il ne lui en arriveroit aucun mal. Mais ce gentilhomme ayant considéré que si la duchesse estoit menée à Nantes, le duc d'Orléans son maistre seroit ruiné, il renvoya de son propre mouvement la promesse au comte, et ayma mieux s'exposer au danger d'un rigoureux traitement, que de préjudicier à son maistre, ny de laisser l'honneur de ce seigneur engagé. Louis, duc d'Orléans, estant investy, à Baugency, par Charles VIII, à la suscitation de la régente; quoy qu'il eust avec luy quantité de gens de guerre et gens de main, avec lesquels il pouvoit aysément deffaire les gens du Roy, ne voulut jamais user de cet avantage; et comme ceux qui estoient avec luy luy représentoient que s'il alloit trouver le Roy, ils l'arresteroient prisonnier : j'ayme mieux, leur respondit-il, estre prisonnier et innocent que d'estre rebelle; le Roy peut bien m'oster la liberté, mais je ne perdray jamais le respect.

Durant les divisions de la Bretagne, le mareschal de Rieux voulant avoir la duchesse entre ses mains et son chancelier, et quelques autres l'empeschant de s'y mettre, un jour le mareschal la rencontra en campagne assez mal accompagnée : elle fut advertie qu'il venoit son chemin, et priée par ses gens de se destourner, mais elle ne le voulut jamais faire; et, s'en allant droit à luy, luy commanda de se retirer dans sa maison, à quoy il obéit, laissant tout le monde estonné, et doutant lequel estoit le plus généreux, ou du respect du subject envers sa souveraine, ou de l'impérieuse hardiesse de la souveraine envers le subject.

A la bataille de Fornoue, Charles VIII fit merveilles de sa personne. On remarque qu'il y combattit sur un cheval agé de vingt huit ans, ce qui ne semblera pas merveilleux à ceux qui ont lu que, du tems de Louis-le-Débonnaire, Loup Centule, duc des Gascons, en montoit un qui avoit cent ans. Ceux qui estoient près de luy ayant advis que les Vénitiens avoient donné ordre de le tuer ou de le prendre s'ils le pouvoient recognoistre dans le combat.

Le duc d'Orléans distribua aux malades tout ce qu'il avoit de rafraischissemens dans Novarre, quoy que luy-mesme eust une fâcheuse fièvre quarte, et ne se réserva aucuns vivres, mais les prenoit dans le magazin commun comme les autres, avec égale portion, ce qui obligea si fort tous ceux qui s'estoient enfermez avec luy, qu'on ne les entendit jamais plaindre, quoy qu'il en mourust près de la moitié de misère et de faim.

L'admiral de Graville ordonna par son testament que ses héritiers restitueroient au Roy la somme de cent mille livres qu'il avoit vaillant de plus qu'auparavant qu'il fust entré dans les charges, croyant que l'honneur seul est une assez belle récompense à une âme généreuse, exemple d'autant plus remarquable, qu'il est unique en son espèce.

A la journée de Fornoüe, quelques bons serviteurs sçachant que les Italiens vouloient attenter à la personne du Roy, contrefirent ses habits, sa monture et sa suite; ne craignant pas d'attirer sur eux le danger de la mort, pour avoir l'honneur de sauver leur maistre.

Les chefs de l'armée que Landais avoit fait lever contre les seigneurs s'estant accordez avec eux, Landais, pour se venger des uns et des autres, fit donner des lettres patentes les dégradant de noblesse. Le chancelier François Chrestien refusa absolument de les sceller, et comme le duc l'eut envoyé quérir pour le luy commander, le menaçant de le destituer de sa charge, il respondit généreusement que le duc ne l'avoit point fait chancelier pour faire injustice, et qu'il aymeroit mieux mourir que non pas qu'il fust dit que les sceaux, estant entre ses mains, auroient osté la vie et l'honneur à toute la noblesse de Bretagne.

A la bataille de Séminaire, au royaume de Naples, le Roy Ferdinand, ayant eu son cheval tué sous luy et son armée défaite, demeuroit à la mercy des François. Mais Jean d'Auteville, gentilhomme capouan, qui avoit esté nourry son page, le desgagea de la presse, le monta sur son cheval, et combattit les ennemis pour luy donner loisir de fuir, jusques à ce qu'estant percé de plusieurs coups, il mourut avec satisfaction d'avoir sauvé la vie à son maistre.

Pendant le siège du Chasteau neuf, un soldat françois entreprit d'aller à la nage recognoistre la muraille de la contre-mine des ennemis, il y alla malgré mille coups de pierres et de traits, et en fit son rapport comme un homme qui avoit considéré la chose tout à loisir.

Les habitans d'une petite ville de la seigneurie de Gennes se divertissoient un jour à faire pièce du Roy Charles et en avoit fait une effigie de paille à laquelle ils mirent le feu après mille indignitez; quelques François qui virent ce spectacle en firent le rapport au sieur de Cernon, qui estoit sur ces costes avec quelques vaisseaux du Roy. Il fait mettre pied à terre à deux cens hommes qui, donnant de furie dans cette ville, où il y avoit plus de trois mille habitans, tuèrent tous les hommes qu'ils trouvèrent dans les rües, puis ils y mirent le feu, expiant ainsi avec le fer et la flamme l'injure qui avoit esté faite à leur Roy.

Le Roy Charles VII, voyant, après avoir rendu la paix à son estat, qu'il se présentoit de jour à autre grand nombre de differends de plusieurs qui demandoient à estre remis dans leurs terres, dont la possession leur avoit esté ravie à la venue des Anglois, renvoyoit la pluspart de ces causes en son grand conseil, qui pour lors estoit le conseil d'estat. Or ce conseil s'estant embrouillé de tant de procès qu'il ne pouvoit plus faire autre chose, les estats de Tours remontrèrent à Charles VIII qu'il estoit besoin qu'il y eust près de Sa Majesté un grand conseil de justice auquel présideroit le chancelier assisté de certain nombre de notables personnages. Le Roy accorda leur requeste; et depuis, sçavoir l'an 1497, il réduisit ce grand conseil en forme de cour ordinaire, le chancelier Briçonnet en estant allé faire la remonstrance à la cour de parlement.

Sur la remonstrance de ce mesme chancelier, qui pour cet effect alla tenir la séance en parlement, il fut arreté qu'il ne se délivreroit plus de *committimus* qu'aux seuls domestiques du Roy, et sur tout qu'il n'en scelleroit plus pour les advocats. Car plusieurs personnes de toutes sortes de conditions avoient à faux titre usurpé ce privilége au grand préjudice du public, et à la foule des pauvres gens.

Les bonnes villes de France ayant assisté Charles VIII pour son entreprise d'Italie, Paris seul le refusa de cent mille livres. Il s'en tint fort offensé, et à son tour estant allé rendre graces à Dieu dans l'église de Saint-Denis, il ne voulut point passer par leur ville ny escouter leurs députez. Ceux de Poictiers qui de longue main désiroient avoir un parlement dans leur ville, jugeant que le tems estoit propre pour leur dessein, parce que le Roy estoit d'humeur à faire desplaisir aux Parisiens luy envoyèrent leurs députez pour le supplier d'accorder leur resqueste. Il témoigna avoir leur poursuite agréable, et leur donna asseurance de l'accomplissement de leur demande, résolu de destacher du parlement de Paris le Poictou, Anjou, Touraine, le Maine, la Marche, Angoumois et pays d'Aunix. Mais le chancelier, ayant par ses remontrances retardé l'exécution d'une affaire si importante adoucit la colère du Roy, et luy fit changer de résolution.

Ce Roy, à son advènement à la couronne, exempta du ban et arrière-ban les terres détenues en fiefs par les chanceliers, présidents, maistres des requestes, conseillers, greffiers, quatre notaires, advocats, procureurs-généraux et huissiers du parlement de Paris; et luy-mesme en prononça l'arrest séant en son lict de justice : c'estoit l'an 1484.

Aux estats de Tours, le comte de Dunois, grand chambelland, et tous les autres chambellands, estoient debout, derrière la chaire du Roy, comme aussy beaucoup d'autres seigneurs qui estoient là pour le différend de leur séance :

Les cardinaux y tenoient la droite, les princes du sang la gauche.

Le duc de Bourbon, comme connestable, fut assis en une chaise au-dessous des degrés du Roy, ce qui fut fait exprès de peur qu'il ne fust derrière le duc d'Alençon.

Charles, comte d'Angoulesme, n'y fut assis qu'après le duc d'Alençon encor qu'il fust plus proche de la couronne, ce qui fut fait à cause qu'il n'estoit que comte, et que l'austre estoit duc. Mais cette raison semble nulle, et cet ordre n'a pas esté suivy, car les plus proches du sang, quand ils n'auroient aucune dignité, précèdent ceux qui en sont plus esloignez, quelque titre et charge qu'ils ayent.

Quand on dit que Robertet fut secrétaire d'estat sous les

règnes de Charles VIII et Louis XI, il ne faut pas entendre pour cela que les charges de secrétaire d'estat fussent réglées comme elles sont aujourdhuy, et distinguées de celles de secrétaires du Roy et des secrétaires des finances, mais que ce Robertet faisoit les fonctions à peu près que font aujourd'huy les secrétaires d'estat.

Les règnes de par de là Charles V et Charles VI ne cognoissoient seulement pas de secrétaires du Roy, mais des notaires et des clercs que l'on employoit à diverses commissions du conseil, des finances, des cours souveraines, et ceux qui estoient ainsi employez prirent la qualité de secrétaires, et peu à peu, ou par argent, ou par faveur obtinrent pouvoir de résigner leurs charges, qui se sont ainsy establies. D'entre ces secrétaires, nos Rois en choisissoient quelques-uns pour les expéditions des affaires d'estat. Robertet estoit de cette sorte. Il seroit malaysé de dire quand ils furent reduits au nombre de quatre, si ce n'est soubs Henry II tout au commencement, car lors on y trouve ce nombre, qui depuis n'est point augmenté ny diminué. Louis XI n'y apportoit pas grand choix, au contraire il se servoit de petits clercs, de curez de village, de valets, et prenoit le premier venu. On fait ce conte de luy, qu'un jour il appela un clerc de quelque secrétaire pour faire quelque expédition, lequel, tirant ses plumes de son escritoire, en fit sortir des dez. Le Roy luy demanda ce que c'estoit, il lui respondit hardiment *Remedium contrà pestem*. Va, lui dit le Roy, tu es bon diable. Il se servoit de ces mots, Escry bien, et je te feray maistre clerc.

Actions meschantes.

Le trésorier Landais commit une infinité de meschantes actions; mais entre autres il en confessa trois à sa mort, qui méritoient plus que le gibet. Il avoua que c'avoit esté par son moyen que Gilles, frère du duc François, avoit esté fait mourir. Ce pauvre prince, persécuté et emprisonné à l'instigation de Montauban, favory du duc, avoit esté condamné à mourir de faim; mais une pauvre femme qui l'entendit plaindre lui portoit tous les jours du pain. Les satellites qui le gardoient, le voyant vivre si longtems, l'estranglèrent avec des serviettes deliées; l'adjournement qu'il fit donner à son frère, par un cordelier, de comparoir devant le tribunal de Dieu, et toute cette histoire, est escrite dans la vieille cronique de Bretagne. Ce Landais avoit la cruauté de faire mourir de faim ceux qu'il vouloit expédier. Il en fit de mesme au chancellier de Bretagne, Guillaume-Chauvin, lequel ayant faussement accusé d'intelligence avec les François, et ne pouvant le faire condamner par les formes de justice, parce qu'il estoit innocent, il le fit serrer dans un cachot noir et puant, et, par une cruauté inouye, fit amasser tous les poux qui se purent trouver pour dévorer ce misérable. Tous les seigneurs de Bretagne se soulevèrent pour venger un acte si cruel. Afin d'avoir quelque appui au dehors, contr'eux, il persuada au duc de relâcher Henri, comte de Richemont, et de l'assister à conquérir l'Angleterre sur le Roy Richard, il lui fit donner des vaisseaux et des gens pour cette entreprise, et gagna le comte de Buckingam pour luy donner l'entrée du royaume. Mais comme il eut entendu que Richard, ayant fait couper la teste à Buckingam, avoit mis bon ordre à la garde de ses portes, il changea de dessein. Richemoud ayant tournoyé quelque tems les costes d'Angleterre, pour chercher une descente, fut par un orage rejetté en Normandie, d'où estant allé voir le duc, Landais se résolut de l'arrester et de le livrer à Richard, ce qu'il eust exécuté si le comte ne se fust sauvé vers le Roy de France, ayant été adverty de la trahison par une damoiselle à qui Landais en avoit descouvert quelque chose.

Durant que Charles VIII estoit à Naples, un gentilhomme italien fut décapité pour avoir tué un page françois, et en avoir mangé le cœur.

Ferdinand assiégeant le chasteau de Naples, un Maure qui avoit esté à Pescaire, marquis d'Avalo, et s'estoit jetté avec les François pour quelque injure reçue de son maistre, lui fit acroire qu'il vouloit livrer la place, et pour cet effet lui tendit une échelle la nuit, puis, comme il le vit monter il le tua d'un coup de flesche tout à son ayse.

Actions de guerre.

La ville d'Arras, que le Roy Louis XI avoit gardée avec tant de soin, fut surprise des Allemands par le moyen d'un serrurier; ce Roy en avoit fait vider tous les habitans naturels, et l'avoit fait peupler de François, il n'y estoit resté que ce serrurier, lequel, ayant fait de fausses clefs d'une porte de la ville, en donna advis aux gens de Maximilian. Ils prirent l'occasion que le gouverneur n'y estoit pas, et que son lieutenant, nommé Carquelevan, Breton, estoit yvre, et par cette porte se rendirent maistres de la place.

Sur la fin du règne de Louis XI, Dôle fut surprise par les François d'une plaisante façon. Maximilian avoit levé des troupes en Alsace pour renforcer la garnison; Charles-d'Amboise, gouverneur, pour le Roy, de la Franche-Comté, trouva moyen de corrompre les capitaines, et de glisser dans les bandes quantité de soldats François. Les Dôlois en eurent bien quelque soupçon, mais ils furent si simples que de se contenter de faire faire le serment à l'entrée de la ville à tous les capitaines et soldats, qu'ils venoient pour la défense de la ville. Ils jurèrent hardiment sur le Saint-Sacrement qui leur fut exposé pour cela; mais sitôt qu'ils eurent fait entrer assez de gens pour estre maistres de la ville, ils se saisirent de la porte et crièrent ville gaignée. Dole fut lors entièrement ruinée et démolie. Mais à sept ou huit ans de là on commença à la rebastir telle qu'elle est aujourd'hui.

Un charpentier de Rège au royaume de Naples, pour se venger de ce qu'un soldat françois luy avoit desbauché sa femme, se donna la peine de faire des échelles par lesquelles les ennemis montèrent la nuit dans le chasteau, et lors il poignarda luy-mesme le soldat.

Louis XI ayant fait mettre en prison un jeune gentilhomme qui avoit une fort belle femme, Olivier le Daim, fit dire à cette femme qu'il délivreroit son mary si elle vouloit s'abandonner à luy. La pauvre damoiselle, qui estoit sage, eut bien de la peine à y consentir. Enfin pour trop aimer son mary elle fit ce que font d'autres pour n'aimer pas assez les leurs. Mais dès le lendemain le barbare jetta son mary dans la rivière une pierre au col, comme il avoit fait à beaucoup d'autres. Ce qu'il advoua quand son procès lui fut fait au commencement du règne de Charles VIII.

Diverses actions.

J'ai trouvé ces particularitez remarquables dans le voyage d'Italie.

1° Les femmes en furent une des principales causes, car premièrement, on se servit des maistresses du Roy Charles VIII, pour lui persuader cette entreprise. En second lieu, la femme de Ludovic Sforce le porta à brouiller toute l'Italie. C'estoit un esprit ambitieux et plein de faste, qui aspiroit à avoir le titre de Royne, et qui, d'ailleurs, avoit jalousie contre Isabelle, fille d'Alphonse, Roi de Naples, et parce que son mary l'avoit autrefois aymée. On conte que cette Isabelle ayant esté amenée à son mary, le jeune duc Galeas, Ludovic en devint si éperdument amoureux, qu'il eut recours aux charmes, et fit nouer l'éguillette aux deux époux, de de sorte qu'ils demeurèrent quelques mois dans l'impuissance, durant lesquels il fit rechercher la jeune mariée, et tascha de l'obliger à rompre le mariage, mais comme elle estoit d'une humeur fière et hautaine, elle le maltraita si fort, qu'il se porta à ruiner la maison de Naples.

2. Si les femmes furent un des motifs qui poussèrent le Roy en Italie, elles furent aussy un de ceux qui l'en firent chasser; car, comme elles estoient ravies de la gentillesse et civilitez des François, qu'elles ne pouvoient celer l'aise qu'elles avoient de les voir, et de jouir par leur moyen de cette douce liberté qu'elles n'avoient jamais goutée, Les maris de leur costé devinrent tellement jaloux de cette nation, qu'ils conspirèrent facilement à l'égorger ou à la chasser.

3. Le Roy avoit choisy pour grand mareschal-des-logis de son armée le nommé Louis le Valetaut, homme de grand ordre, et fort entendu en ce mestier : il bailla un roole, à Lyon, de tous les logis depuis là jusques à Naples avec leurs distances, leurs assiettes, leurs commoditez et incommoditez, enfin si bien marquez qu'on les trouva tels qu'il les avoit descrits. Outre cela, il avoit mis si bon ordre pour les vivres de l'armée, que de tous costés on en apportoit en abondance, à certains lieux et certaines heures, les quels il faisoit payer content, si bien qu'on les eut toujours à aussy bon marché qu'au cœur de la France.

4. Le Roy estant malade en Piedmont de la petite vérole, creut avoir veu une lumière, et entendit une voix qui luy commandoit d'aller punir les vices abominables et tyrannie des Italiens, et s'il y manquoit qu'il en seroit chastié luy-mesme, ce qui estoit conforme aux prédictions du frère Jérosme-Savonarola.

5. Tout son voyage ne fust qu'une pompe continuelle, et une feste solemnisée avec toutes les réjouissances imaginables. Il n'y eust bourg ni ville qui ne luy fist réception,

et entrée magnifique comme en pleine paix. Ce n'estoit partout que festins, que tables mises par les chemins et par les rues, que concerts de musiques, poésies, représentations, et mille gentillesses, de sorte qu'on pouvoit dire qu'il alloit à la conqueste d'un royaume au son des violons, et marchant sur la jonchée et sur les fleurs. Les dames principalement estaloient tout ce qu'elles avoient de riche et de beau, et luy tesmoignoient par mille démonstrances le plaisir qu'elles avoient de le voir. A Quiers, les plus belles, s'estant assemblées environnèrent son poesle, et chantant à l'entour de luy divers rondeaux et ballades, le couronnèrent d'un chapelet de violette, et le baisèrent. Elles choisirent aussy entre elles une femme de merveilleuse beauté, qu'elles mirent dans un lit comme une accouchée, avec un enfant au berceau et toutes les façons qui s'y pratiquent.

6. A Ferrare, la marquise luy ayant présenté son fils, encore fort jeune, il luy fit oster ses habits lombards, pour l'habiller à la françoise, en luy disant : Souvenez-vous mon cousin, que je vous fais François. Ce qui demeura tellement imprimé dans l'ame du jeune prince, que luy et ses enfans sont demeurez très affectionnez à la France, mesme dans ses plus grandes adversitez.

7. Il entra à Florence la lance sur la cuisse, pour monstrer qu'il y entroit en souverain; les clefs luy en furent portées au devant, et il y fut le maistre sans contredit tandis qu'il y demeura.

8. Le mesme jour qu'il y entra, sortit du monde ce monstre sans défaut, François-Pic de la Mirandole, qui à l'âge de 23 ans par un dessein plus noble que celuy d'Alexandre, avoit entrepris, non pas de surmonter tout le monde à force d'armes, mais de surpasser tous les hommes en science.

9. Il entra aussy dans Rome tout armé, et quelques jours

après, fit dresser trois potences aux trois plus grandes places de la ville, pour contenir la licence des gens de guerre qui avoient pillé une sinagogue de Juifs, par où il sembloit reprendre l'authorité souveraine pour le temporel, qu'autrefois ses prédécesseurs y avoient eue. Mais je ne sçay s'il n'offensa point la majesté de la France, lors qu'assistant à une messe pontificale que le Pape célébra, il s'assit après le premier cardinal évesque, et donna à laver à sa saincteté. Il est vray que quelques-uns croyoient que cela estoit fort avantageux, et disoient que le Pape recognoissoit par là que nos rois estoient les premiers diacres de l'Église, leur sacre leur donnant ceste qualité, et qu'après tout il y a gloire de céder dans l'église aux ministres de Dieu. Le Pape n'oublia pas de faire peindre cette action dans une galerie du chasteau Saint-Ange.

10. Il y en a qui ont dit que le pape luy avoit donné le titre d'empereur de Constantinople, ce qui vient de ce qu'André Paléologue (1), soy disant successeur immédiat de l'empire, comme fils aisné de Thomas, frère de l'empereur Constantin, lui avoit cédé par une donation entre vifs tous ses droits sur Constantinople et Trébisonde.

En vertu de cette cession (2), il fit son entrée à Naples en habit imperial. Il estoit vestu d'un grand man-

(1) André Paléologue vivait obscurément dans la ville d'Ancône, lorsque le pape Pie II l'engagea à venir à Rome. Il y fut reçu avec de grands honneurs, et obtint des pensions ; mais la noblesse de ses sentimens répondait peu à son origine. Il contracta un mariage déshonorant avec une courtisane grecque ; ce qui l'exposa au mépris de toute l'Italie. Il mourut en 1502, âgé de quarante-neuf ans.

(2) André de La Vigne et Burchard n'ont pas parlé de cette cession, dont la réalité cependant n'est pas douteuse. L'acte, daté du 6 septembre 1494, conclu par l'entremise du cardinal de Gurk, fut envoyé au roi par le duc de Saint-Aignan, ambassadeur à Rome dans le dernier siècle. On peut consulter à ce sujet une dissertation de M. Foncemagne. (Ac. des inscriptions, t. 17, p. 554.)

teau de fine escarlate, avec un grand collet renversé, le tout fourré et moucheté d'hermine, tenoit en sa droite une pomme d'or ronde, en sa gauche un sceptre impérial, et sur sa teste une couronne d'or garnie de pierreries.

11. Il y a apparence que s'il fut passé en Grèce, il en eust chassé les Turcs; car les chrestiens n'estant pas encore acoustumez au joug de cette servitude, estoient assez forts, si peu d'ayde qu'ils eussent eu, pour égorger les barbares. Mesme le grand seigneur, ayant advis que l'armée navale des François estoit arrivée à Naples, eut si grande peur qu'elle ne passat droict à Constantinople, qu'il se retira à Andrinople en Asie, et manda tous ses gens de guerre en grande diligence. Mais on tient qu'Alexandre VI empoisonna Zizim, dont le Roy se vouloit servir, et il est certain que les Vénitiens en donnèrent advis au Turc, et firent intercepter l'archevesque de Duras avec le paquet de lettres qu'il portoit, ce qui fut cause que le Turc fit massacrer trente mille chrestiens dans l'Albanie.

12. Je n'ai point leu en aucune histoire un si grand équipage d'artillerie que celuy que le Roy traisnoit en ce voyage. Il y avait mille et deux grosses bombardes, mille deux cent pièces bastardes (s'entend que la plupart de ce nombre n'estoient que gros mousquets et manière d'arquebuses à crocq, car on ne se servoit point encore d'arquebuses à main), deux cent maistres experts pour exécuter l'artillerie. On les appelle aujourd'huy commissaires. Six cent maistres charpentiers et sapeurs, trois cent fondeurs de boulets, qu'ils appeloient lors pierres de fontes, deux cent forgerons, onze cents charbonniers, deux cents faiseurs de cordes et de cables, quatre mille charretiers et plus de huit mille chevaux.

13. De ce tems-là on exécutoit l'artillerie en France avec

autant d'adresse que maintenant , et l'effet en estoit plus grand, pour ce que les places n'estoient pas terrassées, et l'on en faisoit des coups si justes qu'il ne se peut rien plus. A la bataille de Fornoüe , un canonnier entreprit avec une bombarde portant trois cents livres, et fort difficile a manier , de faire taire en trois coups plusieurs petites pièces des Vénitiens qui incommodoient fort les François; il les prit de travers, et au second coup les brisa toutes. La batterie fut si furieuse contre les chasteaux de Naples , que du bruit de ces tonnerres on vit venir plusieurs gros poissons étourdis ou morts.

14. Les Italiens furent bien estonnez de voir l'effect de ces foudres, eux qui n'en tiroient que quelques coups et loing à loing, pour la monstre seulement , mais il le furent encore bien davantage quand ils virent les François aller furieusement à l'assaut l'espée à la main et faire main basse, car les combats de ce païs-là n'estoient point sanglants ; ceux qui fuyoient en estoient quittes pour le bagage, et souvent dans de grandes journées il n'y avoit pas cinquante hommes de tuez.

Cela fut cause que les François prirent le mont St· Jean en huit heures , que le roy Alphonse n'avoit peu prendre qu'en sept ans.

15. Entre les merveilles que le roy vit à Naples, celle du sang de St. Genis (1) est la plus mémorable. Ce sang est dans une fiole figé et sec ; lorsqu'on l'approche de la teste du Sainct, il se fond peu à peu, et se met à bouillir. Le Roy le voulut toucher luy-mesme avec un bâton , et observa curieusement s'il n'y avoit point de tromperie , il recognut la verité de ce miracle.

16. Les richesses qui se trouvèrent dans les chasteaux de Naples estoient incroyables. Il y avoit magasin de toutes

(1) *Saint Genis*, saint Janvier.

sortes de marchandises, et plus de draps d'or et de soye qu'en tout le reste de l'Italie. Il y avoit seulement des cristaux de Venise pour vingt mille ducats. C'en seroit aujourd'huy plus de trois cent mille.

Le Roy voulut disner à une table de merveilleux ouvrage que le Roy Alphonse avoit fait faire, et on luy monstra un moine qui avoit prophetisé à ce malheureux Roy qu'il ne mangeroit jamais à cette table, et qu'elle serviroit à un estranger.

18. A son retour, il passa par une petite ville nommée Torcelonne qui estoit interdite parce que les bourgeois avoient tué leur évesque, et luy avoient coupé le bras, en haine de ce qu'il estoit Espagnol et créature d'Alphonse.

19. Il y a plaisir de voir comme les autheurs Italiens taschent à desguiser la vérité de la bataille de Fornoüe, et à couvrir l'honneur de leur nation par des mensonges ridicules. Les uns augmentent le nombre des Français et diminuent celuy des Italiens, les autres n'en parlent point, de peur d'estre obligez de dire vray. Les autres envelopent cette narration d'un long galimatias où l'on n'entend rien, font des harangues, des incidens, des conseils qui ne furent jamais. Bembe même est si impudent, que, pour accroistre le nombre des morts de nostre costé, il forge des noms de seigneurs qui sont incognus en France. De leurs morts il n'en parle presque point. Mais une lettre qui de leur camp fut envoyée au duc Sforce racontoit le fait tout au long et le nombre de leurs morts, au bas de laquelle estoient ces mots de l'escriture *hæc mutatio dexteræ excelsi*. Elle fut interceptée par les François.

20. Les Vénitiens firent des feux de joye comme s'ils eussent gaigné la bataille, et les héritiers de Melchior Trevisan, leur général, mirent en son épitaphe ces vaines pa-

roles : *Qui ad Fornum cum Carolo Francorum Rege feliciter pugnavit* , luy qui estoit demeuré à l'arrièregarde, et qui à peine avoit veu la poussière de la meslée.

21. Comme les ennemis eurent esté repoussez du premier choc, il s'esleva un vent des montagnes qui amena de gros nuages pleins de tonnerres, d'esclairs et de grosses pluyes qui souffloient impétueusement contr'eux, et les empeschoit de se pouvoir rallier. S'ils l'eussent pu faire, les François estoient perdus, car ils estoient six contre un. Ils disoient à cause de cela que tous les diables aydoient aux François, mais on eut peu dire bien plus veritablement a la louange du Roy Charles :

O nimium dilecte Deo, cui militat œther,
Et conjurati veniunt ad classica venti.

22. Le comte de Guise, le mareschal de Gié et le vicomte de Narbonne disputèrent à qui auroit la conduite de l'avant garde ; elle demeura à Gié, qui ne combattit pas, le mareschal de Rieux luy en fit des reproches devant le Roy, dont il pensa y avoir combat, mais enfin il les accorda.

23. Dans ce voyage, le Roy vit deux filles héroïques, et qui surpassoient la foiblesse de leur sexe : l'une estoit fille de la duchesse de Melphe, qui picquoit un cheval, rompoit la lance, combattoit à la barriere comme le meilleur gendarme du monde ; l'autre estoit Jeanne de Souliers, fille d'un gentilhomme de Quiers, qui luy fit une harangue aussy belle qu'il en eust entendu dans les universitez. Aussy fut-il tellement charmé des belles qualitez de cette muse, qu'estant à Turin, il prenoit la peine d'aller souvent à Quiers pour la voir, et, dit-on enfin qu'elle ressembla à Calliope qui voulut estre mère, mais l'enfant ne vescut pas.

On luy monstra aussy des ouvrages d'une autre muse, c'estoit Cassandre, fille d'Ange Fideli, Vénitien, qui composoit joliement en prose et en vers.

24. Estant à Turin, comme plusieurs s'entremettoient de faire l'accord de Sforce avec luy, il luy manda s'il le vouloit venir trouver, qu'il luy donneroit des ostages. Sforce, qui se sentoit extrêmement coupable, disant qu'il avoit des ennemis auprès de luy, mais qu'il l'irait trouver, s'il vouloit faire faire une barrière comme celle qui fut dressée pour l'entrevüe de Louis XI et du Roy d'Angleterre. Le Roy se mocqua de la vanité de cet homme, qui vouloit faire comparaison avec un Roy de France, luy dont le grand-pere estoit tisseran à Cotignole.

25. Ce voyage avec ses particularitez a esté bien descrit par la Vigne, par une vieille chronique de Bretagne, mais bien plus en homme d'estat par Comines, dans lequel on verroit bien plus de veritez, si on l'avoit tout entier; car on tient que de Selves, premier president, qui le fit imprimer, le tronqua et y changea plusieurs choses.

26. Deux obstacles principalement retardèrent le Roy Charles de repasser en Italie, et luy feirent malheureusement perdre l'honneur de cette belle conqueste, sçavoir : ses amourettes, et les conseillers, qu'il avoit près de luy, gaignez par argent. Pour la première, son incontinence estoit grande, et mesme fort nuisible à sa santé. Car comme peu chastement, ce dit une chronique, il eut passé sa première adolescence, la force luy deffaillit; et il estoit si fort attaché à ses maistresses, qu'estant à Lyon prest de passer en Italie, et toutes choses estant prestes, il quitta là son entreprise, et s'en retourna à Tours voir une demoiselle.

27. Pour le second, on en rejette spécialement la faute sur le cardinal Briçonnet, qui avoit toujours esté affectionné

au Pape, depuis qu'il eut receu le chapeau rouge. Sur quoy estant remarqué ce que dit Belcarius, cet autheur est maintenant commun, mais ces paroles sont rares et belles : *Hinc neminem qui ex alieno ingenio consiliove pendet, res magnas gessisse manifestum est, præsertim si ut, Briçonnetto, Carolus, se penitus dedat, cæterosque illi parere jubeat, qui eo authoritatis ascenderunt, re ipsa Reges, qui promoverunt non Reges, sed vanæ Regum imagines, aut quædam veluti animata simulachra dici possunt.*

Guillaume de Rochefort fut retenu pour chancelier par le Roy Charles VIII, à son advènement à la couronne, sans aucuns termes de confirmation ou de continuation. Il avoit esté fait chancelier par Louis XI, l'an 1482, en la place de Pierre Doriole, que ce Roy avoit deschargé. (Fumée avoist esté garde des sceaux entre deux.) Il mourut l'an 1493. La chancellerie estant vacante, Fumée exerça encore la charge de garde des sceaux. Car il se trouva que le Roy estant allé cette année tenir son lict de justice en parlement, il fit entendre sa volonté, et l'on voit dans les registres de la mesme cour, en la mesme année, ces mots : la cour a ordonné qu'elle escrira à monsieur Adam Fumée, garde des sceaux. Comines dit que Jean de Gannay avoit le sceau du Roy au voyage d'Italie. Je ne sçay comme cela s'entendroit, car il y a quelque preuve que Robert Briçonnet estoit desjà chancelier, si ce n'est que Briçonnet n'avoit encor qu'une promesse du Roy, ou possible un brevet. Autrement, il faudroit dire que le royaume a deux sceaux, l'un qui seroit demeuré en France, l'autre qu'il auroit faict porter en Italie, ce qui n'est point croyable; peut estre aussy que Gannay avoit le sceau du royaume de Naples, qui luy auroit esté baillé mesme avant la conqueste du royaume.

Il est dit dans le manuscrit de la chambre des comptes,

dit La Croix, que Charles VIII, passant en Italie, laissa monseigneur Doriole, chancelier à Paris, pour assister au maniement des affaires, Pierre, duc de Bourbon, qu'il avoit establi régent en son absence. Si cela est vray, dont je doute, Doriole n'auroit donc point quitté la qualité de chancelier, et neantmoins Rochefort est ainsy appellé par tout, ou il faudroit que le Roy la luy eust redonnée après la mort de Rochefort. Il faudroit voir là-dessus les lettres de provisions des uns et des autres.

PAROLES MÉMORABLES.

Le Roy Charles VIII aymoit passionnément les lettres. Il avoit accoutusmé de dire que *l'espée et la lance estoient les armes offensives, la cuirace et la targue les défensives, mais que les bonnes lettres estoient les offensives et défensives tout ensemble.*

Il comparoit la fortune à une amante lascive qui caresse, mène et promène un jeune fils, puis ayant les yeux sur un autre vous le plante là, à la mode de la danse de la torche ou l'on prend et l'on laisse.

Les Italiens le voyant en leurs pays guérir des escrouelles disoient avec estonnement : Quelle est donc cette auguste Majesté qui a joint les miracles des apostres avec la puissance des Césars.

Le mareschal de Rieux sçachant que l'on avoit mené le Roy Charles devant Nantes contre la parole qu'on luy en avoit donnée, s'en plaignit à la regente madame de Beaujeu, qui lui dit qu'il ne sçauroit monstrer cette promesse par escrit. Mais il respondit hardiment : Et quoy, madame, la parole d'un Roy ne vaut-elle pas mille scellez, ne seroit-il pas plus glorieux que le Roy imitast son ayeul que non pas son père ? Vrayment c'est luy apprendre de bonne heure à rompre sa foy.

Sforce ayant réduit le duc d'Orleans à une extrême famine dans Novarre, y fit glisser des vivres délicats empoisonnez, croyant que les officiers du prince les acheteroient pour sa personne, ce qu'ayant esté descouvert on disoit de luy, qu'il l'avoit voulu crever de viande et le faire mourir de faim.

Comme quelqu'un blasmoit un jour le cardinal Balue devant l'évesque de Montauban qui fut depuis le cardinal d'Amboise, disant qu'il estoit d'autant plus coulpable d'avoir trahi Louis XI qu'il estoit entièrement sa créature, l'évesque respondit : Il ne faut pas s'estonner si les créatures sont ingrates, Lucifer et Adam les deux plus nobles créatures au ciel et en terre le furent.

Il y eut vers la fin du règne de Louis XI une grande famine en France, mais grande abondance de grains en Bretagne. Le conseil du pays voyant que tous les estrangers en tiroient du bled, fit deffenses sur peine de la vie d'en plus transporter. Le duc ne laissoit pas d'en accorder par faveur quelques charges de cheval. Un jour le conseil luy alla remonstrer qu'il ne falloit plus permettre ces traictes, autrement qu'on affameroit le pays. Mais le duc, qui estoit d'un naturel humain et pitoyable : Quoy Messeigneurs, à l'heure que le Roy défendit sur peine de la hart à ceux d'Anjou qu'ils ne laissassent descendre aucuns vins dans ma duché, les pauvres gens trouvèrent bien moyen d'en faire venir; puisqu'ils ont eu pitié de notre soif, il faut avoir pitié de leur faim.

Le chancelier de Rochefort, voyant que le conseil du Roy Charles le portoit à conquérir la Bretagne puisqu'il en estoit si avant, luy remonstra que les princes chrestiens ne devoient pas imiter les Alexandres et les Césars dont la gloire consistoit à ravir le bien d'autruy, que la justice devoit estre la régle de leurs conquestes, et que s'il avoit quelque prétention sur la Bretagne, il la falloit examiner par le droict, non pas la mesure à la force de ses armes, parce qu'un conquérant sans droict n'est qu'un illustre voleur. Cet advis équitable fut suivy. La Bretagne est venue légitimement à nos Rois; ils ont soigneusement accumulé et acheté les droicts de tous ceux qui y pouvoient prétendre.

Le comte de Foix envoyé par le duc de Bretagne vers les seigneurs et le peuple qui l'assiégeoient dans son chasteau, pour le contraindre de leur livrer Landais, pensa estre estouffé par la foule, et eut si grande peur des cris furieux de cette multitude eschauffée, qu'il dit au duc qu'il aymeroit mieux estre prince d'un million de sangliers que non pas des Bretons.

Le Roy Louis XI avoit bien estudié, mais il hayssoit mortellement les lettres. Il disoit que la science le rendoit mélancolique, que c'estoit chose inutile pour ce que les sages n'en avoient que faire, et que les foux en affoloient davantage.

L'empereur Maximilien hayssoit les François de telle sorte, qu'il avoit accoutumé de dire qu'il avoit receu d'eux dix-huit injures dont il laisseroit la vengeance à sa posterité, s'il ne la pouvoit avoir luy mesme.

Le cardinal de Foix disoit sur le supplice de Landais, ces paroles de l'exode: *Bestia quæ tetigerit montem lapidabitur*, par où il vouloit dire qu'un homme de basse condition, qui sans mérite et sans sciences, est eslevé aux hautes dignitez, mérite d'avoir une honteuse fin. Et certes on pouvoit bien appeler cet homme là beste, mais beste féroce, qui se saouloit de sang et de cruauté, qui gastoit et destruisoit toute la Bretagne. Car quand il vint au maniement des affaires, ce pays là estoit si riche que les paysans mangeoient en vaisselle d'argent, et la pluspart des habitans des ports de mer couchoient sur la soye. Mais depuis que sa malice y eut excité la guerre, la duché fut réduite à une grande misère et pauvreté.

Le Pape Alexandre voyant que le Roy luy avoit envoyé en ambassade d'Aubigné, grand capitaine, contre la coustume de nos Rois, qui n'avoient que des gens de soutanes ou de robe, dit : Je voy bien que le Roy me veut faire la guerre, puisqu'il envoye icy un général, non pas un ambassadeur.

Marguerite d'Autriche, qui avoit esté fiancée à Charles VIII, fut mariée à Dom Jouan, infant de Castille ; comme on la menoit par mer, en Espagne, il s'éleva une si furieuse tempeste que les matelots croyoient estre perdus. Pendant cette tempeste elle demeura sans aucune émotion appuyée contre son lict. Quand elle fut passée, on lui demanda à quoy elle avoit resvé si profondement, qu'elle n'avoit point eu peur de péril, elle répondit gentiment qu'elle songeoit à faire son épitaphe, et qu'elle l'avoit composée en ces deux vers :

> Cy git Margot, la gente damoiselle,
> Qui a deux maris et est encor pucelle.

Les Italiens disoient du Roy Charles, qu'il estoit allé a Naples, la craye à la main, pour marquer les logis sans contredit, sans tendre pavillons ny rompre lances.

Après son départ, comme Ferdinand eut reconquis le royaume, le Pape Alexandre disoit des François, qu'il ny avoit point de nation au monde qu'eux qui pust gaigner ny reprendre en si peu de tems une si belle conqueste.

L'année que Charles VIII renvoya Marguerite d'Austriche pour épouser Anne de Bretagne fut si pluvieuse, que les raisins ne purent venir en maturité, de sorte que les vins furent extrèmement verds, et incommodes à l'estomach, d'où il vint quantité de coliques. Un jour, comme

Marguerite estoit à table, ses maistres d'hostel se mirent sur cette matière, cherchant la raison pourquoy les vins èstoient si malfaisans. La princesse, qui avoit l'esprit vif et gentil, leur donna la solution de cette question en deux mots. Il ne faut pas s'estonner, leur dit-elle, si les vins sont verds et malfaisans cette année, puisque les sermens n'ont rien valu.

La mesme princesse étoit fort adonnée à l'estude, et comme ses médecins lui disoient que cette trop grande application d'esprit pourroit être nuisible à sa santé, elle leur répondit que le corps se porteroit toujours assez bien pourveu que l'ame fust entretenue.

FIN DU MÉMOIRE HISTORIQUE SUR CHARLES VIII.

RELATION DU VOYAGE

DU ROY

CHARLES VIII

POUR LA CONQUESTE

DU ROYAUME DE NAPLES,

PAR PIERRE DESREY, DE TROYES.

AVERTISSEMENT.

La conquête du royaume de Naples est un fait assez marquant de notre histoire pour que nous ayons dû en présenter un tableau complet dans ce recueil. La relation de cette expédition a été écrite par plusieurs auteurs comtemporains, parmi lesquels nous avons de préférence choisi ceux qui avaient été témoins oculaires des événemens. Au premier rang se présente Jean Burchard, maître des cérémonies de la chapelle du pape, qui nous a laissé un journal exact de ce qui se passa à Rome pendant le séjour de Charles VIII. Sa relation prenant à l'arrivée du roi à Florence et finissant à la prise de Naples, nous avons complété son récit par le fragment suivant de Pierre Desrey, qui raconte les commencemens de l'expédition, et par la partie du Vergier d'honneur qui comprend le séjour du roi en Italie depuis la prise de Naples jusqu'à son retour en France. Les Mémoires de Villeneuve, publiés par M. Petitot (t. 14 de sa collection), complètent la série des documens curieux qu'on peut rassembler sur cette guerre.

Il existe peu de renseignemens sur Pierre Desrey; tout ce qu'on sait, c'est qu'il naquit à Troyes dans le 15e siècle, et qu'il vivait encore en 1514. La relation que nous réimprimons se trouve à la suite de l'histoire de Gaguin, traduite par P. Desrey, et dans le Recueil de D. Godefroy sur Charles VIII.

DE L'ENTREPRISE

DU VOYAGE

DU ROY CHARLES VIII

POUR ALLER RECOUVRER SON ROYAUME DE NAPLES,
ET COMMENT IL Y FUT INCITÉ.

Après que le très-chrestien et très-victorieux Roy Charles VIII eut vaillamment, et avec beaucoup de prudence, dompté ses ennemis, tant au dedans qu'aux frontières de ses estats : encore qu'il eût ensuite peû demeurer en repos et tranquillité, toutefois, comme prince magnanime et vertueux, remply de proüesse et de vaillance, il se résolut d'aller conquérir son royaume de Naples et de Sicile, qui à juste titre lui appartenoit. Il estoit à la vérité petit de corps, mais il avoit une prestance qui faisoit remarquer d'abord la grandeur de son courage ; car depuis qu'il eut une fois délibéré et arresté de faire cette grande et périlleuse entreprise, on ne le pût jamais ensuite détourner de la conduire et mettre à fin ; il ne voulut pas mesme écouter les remontrances pressantes de ceux de Paris, qui, dans l'apprehension du danger de sa personne, tâchoient à le détourner de ce dessein, dont à la vérité l'exécution paroissoit d'abord comme impossible et hors d'apparence ; mais en toute diligence il leva aussi-tost une grande armée, choisie du nombre des plus vaillans qui se peurent trouver, tant de cavalerie que d'infanterie, pour être employée et sur terre et sur mer ; à laquelle il donna d'excellens capitaines pour conduire et commander les soldats qui la composoient : il y fut d'ailleurs tout d'abord exhorté, et beaucoup encouragé par le Pape Alexandre VI, et par le sieur Ludovic Sforce, lesquels pour lors avoient une grande haine et malveillance contre Alphonse, usurpateur du royaume de Naples, dont la domination estoit fort tyrannique, et comme insupportable. Le Roy, pour mieux assembler ses gens de guerre, et avancer son dessein, s'achemina à Lion, afin aussi d'estre plus proche de son entrée dans l'Italie quand il en seroit temps.

Il est à remarquer qu'avant qu'on fut entré seulement dans la pensée de ce voyage, dès l'année 1493, un dévot religieux appelé Hierosme Savonarolle, de l'ordre sainct Dominique (qui depuis fut très-injustement brûlé à Florence par l'envie cruelle de ses ennemis), avoit presché et prédit publiquement l'avènement du Roy Charles et des François en plusieurs endroits de l'Italie; tellement que les Florentins l'estimoient estre un bon et sainct prophète.

Ainsi donc que le Roy estoit à Lion, il envoya devant, pour passer les monts, monseigneur le duc d'Orléans avec plusieurs grands seigneurs et autres, accompagnez de quantité de gens d'armes, tant de ses ordonnances qu'autrement; il députa aussi diverses personnes ès villes de Milan, Gennes, Venise, Florence, Lucques, Pise, Viterbe, Rome, et autres lieux de Lombardie et d'Italie, pour le sujet de cette conqueste; et afin que dans toutes ces villes et places on exécutât de bonne foy la promesse qu'on luy avoit faite de contribuer au recouvrement de sondit royaume : ces députez furent fort honorablement receus esdites villes, et leur fut fait partout très-bon accueil avec assurance de tenir la parole donnée au Roy; dans laquelle négociation ils s'acquittèrent tous très-bien de leur commission et légation ; et d'ailleurs le duc d'Orléans se mit en possession de sa comté d'Ast.

En ce temps le seigneur des Querdes (qui vulgairement estoit nommé monsieur des Cordes) tomba en une griève maladie estant à Lion, disposé de passer les monts avec le Roy ; parquoy luy fut conseillé par les médecins de retourner en Picardie (dont il estoit natif), d'autant que l'air pourroit aider à le remettre. A donc ledit seigneur prit congé du Roy et des autres princes et seigneurs de France, et partit de Lion, pour aller jusqu'à la Bresle, qui est à trois lieuës de ladite ville, où il trépassa ; son corps fut mis en un cercueil de plomb, et porté à Nostre-Dame de Boulogne sur mer, où il est enterré comme il l'avoit souhaité. Par le commandement du Roy, il fut fait grand honneur et des processions au-devant dudit corps, par les villes où il passa. Estant encore le Roy à Lion, par bon conseil et meure délibération, furent de sa part commis et ordonnez plusieurs grands seigneurs et prudens personnages pour la garde et deffense du royaume de France, afin d'y pourvoir sur toutes les affaires occurrentes, ainsi que besoin seroit : et premièrement fut commis seul régent et principal chef dudit royaume Monseigneur Pierre duc de Bourbon ; lequel avoit épousé la sœur du Roy, Madame Anne de France ; le seigneur de Baudricourt fut mis gouverneur de Bourgogne, les seigneurs d'Avaugour et de Rohan, gouverneurs de Bretagne, le seigneur d'Orval, gouverneur en Champagne ; le seigneur de Graville fut ordonné ès pays de Caux, Normandie et Picardie, et le seigneur d'Angoulesme gouverneur en Angoulmois et en tout le pays de Guyenne. Tous lesquels, ainsi ordonnez, prirent humblement congé du Roy, et allèrent un chacun d'eux pour s'acquitter de leurs susdites charges. Après toutes ces choses ainsi disposées par bon ordre, le Roy demeura encore quelques jours à Lion pour les délices et plaisirs d'icelle ville, et aussi pour la bonne grace d'aucunes dames Lionnaises ; mais il survint une peste, au sujet de laquelle ce Roy partit de ladite ville, accompagné de Madame la Reine sa femme, et de plusieurs autres, et vint jusques à Vienne, (qui est à cinq lieues de Lion). Conséquemment après partirent de ladite ville et cité de Vienne le Roy et la Reyne avec leurs gens, et passant par Villeneufve, à la coste Sainct-Andrieux, et à Rine, où ils furent toujours bien reçeus, parvinrent jusques à Grenoble.

Le samedy vingt-troisième jour d'aoust, l'an mil quatre cent quatre-vingt et quatorze, le Roy, accompagné de la Reine sa femme, et de plusieurs autres princes, seigneurs, dames et damoiselles, fit son entrée dans la ville et cité de Grenoble, laquelle fut très-somptueuse et magnifique, tant de la part des gens d'église, lesquels vinrent au devant de luy et de ladite Reyne en notable procession, garnis de plusieurs reliquaires, et honestement revêtus de fort riches chappes, que de la part des seigneurs de la cour de parlement de Grenoble, et autres officiers en quantité, avec les nobles, bourgeois, manans et habitans de ladite ville ; lesquels estoient tous honnestement vêtus et habillez selon leurs estats ; c'est à savoir, les uns vêtus de belles livrées, et les autres de certaines devises, chacun à sa fantaisie, et en cette manière ils vinrent au-devant dudit Roy et de sa compagnie ; et là par ceux à ce deputez, comme bourgeois et eschevins, luy furent présentées les clefs de ladite ville en luy proposant et disant louanges par gens qui le sceurent bien faire, en signe d'honneur et d'obéissance. Puis fut mis et porté un fort riche ciel ou dais dessus luy et un autre dessus la Reyne, et ainsi accompagnez de leurs gens et d'un grand nombre de peuple, ils furent conduits dedans la ville ; laquelle estoit honnestement tenduë et parée de tapisseries, et autres riches paremens. En icelle ville estoient pareillement faits et demontrez plusieurs histoires et beaux mystères, désignant l'excellent honneur et louange du Roy et de la Reyne, autant qu'il estoit possible, car on n'y avoit rien obmis : et ainsi fut conduit en ladite ville et jusques en la grand' église de Grenoble, où il fit son oraison ; et puis fut mené en son logis où se tient le parlement du Dauphiné, qui est un beau logement très-spacieux.

Le Roy et la Reyne demeurèrent six jours entiers dans cette ville, où par les seigneurs présidens dudit parlement, et de son grand conseil, furent examinées plusieurs choses pour l'appareil et l'équipage de l'armée dudit Roy, afin de facilement et en grande sûreté passer les hauts monts de Savoye ; et mesmement il fut advisé, que pour tenir le chemin plus facilement, seroient renvoyez les chariots et charrettes, qui jusques en ce lieu de Grenoble avoient esté ordonnez pour apporter le bagage du Roy et autres choses nécessaires à son armée. Et au lieu desdits chariots et charrettes, furent ordonnez grand nombre de mulets, pour icelles choses porter à grosses charges ; ainsy qu'au pays de Savoye on a accoutumé de pratiquer ; autrement n'eussent-ils peû promptement passer. Aussy furent ordonnez gens prudens et sages pour prendre et marquer les logis du Roy et de son armée, selon qu'à chacun pouvoit appartenir en pareille affaire ; dont fut principalement donné la charge à un nommé Pierre de Valetaut, lequel estoit propre à cela, pour ce qu'il connoissoit les lieux et les pays de tout ce voyage. Et conséquemment par le Roy, lesdits seigneurs et gens de conseil, furent ordonnez sages et advisez personnages pour aller çà et là en plusieurs villes et lieux dudit pays, faire apporter vivres et choses nécessaires à ladite armée, lesquels vivres et autres provisions estoient par eux payés à honnesté et raisonnable prix, sans faire ny exercer aucune pilleries ; et pour cette cause et y donner bonne provision, les ordonnez à ce eûrent titres de maréchaux, maistres d'hostels et prevosts, qui bien y firent leurs devoirs. Et pour toujours entretenir les seigneurs, citoyens manans et habitans, des villes et cités de Lombardie et d'Italie, afin qu'ils fournissent leurs compromis au Roy (pour ce que leur fidélité est aucunesfois bien petite), furent envoyés ceux qui s'ensuivent : premièrement fut envoyé un maistre d'hostel, nommé Jean de Cardonne, à Florence ; le seigneur Charles Brillart, à Gênes, Gaucher de Tinteville, à Sehes, la Ville Rigaut-d'Oreilles, à Milan, Adrian de l'Isle, à Pise ; et le seigneur de Louan, à Loucques, et autres jusques à Vitetbe. Et avec un chacun d'eux furent transmis gens de longue robes, éloquens et scientifiques orateurs, pour en cette affaire proposer harangues quand métier en seroit. Item, et pour ce mesme dessein furent envoyez devers les princes régens et gouverneurs desdits pays de Lombardie et d'Italie, les seigneurs qui s'ensuivent : premièrement furent envoyés, le sieur de la Trimouille, vers le Roy des Romains; Louis Lucas, au seigneur Ludovic à Milan ; le seigneur du Boscage, aux Vénitiens, le seigneur d'Aubigny et ses gens à Rome ; avec aussi monsieur d'Autun ; le président Guesnay et le général de Bidant, ambassadeurs vers le pape, et autre part fut envoyé : le seigneur d'Argenton accompagné de Monstreau, et pour conduire l'ost et l'armée du Roy en iceluy voyage de là les monts, furent ordonnez les princes du sang royal, et autres seigneurs qui s'ensuivent: monseigneur le duc d'Orléans, le seigneur de Montpensier, le seigneur de Foix, le seigneur de Luxembourg, le seigneur de Vendôme, le seigneur Angilbert de Clèves, le seigneur Jean-Jacques, le prince de Salerne, le seigneur de Miolens et le seigneur de Piennes, les marquis de Salusses, de Vienne, et de Rothelin, les maréchaux de Gyé et de Rieux, avec les séneschaux de Beaucaire et de Normandie; tous et chacuns d'eux accompagnez de plusieurs capitaines, chevaliers, barons, gentils hommes, escuyers et autres braves et loyaux gendarmes en quantité; et pour les mignons de la compagnie du Roy furent ordonnez les seigneurs Bourdillon, Chastillon, la Palice, George Edouville, avec quelques autres familiers, comme Paris, Gabriel, Dyjon, et plusieurs autres domestiques. De cette noble compagnie estoient establis pour maistres d'hostels de chez le Roy, et autres, (outre les dessus nommez, qui desjà avoient esté envoyez devant pour solliciter les affaires, et les entretenir), Guyot Lousiers, qui eût la charge de conduire l'artillerie, et aussy le seigneur Chaudoyt (lequel eût commission d'aller avec la décharge de la grande nef de France), le baillif de Vitry, Jeannot du Tertre, Perrot de Baché, le seigneur de Villeneufve, Réné Parent, le baillif Sainct-Pierre du Monstier, Jean Chasteau-Dreux, Herné du Chesnoy, Jean de Lasnay, le seigneur du Fau, Adam de l'Isle, Giraut et Charles de Susaine, le seigneur de la Brosse, Honoré, seigneur du chef, et autres principaux officiers ordinaires comme pannetiers, échansons, valets de chambres, huissiers de salles, et plusieurs autres, ainsi comme il appartenoit fort bien à l'estat du Roy, et à cette affaire.

Après qu'iceluy Roy Charles eût séjourné l'espace de six jours dans ladite ville de Grenoble, pour ordonner de toutes ses affaires, il en partit fort honoreblement avec sa noblesse, en prenant congé de Madame la Reyne et de ses gens, lesquels s'en retournèrent en France.

Le vendredy vingt-neufième jour dudit mois d'aoust, le Roy ayant oüy messe partit de Grenoble, après avoir pris le congé que dessus, de la Reyne son épouse, et de ses gens, et alla avec environ la moitié de sa compagnie disner en un lieu, appelé la Meure, qui est un bourg dépendant d'une baronnie, appartenant au seigneur de Dunois; delà il vint souper et coucher à Escoy, petite ville où il fut honorablement reçu de tous les nobles et bourgeois qui l'habitent.

Le lendemain samedy trentième et pénultième d'aoust, il vint disner à Sainct-Bonnet; et puis il alla reposer en une petite cité nommée Gap, en Dauphiné. Le jour suivant le Roy alla disner aux Forges, et souper à Notre-Dame d'Ambrun, où, avec sa compagnie, il fût honestement receû par tous les estats d'icelle cité, et fut logé en la maison de l'archevesque, lequel de la part du Roy estoit alors allé en ambassade devers le pape. Le lundy matin premier jour de septembre, mil quatre cent quatre-vingt-quatorze, après avoir oüy la messe devant Nostre-Dame, il s'en alla disner à Saint-Crespin, et puis au Giste à Briançon, où il fut très honorablement receu par les gens de l'église, de la noblesse et du tiers-estat; après il fut mené en son logement, qui par curiosité luy estoit préparé hors de la ville, en une hotellerie la plus grande et spatieuse qu'on puisse voir; et en ce lieu luy fut faite et aux siens, très-grande chère de diverses sortes de viandes et excellens vins.

Le mardy deuxième jour dudit mois, il alla disner à Suzanne, et le soir il alla à la prevosté d'Ourse; où après le repas, on luy présenta un grand homme fort robuste, natif de la Pouille, lequel estant interrogé, fut accusé d'estre un des principaux maistres de la Vaupute, après que le Roy l'eut oüy parler, il le remit entre les mains de la justice, chargé de ses crimes, dont l'information estant deument faite, cet homme fut pendu et étranglé publiquement à un gros arbre. Le lendemain le Roy alla disner à Chaumont, et incontinent après il entra dans le pays de Savoye et alla coucher à Suze; duquel lieu luy vint au-devant la duchesse de Savoye, fort richement parée, accompagnée de plusieurs notables personnages, grands seigneurs, barons, gentilshommes, dames et damoiselles, qui tous luy firent grand honneur, et le receurent et traitèrent en grand triomphe et magnificence. Le jour suivant il partit dudit lieu de Suze, et alla disner à Sainct-Jousset, puis il entra dans le pays de Piedmont, et alla au giste à Villanne, ou il fut honorablement receu, ainsi qu'en chaque lieu par où il passa.

Le lendemain vendredy cinquième jour de septembre, ledit Roy délibéra d'entrer en grande pompe dans Turin, en la manière qui s'ensuit.

Le susdit vendredy, cinquième jour de septembre, comme le Roy Charles alloit à Turin, les gens d'église d'icelle ville vinrent au devant de luy en notable procession, ainsi qu'en tel cas est accoutumé; et aussy ne faillirent pas à y faire grandement leur devoir les gens de noblesse et de labeur, manans et habitans de ladite ville, de mesme que l'Université. Pareillement luy vint au-devant la notable dame princesse de Piedmont, somptueusement parée de vestemens magnifiques, car elle estoit habillée d'un fin drap d'or frizé, travaillé à l'antique bordé de gros saphirs, diamans rubis et autres pierres fort riches et précieuses; elle portoit sur son chef un gros tas d'affiquets subrunis de fin or, remplis d'escarboucles, de balais et hyacintes, avec des houpes dorées, gros fanons et bouquets d'orfèvrerie, mignardement travaillés; elle avoit à son col des colliers à grands roquets garnis de grosses pierres orientales, des bracelets de mesme en ses bras, et autres parures fort rares, et ainsy richement vestue, elle estoit montée sur une hacquenée, conduite par six laquais de pied, bien accoutrés de fin drap d'or broché; elle avoit à sa suite une bande de damoiselles, ordonnées et équipées de si bonne manière, qu'enfin il n'y avoit rien à redire; elle estoit aussi accompagnée de plusieurs nobles chevaliers, seigneurs, barons, escuyers et pages d'honneur. En cette sorte le Roy entra dedans Turin, dont les rues estoient tendues de fin drap d'or et de soye, et d'autres riches paremens; et parmy la ville estoient dressez de grands échaffauts remplis de mystères, tant de la loy de nature que de la loy écrite, gestes poëtiques, et histoires tant du vieil que du nouveau Testament; ce qui estoit ainsi continué depuis l'entrée des faubourgs de ladite ville, jusques au chasteau, auquel le Roy entra pour y loger, en très-grand triomphe, au son de la mélodieuse armonie des trompettes et clairons, et y fut receu fort honorablement par ladite princesse et par le duc son beau-fils, accompagné de son oncle le seigneur de Bresse, et autres seigneurs du pays, qui s'offrirent tous avec ladite dame, d'aider et secourir le Roy tant de leurs gens que de leurs biens, avec grande démonstration et signe d'amour. Il ne faut pas obmettre, que dans ladite ville furent ce jour faites en quantités d'endroits plusieurs repeuës franches, où il fut abondamment donné à manger et à boire à tous passans et repassans.

Le lendemain samedy, sixième septembre, ladite princesse amena encor ledit duc, son beau-fils, en la chambre du Roy, où ils disnèrent joyeusement avec luy en grandes largesses de biens. Après disner le Roy prit congé de ladite dame et de sondit fils, ainsi que des autres seigneurs de Savoye et Piedmont, pour aller souper et coucher à Quiers.

Ledit jour donc de samedi, le Roy partit de la ville de Turin, et marcha tant, avec sa compagnie, qu'il approcha de cette ville de Quiers, audit pays de Piedmont, auquel lieu ladite princesse avoit expressément mandé de le bien recevoir, ainsi qu'il fut fait; et aussi furent faits plusieurs joyeux ébatemens en ladite ville, à l'honneur du Roy et des siens, qui furent tous fort bien reçeus au grand triomphe et à la gloire des dames: et ils y séjournèrent trois jours.

Le mardi, neufième jour de septembre, le Roy partit de la ville de Quiers, remerciant honorablement les seigneurs et dames d'icelle ville, du bon acceuil qu'on luy avoit fait; et ce jour alla disner à Ville-Nove, puis il vint souper à la ville d'Ast, qui appartient à Monseigneur le duc d'Orléans, ou il fut joyeusement reçeu de tous les estats du pays, non en moindre sorte que dans les autres villes précédentes, mais ils firent encore quelque chose davantage, selon leur pouvoir, en la réception tant de luy que des siens. Le Roy entra donc de cette manière dans la ville d'Ast, et fût premièrement très-bien logé en l'hôtel d'un nommé Jean Roger, et les autres seigneurs furent aussi tous logez en divers bons logis. Ledit seigneur d'Orléans estoit pour lors absent de ladite ville, car il faisoit voile sur les costes de la mer de Gênes, pour les affaires du Roy, afin de mieux assurer son voyage.

Le lendemain, mercredi matin, dixième septembre, que le Roy estoit en icelle ville, survint en hâte un faux courrier, lequel (comme tout éperdu et avec quelque écrit fait à dessein) rapporta nouvelles que les François avoient tout perdu dessus mer : parquoy le Roy assembla diligemment son conseil, et les nobles seigneurs qui estoient pour lors auprès de luy afin incontinent de donner ordre et mettre provision sur cette affaire. Mais cependant ce faux courrier s'exquiva, et il ne tarda guères que tost après arriva un autre véritable et assuré courrier, lequel apporta de très bonnes nouvelles, toutes contraires à ce que l'autre avoit dit, sçavoir comme mondit seigneur d'Orléans et les

siens, en faisant voile aux environs du Rapail, devers le
port de Gênes, avoient deffait le prince de Tarente et toute
son armée, et qu'il amenoit bien quarante prisonniers de
marque; et enfin qu'il y avoit eu une telle deffaite et un
si grand carnage des ennemis de la France, qu'il estoit
impossible d'en sçavoir le nombre, car il n'en estoit
échappé que fort peu, qui prirent promptement la fuite
pardessus les monts. L'un des neveux du cardinal de Gênes,
et l'un des fils de messire Fregose, y furent entre autres pris
prisonniers; et Fréderic, qui commandoit en cette rencontre, en mourut et expira de peur. Aussi estoient en
ce combat les principaux et la fleur de l'Italie; et à cette
victoire se trouvèrent, avec mondit seigneur d'Orléans,
le seigneur de Piennes, Jean de La Grange, Charles de
Brillac, lequel y fut fait chevalier, le Bailly de Dijon, le
seigneur dit Guyot de Lousiers, avec plusieurs hommes
d'armes et autres vaillans personnages de guerre. Après
elte victoire, ledit seigneur d'Orléans fut surpris d'une
fièvre ou autre maladie, en telle sorte qu'il luy convint
retourner en ladite ville d'Ast, où estoit encore le Roy.
Auquel lieu estoit venu de Milan, Ludovic avec sa femme,
laquelle estoit fille du duc de Ferrare, et il l'avoit amenée
en grand triomphe d'habits et de joyaux d'or et quantité
de riches pierreries, pour ainsi dire la montrer au Roy si bien
parée, avec lequel ils devisoient aussi familièrement comme
de pair à compagnon; car ce traistre Ludovic ne faisoit
pas lors paroistre l'iniquité de son mauvais dessein, et dont
aussi finalement bien mal luy en prit et advint.

Après que le Roy eut séjourné quelques jours en la ville
d'Ast, il fut indisposé durant deux ou trois jours; pourquoi
il changea de logis et fut transporté aux Jacobins de la
mesme ville, en une chambre qui avoit une agréable veuë
sur le jardin, et là, avec ledit seigneur d'Orléans et autres

princes et seigneurs et gens de conseil, il ordonna et expédia plusieurs affaires pour le bien et l'utilité de son voyage et de tout le royaume. Cependant le susdit Ludovic se retira à Milan, et puis il retourna quelque temps après, mais il faisoit tout cela par feinte et trahison. Durant ce temps, comme plusieurs François estoient encore à Gênes, il advint, en leur présence et de plusieurs autres de cette ville, qu'un jour après disner trois ou quatre gentils compagnons allèrent, pour passer le temps et par divertissement, se baigner dans la mer; après quoy il survint encore un autre qui se dépouilla de ses habits pour se baigner avec les autres, et alors sortit du fond de l'eau un gros poisson qui alla mordre ce dernier baigneur jusqu'au pur sang; luy, se voyant ainsi blessé, s'échappa dudit poisson en se défendant; mais quand le poisson eut sucé de son sang, il courut derechef après luy, et le mordit en plusieurs endroits, jusques à ce que par force il l'entraîna dans le fond de la mer, et jamais depuis ne fut revu; de quoy plusieurs fûrent fort ébahis, considérant cet accident si inopiné.

Après que le Roy eut séjourné à Ast, depuis le neufième jour de septembre jusques au sixième d'octobre, il partit d'icelle ville pour toujours avancer chemin et parfaire voyage.

Le lundy donc, sixième jour dudit mois d'octobre, après que le Roy eût oüy la messe en la ville d'Ast, ainsi qu'il avoit de coûtume, il prit une médiocre réfection, puis il en partit, et alla disner à la Farinière; après quoy il alla au giste à Monçal, qui est la première place vers la Lombardie, et une très-bonne bourgade qui appartenoit au feu marquis de Monferrat, où le Roy fut très honorablement et fort bien receu; car la noble dame de ce lieu, veufue dudit marquis, y estoit pour lors; laquelle, avec le seigneur son beau-fils et son frère, dit Monsieur Constantin; le receut très joyeusement et en grand honneur, et luy monstra tout l'estat d'icelle place et forteresse, merveilleusement munie et pourveuë de toutes choses servant à la guerre en très grande quantité; elle luy monstra aussi les testes des trois traistres qui, peu auparavant, avoient suscité une guerre et discorde entre Ludovic, duc de Milan, et le feu marquis, son mary. En cette honorable réception ladite dame fit une fort grande et bonne chère au Roy, en lui offrant tous ses biens et possessions à son bon et loyal service, et en lui remémorant amiablement comme feu son mary, avant son trépas, l'avoit laissée, elle et ses enfans, en bonne garde et protection; parquoy prioit que le Roy les eût très-affectueusement recommandez envers sa noble majesté.

Le lendemain matin le Roy partit dudit Monçal pour aller disner à Cazal, ville capitale du marquisat de Monferrat.

Le mardy donc, septième jour d'octobre, le Roy partit dudit Monçal, et alla disner et souper à Cazal, qui est la ville capitale du marquisat de Montferrat, où il fut très-loüablement receu et conduit jusques au chasteau, où son logement avoit esté préparé, à l'entrée duquel estoit la noble dame veufve du feu marquis, richement parée, avec son fils le jeune marquis, qui le saluërent humblement et en grande révérence : et pource qu'ils ne sçavoient pas bonnement bien parler la langue françoise, le comte de Foix et Louis monseigneur firent et interprétèrent leur harangue, disant en substance, pour toujours confirmer ses premières paroles, qu'ils soûmettoient tout et chacun leurs biens et terres entièrement à son obéissance, sans en rien excepter, et que pour totale résolution ils mettoient leur dite ville de Cazal, le chasteau et généralement tout leurs autres lieux et places en sa sauve garde et protection, ce que le Roy benignement accepta et prit en sa garde; puis il entra dans ledit chasteau au son des trompettes et clairons, où il fut traité aux depens de la dite dame, si bien et si amplement de bons vins, de plusieurs sortes d'hypocras, avec quantité de diverses viandes, qu'il ne se pouvoit pas faire mieux, aussi le lendemain le Roy donna de riches et nouveaux habillemens au jeune marquis, à la mode de France, faisant paroistre sa liberalité en son endroit, et comme il le prenoit et recevoit en sa garde et protection, et ainsi le Roy séjourna trois jours en icelle ville.

Le vendredy matin, dixième du dit mois d'octobre, environ le soleil levant, le Roy partit de Cazal et alla disner à Cousse, puis souper et coucher à Morterre, où il fut honorablement receû et mené loger au chasteau, qui estoit un lieu très-honeste, où il fut grandement bien traité.

Le samedy onzième du dit mois d'octobre, il disna encore en ce mesme lieu, puis il s'en alla au giste dans la ville de Vigeve, où il fut triomphamment receû et acceuilly, avec honneur solemnel du dit Ludovic, de sa femme et de plusieurs autres seigneurs du pays, et des manans et des habitans du lieu. Après qu'on luy eut fait la révérence et rendu toutes sortes de respects, et qu'on luy eût proposé ce qu'on luy vouloit dire, on le conduisit à son logement au chasteau qui est un beau et agréable lieu de plaisance, où il fut fort bien traité avec toute sa suite.

Le lundy treizième jour d'octobre, le noble Roy alla aux Granges à demie lieuë du dit Vigevë; ces Granges appartiennent au duc de Milan, qui est un très plaisant et délectable lieu, duquel proviennent des biens innombrables, et comme inconcevables; car c'est un lieu destiné pour la nourriture et la garde d'une incroyable quantité de bestes de toutes sortes et manières; ce qui fait que les ducs de Milan peuvent en recevoir de très grands droits et profits. Premièrement, il y a une fort grande et spacieuse cour, auprès de la quelle est entr'autres une grande estable, qui est agréablement construite et ordonnée à hauts pilliers et grands soubassemens, où d'un costé sont les grands chevaux et coursiers de prix, et de l'autre les haras des jumens. Pour ce temps, en aucunes estables il y avoit bien jusques à dix huit cents grosses bestes à cornes, comme gras bœufs, grosses vaches, et buffles, et ès bergeries, il y avoit de chambre en chambre le nombre environ de quatorze mille bestes à pied fourché, comme moutons, brebis et chèvres. Bref, c'est un lieu de très grande estime et valeur.

Après que le Roy fut parti du lieu dessus dit, comme il approchoit de la ville de Pavie, ceux du clergé luy vinrent au devant en fort honorable procession; et en cette manière il fut conduit jusques à la grand'église appelée le Dome, d'où on le mena loger au Chasteau, qui est un lieu très beau et spacieux où l'attendoient la duchese et son petit-fils pour luy faire la révérence à sa joyeuse bien-venuë; il fut toujours magnifiquement servi et entretenu de très bons vins et de diverses viandes, luy et sa noble compagnie, depuis le mardy quatorzième jour d'iceluy mois d'octobre jusques au vendredi dixseptième jour après en suivant, auquel jour il partit de ce lieu, après avoir oüy la messe et alla disner à Bériofle; et après disner vint souper et gister à Castel-Saint-Jean. Le lendemain, qui fut le samedy dix-huitième jour dudit mois, il fut disner à Roqueste; et de là, après le midy, il délibéra de faire son entrée dans la ville de Plaisance.

Le samedy donc, dix-huitième jour d'octobre, après disner, le Roy approchant de la ville de Plaisance, les gens d'église furent au devant de luy en fort belle procession, comme avoient fait les autres villes; et semblablement y vinrent les seigneurs de renom, manans et habitans d'icelle ville, comme juges, baillifs, prévosts et lieutenans, avec plusieurs autres officiers et conseillers, lesquels luy firent la révérence. Bref, il y fut fort honestement receu et triomphamment conduit jusques à son logis, qui estoit très bien appareillé. Durant le temps qu'il demeura dans la dite ville, estant accompagné de ses nobles seigneurs, il vint un courrier en grande diligence luy apporter des lettres qui contenoient en substance, que ce même jour le petit duc de Milan estoit mort, de quoy le Roy fut fort surpris et si marry, que sans aucune feinte, sur-le-champ, les larmes luy en vinrent aux yeux; et pour faire en outre son devoir envers Dieu, et pour la mémoire de ce prince, il fit le lendemain faire à son intention un service funèbre très solemnel, fut distribuée une grande somme d'argent en aumônes pour l'amour de Dieu et pour le repos de l'ame du défunt, le tout aux dépens du Roy; desquelles choses eut principalement la charge et la conduite le seigneur Regnaut d'Oreilles. Et est à noter, qu'à ce service du dit feu jeune duc, fûrent de la part du Roy conviez tous les principaux et la plupart des citoyens de Plaisance, lesquels en reconnaissance de sa bénigne humanité, luy firent don de plusieurs grands et excellens fromages du pays aussi grands quasi que des meules de moulin, lesquels par rareté il envoya de là au royaume de France, pour en faire présent à la Reyne. Enfin, après plusieurs choses là faites et deliberées, le Roy partit de Plaisance, où il avoit séjourné six jours.

Le Roy ayant oüy messe le jeudy, vingt-troisième octobre, il partit de Plaisance, et alla disner et souper à Florensole, petite ville où il fût bien receû, suivant le pouvoir des habitans, qui luy firent paroistre une singulière affection.

Le vendredy, vingt-quatrième, après le disner, il alla souper et coucher au bourg Saint-Denys, autre petite ville où il fût honnestement receû en toute obéissance et soumission.

Le samedy, vingt-cinquième jour du mois d'octobre, il alla au giste à Fornoüe, qui est une grande bourgade, non mieux fermée qu'un simple village; mais il y a en ce lieu une belle et grande abbaye; c'est là quasi le commencement des hautes montagnes des Alpes.

Le lendemain, qui estoit le dimanche, vingt-sixième, après disner, il alla loger à Terente-Borg-de-Tarro.

Et le lundy, vingt-septième, après avoir oüy messe, il alla le soir à Beers. En tous lesquels lieux il estoit assez étroitement logé avec tout son train; mais il fallait prendre patience, selon la nécessité du pays où on se rencontroit.

Le lendemain mardy, vingt-huitième octobre, il partit de Beers, et alla reposer à Pontresme, où il fût receû en procession, à la clarté de plusieurs grandes torches et autres luminaires de cire, fort honorablement, et la luy fût faite une très belle entrée comme ès autres villes. En ce lieu vint devers luy Pierre de Médicis pour luy apporter quelques nouvelles de Florence, et par ce moyen, il se soûmit à l'obéissance et sauve garde du Roy; et pour se mettre aussy à couvert d'aucuns mutins, il luy promit de mettre entre ses mains une petite ville, appelée Serezane, laquelle estoit sujette et appartenoit aux Florentins. Après cela il luy donna encore une bonne place des mesmes Florentins, dite Sarzanelle, proche dudit lieu de Serezane.

Le mercredy matin, vingt-neuvième, le Roy fût à Nostre-Dame-des-Miracles, près de ladite ville de Pontresme, et de là disner à Yole: et ce dit jour, à l'occasion d'un débat survenu, fûrent tuez quelques Allemans dans Pontresme, dont ils se vengèrent bien au retour.

Le jeudy, trentième jour d'octobre, le Roy fit marcher toute l'armée, et alla coucher à Serezane, où il séjourna six jours pour ordonner de ses affaires, à cause que les Florentins s'estoient mutinez; et pour lors le revint encore voir en ce lieu Ludovic, duc de Milan (lequel brassoit sa trahison) d'où il retourna aussi tost.

Le sixième jour de novembre, le Roy alla, luy et son armée, à Masse, qui est un bourg où il y a un fort chasteau environné de grands fossez pleins d'eau, auquel lieu il fût honorablement receû de la dame, laquelle estoit en icelle place logée près du chasteau, vers une montagne où se prend le marbre blanc et noir, et d'où l'on peut voir la pleine mer, qui en est environ à demie lieuë près.

Le vendrdy suivant, septième novembre, le Roy partit dudit lieu de Masse, et alla au giste à Petre-Sainte, qui est une petite ville pour lors possédée par les Florentins; mais le Roy fût deûment informé qu'elle estoit d'ancienneté des dependances de Gênes, et que les habitans s'en estoient soustraits par cautèle et subtilité; ce qui fût cause qu'il mit dans le chasteau bonne garnison de gensdarmes, qui y demeurerent jusques à son retour.

Le samedy, huitième jour du mois de novembre, le Roy fit son entrée en la ville de Lucques, et alla le clergé au devant de luy plus d'une lieue de loin; pareillement y allèrent les seigneurs, bourgeois et autres habitans de ladite ville, lesquels, par rareté singulière, estoient la pluspart vêtus et habillez de fins drap d'or et de velours. Après qu'ils l'eûrent tous révéremment receû en grande soumission et obéissance, ils le menèrent dans la ville qui estoit richement parée avec des représentations de jeux, et fût logé en l'évesché, où on luy fit bonne chère et à toute sa compagnie.

Le Roy partit le dimanche, neuvième novembre au matin, de ladite ville de Lucques après avoir oüy messe, et alla disner à Primat. Ce même jour, après disner, il fit son entrée dans Pise, où les gens d'église, les potentats et gouverneurs d'icelle ville luy fûrent au-devant. Il ne faut pas douter que sur tous les autres ils luy firent grand honneur et réception, se soumettant entièrement à son obéissance; et ils crioient à haute voix, depuis le plus petit jusques au plus grand, qu'ils recouvreroient sous son empire la liberté, dans laquelle ils estoient fort tourmentez et affligez par les Florentins, qui les avoient subjuguez et réduits en servitude. En un mot, c'estoit pitié d'entendre leurs complaintes sur les griefs et torts qu'on leur faisoit; c'est pourquoy le Roy les retint à soy, et les assura de les conserver dans leurs franchises, de quoy ils fûrent tant joyeux, qu'il n'est possible de le réciter; et ainsi, ce n'est pas merveilles s'il y fût si bien traité et tous les siens aussi. Le lendemain matin le Roy partit de la ville dite de Pise, et alla disner à Pont-Codere, puis au giste à Employ.

Le mardi, onzième jour de novembre, le Roy, après disner, alla coucher au Pont-de-Signe, qui est un fort beau lieu de plaisance, où il séjourna cinq ou six jours, pour ce que les Florentins s'estoient soulevez contre Pierre de Médicis, lequel avoit rendu quelques places et chasteaux au Roy: mais si bonne résolution fut lors montrée aux dessus-dits Florentins, et l'artillerie du Roy fût si bien préparée pour aller contr'eux, qu'ils envoyèrent des ambassadeurs pour faire obéissance au Roy, et s'excuser envers luy de leurs fautes, en le priant de vouloir bien venir voir leur ville, pour laquelle chose exécuter, il fit assembler et préparer son armée.

Le lundy, dix-septième jour de novembre, le Roy qui avoit fait assembler toute son armée et son train, disna assez près de Florence en un grand palais, et la luy vinrent au devant tous les seigneurs, bourgeois et gens de tous estats de ladite ville pour luy faire la révérence et le recevoir honorablement. Après que les Florentins eûrent ainsi fait leur devoir envers le Roy, en luy présentant les clefs de la ville, toutes les bandes de l'armée du Roy commencèrent à marcher en icelle, ayant chacune leurs capitaines, et enseignes deployées l'une après l'autre, en très-bel ordre, ce qui dura fort long-temps à passer, car il y avoit là plus de gensdarmes que jamais les Florentins eussent veû. Quand ces bandes furent passées, le Roy, accompagné de plusieurs grands princes et seigneurs, entra dans ladite ville, fort bien armé d'un riche harnois blanc, avec sa garde et ses cent gentils-hommes aussi tous armés. Il fût honorablement conduit et mené sous un riche dais jusques à l'église, et de là au logis qu'on luy avoit préparé à l'hostel de Pierre de Médicis, où luy et les siens furent si bien traitez qu'on ne le pouvoit mieux faire. Le Roy, pour soûmettre et tenir les Florentins davantage en son obéissance, séjourna douze jours dans Florence, d'où il partit le vendredy ensuivant, vingt-unième jour de novembre, et alla au giste en un grand palais par delà.

Le lendemain samedy, vingt-neufième, il fût coucher à Sainct-Cassant, où il demeura le dimanche, trentième.

Et le lundy, premier jour de décembre, il fût au giste à Pondibout, qui est une petite ville assez peuplée et plaisante à voir.

Le lendemain mardy, deuxième décembre, il alla disner à l'abbaye d'Aye, et puis au giste à Sienne-la-Vieille.

Ledit mardy, deuxième jour de décembre, sortirent de la ville de Sienne les gens d'église, accompagnez des autres estats, chacun en son rang, qui fûrent bien une lieuë au-devant du Roy; et en le salüant et faisant leur harangue, ils luy présentèrent les clefs de la ville, comme le reconnoissant leur vray seigneur. Il fût mené en grande solemnité dans cette ville fort joyeusement préparée pour sa bien-venuë, et fut logé en l'évesché, près de la grant église, où il fût magnifiquement traité, luy et toute sa compagnie.

Le jeudy ensuivant, quatrième décembre, le Roy partit de ladite ville de Sienne, et alla disner à Bon-Couvent, puis au giste à Sainct-Clerico, où il demeura tout le vendredy.

Le samedy, sixième jour de décembre, il alla disner à Ricoure, et coucher à la Paille.

Le dimanche, septième, après avoir oüy la messe, il alla à Aiguependant, qui est une ville située sur une hauteur qui appartient au Pape. Toutesfois, le Roy y fût receû honorablement en solemnelle procession, et luy fûrent présentées les clefs de la ville.

Le mercredy ensuivant, dixième jour de décembre, le Roy passa à Monflascon, et alla au giste à Viterbe, qui est une belle ville appartenant aussi au Pape; mais les habitans ne laissèrent pas de luy faire une excellente entrée, se soumettant à sa sujétion, et le menèrent honorablement loger en l'évesché, qui est un très-beau lieu, près la Porte Romaine. Le Roy y demeura cinq jours, et y visita cependant plusieurs fois la châsse de saincte Rose qui y est en chair et en os. Il y mit le seigneur de Gaiasche en garnison dans le chasteau, et puis il envoya le seigneur de la Trimouille par devers le pape Alexandre VI, lequel promit d'estre loyal au Roy; et, pour mieux l'en assurer, il luy envoya quelques cardinaux et évesques, et mesmement son confesseur.

Le lundy, quinzième jour dudit mois de décembre, le Roy partit de Viterbe et fût disner à Roussillon, puis au giste en une petite ville appellée Naples, où il demeura jusques au vendredy suivant.

Ledit vendredy, dix-neufième jour d'iceluy mois, il alla disner et coucher à Braciane, qui appartient à messire Vergile, où le Roy assembla derechef toute son armée ; tandis qu'il demeura campé audit Braciane, estant bien accompagné de plusieurs grands princes et seigneurs et fidèles gensdarmes. Le Pape, par son ambassade, consentit enfin qu'il amenât son armée dans la ville de Rome. Cependant le seigneur de Ligny, accompagné d'une bonne bande d'Allemans, les mena jusques à Ostie, qui est une forte place au-delà du Tibre, et un port de mer. Le duc de Calabre estoit pour lors à Rome, lequel avoit la témérité de croire qu'il feroit merveilles contre les François ; mais il luy fût bon besoin de se sauver à la hâte, et sans retarder ; il s'enfuit devers la Pouille. Et incontinent le seigneur de La Trimoüille et le mareschal de Gyé allèrent prendre des logemens dans Rome, aussi privément et familièrement comme ils eussent fait en des villes de France.

DIARIUM
JOANNIS BURCHARDI,

ARGENTINENSIS,

CAPELLÆ ALEXANDRI SEXTI PAPÆ CEREMONIARUM
MAGISTRI.

JOURNAL
DE JEAN BURCHARD,

DE STRASBOURG,

MAITRE DES CÉRÉMONIES DE LA CHAPELLE DU PAPE
ALEXANDRE VI.
1494-1495.

NOTICE

SUR

LE JOURNAL DE JEAN BURCHARD.

« A juger du mérite des journaux de Burchard (dit M. de
» Foncemagne (1) par le peu que nous en avons connu jus-
» qu'ici, il n'y a guère de monument historique plus digne
» que celui-là de sortir des ténèbres qui le cachent depuis
» si long-temps. » En effet, il n'est pas d'ouvrage qui four-
nisse d'aussi curieux renseignemens, des anecdotes aussi
piquantes sur la cour de Rome à la fin du quinzième siècle. Ce qui le rend infiniment précieux pour l'histoire de
France en particulier, c'est qu'il donne sur l'expédition de
Charles VIII, sur le séjour de ce roi à Rome, et sur ses
entrevues avec le Pape des détails importans qu'on cher-
cherait vainement ailleurs. Il suffit, pour faire comprendre
quel est le prix de ce journal, de savoir qu'il nous vient
d'un maître des cérémonies de la cour romaine, qui écrivait
jour par jour ce qui s'exécutait sous ses yeux et par son
ministère.

Jean Burchard, naquit à Strasbourg, vers le milieu du
quinzième siècle; il était doyen de l'église de St-Thomas
de cette ville, lorsqu'il acheta en 1483 la charge de maître
des cérémonies de cour de Rome, et paya ses bulles 400

(1) Acad. des inscrip., t. 17, pag. 606.

ducats d'or. Il fut successivement élevé à plusieurs dignités, et sur la fin de sa vie on le nomma évêque d'Horta. Il mourut dans cette ville le 16 mai 1506. Son journal, qui embrasse le récit des événemens dont il fut témoin depuis 1483 jusqu'en 1506, n'a jamais été publié entièrement. Burcharda écrit en latin : son style est simple, naïf et negligé ; les détails dans lesquels entre l'auteur portent un caractère de vérité et d'exactitude qui attache. Plusieurs fragmens de ce curieux journal ont été imprimés dans divers corps d'ouvrages. Godefroy, le premier, en mit au jour quelques pages dans son recueil sur Charles VIII ; Oderic Raynaldus dans la continuation de Baronius, le père Quetif dans la vie de Savonarole, en avaient aussi donné des extraits, lorsque Leibnitz publia à Hanovre, en 1696, un petit volume in-4° sous ce titre : *Historia arcarna sive de vita Alexandri VI Papæ seu excerpta ex diario Burchardi.* Il déclare dans sa préface qu'il n'a pu se procurer le vrai texte de Burchard, « *integrum ejus diarium ad manus nostras non pervenit.* Enfin Eccard inséra une partie du journal de Burchard dans le tome 2 du *Corpus scriptorum medii ævi* ; mais le texte en est souvent défectueux, de l'aveu de ce savant lui-même, qui fut obligé de recourir à l'édition de Leibnitz pour le compléter.

Ainsi une bonne édition de cet ouvrage se faisait encore désirer. Eccard n'espérait pas qu'on pût s'en procurer une copie complète ; il disait : « *Latet illud in archivo vaticano, æternumque latebit.* » Son présage ne s'est pas réalisé, car la bibliothèque royale possède plusieurs manuscrits complets de ce journal (1). MM. de Foncemagne (2) et de Brequigny (3) en ont donné la description.

Nous avons regretté de ne pouvoir faire paraître en entier cet ouvrage important, mais il serait sorti des limites que nous nous sommes imposées. Nous nous sommes bornés à publier, et à traduire pour la première fois le récit de l'expédition de Charles VIII, depuis son arrivée à Florence jusqu'à la prise de Naples.

Dans la suite de son journal, Burchard raconte souvent des événemens de notre histoire; mais dès qu'il a cessé d'être témoin oculaire, son témoignage n'étant plus d'un aussi grand poids, nous n'avons pas cru devoir l'admettre.

Nous nous sommes attachés dans notre traduction à reproduire fidèlement, et avec la même simplicité qu'on remarque dans le texte, le journal de Burchard : nous avons souvent conservé les mêmes tours, pour ne pas faire perdre au style de l'auteur le cachet de naïveté et de vérité dont il est empreint.

(1) Voici les numéros de ces manuscrits · Anc. f. lat. 5521, 5522, 5158, 5159-60-61-62-63. 9920 [3-4]. 8439. Brienne. 1032-3-4, 468, St.-Germ. 206 St.-Germ.

(2) Acad. des inscrip. t. 17.

(3) Not. des manuscrits, t. 1.

DIARIUM
JOANNIS BURCHARDI.

Liber notarum factarum per me Joannem Burchardum, argentinensem, sedis apostolicæ protonotarium, etc.

Dominica secunda novembris in nocte, ante horam quintam, vel circa, venit ad urbem ad palatium apostolicum ad Papam reverendissimus dominus cardinalis Ascanius, qui cum Papa ad tres horas de rebus currentibus locutus est.

In mane sequenti, fuit coram Pontifice congregatio omnium cardinalium, excepto sancti Dionysii, qui erat in capella majori paramenta recipiens pro missa celebranda. Congregatio hujus modi duravit horis duabus, vel circa, cui etiam prædictus cardinalis Ascanius interfuit, et fuit in ea decretum eumdem cardinalem Ascanium ire debere Florentiam ad Regem Franciæ, qui illuc infra paucos dies dicebatur venturus, pro rebus cum eo componendis.

Feria secunda decima septima novembris, serenissimus Carolus Rex intravit civitatem Florentiæ, cum maximo honore et triumpho, magna equitum et peditum copia as-

JOURNAL
DE JEAN BURCHARD.

Livre des notes recueillies par moi, Jean Burchard, de Strasbourg, protonotaire du siége apostolique, etc.

Dans la nuit du second dimanche de novembre, avant la cinquième heure ou environ, le réverendissime cardinal Ascagne (1) vint à Rome, et se rendit au palais apostolique où il s'entretint avec le Pape pendant trois heures, des affaires présentes.

Le matin suivant, tous les cardinaux s'assemblèrent chez le Pape, excepté le cardinal de St.-Denys (2) qui était dans la chapelle majeure où il se préparait à dire la messe. Cette assemblée dura environ deux heures. Le cardinal Ascagne y assista, et fut désigné pour se rendre à Florence vers le Roi de France qui devait arriver dans cette ville sous peu de jours, pour entrer en arrangement avec lui.

Le lundi 17 novembre, l'auguste Roi Charles, accompagné d'une foule nombreuse de guerriers à pied et à cheval, fit

---

(1) Ascagne Marie Sforce, frère de Louis, duc de Milan; créé cardinal en 1484, contribua puissamment, par son influence dans le conclave, à l'élévation au pontificat de Roderic Borgia, qui prit le nom d'Alexandre VI. Il en fut récompensé par ce dernier, qui lui conféra un grand nombre de bénéfices et la charge de vice-chancelier. Toutefois il perdit les bonnes graces du nouveau pape, fut emprisonné dans le château Saint-Ange, et relâché ensuite à la demande de Charles VIII. Le cardinal Ascagne mourut de la peste en 1505.

(1) *Le cardinal de Saint-Denis*, Jean de la Grolaye de Villiers, abbé de Saint-Denys, puis évêque de Lombez, cardinal en 1493, mort en 1499.

sociatus, ubi diversa cum ipsis Florentinis tractavit. In valvis ecclesiarum et aliis locis publicis aureis litteris scriptum erat :

REX, PAX ET RESTAURATIO LIBERTATIS.

Iniit inter alia cum ipsis Florentinis conventiones et capitula, quæ die vigesima octava dicti mensis fuerunt in ecclesia metropolitana Florentiæ, missâ ibi finitâ, publice lecta et mediis juramentis stipulata, paxque. Inter cœtera Florentini promittunt dare Regi Franciæ centum triginta millia ducatorum, infra annum, videlicet modo quinquaginta millia Regi et consiliariis, decem millia per totum mensem februarii proxime futuri, quadraginta millia Regi per totum junium proxime futurum, trigenta millia eidem, deinde quolibet anno duodecim millia usque ad finem belli. Rex habebit continuo Florentiæ duos oratores suos, et vice versa Florentini duos apud Regem de rebus bellicis occurrentibus mutuo tractaturos. Pisa et Liburnum erunt in potestate Regis usque ad finem belli. Differentiæ inter Januenses et Florentinos, occasione Petræ sanctæ et Castri novi, remissæ sunt eidem Regi, qui ut accessum suum ad urbem honestaret, his diebus Florentiæ decrevit et publicari fecit suas patentes litteras, hujus modi sub tenore.

« Carolus, Dei gratia Francorum Rex, universis Christi fidelibus præsentes litteras inspecturis, etc : considerantes attentius et intra nostræ mentis arcana sæpe numero revolventes innumerabilia damna et incommoda, cædes, strages, et nobilium civitatum, et fidelium populorum desolationem, et devastationem, et plurima alia horrendissima facinora quæ spurcissimi Turcæ sanguinem christianum in-

en grande pompe son entrée solennelle dans la ville de Florence où il traita de différentes affaires avec les Florentins. Sur les portes des églises, et sur les autres lieux publics, on lisait écrits en lettres d'or, ces mots :

REX, PAX ET RESTAURATIO LIBERTATIS.

Le Roi fit avec les Florentins une convention dont les articles furent lus publiquement, et garantis par des sermens réciproques, le 28 dudit mois, après la célébration de la messe dans l'église métropolitaine où la paix fut également jurée. Les Florentins s'engageaient à donner au Roi de France cent trente mille ducats dans l'année, savoir: Dès à présent cinquante mille au Roi et à ses conseillers, dix mille dans le courant de février prochain, quarante mille le mois de juin suivant au Roi, et trente mille au même, en outre douze mille chaque année, jusqu'à la fin de la guerre. On convint que pour mieux s'entendre sur les opérations de la guerre actuelle, le Roi aurait deux envoyés à Florence, et que les Florentins, de leur côté, en auraient deux auprès du Roi. Pise et Livourne demeureraient en son pouvoir jusqu'à la fin de la guerre; enfin les différens qui existaient entre les Génois et les Florentins, au sujet de Pietra Santa et Castel Novo, seraient remis au jugement de ce prince, qui, pour justifier son arrivée, fit publier de suite à Florence les lettres-patentes dont la teneur suit:

« Charles, par la grâce de Dieu Roi des Français, à tous les fidèles chrétiens qui ces présentes verront, etc. Considérant avec attention, et repassant souvent en nous-même la suite innombrable des dommages, désastres, cruautés et meurtres, la ruine de tant de villes célèbres, les malheurs de tant de peuples fidèles, enfin tous les crimes affreux dont s'est rendue coupable l'infâme nation des Turcs,

cessantes debacchantes, a quinquaginta annis citra, ut a majoribus nostris profecto fide dignis didicimus, inhumanissime perpetrarunt : cupientesque more progenitorum nostrorum Francorum Regum christianissimorum tantis sceleribus, quæ ipsi perfidissimi Turcæ religioni christianæ continuo minantur, pro viribus occurrere ; et eorum sitibundam rabiem totis conatibus reprimere ; postquam placuit altissimo, in regno et dominiis nostris, suam pacem ponere ac illa tranquilliter potiri : proposuimus pro repellendo Turcorum furore, et recuperanda terra sancta, et aliis dominiis per eos christianis principibus et populis ablatis, propriæ personnæ, ac laboribus, facultatibusque non parcere, quinimo dilectissimis uxore et fillo unico nostris regnoque amplissimo, pacifico et opulentissimo præter voluntatem principum et procerum regni nostri, relictis, statuimus cum adjutorio Dei, cujus causam amplectimur, ac summi omnium christianorum Pontificis et pastoris, nec non principum et aliorum fidelium præsidio, hoc sanctissimum opus fideli devotione et magno animo aggredi : quod quidem sanctum propositum divina credimus inspiratione nostro cordi fuisse infusum. Nec arbitretur quisquam quod ad occupandum quorumcumque principum et populorum dominia, et civitates, hoc opus tam sanctum, tam laudabile aggrediamur, sed ut ipse Deus incessabilis verus testis est, hoc solum ad ejus laudem et gloriam, sanctæque fidei, et christianæ religionis exaltationem et ampliationem amplectimur, sperantes in ipso Deo, a quo omnia perfecta opera perfectionem suscipiunt, nos hoc sanctum desiderium nostrum ad optatum effectum perducturos. Sed quia regnum Siciliæ, quod Neapolitanum appellant, per progenitores nostros e manibus infidelium et aliorum romanæ ecclesiæ, et apostolicæ sedis hostium ereptum, et eidem ecclesiæ restitutum fuit, et de quo ipsi proge-

sans cesse déchaînée contre les chrétiens depuis environ cinquante années comme nous l'avons appris de nos ancêtres bien dignes de foi; désirant, à l'exemple des Rois très-chrétiens nos aïeux, nous opposer de toutes nos forces aux entreprises criminelles dont ces perfides menacent continuellement la religion chrétienne, et réprimer de tout notre pouvoir leur fureur altérée de sang, nous avons résolu de mettre à profit la tranquillité profonde que le Très-Haut daigne accorder à nous et à notre royaume, pour repousser les attaques des Turcs, pour recouvrer les lieux saints et les autres pays enlevés aux princes et aux peuples chrétiens, sans épargner, ni notre personne, ni nos fatigues, ni aucun sacrifice. En un mot, ayant quitté notre fils unique et notre épouse chérie, un royaume vaste, puissant et riche, malgré les remontrances de notre noblesse, nous avons résolu, avec l'aide de Dieu dont nous défendons la cause, et avec l'appui du souverain Pontife et pasteur de tous les chrétiens, avec le secours des princes, des nations fidèles, de commencer, plein de confiance et de zèle, cette sainte entreprise, que nous sentons nous avoir été inspirée par Dieu même. Au reste, que personne n'attribue au dessein d'envahir les états d'aucun peuple une si louable et si sainte expédition, mais bien (et Dieu nous en est témoin) au désir de faire triompher son nom, comme aussi de répandre sa gloire et les bienfaits de la religion chrétienne, ayant cette confiance en celui de qui tous les ouvrages parfaits tirent leur perfection, qu'il couronnera nos efforts d'un heureux succès. Or, puisque le royaume de Sicile, ou autrement de Naples, que nos ancêtres ont retiré du pouvoir des infidèles et des autres ennemis, tant de l'église romaine que du Saint-Siége, afin de le remettre sous la domination de l'église, leur appar-

nitores nostri vigenti quatuor investituras, videlicet viginti duo a diversis Romanis Pontificibus, et duas alias a duobus aliis sacris generalibus conciliis receperunt, et quod ad nos jure hæreditatis pertinet, quamvis Pius secundus volens suos ex generali plebe natos ad principatum extollere, regnum ipsum nostrum contra justitiam abstulerat, et illud quondam Ferdinando de Aragonia concesserat, ad depugnandum dictos perfidissimos Turcas, præcipue per portum Valoniæ, et non nulla alia loca nobis facilem ingressum præbere poterit : illud Deo auxiliante intendimus recuperare ut nobis et nostris facilis ingressus et egressus, ac tutum præsidium esse possit : nec intendimus propterea almæ urbis Romæ, prout modernus Alphonsus de Aragonia, et sui prædecessores, alius Alphonsus, et Ferdinandus, magna temeritate, et rebellione eam obsidendo fecerunt aut aliis terris Romanæ ecclesiæ præjudicium aliquod, seu damnum inferre; sed illam, et ipsius ecclesiæ subditos pro illius, et apostolicæ sedis honore, et reverentia ab omni damno et injuria pro posse nostro illæsos conservare, et ipsius ecclesiæ sic statutum honorem, et dignitatem more dictorum progenitorum nostrorum, quantumcumque Deo poterimus potius augere. Quia vero pro dicto regno recuperando et nostro sancto proposito exequendo, pro faciliori et breviori via ad urbem prædictam veniendo per nonnullas terras dictæ ecclesiæ transitus sit nobis faciendus; sanctissimum in Christo patrem et dominum Alexandrum divina providentia Papam sextum et sanctæ Romanæ ecclesiæ cardinalium collegium, nec non quarumcumque civitatum oppidorum, et terrarum, ac locorum ejusdem Romanæ ecclesiæ rectores, gubernatores, potestates, officiales, cives, incolas et habitatores quoscumque in dominio requirimus, hortamur et cohortamur, ut saltem quemadmodum hostibus nostris, et in hoc sacro proposito nobis adversantibus fa-

tenait comme en ayant été investis vingt-quatre fois, savoir vingt-deux par differens Papes, et deux fois par deux conciles généraux, royaume qui nous est aussi dévolu par droit d'hérédité, malgré l'injuste donation que Pie II en a faite à Ferdinand d'Aragon, dans la vue d'élever à la dignité de princes ses parens de basse extraction, puisque ce royaume nous est nécessaire, pour envoyer plus facilement du port de Vallona et des autres ports, nos troupes contre les Turcs, nous avons résolu avec l'aide de Dieu, de le reconquérir; ce qui nous facilitera le passage, le retour, et nous assurera tous les secours dont nous aurons besoin. Au reste notre intention n'est pas de causer aucun dommage soit à la ville de Rome, comme l'ont fait avec témérité et par une révolte criminelle, en la tenant assiégée, le dernier Alphonse d'Aragon et ses prédécesseurs, soit aux autres domaines de l'Eglise ; nous voulons au contraire protéger contre toute attaque et toute insulte, suivant nos forces, pour la gloire du Saint-Siége, Rome et les sujets de l'église, et ajouter ainsi à cette même gloire, si Dieu nous le permet, imitant en cela nos ancêtres. Mais comme pour reconquérir le susdit royaume, et mettre à exécution notre sainte entreprise, nous sommes obligés, afin de faciliter et d'abréger notre marche, en nous rendant à Rome, de traverser une partie du territoire de l'église, nous exhortons et invitons notre Saint-Père et Seigneur en Jésus-Christ le Pape Alexandre VI, le collége des cardinaux de la sainte Eglise romaine, ainsi que les gouverneurs, magistrats, officiers, citoyens et habitans de toutes les villes, châteaux, terres et domaines de la même église, à nous accorder la même faveur que les ennemis de nos saints projets ont eux-mêmes obtenue, et obtiennent encore, c'est-à-dire,

vores et auxilia quæ potuerunt, præstiterunt et præstant, ita
nobis et nostris liberum ingressum et regressum per civitates,
oppida, terras et loca prædicta, et victualia necessaria
nostris expensis et sumptibus exhibere dignentur; nisi
enim hoc in saluberrimo opere nos impedivissent, credimus
jam urbem Neapolim et magnam regni partem expugnasse,
et in principio veris proxime futuri fines hostium ingredi
potuisse : si vero ingressus et regressus, ac liber transitus
ac victualia nobis et nostris, solvendo debita prelia, fuerint,
quod non credimus, denegata, nihilominus conabimur totis
viribus meatum invenire et capere victualia necessaria
quibus poterimus mediis; protestantes solemniter nobis ad
culpam non debere imputari, sed potius illis, qui perfida
iniquitate de fide nostra non recte sapientes, nostrum pium
et sanctum propositum voluerint impedire, protestamur,
ut supra de injuriis Deo et nobis faciendis, damnis quoque
et interesse per nos propterea jam incursis et si quæ in futurum incursuri fuerimus; quas protestationes prosequemur
coram universali ecclesia et principibus totius christianitatis
quos convocare intendimus pro hac sanctissima expeditione,
Deo duce, feliciter adimplenda.

» In quorum omnium fidem et testimonium præsentes
litteras fieri, per notarium publicum infra scriptum sub-
scribi, et publicari, nostrique regalis sigilli appensione
muniri fecimus.

» Datum Florentiæ die vigesima secunda mensis novembris, anno domini 1494 et regni nostri duodecimo. »

Feria secunda vigesima quarta die novembris, venit
coram sanctissimo domino nostro vocatus et me secum in-
terpretem duxit magnificus et illustris dominus Rudulphus
comes Ascaniæ cui S. D. N. commemoravit insolentiam Regis
Franciæ, quam faciebat S. R. E., et quod forte non solum
quereret se dominum facere civitatum et terrarum Italiæ ad

la liberté du passage et du retour par les villes, châteaux et lieux susdits, ainsi que le droit d'acheter les provisions nécessaires. Si en effet on n'eût pas apporté des obstacles à ce grand ouvrage, peut-être serions-nous maîtres de Naples et d'une grande partie du royaume, et aurions-nous pu au commencement du printemps prochain entrer sur le territoire ennemi : si au contraire le passage, le retour et les provisions que nous offrons de payer, nous étaient refusés, ce que nous ne pensons pas, nous n'en ferions pas moins tous nos efforts pour continuer notre marche et nous procurer les provisions nécessaires par tous les moyens possibles; déclarant solennellement que la faute en doit être imputée non à nous, mais bien à ceux qui, par perfidie et injustice, jugeant mal de notre bonne foi, voudraient arrêter notre pieuse entreprise; nous protestons, comme ci-dessus, contre l'injure qui serait faite à Dieu et à nous, contre les dommages que nous avons déjà soufferts, contre ceux que nous pourrions encore souffrir, et nous protesterons, à la face de toute l'église et des princes chrétiens, à qui nous voulons proposer de concourir, Dieu aidant, au succès de notre expédition.

» En foi et témoignage de quoi nous avons voulu que les présentes lettres fussent rédigées et signées par un notaire, publiées et revêtues de notre sceau royal.

» Donné à Florence le 22ᵉ jour de novembre, l'an de grâce 1494 et le 12ᵉ de notre règne. »

Le lundi 24 novembre, le seigneur Rodolphe, comte d'Ascagne, ayant été mandé par notre Saint-Père le Pape, se rendit près de lui, où je l'accompagnai en qualité d'interprète. Sa Sainteté se plaignit à lui de la conduite téméraire du Roi de France envers la sainte Église romaine, et de ce que peut-être il cherchait non-seulement à se rendre maître des villes et des états d'Italie dépendans du saint

sanctum Romanum imperium spectantium, sed etiam nomen et titulum imperii ejusdem sibi usurpare, cui tamen sanctitas sua nunquam esset consensura, etiam si gladius nudus propterea sibi ad guttur suum apponeretur. Requirebat propterea ipsum principem, ut serenissimum dominum Maximilianum, Romanorum Regem, tanquam sanctæ Romanæ ecclesiæ unicum advocatum de præmissis certiorem redderet, et majestatem suam exortaretur ad providendum necessitatibus, honori et commodo S. R. E. S. R. imperii ac totius Italiæ, quod onus præfatus princeps humiliter suscepit.

Dominica secunda adventus, cum oratores Regis Franciæ, qui a sanctissimo domino nostro his diebus plures petierunt patentes litteras, pro passu, et victualibus eorum Regi in terris, sanctæ Romanæ ecclesiæ administrandis, iterum Sanctitati suæ pro hujus petitione supplicassent: respondit eis Sanctitas sua quod nullo modo vellet ipsi Regi passim et victualia hujusmodi dare, quod possent eidem Regi ad eorum libitum significare.

Superioribus diebus, cardinale Gussense referente, dominus Gregorius Buzardus litterarum apostolicarum scriptor, per sanctum dominum nostrum Papam ad magnum Turcam nuncius oratorque missus, ut ipse cardinalis dicebat, per illustrissimum dominum Joannem de Roverre, almæ urbis præfectum, reverendissimi domini cardinalis Sancti Petri ad Vincula fratrem Germanum, captus fuit, et apud Senogalliam detentus. Apud quem idem cardinalis *Gurcensis* repertas fuisse dixit litteras et informationes per

empire romain ; mais encore à prendre le nom et le titre d'empereur, usurpation à laquelle cependant sa Sainteté ne consentirait jamais quand même on lui mettrait le glaive sous la gorge ; le Pape le chargea en outre d'informer de ces faits le sérénissime Maximilien, Roi des Romains, comme le seul appui de la sainte Église romaine, et de l'engager à pourvoir aux besoins, à la dignité et aux intérêts de l'Église romaine, du saint empire romain et de toute l'Italie. Le prince Rodolphe accepta avec respect cette mission.

Le second dimanche de l'Avent comme les envoyés du Roi de France, qui avaient déjà prié Sa Sainteté d'expédier des lettres patentes pour autoriser leur Roi à passer et à s'approvisionner sur les lettres de l'Église, faisaient de nouvelles instances auprès du Pape, sa Sainteté leur répondit qu'elle n'entendait en aucune façon accorder le passage et les approvisionnemens qu'on lui demandait, et qu'ils pouvaient faire part au Roi de sa détermination.

Les jours précédens, au rapport du cardinal de Gurk (1), le seigneur George Buzardo, secrétaire du pape, et son envoyé auprès du Grand-Turc (2), fut arrêté et jeté en prison à Senogallia par le commandant de cette place, Jean de Rovère, frère germain du révérendissime cardinal de Saint-Pierre-ès-Liens (3). Le cardinal de Gurk

(1) *Le cardinal de Gurk.* Rémond Perrault, évêque de Gurk, né à Surgère en Saintonge. Alexandre VI le créa cardinal à la sollicitation de l'empereur Maximilien. Après avoir été l'ennemi déclaré des Borgia, l'évêque de Gurk se réconcilia avec le pape, qui lui confia plusieurs missions importantes. Ce fut ce même cardinal qui officia à Saint-Laurent d'Amboise, aux funérailles de Charles VIII. Sous le pape Jules II, il retourna en Allemagne en qualité de légat, et mourut enfin à Viterbe le 5 septembre 1505, âgé de soixante-dix ans.

(2) *Le Grand-Turc.* Bajazet II, fils de Mahomet II, auquel il succéda en 1481, est mort en 1512.

(3) *Cardinal de Saint-Pierre-aux-Liens*, Julien de La Rovère, neveu de Sixte IV, né à Savonne en 1543, fut dans la suite pape sous le nom de Jules II.

T. I. 16

eumdem sanctissimum dominum nostrum sibi datas, super iis quæ apud magnum Turcam agere deberet, quæ dictus cardinalis Gurcensis sanctissimo domino nostro ad infamiam improperabat, quarum informationum tenor de verbo ad verbum sequitur et est talis:

Tenor informationum nuncii et oratoris ad magnum Turcam.

Instructiones tibi Georgio Buzardo, nuncio et familiari nostro : postquam hinc recesseris, directo et quantocitius poteris, ibis ad potentissimum magnum Turcam sultan Bajazet ubicumque fuerit, quem postquam debite salutaveris, et ad divini numinis timorem et amorem excitaris, sibi specificabis nomine nostro, qualiter Rex Franciæ properat cum maxima potentia terrestri et maritima, cum uxilio status Mediolanensium, Britonum, Burdigalensium, Normandorum, et cum aliis gentibus, huc Romam veniens eripere e manibus nostris Gem, sultan fratrem celsitudinis suæ, et acquirere regnum Neapolitanum, et ejicere Regem Alphonsum cum quo sumus in strictissimo conjuncti sanguinis gradu et amicitiæ, at tenemur eum deffendere cum sit feudatarius et subditus noster et annuatim solvat nobis censum : et sunt anni sexaginta tres et ultra quod fuit investitus Rex Alphonsus, avus ejus, deinde Ferdinandus pater, cui successit Rex, qui per prædecessores nostros et per nos fuerunt investiti et incoronati de dicto regno. Ideo hac de causa, præfatus Rex Franciæ effectus est inimicus

ajoutait que Buzardo était porteur d'instructions à lui données par Sa Sainteté sur la conduite qu'il devait tenir auprès du Grand Turc, et reprochait au Pape cette mission, qu'il qualifiait d'infâme. Tel était mot pour mot le contenu de ces instructions.

Instructions pour le nonce député vers le Grand-Turc (1).

George Buzardo, notre nonce et notre serviteur, voici les instructions auxquelles vous vous conformerez : Aussitôt après votre départ, vous vous rendrez directement et en diligence auprès de sa hautesse le Grand-Turc, sultan Bajazet, en quelque lieu qu'il se trouve. Après l'avoir salué en notre nom et lui avoir recommandé la crainte et l'amour de Dieu, vous l'informerez de notre part que le Roi de France marche sur Rome avec une puissante armée de terre et de mer, et avec l'appui des Milanais, des Bretons, des Bordelais, des Normands et d'autres peuples, pour enlever de force le sultan Gem (2), frère de sa hautesse, s'emparer du royaume de Naples et détrôner le Roi Alphonse auquel nous sommes étroitement unis par les liens du sang et de l'amitié, lequel nous sommes tenus de défendre puisqu'il est notre feudataire, notre vassal, qu'il nous paie un tribut annuel, et que, depuis plus de soixante-trois ans, son aïeul Alphonse, ensuite son père Ferdinand, auquel il a succédé, ont comme lui reçu de nos prédécesseurs et de nous-même l'investiture et la couronne dudit royaume. En conséquence le Roi de France devient notre ennemi,

(1) Ces actes, dont une copie existe à la Bibliothèque royale, fond Bouhier, n° 59, furent donnés à la bibliothèque de Citeaux par le cardinal de Gurk.

(2) *Le sultan Gem*, ou Zim-Zim, second fils de Mahomet II, disputa l'empire à son frère Bajazet. Ayant été vaincu dans deux batailles, il se réfugia à Rhodes; il fut ensuite envoyé en France, et enfin conduit à Rome, à la prière du pape Innocent VIII.

noster, qui non solum properat, ut dictum Gem, sultan eripiat, et ipsum regnum acquirat, sed etiam in Græciam transfretare, ut patriam celsitudinis suæ debellare queat, prout suæ majestasti satis innotescere debet; et dicunt quod mittet dictum Gem sultan cum classe in Turchiam. Et cum opus sit nobis resistere, et nos deffendere a tanta Regis Franciæ potentia, omnes conatus nostros exponere oportet, et nos bene præparare ; quod cum jam fecerimus, opusque sit facere maximas impensas, cogimur recurrere ad subsidium præfati sultan Bajazet, sperando in amicitia bona quam ad invicem habemus, quod in tali necessitate juvabit nos: quem rogabis et nomine nostro exhortaberis, ac ex te persuadebis cum omni instantia ut mittat nobis quanto citius poterit ducatos quadraginta millia in auro pro annata anni præsentis, quæ finiet ultima die novembris venturi, ut cum tempore possimus nobis subvenire, in quo majestas sua faciet nobis rem gratissimam ; cui in præsentiam nolumus imponere aliud gravamen, et sic exponemus vires, et conatus nostros in resistentia facienda ne dictus Rex Franciæ aliquam victoriam contra nos potiatur, et contra fratrem suæ majestatis. Cum autem ipse Rex Franciæ terra marique sit longe potentior nobis, indigemus auxilio Venetorum qui sistunt, nec volunt nobis esse axilio, imo habent arctissimum commercium cum inimicis nostris, et dubitamus quod sint nobis contrarii, quod seset nobis magnum argumentum offensionis, et non reperimus aliam viam eos convertendi ad partes nostras tuendas, quam per viam ipsius Turcæ, cui denotabis ut supra, et quod si Franci forent victores, sua majestas pateretur magnum interesse, tum propter ereptionem Gem sultan fratris sui, tum etiam quia pro-

lui qui, non-seulement veut s'emparer du sultan Gem et conquérir le royaume de Naples, mais encore passer en Grèce pour réduire sous sa domination les états de sa hautesse, qui ne saurait avoir de doute sur les intentions de ce prince. On ajoute même qu'il se propose d'envoyer le sultan Gem, avec une flotte, en Turquie. Nous trouvant donc dans la nécessité de nous défendre contre la puissance formidable du Roi de France, nous devions employer toutes nos ressources et faire tous les préparatifs nécessaires, ce que nous avons déjà commencé. Mais comme nous sommes engagés dans d'énormes dépenses, nous sommes forcés de recourir au sultan Bajazet, ayant cette confiance dans la bonne intelligence qui règne entre nous, qu'il nous aidera dans un si pressant besoin. Vous le prierez en notre nom et l'engagerez avec les plus vives instances à nous envoyer dans le plus bref délai quarante mille ducats d'or pour le tribut de la présente année, qui finira le dernier jour de novembre prochain, afin que nous puissions dans l'occasion nous en servir, en quoi sa hautesse nous obligera réellement; voulant pour le moment borner là nos demandes, nous disposerons nos moyens de résistance de manière que le Roi de France ne puisse se prévaloir contre nous d'aucune victoire, ni s'emparer du frère du sultan; mais comme le Roi de France l'emporte de beaucoup sur nous par ses forces de terre et de mer, nous aurons besoin du secours des Vénitiens qui se refusent à nous l'accorder, et même entretiennent des intelligences avec nos ennemis. Nous craignons donc qu'ils ne se tournent contre nous, ce qui nous serait très-préjudiciable, et nous ne trouvons pas d'autre moyen de les attacher à notre parti que l'influence du Grand-Turc, à qui vous ferez de nouveau remarquer que, si les Français étaient vainqueurs, ses intérêts en souffriraient beaucoup, d'un côté, parce qu'ils enlèveraient le sultan Gem, son frère; de l'au-

sequeretur expeditionem, et longe cum majori conatu
contra celsitudinem suam, et in tali casu haberet auxilium
ab Hispanis, Anglicis, Maximiliano, et Ungaris, Polonis,
et Boemis, qui omnes sunt potentissimi principes. Persuadebis et exhortaberis majestatem suam, quam tenemur certiorem reddere ob veram et bonam amicitiam quam habemus ad invicem, ne patiatur aliquod interesse, ut statim mittat unum oratorem ad dominium Venetorum, significando
qualiter intellexit certe Regem Franciæ movere se ad venien-
dum Romam ad capiendum Gem sultan, fratrem suum,
inde regnum Neapolitanum, demum terra marique contra se
properare, propterea velle facere omnem resistentiam, et se
defendere contra ipsum et devitare, ne frater suus capiatur
e manibus nostris; exhortetur et astringat quod pro quanto
correspondet amicitia sua, debeant esse adjuvamento et de-
fensioni nostræ et Regis Alphonsi, terra marique, et quod
omnes amicos nostros, et prædictum Regem habebit pro
bonis amicis suis, et nostros inimicos pro inimicis, et si
dominium pollicetur consentire tali petitioni suæ, orator
habeat mandatum de non recedendo ex Venetiis, quousque
viderit effectum, et quod dicti Veneti declarent se esse amicos, et adjuvamento nobis, et Regi Alphonso, et esse contra amicos Francorum et aliorum adhærentium Regi Franciæ : etsi contradixerint, significet dictus orator quod
dominatio sua non habebit eos amicos, et postea recedat
ab eis indignatus, quanquam credimus quod si sua majestas
ardenter astringat eos modo convenienti, condescendent
ad faciendam voluntatem majestatis suæ; et sic persuadeas
ei multum, ut hoc facere velit, quia istud est majus adju-
vamentum et remedium quod habere possumus. Impetrabis

tre, parce qu'ils poursuivraient leur expédition avec une nouvelle ardeur contre sa hautesse elle-même, sûrs en pareil cas de l'appui des Espagnols, des Anglais, de Maximilien, des Hongrois, des Polonois et des Bohémiens, qui forment autant de puissances redoutables. Vous engagerez le sultan, que nous désirons bien informer à cause de l'amitié qui nous lie, à prévenir ces événemens, et à envoyer immédiatement un ambassadeur aux Vénitiens, qui leur déclare comment il a appris la marche du Roi de France sur Rome, pour s'emparer du sultan Gem, son frère, conquérir le royaume de Naples, enfin s'avancer contre lui sur terre et sur mer, et leur fasse connaître son intention de résister de tout son pouvoir au Roi de France, et d'empêcher que son frère ne tombe entre ses mains. Il les exhortera et les engagera fortement, par l'amitié réciproque qui règne entre eux, à nous secourir et à nous défendre, ainsi que le Roi Alphonse, sur terre et sur mer, ajoutant qu'il regardera ce Roi avec nos alliés comme ses amis, et nos ennemis comme les siens. Si les Vénitiens acquiescent à cette demande, l'ambassadeur de sa hautesse recevra l'ordre de ne quitter Venise qu'après avoir vu l'effet de leur consentement et leur avoir fait jurer qu'ils seront nos alliés, nous secoureront nous et le Roi Alphonse, et se déclareront contre les alliés du Roi de France. Que s'ils refusent, l'ambassadeur leur signifiera qu'ils ne doivent plus compter sur l'alliance de sa hautesse, et les quittera ensuite en leur témoignant son indignation. Toutefois nous pensons que les vives instances que sa hautesse fera faire convenablement auprès d'eux, suffiront pour les déterminer à faire sa volonté. Vous insisterez auprès de lui sur la nécessité de cette démarche, comme étant le plus puissant secours que nous puissions recevoir; vous obtiendrez qu'il fasse cause commune avec nous contre nos ennemis, et vous le supplierez

ut resistet injuriis nostris et sollicitabis quanto citius licentiari talem oratorem, ut redeat ante te, nam multum importat acceleratio sua.

Denotabis pariter magno Turcæ adventum oratoris magni Soldani ad nos cum litteris, et muneribus quæ transmittit nobis quærens Gem, sultan fratrem suum, ac magnas oblationes et promissiones, quas nobis fecit de magno thesauro, et de multis aliis rebus, et bene scis, quando quidem tuo medio omnia sint practicata, ut sic continentur in capitulis quæ dictus orator nobis fecit et dedit significabis majestati suæ intentionem nostram in quantum sibi promisimus firmiter tenebimus, et nunquam contraveniemus in aliqua re: imo nostræ intentionis est accrescere, et meliorare nostram bonam amicitiam.

Bene gratum nobis esset, et de hoc multum precamur, et hortamur dominationem suam, quod pro aliquo tempore non impediat, neque impedire permittat Ungarum, neque in aliqua alia parte christianitatis, et maxime in Croatia, et civitatibus Ragusiæ et Liguriæ, et sic faciendo et observando, nos faciemus quod Ungarus non inferat ei aliquod damnum, et in hoc majestas sua habebit occasionem complacendi nobis, attento maxime motu Francorum et aliorum principum. Quod si in bellando perseveraret, habeat pro certo sua magnitudo, quod in eorum auxilio essent quam plurimi principes christiani, et doleret postea sua majestas non fecisse secundum consilium nostrum quod damus sibi primo ex officio, quando quidem sumus pater, et dominus omnium christianorum. Postea desideramus quietem suæ majestatis ad bonam et mutuam amicitiam nostram; quoniam si ali-

d'envoyer le plus promptement possible son ambassadeur, afin qu'il soit de retour avant votre départ, car sa diligence nous importe beaucoup.

Vous ferez également part au Grand-Turc de l'arrivée d'un ambassadeur du Grand-Soudan (1), envoyé vers nous avec des dépêches et des présens, pour obtenir d'emmener le sultan Gem, son frère, vous l'instruirez des magnifiques offres qu'il nous a faites, et des sommes immenses qu'il nous a promises; vous connaissez d'autant mieux le contenu des dépêches, que ledit envoyé nous a présentées, que tout s'est passé par votre entremise. Vous déclarerez à sa hautesse l'intention où nous sommes d'accomplir fidèlement les promesses que nous lui avons faites, et de n'y manquer jamais en rien, que notre désir au contraire est de resserrer les liens d'amitié qui nous unissent.

Ce serait nous rendre un service éminent, et que nous attendons de sa hautesse, de ne nuire en aucune façon, et de ne pas permettre qu'on nuise, pendant un certain temps, aux Hongrois dans aucun des états de la chrétienté, et surtout dans la Croatie, dans les gouvernemens de Raguse et de Ligurie, moyennant quoi nous ferons en sorte que de leur côté les Hongrois ne causent aucun dommage au Grand-Turc, qui aura ainsi une occasion de nous obliger, eu égard à l'approche des Français et autres peuples. Si le sultan continuait à être en guerre avec les Hongrois, il peut être assuré qu'un grand nombre de princes chrétiens, embrasseraient leur défense, et qu'ainsi sa hautesse se repentirait de n'avoir pas suivi les conseils que nous lui donnons comme notre devoir le demande, puisque nous sommes le père et le chef de tous les chrétiens. Nous demandons encore que sa hautesse n'agisse pas contre les chrétiens si elle veut ne pas voir cesser la bonne intelligence qui

(1) Le soudan d'Égypte, alors en guerre avec Bajazet.

ter majestas sua statueret prosequi, et molestare christianos, cogeremur rebus consulere, cum aliter non possemus obviare maximis apparatibus qui fiunt contra majestatem suam.

Dedimus tibi duo brevia quæ exhibetis Turcæ, in uno continetur quod faciat tibi dare, et consignare quadraginta millia ducatorum pro annata præsenti; aliud est credentiale, ut præstet tibi fidem in omnibus quæcumque nostro nomine sibi exposueris. Habitis quadraginta millibus ducatis in loco consueto, facies quietantiam secundum consuetudinem, et venies recto tramite Anconam, cum navi tuta; et cum illuc applicueris, certiores nos reddes et expectabis responsum nostrum. Præsens tua intimatio consistit in acceleratione, facias ergo diligentiam in eundo ad Turcam, sicut in expeditione, et in redeundo similiter.

Ego Georgius Buzardus nuntius, et familiaris præfatæ Sanctitatis per præsens scriptum et subscriptum manu mea propria fidem facio, et confiteor omnia supradicta habuisse in commissione ab ore præfatæ sanctitatis, Romæ, de mense julii 1494; et executum fuisse ad magnum Turcam, in quantum fuit mihi ordinatum, ut supra. Et quantum ad oratorem quem requisivit Sanctitas sua a Turca mittendum Venetias, est obtentum, qui debebat recedere Constantinopoli de mense septembris, post me, ad exequendum in quantum erat voluntas prædictæ Sanctitatis cum illustrissimo dominio Venetorum. Idem Georgius Buzardus manu propria scripsi et subscripsi.

Ego Philippus de Patriarchis, clericus Foroliviensis, apostolica et imperiali auctoritate publicus notarius, subscriptus, instructionem ex originali de Senogallia fideliter transmisso, de verbo ad verbum transumpsi et scripsi, nihil

règne entre nous; autrement, si elle prétendait persécuter et molester les chrétiens, nous serions forcés d'y pourvoir, parce que c'est le seul moyen que nous ayons de nous opposer aux entreprises menaçantes qui se préparent contre sa hautesse.

Nous vous avons remis deux brefs que vous présenterez au Grand-Turc, dans l'un nous demandons qu'il vous fasse compter quarante mille ducats pour le tribut de cette année; l'autre est une lettre de créance pour qu'il ajoute foi à tout ce que vous lui direz en notre nom. Lorsque vous aurez reçu les quarante mille ducats, vous en donnerez quittance suivant l'usage, et vous vous rendrez directement et par une voie sûre à Ancône. Aussitôt après votre débarquement, vous nous informerez du résultat de votre message, et vous y attendrez notre réponse. Nous vous recommandons surtout de partir, d'agir et de revenir en toute diligence.

Moi, George Buzardo, envoyé et serviteur de Sa Sainteté, je déclare et j'atteste par ces présentes lettres, écrites et signées de ma propre main, que j'ai reçu, dans le mois de juillet 1494, à Rome, et de la bouche de notre Saint Père, toutes les instructions qui précèdent, que j'ai exécuté auprès du Grand-Turc tous les ordres qui m'ont été donnés. Quant à l'envoi d'un ambassadeur par le Turc à Venise, il a été répondu, conformément à la demande de Sa Sainteté, qu'il en partirait un de Constantinople au mois de septembre, immédiatement après moi, pour remplir les intentions du Pape auprès des états vénitiens. Ce que moi, George Buzardo, j'ai écrit et signé de ma propre main.

Et moi, Philippe de Patriarche, clerc de Forli, par l'autorité du saint-siége et de l'empire, notaire public, soussigné, ai traduit, mot à mot, et copié de l'original envoyé fidèlement de Senogallia, les instructions précédentes, sans

mutando aut addendo, et hoc ipsum transumptum prout jacebat, ad litteram feci requisitus et rogatus: in cujus rei testimonium hic me subscripsi, et signum meum apposui consuetum.

Florentiæ, die 25 novembris anno 1494.

Litteræ missivæ magni Turcæ ad Papam.

Sultan Bajazet Chan, filius sultani Mahomet Chan, Dei gratia imperator et dominus Asiæ et Europæ ac omnis maritimæ, patri et domino omnium christianorum divina providentia Papæ Alexandro Sexto romanæ Ecclesiæ digno pontifici, post debitam et meritoriam salutationem ex bono animo et puro corde, significamus vestræ magnitudini, qualiter per Georgium Buzardum servitorem et nuncium vestræ potentiæ, intelleximus bonam convalescentiam vestram, et omnia quæ retulit pro parte ejusdem vestræ magnitudinis; de quibus lætati sumus et magnam consolationem accepimus. Inter alia mihi retulit quomodo Rex Franciæ minatus est habere Gem, fratrem nostrum, qui est in manibus vestræ potentiæ, quod esset multum contra voluntatem nostram, et vestræ magnitudinis sequeretur maximum damnum, et omnes christiani paterentur detrimentum. Idcirco una cum prædicto Georgio cogitare cepimus, pro quiete, utilitate et honore vestræ potentiæ, et adhuc pro mea satisfactione, bonum esset quod dictus Gemmeus frater, qui subjectus est morti, et detentus in manibus vestræ magnitudinis, obire feceretis, quod sibi vita esset, et potentiæ vestræ utile, et quieti commodissimum, mihique postea gratissimum. Et si in hoc magnitudo vestra

rien changer, sans rien ajouter, le tout d'après la réquisition et l'invitation qui m'en ont été faites. En foi de quoi j'ai apposé ma signature et mon sceau.

Florence, 25 novembre 1494.

Lettres missives du Grand-Turc au Pape (1).

Bajazet-Chan, sultan, fils du sultan Mahomet-Chan, par la grâce de Dieu, empereur et souverain seigneur d'Asie, d'Europe et de toutes les mers, au père et au seigneur de tous les chrétiens, le Pape Alexandre VI, par la Providence divine, digne pontife de l'Église romaine. Après vous avoir offert dans la sincérité de notre ame les hommages qui vous sont dus, nous faisons savoir à votre grandeur comment George Buzardo, votre serviteur et votre envoyé, nous a appris le bon état de votre santé et tout ce que votre grandeur l'avait chargé de nous communiquer. Ces nouvelles ont été pour nous le sujet d'une grande joie et d'une grande consolation. Il m'a rapporté, entre autres choses, que le Roi de France menaçait de s'emparer de notre frère Gem, qui est en votre pouvoir, ce qui contrarierait beaucoup nos desseins, et tournerait au préjudice de votre grandeur comme de tous les chrétiens. C'est pourquoi nous avons pensé, conjointement avec le dit George, que, pour le repos, l'utilité et la gloire de votre grandeur, et aussi pour mon propre avantage, comme ledit Gem, mon frère, est mortel et détenu entre les mains de votre grandeur, il serait à souhaiter que vous le fissiez mourir, ce qui produirait pour lui la vie, deviendrait avantageux à votre puissance et à votre repos, et me serait très-agréa-

(1) Les lettres de Bajazet au pape sont au nombre de cinq. La dernière seulement présente quelque intérêt ; c'est celle que nous publions. Au reste, ces lettres ont été insérées par Leibnitz dans les extraits du journal de Burchard, qu'il a mis au jour.

contenta sit complacere nobis, prout in sua prudentia con-
fidimus facere velle, debet pro majori nostra satisfactione
quanto citius fieri poterit, cum illo meliori modo quo placebit
vestræ magnitudini, dictum Gem levare facere ex angus-
tiis mundi, et transferre ejus animam in alterum seculum,
ubi meliorem habebit quietem; et si hoc adimplere faciet
vestra potentia et mandabit nobis corpus suum in quali-
cumque loco citra mare, promittimus nos sultan Bajazet
Chan supra dictus mandare in quocumque loco placuerit
Sanctitati vestræ, ducatorum trecenta millia, quatenus
possit vestra potentia ex illis emere filiis suis aliqua dominia, quæ ducatorum trecenta millia consignare faciemus illi
cui ordinabit vestra majestas antequam sit nobis dictum
corpus datum, et per vestros meis consignatum. Adhuc
promitto vestræ potentiæ, quod quamdiu vixero, habe-
bimus semper bonam et maximam amicitiam cum eadem
vestra magnitudine sine aliqua deceptione, et eidem faciemus omnia beneplacita et gratias nostras possibiles.

Insuper promitto potentiæ vestræ pro majori sua satisfactione, quod neque per me, aut per meos servos, neque
etiam per aliquem ex patruis meis erit datum aliquod impedimentum, aut factum damnum christianis cujuscunque
qualitatis aut conditionis fuerint, sive in mari, sive in terra,
nisi aliqui essent qui nobis, aut subditis nostris damnum
facere vellent, et pro majori adhuc satisfactione vestræ
magnitudinis, ut sit semper secura sine aliqua dubitatione,
de his omnibus quæ supra promitto, juravi et affirmavi, omnia in præsentia præfati Georgii, per verum Deum quem adoramus, et super Evangelia nostra, observare vestræ potentiæ
omnia usque ad complementum, nec in aliqua re deficere
sive defectu aut aliqua deceptione, et adhuc pro majori securitate vestræ magnitudinis, ne ejus animus in aliqua dubitatione remaneat, imo sit certissimus, de novo: ego supra-

ble. Si votre grandeur consent à nous rendre ce service comme nous l'espérons, en nous reposant sur sa prudence, elle doit, pour notre plus grande satisfaction, débarrasser le plus tôt possible, et par le moyen le plus sûr qu'elle jugera convenable d'employer, notre frère Gem des misères de ce monde, et afin que son ame soit transportée dans une autre vie où elle puisse jouir de plus de repos. Si votre puissance consent à le faire mourir, et nous envoie son corps en quelque lieu que ce soit au-delà de la mer, nous promettons, nous sultan Bajazet-Chan, de faire remettre à Votre Sainteté, dans le lieu qu'elle désignera, la somme de 300,000 ducats pour acheter des terres à ses fils. Lesquels 300,000 ducats nous ferons consigner entre les mains de la personne que nous désignera votre majesté avant que le corps du sultan Gem ne nous soit livré. Je promets en outre à votre grandeur, que toute ma vie je lui garderai une bonne et sincère amitié, et lui rendrai tous les services que je pourrai.

Je promets à Votre Sainteté, pour sa plus grande satisfaction, qu'il ne sera, ni par moi, ni par les miens, apporté aucun empêchement ou causé aucun dommage aux chrétiens, de quelque qualité et condition qu'ils puissent être, soit sur terre, soit sur mer, à moins que les chrétiens ne soient les agresseurs envers nous et envers nos sujets. Pour qu'il ne vous reste ni doute ni scrupule sur les promesses que je viens de vous faire, j'ai juré et affirmé, en présence du susdit George, par le vrai Dieu que nous adorons et sur nos Évangiles, d'accomplir tout ce que je vous ai promis sans y manquer en rien; d'ailleurs, pour la plus grande tranquillité de votre grandeur, pour ne lui laisser aucune crainte, et au contraire pour lui donner toute certitude, moi,

dictus sultan Bajazeth Chan juro per Deum verum, qui creavit coelum et terram, et omnia quæ in eis sunt, in quem credimus, et quem adoramus, quod faciendo adimplere ea quæ supra eidem requiro, promitto per dictum juramentum observare omnia quæ supra continentur, et in aliqua re nunquam contra facere, neque contra venire vestræ magnitudini.

Scriptum Constantinopoli in palatio nostro, secundum adventum Christi, die decima quinta septembris, anno 1494.

Et ego Philippus de Patriarchis, clericus Foroliviensis, apostolica et imperiali auctoritate notarius publicus infrascriptus, litteras, ex originali quod erat scriptum sermone italico, in carta oblonga more Turcarum, quæ habebat in capite signum magni Turcæ aureum et in calce signum, transumpsi fideliter de verbo ad verbum et manu propria requisitus et rogatus scripsi et subscripsi; signumque meum in fidem et testimonium consuetum apposui.

Florentiæ, die vigesima quinta novembris 1494, in conventu Sanctæ Crucis ordinis minorum.

Feria quinta decima octava mensis decembris, omnia bona Papæ parata sunt ad iter et omnia quæ Pontifex habet missa ad castrum sancti Angeli, omnes cardinales parati ad recessum, equi ferrati parati.

Feria sexta, decima nona decembris liberati fuerunt a detentionibus, reverendissimus dominus cardinalis sancti Severini, qui equitavit ad Regem Franciæ, qui de Pontificis

sultan Bajazet-Chan, je jure derechef, par le vrai Dieu qui a créé le ciel et la terre et tout ce qu'ils renferment, en qui nous croyons et que nous adorons, que si Sa Sainteté me satisfait dans les demandes que je lui ferai, de mon côté j'accomplirai toutes les promesses auxquelles je me suis engagé par le serment ci-dessus, je n'y manquerai en rien, et ne traverserai en aucune manière les desseins de votre grandeur.

Écrit à Constantinople, en notre palais, ce 15 septembre 1494 de l'ère chrétienne.

Je soussigné, Philippe de Patriarche, par l'autorité apostolique et impériale, notaire public, certifie que les lettres originales, écrites en italien, sur du papier de Turquie, revêtues du sceau et de la signature du Grand-Turc, ont été par moi transcrites mot à mot et signées de ma propre main, sur la réquisition et l'invitation qui m'en ont été faites; et j'y ai apposé mon sceau comme il est d'usage.

A Florence, le 25 novembre 1494, dans le couvent de Sainte-Croix, de l'ordre des Mineurs.

Le jeudi 18 du mois de décembre, le Pape fit ses préparatifs pour partir, et tout ce qu'il possédait fut envoyé au château Saint-Ange; tous les cardinaux se tinrent prêts également pour le départ, et les chevaux furent ferrés à l'avance.

Le vendredi 19 décembre furent mis en liberté le révérendissime cardinal de Saint-Severin (1) qui se rendit à cheval vers le roi de France pour conférer avec lui par l'ordre et au nom du souverain pontife, et le cardinal Co-

---

(1) *Le cardinal de Saint-Séverin*, fils de Robert, comte de Cajasse, créé cardinal en 1489. Il fut un de ceux qui négocièrent l'accord entre Alexandre VI et Charles VIII. Il s'attacha depuis aux intérêts de la France contre Jules VII. C'était un homme *magis aptus ad arma quam ad sacra*, dit Burchard.

T. I.

jussu et nomine cum eo quædam tracturus, et Columna, qui, ut asserebatur, promiserat Papæ arcem Ostiæ restituere et se ad soldum Ecclesiæ, et Pontificis dederat et converterat.

Superioribus, et his diebus videlicet decima nona, vigesima prima, vigesima secunda et vigesima tertia hujus mensis decembris, gentes Regis Franciæ incursus fecerunt usque ad sanctum Lazarum, et prata sancti Angeli adjacentia; statuerant etiam una nocte proditorie urbem debellare ab illa parte, et Columnenses ab alia, in quorum subsidium mille Galli debebant se introducere per flumen circa Hostiam; sed adeo fuit validus ventus eis contrarius, ut non potuerunt quod proposuerant exequi; volebant enim per portam sancti Pauli hæc mala facere, intrasse urbem, ignem succendisse, spoliasse, et multa mala fecisse, cujus rei auctorem dicebant fuisse non nulli cardinalem Gurcencem, ipsumque illa nocte in persona non longe a portu urbis venisse, ac vento impediente retrocessisse. Is etiam maxima causa fuit progressus Regis versus urbem; converterat enim Aquæpendentis et aliarum terrarum Ecclesiæ incolas ad intromittendum Regem Franciæ, cujus et gentis suæ honestatem et liberalitatem extollebat ad superos, dicens eos etiam unam gallinam, ovum, vel quod minimum ab eis non recepturos, sine plena solutione: asserens etiam sanctissimum Dominum nostrum ipsum ad Regem promisisse ut sibi aditum et transitum per terras Ecclesiæ procuraret. Sicque et aliis verbis et modis induxit populos illos ad intromittendum Regem ipsum, et gentes suas contra omnem Pontificis voluntatem, et ut curialibus nationis

lomne (1) qui, comme on le disait, avait promis au Pape de livrer en ses mains la citadelle d'Ostie et s'était mis à la disposition du Pape.

Les 19 et 21, 22 et 23 décembre les troupes du Roi de France firent des courses jusques à Saint-Lazare et à travers les prés qui entourent le château Saint-Ange; ils avaient même formé le dessein de s'emparer par trahison de Rome, pendant la nuit, d'un côté, tandis que les Colonnes entreraient d'un autre avec l'aide de mille Français qui devaient s'introduire par le fleuve aux environs d'Ostie; mais un vent violent contraria tellement leurs intentions qu'ils ne purent les mettre à exécution; ils voulaient en effet entrer dans la ville par la porte de Saint-Paul, l'incendier, la piller, y commettre mille désastres, et l'auteur de ce projet était, disait-on, le cardinal de Gurck, qui lui-même serait venu cette nuit à l'entrée du port de la ville, mais que le vent contraire aurait forcé de se retirer. Ce même cardinal fut une des causes principale de la marche du Roi de France sur Rome. Il avait en effet décidé les habitans d'Aquapendente et des autres terres de l'Église, à donner passage au Roi de France, vantant la libéralité, l'affabilité de ce prince et des Français : il assurait qu'ils ne prendraient rien sans payer, pas même une poule, un œuf, enfin la moindre chose, affirmant aussi que notre Saint-Père avait promis au Roi qu'il lui laisserait traverser les terres de l'Église. Voilà par quels discours et autres moyens semblables il conduisit les peuples à introduire le Roi de France et ses troupes contrairement à la volonté formelle du Pape. Et pour prouver

---

(1) Jean Colomne, de la célèbre famille de ce nom; cardinal en 1480, s'unit au roi contre Alexandre, mais dans la suite il abandonna le parti des Français, et contribua à l'élection de Jules II, sous le pontificat duquel il jouit de la plus grande faveur. Il mourut en 1508, âgé de 54 ans.

germanicæ in urbe existentibus, etiam persuaderet ipsorum curam habere, scripsit patentes litteras, quas ad urbem misit principalibus præsentendas.

« Carissimis fratribus, et amicis prælatis, et aliis curialibus nationis Alemanicæ, et dominiorum illustrissimi archiducis Philippi, in urbe habitantibus.

» Carissimi, etsi prout testis est Deus, qui hominum scrutatur corda et renes, qualem potuimus, fecimus diligentiam erga christianissimum Regem, tum nomine summi Pontificis, tum nomine nostro, dedimus operam ad faciendam bonam unionem et intelligentiam inter ipsum summum Pontificem et serenissimum Regem Francorum; nihilominus, quorum culpa nescio, hactenus fuimus impediti, non per ipsum Regem, cum nihil aliud cupiat quam se devotissimum filium gerere erga summum Pontificem, et sanctam sedem, suorum progenitorum more. Sed timeo quod a Deo principaliter propter peccata nostra et demerita graviter offenso, impedimentum dictæ unionis processerit, qui nisi precibus devotarum personarum fuerit placatus, dicta unio neque ex consequenti pax inter principes christianitatis fieri poterit. Cæterum cum timor sit de invasione urbis per armigeros ipsius christianissimi Regis, et suorum confederatorum, si dicta unio in dies breves non fiat propter hostes ipsius christianissimi Regis, qui stant in urbe, ut dicitur, sic effeci apud christianissimum Regem, ne aliqua damna inferant sui armigeri quibuscumque partisanis in urbe moram trahentibus, neque etiam cæteris quibuscumque, undecumque sint oriundi, nisi in armis contra suam majestatem et suos reperirentur, voluit et declaravit sua majestas, omnes subditos serenissimi Regis romanorum et illustrissimi principis Austriæ archiducis non minori favore per suos armigeros debere tractari, quam proprios ipsius christianissimi Regis una cum

aux magistrats allemands qui étaient dans la ville qu'il songeait à leurs intérêts, il écrivit une lettre publique qu'il fit distribuer dans la ville aux principaux d'entre eux.

« A nos frères et amis, les prélats et autres dignitaires de la nation allemande et des états de l'illustrissime archiduc, Philippe, habitans de cette ville.

» Nous prenons à témoin le Dieu qui sonde les cœurs et les reins, que nous avons fait tous nos efforts auprès du Roi très-chrétien, tant au nom du souverain pontife qu'en notre propre nom, pour faire naître l'amitié et la bonne intelligence entre le Pape et le Roi; néanmoins, nous n'avons pu y parvenir jusqu'à ce jour; nous ne savons à qui en attribuer la faute, mais ce n'est certainement point au Roi de France qui n'a d'autres désirs que de se conduire comme un fils soumis à l'égard du souverain pontife et du saint Siége, à l'exemple de ses prédécesseurs. Sans doute, le principal obstacle à cet accommodement vient de la gravité de nos offenses envers Dieu, et s'il ne se laisse apaiser par les prières des ames pieuses, cette alliance et par conséquent la paix entre les princes chrétiens ne pourront avoir lieu. Dans tous les cas, comme il est à craindre que les troupes du Roi très-chrétien et de ses alliés ne fassent une invasion dans la ville, si les ennemis que le Roi a dans Rome s'opposent à la ratification de l'accord susdit sous peu de jours, je me suis employé auprès de ce prince pour que ses troupes ne causent aucun dommage aux étrangers à quelque nation qu'ils appartiennent, résidant pour le moment à Rome, à moins qu'ils ne soient trouvés en armes contre sa majesté. En conséquence, le Roi veut et ordonne que tous les sujets du sérénissime roi des Romains et de l'illustrissime prince, archiduc d'Autriche ne soient pas traités par ses troupes avec moins d'égards que ses propres sujets et tous les citoyens romains. A cet

civibus romanis ; et hac de causa me misit ex castris ad dominum comitem de Montpensier ejus cognatum et generalem locum tenentem, ad significandum pro parte suæ majestatis ut caveret, nec permitteret per quoscumque armigeros suæ majestatis aliquas injurias, aut molestias fieri dictis incolis et præcipue dictis reverendissimis dominis cardinalibus, quibuscumque partisanis, et civibus romanis et maxime dictis subditis domini Cæsaris et domini archiducis Philippi; et ea de re hæc volui vobis significare, ut si contingat (quod absit!) armigeros christianissimi regis intrare urbem cum manu forti, sitis advisati de bona voluntate ipsius Ch. Regis. Et ut possitis securius vos et bona vestra conservare, essem opinionis, quod cum bona licentia domini secretarii cardinalis Lugdunensis, recurratis, si tumultus fieret, ad domum meæ habitationis quam inhabito et gratia dicti domini secretarii, cui scribo in præsens, ut vos benigne recipiat ; sum enim memor, quod de nihilo Deus me creavit, et ad cardinalatus honores et onera me promovit, ad preces bonæ memoriæ domini Cæsaris ipsius serenissimi romanorum Regis et principum electorum, quapropter quandiu vixero conabor reddere vices gratitudinis ipsis domino seren. Rom. Regi, domino archiduci Philippo, et omnibus eorum subditis, non minus quam si essem oriundus de eorum dominiis. Valete, fratres charissimi, et deum pro intentione mea, quæ est ad pacem universalem inter christianos, et guerram universalem contra Turcas, orate. Ex Formello hac die 25 decembris.

» Frater amicus, *cardinalis Gurcensis*. »

effet, il m'a envoyé au seigneur comte de Montpensier (1), son parent et lieutenant-général, pour lui signifier de sa part qu'il ait à prendre ses mesures pour empêcher les troupes de commettre aucun outrage ou aucune vexation contre les susdits habitans de Rome, et surtout les révérendissimes cardinaux, les étrangers de toute nation, les citoyens romains, enfin les sujets de l'empereur et de l'archiduc. J'ai voulu vous faire connaître cette détermination afin que le cas arrivant (dont Dieu veuille nous garder!) où les troupes du Roi entreraient à main armée dans Rome, vous fussiez instruits des bonnes intentions de sa majesté très-chrétienne; si vous voulez préserver plus facilement votre personne et vos biens, je vous engage, en cas de tumulte, à chercher un refuge avec la permission du seigneur sécretaire, le cardinal de Lyon, dans mon palais; j'écris dans ce moment audit secrétaire de vouloir bien vous y donner asile; je n'ai pas oublié en effet, que Dieu m'a créé de rien, qu'il m'a élevé à la dignité et aux charges du cardinalat, à la prière du Roi des Romains et des électeurs de l'empire. C'est pourquoi, tant que je vivrai, je m'efforcerai par reconnaissance de rendre service à l'empereur, à l'archiduc Philippe et à tous leurs sujets, avec le même empressement que si j'étais né dans leurs états. Adieu, très-affectionnés frères. Priez Dieu d'exaucer nos désirs qui sont pour la paix universelle entre les chrétiens, et la guerre universelle contre les Turcs.

» A Formello, 23 décembre.

» Votre frère et ami, *le cardinal de* Gurck. »

(1) Gilbert de Bourbon, comte de Montpensier, cousin germain du sire de Beaujeu et père du connétable si fameux depuis. « Il était (dit Commines) bon chevalier, hardi, mais peu sage. Il ne se levait qu'il ne fut midy. » Il mourut à la fin de cette expédition.

Die vigesima quinta decembris, festum nativitatis D. N. Jesu-Christi reverendissimus dominus cardinalis Montis Regalis qui dicturus erat missam majorem, pro eo quod novellæ venerant de voluntate Regis Franciæ super compositione et concordia facienda super introitu suo ad urbem, deputatus fuit per sanctissimum Dominum nostrum mittendus ad Regem Francorum, ut ipse Rex alium mitteret, cum quo de modo adventus Regis prædicti tractandum esset.

Eodem mane, sanctissimus Dominus noster, antequam veniret ad capellam, convocavit ad se omnes cardinales in camera Papagalli, dempto cardinale Alexandrino celebraturo, causam Regis Franciæ proposuit, in præsentia ducis Calabriæ.

Feria sexta, vigesima sexta dicti mensis, venerunt ad capellam majorem palatii, post introitum Domini nostri, tres oratores regis Franciæ nocte præterita missi, videlicet magnus marescallus regni Franciæ, dominus Joannes de Gannay primus præsidens parlamenti parisiensis, et quidam alius, omnes tres laici. Dedi locum eis, magno marescallo in scalis solii Papæ, ante et supra senatorem, aliis duobus in banco oratorum laicorum, in quo erant duo oratores

Le 25 décembre, fête de la Nativité de Notre-Seigneur Jésus-Christ, le revérendissime cardinal de Mont-Réal (1), qui devait officier solennellement, sur ce qu'on apprit des intentions du Roi de France, touchant les arrangemens à prendre pour son entrée dans Rome, fut député par le Saint-Père vers ce prince, pour le prier d'envoyer de son côté un des siens qui traiterait avec le Pape de la manière dont il ferait son entrée.

Le matin du même jour, notre Saint-Père le Pape, avant de se rendre à sa chapelle, assembla tous les cardinaux dans la salle dite *Papagallo*, à l'exception du cardinal d'Alexandrie (2), qui devait officier ; il leur fit part de l'arrivée du Roi de France, en présence du duc de Calabre.

Le vendredi, 26 dudit mois, notre Saint-Père se rendit à la grande chapelle du palais, où il reçut les ambassadeurs du Roi, envoyés la nuit précédente, au nombre de trois, savoir : le grand maréchal du royaume (3), messire Jean de Gannay, premier président du parlement de Paris et un autre, tous laïcs. Je les fis placer, le grand maréchal sur les degrés du trône pontifical, en avant et au-dessus du sénateur (4), les deux autres au banc des ambassadeurs laïcs, où étaient assis deux ambassadeurs du Roi

(1) Jean de Borgia, archevêque de Montréal en Sicile, neveu d'Alexandre VI, mort en 1503.

(2) *Le cardinal d'Alexandrie*, Jean-Antoine de Saint-Georges, évêque d'Alexandrie, était un des savans jurisconsultes de son temps. Après avoir été auditeur de Rote, il fut créé cardinal en 1493 et mourut en 1509.

(3) *Le grand mareschal du royaume*. Pierre de Gié, vicomte de Rohan, maréchal de France.

(4) **Le sénateur de Rome** était un des magistrats de la ville, dont les fonctions approchaient beaucoup de celles du préfet de l'ancienne Rome. Il était le chef d'un tribunal devant lequel on portait les causes des laïcs. Le sénateur de Rome, avant l'an 1100, était indépendant de l'empereur et du pape ; le roi de Naples en avait le titre en 1265 : de là est venu que, suivant l'usage, cette charge est ordinairement donnée à un étranger.

neapolitani Regis, qui volentes cum his novis contendere et asserentes se nescire ipsos oratores esse, recesserunt ex eodem loco; significato autem ex speciali mandato Papæ per me ipsis, illos oratores esse Regis Franciæ, redierunt ad loca sua, et illis cesserunt. Erant autem cum dictis tribus oratoribus multi Galli, quorum multi sine aliqua discretione posuerunt se prope prælatos, et in eorum etiam scamnis sederunt, quousque eos inde tollerem et ad convenientia loca ponerem. Papa mihi ad se vocato irato animo dixit me rem suam destruere, et quod Gallos stare permitterem, ubi vellent, pro eorum libito voluntatis; respondi Sanctitati suæ, qui pro hac re se commoverat, quia, voluntate sua mihi in hoc nota, illis non essem amplius verbum dicturus, etiam ubicumque stantibus.

Feria quarta, 31 decembris, bono mane de mandato sanctissimi Domini nostri Papæ, equitavi obviam Regi Franciæ, sibi dicturus ordinem receptionis suæ juxta ceremoniale, ab eo recepturus voluntatem suam, et executurus quicquid sua majestas mandaret. Venerunt, et una mecum reverendus in Christo pater dominus Bartholomeus, episcopus Nepesinus Papæ secretarius, dominus Hieronimus Porcarius auditor Rotæ, decanus Coronatus de Planca, Marius Milorius; Christophorus Buzolus, cancellarius urbis, et Jacobus de Sinibaldis, cives romani. Reperimus circa Galeram ad duo milliaria reverendissimos dominos cardinales sancti Petri ad vincula, Gurcencis et de Sabellis, quos honoravi, et equo tamen non descendendo, parum post eos venit Rex quem pariter ex equis non descendendo omnes propter lutum et tempus pluviosum, venerati sumus.

de Naples, qui, refusant d'admettre ces nouveau-venus sous prétexte qu'ils ignoraient leur caractère d'ambassadeurs, quittèrent la place ; mais, sur l'avis que je leur donnai par l'ordre spécial du Pape, que c'était les ambassadeurs du Roi de France, ils revinrent à leur banc, et cédèrent le pas. Les envoyés du Roi étaient accompagnés d'un grand nombre de Français, dont plusieurs, oubliant toutes les bienséances, allèrent se placer auprès des prélats et jusque sur leurs siéges : je fus obligé de les en faire ôter, et de leur assigner des places convenables. Alors le Pape m'ayant appelé à lui, me dit, tout courroucé, que je compromettais ses intérêts, qu'il fallait laisser les Français se placer où ils voudraient ; je répondis à Sa Sainteté qui venait de s'emporter ainsi, que sa volonté m'étant connue, je les laisserais se mettre où ils voudraient, sans faire aucune observation.

Le mercredi, 31 décembre de grand matin, sur l'ordre de notre Saint-Père le Pape, je partis à cheval au devant du Roi de France, pour lui apprendre l'ordre de sa réception d'après le cérémonial, connaître ses volontés, et exécuter tout ce que sa majesté me prescrirait ; je fus accompagné du révérend père en Jésus-Christ, seigneur Barthelemy évêque de Nepi, secrétaire du Pape, et du seigneur Jérome Porcario, auditeur de Rote, du doyen Coronato de Planca, de Marius Milorius, de Christophe Buzolus, chancelier de Rome, et de Jacques de Sinibaldis, citoyens romains. Nous rencontrâmes auprès de Galera, à deux mille de la ville, les révérendissimes cardinaux de Saint-Pierre-aux-Liens, de Gurk et de Savelli (1), à qui je rendis hommage sans descendre de cheval. Peu après nous rencontrâmes le Roi à qui nous fîmes nos salutations respectueuses, mais en restant toujours à cheval, à cause de la boue et du mauvais temps.

(1) Savelly (Jean-Baptiste), cardinal en 1480, mort à Rome en 1498.

Proposita deinde per episcopum Nepesinum, commissione per sanctissimum dominum nostrum Papam, de recipiendo ipsum Regem sibi facta, ego similiter quod sibi per eumdem mandatum fuerat majestati suæ explicavi. Respondit Rex venire velle ad urbem sine pompa. Audivit et post me Rex dominum Hieronimum Porcarium, qui pro omnibus collegis suis romanis locutus est, populum et ejus facultates Regi offerens, Rex parum respondit, et nihil ad propositum. Retrocesserunt Romani ipsi et Rex me ad se accersito ad quatuor milliaria, vel circa, continuo me allocutus est, et de ceremoniis statu Papæ et cardinalium, Valentini conditione et ordine et tot aliis interrogans, dum vix potui ad singula pertinenter respondere.

Prope Burghettum venerunt obviam Regi duo oratores dominii Venetorum. Post eos venit reverendissimus cardinalis Ascanius, qui ex mula non descendens, detecto capite Regem recepit; similiter et Rex detecto capite ipsum cardinalem recepit; operierunt ambo capita et reverendissimus dominus cardinalis Ascanius, ad sinistram Regis equitans eum usque ad palatium Sancti-Marci, solitam residentiam reverendissimi domini cardinalis Beneventani, in urbem associavit per pontem Milvium; venimus per viam luto et aquis super abundantem ad palatium prædictum circa secun-

L'évêque de Nepi ayant exposé au Roi ce que le Saint-Père l'avait chargé de dire touchant la réception de ce prince, de mon côté j'expliquai à sa majesté l'objet de notre commission. Le Roi répondit qu'il désirait entrer dans Rome, sans pompe; il entendit encore après le seigneur Jérome Porcario, qui parla au nom de tous ses collègues romains, mettant à la disposition du Roi les citoyens et tout ce qu'ils possédaient; le Roi fit une courte réponse, sans s'expliquer sur l'offre qu'on venait de lui faire. Les Romains se retirèrent. D'après l'invitation du Roi, je l'accompagnai l'espace de quatre milles ou environ; il m'entretint du cérémonial, du Pape et des cardinaux, de la position et du rang de Valentin (1), multipliant tellement ses questions que je pouvais à peine satisfaire à chacune convenablement.

Aux environs de Burghetto deux ambassadeurs vénitiens se présentèrent au Roi; ils furent bientôt suivis du révérendissime cardinal Ascagne, qui, sans descendre de sa mule, se découvrit devant le Roi; ce prince en fit autant pour le cardinal : tous deux ensuite se couvrirent, et le révérendissime cardinal Ascagne marchant à la gauche du Roi, l'accompagna en passant par le pont Milvius, jusques au palais de Saint-Marc, résidence ordinaire du révérendissime cardinal de Bénévent. Nous y arrivâmes vers la seconde heure de la

---

(1) *Valentin*, César Borgia, archevêque de Valence, second fils naturel d'Alexandre VI. Guichardin remarque que ce pape n'avait pas de honte d'appeler César Borgia son fils, contre la coutume de ses prédécesseurs, qui qualifiaient leurs bâtards, quand ils en avaient, du titre de leurs neveux. Cependant, quand Alexandre voulut élever César à la dignité de cardinal, il produisit devant le sacré collége un acte par lequel Vannoza, mère de César, aurait été mariée, avant la naissance de ce dernier, à un certain Dominique Arimano.

(2) *Le cardinal de Bénévent.* Laurent Cibo, fils naturel du pape Innocent VIII, archevêque de Bénévent, cardinal du titre de Saint-Marc, mort en 1503.

dam horam noctis. Per omnes vias, a palatio solitæ residentiæ domini cardinalis Ulisbonensis, prope ecclesiam Sancti Laurentii, usque ad Sanctum Marcum, erant incensi ignes et intortitia ac luminaria, quasi per singulas domos omnibus acclamantibus: *Francia! Francia! Columna! Columna! Vincula! Vincula!*

Ante introitum Regis ad urbem, hodie fuerunt consignatæ claves omnium portarum urbis magno marescallo Regis Franciæ, et supra dicto eo sic volente et cum Papa convento et clauso. Dicebant enim Franci, et in hoc non errabant, claves hujusmodi nuper duci Calabriæ, cum in urbe esset, similiter traditas fuisse, cui Rex Franciæ non esset inferior.

Sequentibus diebus, omnes reverendissimi domini cardinales in urbe existentes successive visitarunt Regem Franciæ more solito, exceptis Neapolitano et Ursino, qui in palatio apostolico, in cameris per sanctissimum Dominum nostrum ipsis concessis residentibus, palatium non exierunt, nec Regem ipsum visitarunt, informaveram ante ipsum Regem in adventu suo ad urbem, qualiter cardinales ipsum essent visitaturi, ipse eos recepturus, associaturusque usque ad scalas, daturus eis dexteram et alia hujusmodi;

nuit, par des chemins couverts de boue. Depuis le palais, résidence ordinaire du révérendisssime cardinal de Lisbonne(1), auprès de l'église de Saint-Laurent, jusqu'au palais de Saint-Marc, on voyait allumés sur toute la route, des feux, des torches, et des flambeaux; et de presque toutes les maisons on faisait entendre ces cris : *Francia! Francia! Columna! Columna! Vincula! Vincula!*

Ce même jour avant l'entrée du Roi dans Rome, les clefs de toutes les portes de la ville, furent remises entre les mains du grand maréchal du Roi de France, d'après la demande de ce prince et le consentement du Pape. Les Français disaient en effet, et en cela ils ne se trompaient pas, que naguère les clefs avaient été pareillement remises au duc de Calabre pendant son séjour à Rome, et que le Roi de France devait bien avoir les mêmes droits.

Les jours suivans, tous les révérendissimes cardinaux résidant à Rome visitèrent successivement le Roi de France, suivant l'usage, excepté les cardinaux de Naples et des Ursins(2) qui, logés au palais apostolique dans les appartemens qui leur avaient été accordés par le Saint-Père, ne sortirent pas du palais et ne rendirent pas de visite. Avant son entrée j'avais informé le Roi pendant la route, qu'en recevant la visite des cardinaux, il devait lui-même aller à leur rencontre, les reconduire jusqu'à la sortie, leur donner la main, et je l'a-

(1) *Le cardinal de Lisbonne.* Georges Costa, archevêque de Lisbonne, mort en 1508, âgé de 102 ans.

(2) Baptiste des Ursins, élevé au cardinalat en 1438. Pendant l'expédition de Charles VIII, ce prélat demeura attaché au parti du pape, qui, peu reconnaissant de sa fidélité, le persécuta cruellement. Il fut emprisonné dans le Vatican, où il mourut subitement en 1503. Jean d'Auton avance qu'on l'étrangla par ordre d'Alexandre VI; mais les historiens italiens assurent qu'il fut empoisonné. Le pape, pour écarter les soupçons qui planaient sur lui, voulut que son corps fût porté en terre en plein jour, et à découvert, et que tous les cardinaux assistassent aux funérailles.

sed aliter se habuit nulli obviam venit, nullum associavit, imo nec sui cuiquam honorem ullum debitum impendebant. Aula palatii Sancti-Marci cameris propinquior, cum prima camera paleis plenæ erant et nunquam mundabantur. In portis camerarum et caminis affigebantur candelæ, et omnia habebantur ad instar stabuli porcorum.

Sabbato tertia januarii spoliatæ et depredatæ fuerunt per Columnenses et Gallos domus nepotis reverendissimi domini cardinalis Neapolitani, filii Jacobi de comitibus, et domini Bartholemei de Luca sanctissimi domini nostri Papæ cubicularii. Galli, ut suo modo hospitarentur, domos hinc et inde aperiebant, et introibant extrajicientes patronos, equos et alia, comburentes ligna, comedentes, bibentes quæ in ipsis erant absque alicujus rei solutione; ex quo surrexit magnus rumor in populo, unde ordinatum est, et de mandato Regis Franciæ per urbem publice proclamatum, nemini liceat domum intrare sub pœna furcæ.

Feria secunda, quinta januari, fuerunt vesperæ papales in capella majore palatii, Papa præsente et ante ejus exitum de camera Papagalli, multi Galli pedem publice sunt deosculati; et post vesperas, in capella publice Papa in solio sedente, Galli, magna in quantitate et furia, sine ordine per unam horam venierunt ad pedes osculandum.

In die sequenti fuit missa solemnis de Epiphania Domini, missa finita et me domum reverso, reperi Gallos contra

vais instruit d'autres usages semblables. Mais il agit bien autrement, il ne vint au devant de personne et ne reconduisit personne; les gens de sa suite eux-mêmes ne rendirent pas les hommages dont ils étaient tenus. La cour du palais Saint-Marc la plus voisine des appartemens, ainsi que la première salle, étaient remplies de paille et n'étaient jamais nettoyées; on avait attaché les chandelles aux portes des chambres et aux cheminées; enfin on aurait cru voir une étable de pourceaux.

Le samedi, 13 janvier, les partisans des Colonnes et les Français dévastèrent les habitations du neveu du révérendissime cardinal de Naples, du fils de Jacques de Comititibus, du seigneur Barthélemy de Luca, valet de chambre de notre Saint-Père le Pape.

Les Français, pour s'héberger à leur manière, forçaient de tous côtés l'entrée des maisons, jetaient dehors hommes, bêtes et meubles, brûlant le bois, mangeant et buvant à discrétion sans rien payer, ce qui occasiona une grande rumeur dans le peuple. On prit, en conséquence, un arrêté que le Roi de France fit publier par toute la ville, et qui défendait de pénétrer de force dans les maisons sous peine de mort.

Le lundi, 5 janvier, les vêpres papales furent dites dans la grande chapelle du palais en présence du Pape. Avant que Sa Sainteté ne quittât la chambre dite *Papagallo*, plusieurs Français furent admis au baisement du pied.

Les vêpres finies, comme le Pape était assis sur son trône, une foule de Français se succédèrent avec précipitation et sans ordre, pendant une heure, pour baiser les pieds de Sa Sainteté.

Le jour suivant on célébra solennellement la messe de l'Epiphanie de Notre-Seigneur. Après la messe, et de retour chez moi, j'y trouvai établis sept Français qui, contre mon

meam voluntatem, de scitu tamen et licentia Marci de Sebaldis capitis regionis nostræ, domum meam intrasse septem cum octo equis, mulas et asinos quos in stabulo habebam ejecisse, et septem suos introduxisse, qui fænum meum consumebant cameram meam vicecomiti, et cameram domini Andreæ Arbruin, medecinæ doctoris, mecum tot annis hospitali, alteri nobili qui post paucos deinde dies vita functus est in urbe, et cameram aliam inferiorem, in qua omnes mei servitores, cum nonnullis cameris aliis meæ domus, familiæ dictorum nobilium gallorum deputatas esse. Proinde non parum commotus tanta furia et injuria cessi ad Regem Franciæ apud quem de peractis suorum conquestus sum, qui me misit ad magnum marescallum Franciæ apud quem tantum sequenti die per me et cardinales Sabellum, Columnam et Sancti-Dionisii quod fuit dictis Gallis aliud hospitium assignatum. Interim tamen in domo mea non fuerunt nisi septem eorum equi positi qui in ea manserunt usque ad feriam quartam, septimam dicti mensis, qua exierunt stabulum meum.

Feria quinta, octava januarii, spoliata et deprædata fuit per Gallos domus Pauli de Branca, civis romani, interfecti duo filii sui, et plures alii occisi, et eorum domus expoliatæ; similiter et domus Rosæ, matris domini cardinalis Valentini.

Dominica undecima mensis januarii, conclusum et deliberatum fuit inter sanctissimum Dominum nostrum, et Philippum de Bressa, avunculum Regis Franciæ, quod sanctissimus dominus noster assignare deberet Gem sultan, fratrem Magni Turcæ, ad sex menses, Regi Franciæ qui ex nunc solvere deberet Papæ vigenti millia ducatorum, et dare cautionem mercatorum florentinorum et venetorum de restituendo ipsum Gem sultan ipsi Papæ, elapsis dictis sex mensibus sine mora : item coronare Regem Franciæ Regem

ordre, mais au su et avec la permission de Marc de Sabalde, chef de notre quartier, étaient entrés avec huit chevaux, chassant les mules et les ânes que j'avais dans mon écurie, pour y mettre à la place leurs montures qui mangeaient mon foin; un vicomte s'était emparé de ma chambre, un autre seigneur, qui mourut peu de temps après à Rome, de la chambre d'André Arbruin, docteur en médecine, retiré chez moi depuis longues années, enfin une salle inférieure où étaient logés mes gens ainsi que le reste de la maison, était occupée par la suite de ces seigneurs français. Indigné d'une telle violence, je me rendis auprès du Roi pour me plaindre de la conduite des siens, il me renvoya au grand-maréchal, qui, cédant à mes instances réitérées et à celles des cardinaux Savelli, Colonne et de Saint-Denys, assigna, le jour suivant, un autre logement auxdits Français. Il ne demeura chez moi que leurs sept chevaux jusqu'au mercredi, 7 dudit mois, jour auquel ils sortirent de mon écurie.

Le jeudi, 8 janvier, les Français dévastèrent la maison de Paul de Branca, citoyen romain et massacrèrent ses deux fils. D'autres personnes furent tuées également et leurs habitations pillées, et notamment celle de la dame Rosa (1), mère du cardinal Valentin.

Le dimanche, 11 janvier, il fut arrêté entre notre Saint-Père le Pape et Philippe de Bresse, oncle du Roi de France, que Sa Sainteté livrerait, pour six mois, le sultan Gem, frère du Grand-Turc, au Roi de France, qui, dès à présent, paierait au Pape 20,000 ducats, et s'engagerait, sous la caution de marchands florentins et vénitiens, à remettre le même sultan Gem au Pape, immédiatement après six mois écoulés, que le Roi de France recevrait de la cou-

---

(1) Rosa Vanozza, maîtresse d'Alexandre VI.

Neapolis sine alterius præjudicio, et facere securos cardinales Sancti Petri ad Vincula, Gurcensis, de Sabellis et Columnam de non offendendo eos; pro quorum securitate, et declaratione deberent convenire in sero illius diei coram reverendissimo domino cardinali Alexandrino, reverendi in Christo Patres, Bartholomæus Nepesimus, et Sutrinus secretarius, et Joannes Perusinus, nomine Papæ, et dictus dominus de Brissach, dominus de Montpensier et dominus Joannes de Gannay, primus præsidens parlamenti parisiensis. Sed cardinales Sancti-Petri ad Vincula et Gurcencis, intellecta conclusione sine eis facta, conquesti sunt Regi de pactis ipsis per eum non servatis, cum ipsis promisisset per coronam regiam, sine eis et eorum scitu et voluntate cum Pontifice non velle concordare vel aliquid concludere; et hoc modo conclusionem hujus modi, et ne illi ad reverendissimum dominum Alexandrinum, venirent impediverunt.

Feria secunda, duodecima januarii, Rex Franciæ equitavit per urbem solus, illam visendi causa, quem associavit reverendissimus cardinalis Sancti-Dionysii, longe post Regem cum aliis nobilibus equitans; inter ipsum enim et Regem equitabat quidam capitaneus peditum custodiæ Regis circa ipsum incedentium, curam habens; quos pedites sequebantur cardinales cum nobilibus aliis.

Feria sexta, decima sexta mensis januarii, bene mane recesserunt ex urbe reverendissimus dominus Ascanius vice cancellarius et de Lunate cardinales, Mediolanum ituri ut a nonnullis asserebatur.

Deinde circa horam vigesimam Papa portatus fuit de castro ad palatium apostolicum; Rex adventum Papæ intelligens, occurrit ei usque ad finem secundi horti secreti. Rex, viso pontifice, ad spatium duarum cannarum et ultra genu-

ronne de Naples, sans préjudice des droits d'un autre, que les cardinaux de Saint-Pierre-aux-Liens, de Gurck, de Savelli et Colonne seraient à l'abri de tout reproche. A cet effet, les révérends père en Jésus-Christ, Barthélemy de Népi, le sécrétaire Sutrino et Jean Perusino, au nom du Pape, et le seigneur de Brisach, le duc de Montpensier et messire Jean de Gannay, premier président du parlement de Paris, devaient s'assembler chez le cardinal d'Alexandrie; mais les cardinaux de Saint-Pierre-aux-Liens et de Gurk, en apprenant qu'un traité avait été conclu sans leur participation, reprochèrent au Roi de manquer à la promesse qu'il leur avait donnée par sa couronne royale, de ne rien conclure avec le Pape sans leur concours et sans qu'ils en fussent informés; ils empêchèrent ainsi la conclusion du traité et l'assemblée qui devait avoir lieu chez le cardinal d'Alexandrie.

Le lundi, 12 janvier, le Roi de France parcourut seul à cheval la ville, pour l'examiner, suivi du révérendissime cardinal de Saint-Denis et d'autres seigneurs, mais de loin, car, entre ces derniers et le prince, marchait le capitaine des gardes-à-pied du Roi. Ces derniers l'environnaient, précédant les cardinaux et autres seigneurs.

Le vendredi, 16 janvier, les révérendissimes cardinaux Ascagne, vice-chancelier et de Lune (1), sortirent de grand matin de Rome pour aller à Milan, comme quelques-uns l'assuraient.

Le même jour, vers la vingtième heure, le Pape se fit porter du château Saint-Ange au palais apostolique; le Roi apprenant son arrivée vint à sa rencontre jusqu'à l'extrémité du second jardin secret; dès qu'il aperçut le Saint-Père, il s'arrêta éloigné de Sa Sainteté l'espace de deux

(1) Bernardin de Lune, créé cardinal le 20 septembre précédent, par l'appui du cardinal Ascagne, auquel il était entièrement dévoué.

flexit bis successive, quod Papa finxit se non videre; sed cum Rex Pontifici pro tertia genuflexione appropinquaret, Papa deposuit biretum suum et occurrit Regi ad tertiam genuflexionem venienti, ac eum tenuit ne genufleceretur, et osculatus est eum. Ambo detectis capitibus erant; sicque Rex nec pedem, nec manum Papæ deosculatus est. Papa noluit reponere biretum suum, nisi Rex se prius tegeret; tandem simul capita cooperuerunt, Pontifice manum bireto regis, ut cooperiretur, apponente. Rex quam primum a Pontifice, ut præmittitur, receptus fuit, rogavit Papam velle pronunciare cardinalem dominum Maclouviensem conciliarium suum, quod Papa dixit se facturum; mandans mihi, ut ad effectum hujus modi reperirem cappam unam cardinalarem et cappellum. Cappam mutavit cardinalis Valentinus, et capellum receptum fuit de camera reverendissimi domini cardinalis Sanctæ-Anastasiæ. Rex existimans id ibidem statim fieri debere, interrogavit me ubinam et quo modo Papa esset eum exauditurus; respondi in camera Papagalli ad quam continuo ibant; Papa sinistra manu sua dexteram Regis accipiens, eum duxit usque ad cameram dicti Papagalli, ubi ante quam intraret finxit se Pontifex syncopa turbari; intus autem pervento, Papa sedit super sedem bassam ante fenestram sibi apportatam et Rex juxta eum super scabellum pro quo continuo sedem suæ similem fecit apportare. Me autem instanter negante et sessionem hujus modi nequaquam convenire asserente, Papa ascendit ad sedem eminentem consistorialem, ibidem ordinate positam, dimissis prius cappuccino, bireto rubro, et acceptis cappuccino et biretto albis, et

cannes, et mit deux fois de suite le genou en terre, ce que le Pape feignit de ne pas voir. Le Roi s'approchait pour faire une troisième génuflexion, lorsque le Pape se découvrit, s'avança vers lui, et, l'empêchant de s'agenouiller de nouveau, l'embrassa. Tous deux demeurèrent la tête nue. Ainsi, le Roi ne baisa ni le pied ni la main de Sa Sainteté. Le Pape refusa de se couvrir avant le Roi ; enfin, ils se couvrirent ensemble, le Pape, portant la main au chapeau du Roi pour l'obliger à le mettre. Dès que le Roi eut été reçu par le Pape, comme nous venons de le dire, il pria Sa Sainteté d'élever au cardinalat l'évêque de Saint-Malo (1), son conseiller. Le Pape y consentit, me donna ordre, à cet effet, de me procurer une robe et un chapeau de cardinal; le cardinal Valentin prêta la robe et on apporta un chapeau du palais du révérendissime cardinal de sainte Anastasie. Le Roi pensant qu'on devait procéder de suite à la cérémonie me demanda où et comment elle aurait lieu. Je répondis que ce serait dans la chambre de Papagallo, où sans délai le Pape conduisit le Roi en lui donnant la main. Avant d'y entrer, le Saint-Père feignit de tomber en défaillance; toutefois, étant entré, il s'assit sur une chaise basse qui avait été placée devant la fenêtre : le Roi était près de lui sur un escabeau ; mais le Pape lui fit aussitôt apporter une chaise semblable à la sienne ; mais ayant fortement représenté au Saint-Père qu'il ne convenait pas de procéder ainsi à une pareille cérémonie, il prit place sur la chaise consistoriale que j'avais fait apporter suivant la règle. Il avait auparavant quitté son bonnet et son camail rouge pour un bonnet

---

(1) *L'évêque de Saint-Malo*. Guillaume Briconnet, premier ministre de Charles VIII. Ce fut à sa persuasion, selon Paul Jove, Bembo et Guichardin, que le roi entreprit la conquête du royaume de Naples. Il mourut le 14 novembre 1514.

stola pretiosa. Posita fuit sedes Papæ cameralis ante dexteram suam, in qua sedit Rex retro sedem Papæ; et retro sedem Regis et ante, inmodum coronæ, posita scabella pro cardinalibus, more consistoriali, in quibus sederunt cardinales. Papa noluit sedere, nisi prius sederet Rex, quem Papa manu coegit prius sedere. Deinde sedit ipse rev. dom. card. Neapolitanus, ad dexteram Papæ juxta murum in scabello, prout sedere solet diaconus a dextris in capella Papæ assistens, alii cardinales ordine consistoriali post eum seu potius ante eum; sicque Rex non sedit recta linea inter cardinales, sed ante eos, seu in medio eorum. Omnibus sic sedentibus, Papa dixit nuper se vota omnium cardinalium habuisse pro creatione rev. domini episcopi Macloviensis in sanctæ romanæ Ecclesiæ cardinalem, quem majestas Regis ibidem præsens instanter fieri supplicaverat, et ipse facere paratus erat, ipsis cardinalibus complacentibus. Respondit rev. dom. card. Neapolitanus et post eum alii in eamdem sententiam, quod non solum id ipsis placeret, sed fieri supplicarent pro Regis honore et voluntate. Tunc vocatus per me præfatus dominus Macloviensis, depositis ibi mantello et capuccino, et bireto nigris, induit ipsum cappa cardinalis Valentinus, cum qua coram Papa genuflexit, qui detecto capite ex cæremoniali pronuntiavit ipsum cardinalem per verba : « *Auctoritate Dei omnipotentis*, etc.», et ecclesiam Macloviensem, et omnia et singula monasteria et beneficia ecclesiastica, quæ prius in titulum, vel commendam obtinebat, sibi commendavit. Macloviensis osculatus est pedem et manum Papæ et a Pontifice elevatus ad oris osculum est receptus. Tunc iterum genuflexit, et Papa imposuit capiti suo capel-

et un camail blanc et avait passé une riche étole. On apporta un siége à la droite du Pape où se plaça le Roi, et devant et derrière ce prince furent disposés en cercle des siéges où s'assirent les cardinaux, comme dans un consistoire. Le Pape ne voulut s'asseoir qu'après le Roi, et força, de la main, ce prince à s'asseoir le premier. Ensuite le révérendissime cardinal de Naples prit place à la droite du Pape, contre le mur, sur un escabeau, comme a coutume de s'asseoir le cardinal diacre, qui est à la droite du Pape quand il l'assiste dans sa chapelle. Les autres cardinaux prirent leur place selon l'ordre du consistoire, après lui ou un peu en avant de lui. Ainsi, le Roi n'était pas sur la même ligne que les cardinaux, mais devant eux ou plutôt au milieu d'eux. Chacun étant assis, le Pape dit que tous les cardinaux lui avaient témoigné naguère le désir de voir élever à la dignité de cardinal de la sainte Église romaine le révérendissime seigneur évêque de Saint-Malo, ce dont sa sa majesté royale, ici présente, le priait instamment, et ce qu'il était prêt à faire si les cardinaux y consentaient. Alors le révérendissime cardinal de Naples, et après lui tous les cardinaux répondirent d'un commun accord que non-seulement ils approuvaient cette nomination, mais encore qu'ils suppliaient Sa Sainteté d'avoir égard en cela au bon plaisir du roi, en conséquence, je fis venir ledit seigneur évêque de Saint-Malo, qui aussitôt quitta son manteau, son camail et son bonnet noir; alors ayant été revêtu de la chappe, il s'agenouilla devant le Pape qui, s'étant découvert, le créa cardinal, suivant la formule accoutumée : « *Auctoritate Dei potentis* », et le confirma dans la possession de l'église de Saint-Malo, des monastères et des bénéfices dont il jouissait déjà. L'évêque de Saint-Malo baisa le pied et la main du Pape, qui le releva pour l'embrasser; alors s'étant de nouveau agenouillé devant

lum rubrum sub verbis in ceremoniali positis; quo facto Macloviensis egit gratias pontifici, qui dixit Regi agendas esse, coram quo Rege ipse Macloviensis genuflexit, immemor novæ dignitatis adeptæ ac episcopalis, egit ei gratias, sic flexus surrexit et a singulis cardinalibus ad oris osculum receptus est. Mantellum præfato domino Macloviensi exutum receperunt (nec me advertente) domini Jacobus de Casanova et Franciscus Alabagnes cubicularii secreti, et sibi indebite usurparunt et retinuerunt : capuccinum autem, et biretum ego retinui. Interim surrexit Pontifex, et dixit se velle Regem usque ad regias cameras associare; sed Rex id fieri omnino recusans, fuit ab omnibus cardinalibus associatus. Porta prima palatii et omnia alia aditum ad Regem præbentia, data fuerunt scotis pro custodia regis deputatis, qui non permittebant nisi suos aut paucissimos ex nostris intrare.

Dedi eadem die rev. d. card. Macloviensi informationem competentem de strenis consuetis persolvendis per cedulam hujus modi tenoris :

Cubiculariis secretis Papæ. . . ducatorum.	100
Crucifero Papæ	100
Magistris ceremoniarum. . . . . ad voluntatem.	
Servientibus armorum.	15
Magistris hostiariis.	15
Portæ ferreæ custodibus.	6
Custodibus primæ portæ.	3
Custodibus horti secreti.	3
Cursoribus sancti D. N. P.	10
Parafrenariis.	10

Dominica dicti mensis januarii decima octava, veni ad pontificem a sanctitate sua vocatus per parafrenarium.

le Pape; le Saint-Père lui mit sur la tête le chapeau rouge, en prononçant les paroles d'usage. Ensuite l'évêque de Saint-Malo rendit ses actions de grâce à Sa Sainteté, qui lui dit de remercier le Roi, aux pieds duquel il se prosterna, oubliant son titre d'évêque et sa nouvelle dignité de cardinal. Enfin il se releva et embrassa tous les cardinaux. L'évêque de Saint-Malo ayant quitté son manteau, les valets de chambre, Jacques de Casanova et François Alabagnes, se l'approprièrent sans aucun droit et à mon insu : quant au camail et au bonnet, ils restèrent entre mes mains. Cependant le Pape se leva et témoigna le désir de reconduire le Roi jusqu'à ses appartemens, mais le Roi ne voulant pas le souffrir fut accompagné par tous les cardinaux. La première porte du palais et toutes les avenues des appartemens du Roi furent confiées à la garde écossaise, chargée de ce service auprès de ce prince, et qui ne laissait entrer que les Français et très-peu des nôtres.

Je présentai le même jour au cardinal de Saint-Malo le mémoire des présens qu'il est en usage d'offrir savoir :

Aux valets de chambre du Saint-Père. .	100 ducats.
Au porte-croix.	100 *id.*
Aux maîtres de cérémonies.	*ad libitum.*
Aux gardes.	15 *id.*
Aux capitaines des gardes des portes. .	15 *id.*
Aux gardes de la porte de fer.	6 *id.*
Aux gardes de la première porte. . . .	3 *id.*
Aux gardes du jardin secret.	3 *id.*
Aux courriers.	10 *id.*
Aux pages.	10 *id.*

Le dimanche, 18 janvier, le Saint-Père me fit appeler par un de ses pages, et me dit que le lendemain un

Dixit mihi sanctitas sua crastina die futurum publicum consistorium pro receptando Regem Franciæ. Ut sanctitati suæ placuit jussimus quod præsidens parlamenti parisiensis, nomine Regis brevem orationem faciat, perquam Rex ipsum pontificem, verum Papam, vicarium Petri successorem recognosceret. Subjunxit præterea pontifex die martis immediate sequentis, quæ erit festum sancti Sebastiani se celebraturum missam publicam pontificaliter in basilica sancti Petri, pro consolatione Regis, interrogans quis in ea erit Regis locus, et de quo missa celebranda? intendebat enim missam de Spiritu Sancto, tanquam illius majorem artem habens, celebrare. Respondi sanctitati suæ, missam esse de sancto Sebastiano celebrandam, Regi autem locum esse in sede propria super bancum cardinalium inter eum bancum et sedem cardinalis Neapolitani assitentis, cujus licet non esset officium assistendi tali die, inconveniens tamen non videretur, attenta causa per quam fiebat ipsum ea die assistere, in quo omnino errabat Papa, dicens esse officium Neapolitani etiam illa die assistere. Interim cum hæc a nobis dicerentur, venit Rex Franciæ versus aulam pontificum; de quo certior factus pontifex occurrit eidem quasi ad dictæ aulæ introitum. Paratus erat pontifex capuccino albo, desuper stola pretiosa, et bireto albo, licet certe minus convenienter. Venerat autem ad stipulandum capitula inter pontificem et ipsum prius conclusa, et subscripta tam per Papam quam per Regem: super quorum tamen capitulorum conclusione exorta erat una inter ipsos differentia, videlicet de fidejussoribus Papæ dandis per Regem, de restituendo Turcam Papæ, sex mensibus elapsis. Capitulum enim dicebat quod Rex dare deberet fidejussores nobiles, barones, et prælatos regni, ad voluntatem pontificis. Volebat præsidens capitulum hujus modi restringi debere ad decem personas tantum; Papa volebat ad

consistoire public aurait lieu pour la réception du Roi de France. D'après les désirs de Sa Sainteté j'arrêtai que le président du parlement de Paris ferait en peu de mots au nom du Roi, un discours dans lequel Sa Majesté reconnaîtrait Sa Sainteté le Pape pour le véritable vicaire et successeur de saint Pierre. Le Saint Père me témoigna en outre l'intention où il était d'officier pontificalement et publiquement dans la basilique de Saint-Pierre, le mardi suivant, fête de saint Sébastien, en faveur du Roi, me demandant quelle place le prince occuperait, et de quel saint on célébrait la messe. Il comptait en effet célébrer une messe du Saint-Esprit dont il connaissait mieux l'office. Je répondis à Sa Sainteté que la messe à célébrer était celle de saint Sébastien, que pour le Roi il occuperait un siège particulier placé devant le banc des cardinaux, entre ce banc et le siège du cardinal de Naples assistant, qu'à la vérité ce n'était pas à ce cardinal de remplir ce jour cette fonction, que cependant il n'y avait pas d'inconvénient d'après l'habitude où il était d'assister Sa Sainteté tous les jours où elle ignorerait entièrement l'office. Comme nous nous entretenions, le Roi de France se rendit au palais pontifical; le Pape, instruit de sa venue, se porta à sa rencontre presqu'à l'entrée du palais. Le Pape portait un camail blanc, une riche étole, un bonnet blanc, costume peu convenable dans la circonstance. Sa Majesté venait pour régler définitivement les articles de la convention déjà conclue et signée avec le Pape, mais sur laquelle un différent s'était élevé entre eux, touchant les cautions à donner par le Roi pour assurer la remise du Turc au Pape après un délai de six mois. La convention en effet portait que le Roi fournirait pour caution plusieurs nobles et prélats de son royaume à la volonté du Pape : le président prétendait que cet article devait être restreint à dix personnes seulement; le Pape en demandait

trigenta vel quadraginta. Super qua re circiter tribus horis certatum fuit et disputatum; tandem Papa intravit cameram, ubi paratae erant duae sedes papales. Rex Papam secutus est, quem Papa sedere fecit in una sedium praedictarum, deinde sedit ipse in alia a dextris posita. Inter fuerunt ex parte Papae rev. Dom. car. Sanctae Anastasiae et Alexandrinus, ex parte Regis rev. dom. Sancti Dionysii et Macloviensis, ambo secretarii Papae, datarius et pauci alii. Fuerunt lecta et stipulata hujusmodi capitula, de quibus rogati erant duo notarii, videlicet dom. Stephanus de Harnia pro parte Papae, et Dominus Oliverius Yvan clericus cenomanensis pro parte Regis, pro quo capitula ipsa erant in vulgari gallico, et pro Papa in latino.

Feria secunda, decima nona januarii, parata fuit ex more prima aula palatii apostolici, pro publico consistorio, pro receptione Regis Franciae, et obedientia per eum praestanda. Pontifex ad publicum exire paratus, commisit mihi ut irem ad Regem Franciae, ad instruendum ipsum de his, quae esset facturus et dicturus circa deosculationem pedis Papae, et obedientiae praestationem; de loco autem suo inter cardinales, seu post primum cardinalem, nihil sibi dicerem, cum Rex ipse cum suis decrevisset ibi non sedere, sed apud pontificem in solio stans, aliqua pauca verba praestationis obedientiae proferre. Ivi cum reverend. domin. Concordiensi mihi per Papam condeputato ad Regem, quem in camera sua, calceis nondum stringatis, stantem invenimus, cui nobis commissa exposuimus, addentes Papam paratum esse et majestatem suam jam expectare. Respondit Rex, postquam nesciens esset, se velle prius in Basilica Sancti Petri missam audire, deinde prandere, postea ad Papam venire. Aliud sibi persuadere non potui-

trente ou quarante. Les débats se prolongèrent sur ce point pendant près de trois heures ; enfin le Pape entra dans une salle où étaient préparées deux chaises papales, et fut suivi du Roi, qu'il fit asseoir dans une de ces chaises, après quoi il s'assit lui-même dans l'autre placée à droite. Du côté du Pape étaient les cardinaux de Sainte-Anastasie et d'Alexandrie ; du côté du Roi, les révérendissimes seigneurs cardinaux de Saint-Denis et de Saint-Malo, les deux secrétaires du Pape, le dataire et quelques autres. Les articles de la convention furent lus et stipulés. On avait appelé deux notaires, savoir : le seigneur Étienne de Harnia, du côté du Pape, et le seigneur Olivier Yvan, clerc du Mans, du côté du Roi, lesquels écrivirent le traité en français pour Sa Majesté et en latin pour Sa Sainteté.

Le lundi 19 janvier, la première salle du palais apostolique fut disposée selon l'usage pour le consistoire public où devait avoir lieu la réception du Roi de France et la cérémonie de l'obédience. Sa Sainteté avant de sortir m'envoya vers le Roi pour l'instruire de ce qu'il aurait à faire et à dire pour le baisement du pied et la prestation de l'obédience, mais il me défendit de parler de la place qu'on devait assigner au Roi, soit entre les cardinaux, soit après le premier cardinal (1); on savait que ce prince avait résolu, de l'avis de son conseil, de ne point s'asseoir, et de prononcer, debout sur l'estrade du Pape, une courte formule d'obédience. Je sortis avec le révérendissime évêque de Concorde, que le Pape m'adjoignit pour me rendre chez le Roi. Nous trouvâmes ce prince qui achevait de se chausser ; nous lui exposâmes le but de notre mission, ajoutant que le Pape était prêt et l'attendait. Le Roi répondit, sans doute par ignorance des convenances, qu'il irait chez le Pape après avoir en-

(1) On voit par là que le Pape avait projeté d'engager adroitement le roi à prendre place entre les cardinaux.

mus quod esset facturus. Relatione pontifici per nos facta, cardinalibus intra cameram secretam vocatis, tenuit cum eis de rebus occurrentibus secretum consistorium per horam et ulterius.

Tunc Papa venit ad aulam publici consistorii, ubi sedens in parata sibi sede recepit omnes cardinales ad reverentiam consuetam, Alexandrino et Cartaginiensi demptis ad Regem ituris, nolebat enim pontifex quod iret Macloviensis juvenis cardinalis, ad quem ex ordine tangebat, pro eo quod esset Regis creatura; sed nominavit alios duos, pro majori Regis honore, mittendos; facta pontifici per cardinales perfecta reverentia, Papa, dimissa mitra prætiosa, accepit simplicem. Ego vocavi cardinales et prælatos Regem associaturos. Venimus ante cameram Regis qui in prandio erat, et ibi sederunt cardinales expectantes Regis adventum ad consistorium, cui nunciari feci cardinales et nos alios ibi esse ipsum associaturos ad pontificem, ac in publico consistorio cum cardinalibus ipsum expectare. Post mediam horam expectationis nostræ, vel circa, vocatus veni ad Regem, qui me interrogavit de his, quæ per ipsum agenda erant, recitavi singula. Quibus auditis, commisit ut ipsum expectarem, quia cito ad me esset redditurus. Recessit a me Rex ad aliam cameram, ubi cum suis consilium habuit quid agendum. Post aliam mediam horam, iterum me vocare fecit, et a me coram se constituto petiit quid faciendum, quod iterum sibi replicavi. Exivit tunc ad cardinales cum quibus et prælatis ad publicum consistorium venit, præcedentibus gentibus regiis, secuti sunt nostri servitores armorum, tunc Alexandrinus et Cartha-

tendu la messe et après dîner, il nous fut impossible de changer sa résolution. Le Saint Père ayant reçu cette réponse assembla les cardinaux et tint avec eux un conseil secret sur la circonstance présente qui dura une heure et plus.

Alors le Pape se rendit dans la salle disposée pour le consistoire public; là, s'étant assis sur le siège qu'on lui avait préparé, il reçut l'hommage accoutumé de tous les cardinaux, excepté des cardinaux Alexandre et de Carthage, députés vers le Roy; sa Sainteté n'avait pas voulu y envoyer le nouveau cardinal, évêque de St.-Malo, à qui cette mission appartenait de droit, parce qu'il était une créature du Roi, mais il en avait envoyé deux autres pour faire plus d'honneur à sa majesté. Les cardinaux ayant fait leur révérence au Pape, Sa Sainteté quitta la mitre précieuse qu'elle portait pour une plus simple. Je nommais les cardinaux et les prélats qui devaient accompagner le Roi. Nous nous rendîmes chez ce prince, et nous nous arrêtâmes dans la chambre qui précédait celle où il était à table; là les cardinaux s'étant assis, attendirent son départ pour le consistoire; je le fis prévenir que nous étions prêts à l'accompagner quand il irait chez le Pape, qui l'attendait avec les cardinaux dans la salle du consistoire. Au bout d'une demi-heure à peu près, le Roi me fit entrer et m'interrogea sur ce qu'il avait à faire; je le lui exposai. Après ces informations le Roi se retirant me dit de l'attendre jusqu'à son retour qui ne tarderait pas. Il passa dans une autre chambre, pour prendre l'avis de son conseil sur la manière dont il devait se conduire, ce qui dura encore une demi-heure. Il me fit appeler de nouveau pour me demander ce qu'il avait à faire; je l'en informai une seconde fois; alors ayant joint les cardinaux et les prélats, il se mit en marche pour se rendre au consistoire. Les gens du Roi marchaient les premiers; après eux venaient nos gardes, puis les cardinaux d'Alexandrie

giniensis cardinales ; post eos Rex medius inter cardinalem Sancti Georgii a dexteris et Sancti Severini a sinistris. Sequebantur principes Regis, videlicet Philippus de Bressa, dux de Montpensier, dux de Foix, dux Cliviensis, filius ducis Ferrariensis et plures alii et cum eis dicti septem prælati assistentes cum satis magna confusione. Rege veniente, Papa, dimissa mitra plana, resumpsit pretiosam. Rex fecit debitas reverentias in terra, primam in introitu consistorii, secundam in plano ante solium Papæ, tertiam in solio ante Papam, ubi genuflexus, pedem, deinde manum deosculatus est Papæ, quem Papa elevans ad oris osculum recepit. Ante ejus ascensum ad solium, ascenderunt successive Alexandrinus et Carthaginiensis cardinales, et Papæ solitam reverentiam fecerunt. Ibidem permanente Rege ad sinistram pontificis stante, commemoravi sibi, quod verba obedientiæ proferret. Respondit statim se id facturum. Interim dominus presidens parlamenti parisiensis coram pontifice venit, et genuflexus, exposuit Regem ad præstandam obedientiam advenisse personaliter, velle tamen prius tres gratias a sua Sanctitate petere, consuetum enim id esse vassalis ante eorum obedientiæ præstationem, sive homagium ; petebat propterea primo omnia privilegia christianissimo Regi, ejus conjugi, et primo genito concessa, et omnia in quodam libro, cujus titulum specificabat, contenta confirmari : secundo ipsum regem de regno Neapolitano investiri : tertio articulum de dando fidejussores super restitutione fratris magni Turcæ, inter alia heri stipulatum cassari et aboleri.

Pontifex respondit ad primum: se confirmare hujusmodi primo petita, quatenus essent in usu; ad secun-

et de Carthage; enfin, le Roi, ayant le cardinal de Saint-George à sa droite et celui de Saint-Severin à sa gauche; derrière marchaient avec assez de confusion les seigneurs de la cour du Roi savoir: Philippe de Bresse duc de Montpensier, le duc de Foix, le duc de Clèves, le fils du duc de Ferrare et plusieurs autres, ainsi que les sept prélats désignés pour accompagner le Roi; à l'approche de ce prince, le Pape quitta sa mitre pour une plus riche. Le Roi fit les trois révérences d'usage, la première à l'entrée du consistoire, la seconde devant le trône du Pape, et la troisième sur l'estrade même de Sa Sainteté, où, s'étant mis à genoux, il baisa le pied ensuite la main du Pape qui le releva pour l'embrasser. Avant que le Roi ne montât sur l'estrade, les cardinaux d'Alexandrie et de Carthage y étaient montés successivement et avaient fait les révérences d'usage. Le Roi se plaça à la gauche du souverain pontife, et je l'avertis de prononcer la formule d'obédience. Il répondit aussitôt qu'il allait le faire; au même instant le président du parlement de Paris s'avança aux pieds du Pape, et, s'étant agenouillé, il exposa que le Roi était venu en personne pour la prestation de l'obédience, mais qu'il voulait d'abord obtenir trois grâces de Sa Sainteté, d'après le privilége d'usage accordé aux vassaux avant la prestation ou l'hommage de leur obédience. Il demandait la confirmation des droits accordés à lui, à la reine son épouse et au dauphin son fils, et de tous les autres qui étaient contenus dans le livre dont il lui nomma le titre, ensuite l'investiture du royaume de Naples pour lui, enfin l'annulation de l'article sur les cautions à fournir par le Roi pour garantir le retour auprès du Pape du frère du Grand-Turc; article stipulé la veille avec le reste.

Le Pape répondit qu'il confirmait volontiers les priviléges qui faisaient le sujet de la première demande ainsi

dum, quod ageretur de præjudicio tertii, propterea oportere cum consilio cardinalium super hoc maturius deliberare, cum quibus conari vellet pro posse suo Regi complacere; ad tertium, velle etiam cum ipso Rege concordare, consentiente sacro cardinalium collegio, non dubitans eos omnino concordes futuros. Qua responsione per pontificem data, rex stans ad sinistram Papæ, protulit verba hujus modi sententiæ : « Sainct-Père, je suis venu pour faire obédience
» et révérence à votre saincteté, de la façon que ont faicte
» les miens prédécesseurs Rois de France. » Quibus dictis, præfatus præsidens adhuc genuflexus surrexit, et stans coram pontifice, verba Regis hujusmodi latius extendit his verbis :

« Beatissime pater, consueverunt principes et præsertim
» Francorum, Reges christianissimi per suos oratores, sedem
» apostolicam, et in ea pro tempore sedentem venerari.
» Christianissimus vero Rex apostolorum limina visitaturus,
» id non per oratores et legatos suos facere, sed in propria
» persona devotionem suam ostendere volens, statuit ob-
» servare. Vos igitur, Pater sanctissime, christianorum sum-
» mum Pontificem, verum Christi vicarium, apostolorum
» Petri et Pauli successorem fatetur et recognoscit; illique
» filialem et debitam reverentiam, quam prædecessores sui
» Francorum Reges summis Pontificibus facere consueve-

qu'ils étaient établis par l'usage; mais que pour l'investiture du royaume de Naples, comme c'était une affaire où un autre était intéressé, on ne pouvait la décider qu'après une mûre délibération, et par l'avis des cardinaux, auprès desquels il ferait tous ses efforts pour que sa majesté reçût la satisfaction qu'elle souhaitait; que pour ce qui regardait Gem, le frère du grand-seigneur, il désirait s'accorder également sur ce point avec le Roi et le sacré collége, espérant qu'il n'y aurait point de différend entre eux touchant cet article. Après avoir reçu cette réponse, le roi, qui se tenait à la gauche du Pape, prononça les paroles suivantes : « Saint Père, je suis venu pour faire
» obédience et révérence à Votre Sainteté de la façon que
» ont faicte les miens prédécesseurs rois de France. »
Après quoi le président dont nous avons parlé et qui était resté à genoux, se leva, et, se tenant debout devant Sa Sainteté, développa en ces termes ce que le Roi venait de dire :

» Très-saint Père, c'est une ancienne coutume parmi les
» princes chrétiens, surtout les Rois très-chrétiens, de
» témoigner par leurs ambassadeurs la vénération qu'ils
» ont pour le Saint-Siége et pour les Papes que le Tout-
» Puissant a mis à la tête de l'Eglise; mais le Roi ici pré-
» sent, ayant formé le dessein de visiter le tombeau des
» saints apôtres, est venu en personne s'acquiter lui-même
» de ce devoir; ainsi il vous reconnaît, Saint Père, pour
» le chef de tous les fidèles, pour le véritable vicaire de
» Jésus-Christ, et pour le légitime successeur des saints
» apôtres saint Pierre et saint Paul, vous témoignant vo-
» lontiers cette obéissance filiale dont les Rois de France
» ses prédécesseurs avaient accoutumé de faire profession
» envers les Papes; c'est pourquoi le Roi s'offre lui-même

» runt vobis præstat, seque et omnia sua Sanctitati vestræ,
» et huic sanctæ sedi offert. »

Papa sedens et sinistra manu sua Regis dexteram tenens, respondit brevissime et convenienter propositis, Regem ipsum in sua responsione primogenitum filium suum appellans. Interim dum præmissa fierent, accesserunt ad solium Pontificis omnes cardinales cum confusione propter Gallorum impetum et insolentiam. Completa Pontificis responsione, surrexit Papa et sinistra manu sua Regem apprehendens ad cameram Papagalli reversus est, ubi depositis sacris vestibus, finxit Regem ipsum velle associare. Rex illi gratias agens ad cameram suam rediit a nullo cardinalium associatus.

Feria tertia, vigesima mensis januarii, festum sanctorum Fabiani et Sebastiani, Papa solemniter et pontificaliter missam celebraturus in complacentiam Regis Franciæ, venit processionaliter sub baldachino ad basilicam Sancti Petri. Pontifex expectavit per quartam partem horæ regem, qui tandem venit ad capellam prædictam cum nobilibus suis, prandio peracto, ad quem ipse, et omnes sui venerunt sine armis. Custodia sua mansit extra ostium capellæ. Rex ex commissione Papæ sedit in sede nuda, cussino de brocato tantum apposito, ante credentiam sacristiæ et ante manum dexteram Papæ, ut melius videret omnia. Interrogavi Regem de voluntate Pontificis, si ipse aquam manibus dare vellet. Respondit id libenter facturum, si regibus conveniret. Rex ascendit ad Papam, et dedit stans aquam manibus Papæ. In missa hujusmodi nihil mutatum est, sed omnia more solito observata, excepto quod Papa recepta sua communione sub specie hostiæ, per inadvertentiam dedit communionem diacono et subdiacono ministris suis et non dedit eis osculum pacis, nec ipsi manum Papæ deosculati sunt.

» avec tout ce qui dépend de lui pour le service de Votre
» Sainteté et du Saint Siège. »

Le Pape, assis et tenant dans sa main gauche la main droite du Roi, répondit brièvement et convenablement, donnant au Roi le titre de fils aîné de l'Eglise. Pendant la cérémonie, la tenue insolente des Français contraignit tous les cardinaux à se presser confusément autour du trône du Pape. Le Saint Père, ayant répondu au Roi, se leva, et, donnant à ce prince la main gauche, il retourna à la chambre de *Papagallo*, où il quitta ses ornemens pontificaux et feignit de vouloir reconduire le Roi. Ce prince ne le souffrit point et gagna ses appartemens sans être accompagné par aucun des cardinaux.

Le mardi 20 janvier, fête de saint Fabien et de saint Sébastien, le Pape, qui devait célébrer solennellement et pontificalement la messe en faveur du Roi, se rendit processionnellement sous son baldaquin à l'église de Saint-Pierre, où il attendit pendant un quart d'heure le Roi qui ne vint qu'après son diner, suivi des seigneurs de sa cour; lui et les siens étaient sans armes; ses gardes restèrent hors la chapelle. Le Roi, par l'ordre du Pape, prit place sur une chaise recouverte d'un simple coussin, devant la crédence de la sacristie, et la main droite du Pape pour mieux voir la cérémonie. Je lui demandai, d'après la volonté du Pape, s'il voudrait verser l'eau au Saint Père; sa majesté répondit qu'elle le ferait volontiers, si c'était l'habitude des Rois; il monta vers le Pape, et, se tenant debout, il lui versa l'eau sur les mains. Dans cette messe il ne fut rien changé au cérémonial et tout se passa suivant l'usage, excepté que le Pape, après avoir communié sous les espèces du pain, donna par inadvertance la communion au diacre et au sous-diacre qui l'assistaient sans leur donner le baiser de paix, et sans qu'eux-mêmes baisassent la main du Pape.

Deinde Papa sumpsit sanguinem quod male fecit et ego non adverti, nisi factum seu in facto quod nolui impedire, quia fuisset magis consideratum et majus scandalum. Accepit aquam post communionem de manibus Regis Francorum. De multis me interrogavit Rex, quid hoc esset, similiter et infra missam de pluribus. Ego declaravi singula sibi melius quod potui, et post singulas responsiones et declarationes meas, Rex replicavit. Quantumcumque rem sibi clare exposui, non cessavit repetere *pourquoy*, ad quem responsionem non potui illi satisfacere. Finita missa, Papa ascendens ad locum publicæ benedictionis solemniter benedixit et plenarias indulgentias concessit.

Feria quarta, vigesima prima januarii, festum sanctæ Agnetis, fecit secretum consistorium in quo pontifex dedit annulum et titulum Sanctæ Prudentianæ reverendis. Dom. cardinali Macloviensi, ac creavit et publicavit et assumpsit in sanctæ romanæ ecclesiæ presbiterum cardinalem rev. dom. Philippum, episcopum Cenomanensem, fratrem consobrinum Regis Franciæ, ad ejusdem Regis importunam instantiam.

Feria quinta, vigesima secunda januarii, card. Gurcensis, rebus suis cum pontifice perbenigno, non vindictam querente compositis, et ei reconciliatus ad benedictionem suam venit, et culpam suam recognoscens. Sed in presentia cardinalium de Ursinis, et Sancti Georgii, pontifici crimina sua objecit, simoniam, peccatum carnis, informationes magno Turcæ missas et mutuam intelligentiam, asserens ipsum pontificem magnum simulatorem et verum deceptorem esse; si sui verum mihi retulerunt.

Dominica, vigesima quinta januarii, post prandium circa horam vesperorum, Papa ascendit equum, et cum eo ascenderunt cardinales, venerunt ad palatium Sancti-Petri, ubi in equis Regem Franciæ cum pontifice iturum expecta-

Sa Sainteté communia ensuite sous les espèces du vin ce qui était contre l'ordre; je ne m'en aperçus qu'après ou pendant le fait, et je n'y mis pas obstacle pour éviter un plus grand scandale. Lorsqu'il eut communié il reçut l'eau des mains du Roi; le prince m'adressa une foule de questions sur ces cérémonies, et les continua après la messe, j'expliquai chaque chose du mieux que je pus, à chacune de mes réponses le Roi revenait sur ses demandes, et à chaque explication il ne cessait de me répéter, pourquoi? il me devint impossible de le satisfaire. Après la messe le Pape montant au lieu destinée à cette cérémonie, donna solennellement sa bénédiction et accorda des indulgences plénières.

Le mercredi 21 janvier, fête de sainte Agnès le saint Père tint un consistoire secret, dans lequel il conféra l'anneau et le titre de sainte Prudence au révérendissime seigneur cardinal de Saint-Malo, et éleva à la dignité de cardinal de la sainte Église Romaine le révérendissime seigneur Philippe, évêque du Mans, frère utérin du roi de France, cédant en cela aux instances importunes de de ce dernier.

Le jeudi 22 janvier, le cardinal de Gurk étant rentré en grâce auprès du souverain Pontife dont la bonté se refusait à la vengeance, vint pour recevoir sa bénédiction et reconnaître ses torts, mais en présence des cardinaux des Ursins et de Saint-George; il reprocha au Pape tous ses crimes, la simonie, la luxure, sa correspondance avec le Grand-Turc, leur mutuelle intelligence, ajoutant qu'il était le plus grand des fourbes et des hypocrites; si toutefois ceux qui l'accompagnaient m'en firent un fidèle rapport.

Le dimanche 25 janvier, après avoir dîné, et environ à l'heure des vêpres, le Pape et les cardinaux étant montés à cheval se rendirent au palais de Saint-Pierre où sans des-

runt. Tandem Rex cum portam palatii exiisset et apud Papam existens ei biretum deposuisset, amovit et Papa biretum, nec voluit Papa illud prius reponere quam Rex caput suum cooperuisset; tenuit etiam Papa Regem apud se continuo a sinistris. Dominus de Bresse, quasi continuo equitavit ad sinistram Regis, sicque posuit Regem medium inter se et Papam. Omnes alii principes et nobiles equitarunt immediate post regem, et post eos gentes sui armorum, propter quod prælati nostri omnes recesserunt, nullo penitus post Papam remanente.

In introitu ecclesiæ Sancti-Pauli, fratres venerunt cum processione. Papa crucem deosculatus est, et post eum Rex de manibus ejusdem. Accesserunt ad altare majus, fratribus interim *Te Deum laudamus* decantantibus, ubi parata erant duo faldistoria, unum pro Papa, aliud pro Rege; sed Papa in suo faldistorio genuflexus traxit ad se Regem, et sic in eodem simul genuflexerunt: Facta oratione per Papam, ascendit ad medium altaris, ubi ad altare versus, contra ordinationem meam, male et perverse dedit benedictionem et indulgentias centum annorum, ut videretur Regi aliquid facere. Surrexit deinde Rex, et cum pontifice ac Sanctum-Petrum rediit, ex ordine quo venerat simili; Rex tantum cum suis ad palatium Sancti-Marci equitavit, ibidem usque ad recessum suum permansurus.

Feria tertia, vigesima-septima januarii, in sero, Gem sultan, frater Magni Turcæ, equester de castro Sancti-Angeli, associatus fuit usque ad palatium Sancti-Marci, et ibidem Regi Francorum assignatus.

Erecta fuerunt per urbem duo patibula, unum in campo Flore, aliud in platea Judeorum per officiales Regis Franciæ, et per eos ministrabatur justicia, non per officiales Papæ.

cendre ils attendirent que le Roi de France vînt se joindre au Pape. Enfin le Roi sortit du palais, et, en s'approchant du Pape, se découvrit; celui-ci en fit autant, et ne voulut se recouvrir qu'après le Roi. Sa Sainteté garda le Roi auprès d'elle pendant toute la promenade; le seigneur de Bresse se tint presque continuellement à la gauche du Roi qui se trouvait ainsi entre lui et le Pape. Tous les autres princes et seigneurs suivaient immédiatement le Roi et après eux venaient ses gardes, car tous les prélats s'étaient retirés et il n'en restait pas un auprès du Pape.

A l'entrée de l'église Saint-Paul les religieux se rendirent processionnellement vers le Pape qui baisa la croix et la donna de ses mains à baiser au Roi; ils s'approchèrent du maître-autel pendant que les religieux chantaient le *Te Deum*. Deux trônes avaient été préparés, l'un pour le Pape, l'autre pour le Roi, mais le pape s'étant agenouillé sur le sien attira le Roi à ses côtés, de sorte qu'ils s'agenouillèrent tous deux sur le même. Le Pape fit sa prière et monta à l'autel, où, voulant paraître faire quelque chose pour le Roi, et se tournant du côté de l'autel contre la règle, il donna ainsi la bénédiction et accorda des indulgences de cent années, en quoi il se trompa gravement. Le Roi se leva ensuite, retourna avec le Pape à Saint-Pierre dans le même ordre qu'ils avaient suivi en venant. Le Roi, accompagné seulement des siens, gagna le palais de Saint-Marc où il devait rester jusqu'à son départ.

Le mardi 27 janvier, le sultan Gem, frère du Grand-Turc, fut conduit du château Saint-Ange, au palais Saint-Marc, et remis entre les mains du Roi du France.

Deux potences furent dressées dans Rome, l'une dans Campoflore, l'autre sur la place des Juifs, par les officiers du Roi de France. La justice était administrée par ces offi-

et mandata publica, sive banna per urbem fiebant sub nomine dicti Regis, et non sub nomine Papæ.

Feria quarta, vigesima-octava januarii, Rex Franciæ associatus a suis, omnes armati cum Rege ad pontificem venerunt, cum quo Rex fuit solus aliquantulum. Deinde recessit Rex associatus a Papa et a cardinalibus, usque supra deambulatorium, per quod itur ad priores habitationes palatii, ubi genuflexit Rex, detecto capite, et Papa deposito bireto, ipsum Regem genuflexum deosculatus est. Rex finxit se velle pedes Papæ deosculari; Papa autem id fieri nullo modo voluit admittere. Recessit Rex et ascendit equum suum ante gradus portæ horti secreti sibi paratum, ubi aliquantulum card. Valentinum expectavit secum iturum. Venit tandem cardinalis Valentinus ad pontificem, et ab eo licentiatus, et in eodem loco ubi Rex ascenderat, mulam suam ascendit in cappa cardinalitia, et donavit Regi sex pulcherrimos equos. Recessit Rex cum cardinali Valentino a sinistra Regis equitante, et alii cardinales quorum societatem Rex omnino habere noluit, et equitarunt recta via ad Marinum, quo eodem die pervenerunt. Recesserunt etiam ex urbe Sancti-Petri ad Vincula, Sabellus et Columna cardinales, et cum eis auditor Cameræ, Regem associaturi.

Eodem sero, secutus est etiam Regem cardinalis Gurcensis, frater quoque magni Turcæ, parum ante discessum recessit Marinum iturus.

Eodem die in sero nunciatum fuit pontifici, Regem Alphonsum recessisse ex Napoli cum magno thesauro in galeris quatuor iturus ad Siciliam, et Hispaniam pro gentibus contra Regem Franciæ conducendis.

Feria quinta, vigesima nona januarii, venerunt Regi Franciæ, et ex Francia apportata fuerunt in barilibus in mulis, decem et octo millia ducatorum, et nuper etiam fuerunt

ciers et non par ceux du Pape, les arrêts et les proclamations se faisaient également au nom du Roi.

Le mercredi 28 janvier, le Roi de France et les siens se rendirent tous armés auprès du Pape, avec lequel le Roi de France resta seul quelque temps. Il se retira ensuite et fut reconduit par le Saint-Père, jusques à la galerie qui conduit aux premiers appartemens, où le Roi s'étant agenouillé et s'étant découvert, le Pape se découvrit également pour l'embrasser; le Roi feignit de vouloir baiser les pieds du Pape qui ne le souffrit point; le Roi se retira et monta sur le cheval qu'on avait préparé pour lui à l'entrée du jardin secret, où il attendit quelque temps le cardinal Valentin, qui devait partir avec lui pour Naples; enfin ce dernier, après avoir pris congé du Pape, vint au lieu où le Roi était monté à cheval, monta lui-même sur sa mule en habit de cardinal, et fit présent au Roi de six chevaux magnifiques. Le Roi se mit en marche avec le cardinal Valentin, placé à sa gauche; les autres cardinaux par lesquels le Roi ne voulut point être accompagné se retirèrent de leur côté. Le Roi gagna en droite ligne Marino, où il arriva dans la journée. Les cardinaux de Saint-Pierre-aux-Liens, Sabelli, Colomne et l'auditeur de la chambre, quittèrent aussi Rome avec le Roi.

Dans la soirée, le cardinal de Gurck suivit également le Roi. Le frère du Grand-Turc était déjà parti pour Marino.

Le même soir, le Pape apprit la nouvelle, que le Roi Alphonse avait quitté Naples avec de grandes sommes d'argent, et quatre galères, se rendant en Sicile et en Espagne, pour engager ces peuples à marcher contre le roi de France.

Le 29 janvier on envoya de France, dans des barils, sur des mulets, dix mille ducats qui, joints aux quatre mille

apportata quatuor millia, impensa singulorum dierum, quam Rex habebat ordinarie cum suis.

Eodem die in sero, nunciatum fuit pontifici, Ferdinandum, ducem Calabriæ, Neapoli in regem esse assumptum, ex concessione Alphonsi patris, ipsumque Ferdinandum, matrimonium cum rev. domina Isabella de Aragonia, filia Regis Ferdinandi, avi sui defuncti, contraxisse, equitasse per Neapolim, tamquam Rex, vassalos juramentum fidelitatis sibi præstitisse, barones et nobiles incarceratos per avum et patrem suum liberasse, quosdam quoque qui cum Gallis intelligebant decapitare fecisse.

Feria sexta triginta januarii, nunciatum est pontifici, cardinalem Valentinum ex civitate Velletri, in habitu familiaris stabuli Regis, a Rege Franciæ aufugisse, et dormivit hac nocte in domo reverend. dom. Flores, auditoris Rotæ in urbe. In recessu ejusdem cardinalis cum Rege Franciæ, ex urbe portare secum fecit decem et novem salmas bonorum suorum apparenter, cum copertis suis salmarum honorifice, inter quas duæ erant credentiæ, et rebus suis bonis oneratæ, quæ prima die, Rege et cardinale ad Marinum equitantibus manserunt retro, et ad urbem in sero redierunt, servitoribus cardinalis in curia asserentibus, salmas ipsas a quibusdam esse captas et deprædatas; aliæ decem et septem salmæ venerunt ad curiam Regis, quorum capsæ post recessum cardinalis a Rege fuerunt apertæ, et nihil in eis repertum, prout quidam mihi retulerunt, quos tamen credo mentitos esse.

Die sabbati, ultima januarii, recessit ex urbe rever. dom. Bartolomeus, episcopus Nepesinus, et Sutrinus, dom. nost. Papæ secretarius ituri ad Regem Franciæ, ex commissione ejusd. D. N. Papæ, ad excusandum Sanctitatem suam de recessu cardinalis Valentini ab ipso Rege.

qu'on avait déjà apportés, servirent à payer toutes les dépenses faites par le Roi et son armée.

On apprit dans la soirée que Ferdinand duc de Calabre, avait pris possession de la couronne de Naples, par suite de l'abdication de son père Alphonse, que le même prince avait épousé la princesse Isabelle d'Aragon, fille de défunt le Roi Ferdinand son aïeul, qu'il avait parcouru comme Roi les rues de Naples, que ses vassaux lui avaient prêté serment de fidélité, qu'il avait rendu la liberté aux barons et aux nobles, incarcérés par l'ordre de son aïeul et de son père; enfin qu'il avait fait trancher la tête à plusieurs personnes convaincues d'intelligence avec les Français.

Le vendredi 30 janvier, le Pape reçut la nouvelle que le cardinal Valentin qui avait accompagné le Roi de France jusqu'à Velletri, s'étant enfui sous l'habit d'un palefrenier du Roi, était arrivé à Rome, où il avait passé la nuit dans la maison du révérendissime seigneur Flores, auditeur de Rote. Le cardinal à son départ avec le Roi s'était fait suivre de dix-neuf chariots, richement couverts et en apparence chargés de choses de prix ; il y en avait en effet deux dans lesquels était réellement sa vaisselle, et qui le premier jour, pendant la route de Rome à Marino, restant derrière l'armée, furent ramenés à Rome. Les gens du cardinal affirmèrent qu'ils avaient été pris et pillés ; les dix-sept autres furent conduits au Roi, qui, après le départ du cardinal, les fit ouvrir, et n'y trouva absolument rien, comme certaines personnes me l'ont rapporté ; mais je crois qu'en cela elles m'en ont imposé.

Le samedi dernier janvier, le révér. seigneur Barthelemi, évêque de Nepi, et le seigneur Sutrino, secrétaire du Pape, sortirent de Rome pour se rendre auprès du Roi de France, par l'ordre de Sa Sainteté, qui les chargea de l'excuser auprès de ce prince, à l'occasion de la fuite du cardinal Valentin.

Venit etiam his diebus ad urbem dom. Phil. de Bressa, nomine Regis Franciæ, et hospitatus est in palatio rev. dom. cardinalis Sancti-Clementis, qui deinde post paucos dies ab urbe recedens ad Regem suum rediturus, associatus fuit usque ad portam urbis a rev. d. cardinalibus Sancti-Clementis et Sancti Dionysii, medius inter eos, non sine magna ipsorum cardinalium nota, et totius collegii cardinalium ignominia.

Feria secunda, die secunda mensis februarii, post prandium redierunt et reportatæ fuerunt ad urbem quatuordecim, vel circa salmæ card. Valentini ex curia Regis Franciæ, de illis quas idem cardinalis nuper in recessu suo ex urbe cum Rege Franciæ sibi apportari fecerat.

Feria quarta, decima octava mensis februarii, Rex Franciæ, intravit civitatem Capuanam, quam et ejus capitanei habuerunt per pactum, et concordiam prout et omnia alia loca prius habuerat. Dictum fuit Romæ Regem ipsum in nocte in camera quietis suæ, in dicta civitate, horribilem vocem bina vice audivisse, capsam unam de illis, quas in camera sua habebat ex se ipsa apertam fuisse, et vexillum quoddam in ea existens se ipsum erexisse, Regem propterea attonitum vovisse ad regnum suum non reversurum, nisi rehabita terra sancta et sepulchro dominico reacquisito, seque unam capellam in civitate Neapolitana in honorem Spiritus Sancti fundaturum et dotaturum.

Die vigesima prima februarii, venit ad urbem illust. princeps Salerni, ex regno Franciæ Neapolim iturus.

Die sequenti nunciatum fuit Romæ oratores magni Turcæ Venetias velocissimo cursu applicuisse, successive cum singularibus intelligentiis Turcæ, qui adventum Regis Franciæ formidabat. Item ex Constantinopoli a veris mercatoribus scriptum est Turcos ibidem dictum Regem Fran-

Dans le même temps le seigneur Philippe de Bresse étant venu à Rome de la part du Roi de France, descendit au palais du revérendissime cardinal de Saint-Clément. Peu de jours après il quitta Rome pour retourner vers le Roi, reconduit jusqu'à la porte de la ville par les revérendissimes cardinaux de Saint-Clément, et de Saint-Denis, placé au milieu d'eux à la grande honte des cardinaux et de tout le sacré collége.

Le lundi deuxième jour de février, dans l'après dîner, rentrèrent dans Rome environ quatorze chariots du cardinal Valentin, renvoyés par le Roi, et du nombre de ceux que ce même cardinal avait emmenés avec lui, lors de son départ avec ce prince.

Le mercredi, 18 février, le Roi de France entra dans Capoue en vertu de l'accord passé entre les capitaines et les habitans de cette ville ; il en avait agi ainsi partout. Le bruit courut à Rome que pendant son séjour à Capoue le Roi avait été réveillé au milieu de la nuit, dans sa chambre à coucher, par une voix terrible qui s'était fait entendre par deux fois, qu'un des coffres placés dans sa chambre s'était ouvert de lui-même, qu'un étendart qui s'y trouvait s'était déployé, que le Roi, effrayé de ces prodiges, avait fait vœu de ne retourner dans ses états qu'après avoir reconquis la Terre-Sainte et le sépulcre de Jésus-Christ, et de fonder et doter une chapelle à Naples en l'honneur du Saint-Esprit.

Le 21 février, le prince de Salerne passa par Rome, se rendant de France à Naples.

Le jour suivant on annonça dans la ville que plusieurs ambassadeurs du Grand-Turc étaient arrivés successivement en toute hâte à Venise, chargés des instructions particulières de sa Hautesse, qui voyait avec terreur l'approche du Roi de France. De plus, des marchands dignes de foi écrivirent de Constantinople que les Turcs avaient la plus

ciæ multum timere; ac duodecim Turcarum sacerdotes fidem Christi prædicare.

Eadem die, Rex Franciæ circa horam vigesimam introivit civitatem Neapolim et hospitatus est in Castro Capuano, et totam dictam civitatem habuit in obedientia sua, excepto castro Sancti-Elmi, in quo erant gentes Regis Neapolis; et Castro-novo, in quo erat comes Pescariæ cum gentibus suis, et castello dell' Ovo in quo erat Rex Ferdinandus cum sua gente.

Die vigesima quinta februarii, Gem frater Magni Turcæ, qui nuper Regi Francorum per Sanctitatem suam, ex pacto et conventione inter se stipulata, fuerat consignatus, in civitate Neapolitana et Castro Capuano, ex esu, sive potu naturæ suæ non convenienti et consueto vita functus est; cujus cadaver, deinde ad instantiam et preces Magni-Turcæ, eidem Magno Turco cum tota defuncti familia missum est, qui propterea magnam pecuniarum summam dicitur persolvisse, seu donasse et familiam ipsam in gratiam recepisse.

Feria quarta, vigesima sexta dicti mensis, civitas Gaietana juridictioni Regis Franciæ se submisit, Castro Regi Neapolitano adhuc fidem servante.

Die tertia mensis martii, nunciatum est in urbe Regem Franciæ habuisse Neapoli turrim Sancti-Vincentii, et unam ex galeris Regis Neapolitani, quibus apud Ischiam utebatur, ad eumdem Regem Franciæ confugisse.

Feria quinta, quinta mensis martii, ante prandium, rev.

grande peur de ce prince, et que douze de leurs prêtres s'étaient mis à prêcher la foi de Jésus-Christ.

Ce même jour, vers la vingtième heure, le Roi de France fit son entrée dans Naples, alla descendre au château de Capoue, et réduisit toute la ville sous son obéissance, excepté le château de Saint-Edme où étaient les troupes du Roi de Naples, le château Neuf où était le comte de Pescaire avec ses soldats, et le château de l'OEuf où était le Roi Ferdinand avec les siens (1).

Le 25 février, le sultan Gem, frère du Grand Turc, qui avait été remis entre les mains du Roi de France par Sa Sainteté, au terme de l'accord passé entre eux, mourut à Naples, dans le château de Capoue, pour avoir pris un mets ou un breuvage qui ne convenait pas à son tempérament, et qu'il n'avait pas habitude de prendre. Son corps fut ensuite, sur les instantes sollicitations du Grand Turc, envoyé à ce dernier avec les gens du défunt. Le grand seigneur paya ou donna en retour, dit-on, une grande somme d'argent, et fit grâce à tous ceux qui accompagnaient le corps.

Le mercredi, 26 dudit mois, la ville de Gaiëte se soumit au Roi de France, excepté le château qui resta fidèle au Roi de Naples.

Le troisième jour du mois de mars, on apprit à Rome que le Roi avait occupé la tour de Saint-Vincent à Naples, et qu'une des galères que le Roi Ferdinand avait à Ischia, s'était livrée au Roi de France.

Le jeudi cinquième jour de mars, le révérendissime

---

(1) Suivant Mansi, dans les notes sur Oderic Raynauld (t. xi, p. 246), Burchard serait dans l'erreur en avançant que Ferdinand était dans le château de l'OEuf quand Charles VIII entra dans Naples. Sanutus rapporte qu'à la nouvelle de la soumission de cette ville, Ferdinand s'embarqua immédiatement pour Ischia.

dom. card. Senensis apostolicæ sedis legatus, quem ad Regem Franciæ tunc versus Tuscanam venientem, missumque ipsum legatum ut talem recipere vel audire omnino recusavit, ad urbem reversus est a suis duntaxat associatus, non a collegio, aut quocumque cardinalium. Eadem die venit ex Florentia ad urbem cardinalis Macloviensis simili modo associatus.

Die septima martii, Rex Franciæ, ex pacto et conventione, obtinuit Castrum Novum Neapolitatum sibi traditum et assignatum.

Dominica secunda quadragesimæ, decima quinta mensis martii, castrum Ovi Neapolitanum Regi Franciæ se submisit et factæ sunt coram ipso Rege per suos tragediæ, sive comediæ de Papa, Romanorum et Hispanorum regibus, ac Venetiarum et Mediolani illustrissimis ducibus ligam et confœderationem simul ineuntibus, et illusorie et more gallico derisorie.

Die vigesima quinta martii, nunciatum est Regem Franciæ etiam castrum Gaietanum acquisivisse, solutis per Gaietanos vigenti millia ducatorum, et omnibus in ipso castro existentibus abire libere permisit.

Feria quarta, prima mensis aprilis, redituri ad patriam circiter quatuor centum Suizzerorum, quorum quinquaginta urbem tunc exierant, quadraginta circiter adhuc in basilica Sancti-Petri erant, Hispanorum circiter duo millia restantes sexaginta in platea Sancti-Petri, ante palatium apostolicum, nequiter invaserunt, et occisi fuerunt ex Suizzeris sexdecim, vel circa; inter quos erat una mulier, et in platea ibidem ipsi occisi publice ab Hispanis spoliati et deprædati, aliorum plures vulnerati, aliqui ad dictum palatium ducti et ibidem in cameris exuti, spoliati et pecuniis

cardinal de Siennes, envoyé par le Saint-Siége apostolique auprès du Roi à son arrivée en Toscane, et dont ce prince avait refusé de reconnaître le titre et d'entendre le message, revint à Rome. Le sacré collége, sans en excepter un seul cardinal, n'alla point le recevoir, il fut seulement accompagné par les siens. Ce même jour le cardinal de Saint-Malo arriva de Florence à Rome sans plus de cérémonie.

Le 17 mars, le château Neuf fut livré par accommodement au Roi de France.

Le second dimanche de carême, quinzième jour du mois de mars, le château de l'OEuf, à Naples, se soumit au Roi de France. On représenta devant ce prince et sa cour des tragédies ou comédies dans lesquelles fut jouée la Ligue entre le Pape, le Roi des Romains et celui d'Espagne, les états de Venise et de Milan, avec cette gaieté moqueuse et satirique qui distingue les Français.

Le 25 mars on apporta la nouvelle que le Roi de France s'était emparé également du château de Gaiëte, qu'il avait reçu des Gaiëtans une somme de 20,000 ducats, et permis à tous ceux qui étaient dans le château de se retirer librement.

Le mercredi, premier jour d'avril, environ quatre cents Suisses étaient sur le point de partir pour leur pays ; cinquante d'entre eux etaient déjà sortis hors des portes pendant qu'environ quarante autres s'étaient arrêtés dans l'église de Saint-Pierre, le reste, au nombre de soixante, se tenait assemblé sur la place de Saint-Pierre, devant le palais Apostolique, et fut attaqué par deux mille Espagnols qui en tuèrent au moins seize, parmi lesquels on comptait une femme, et les dépouillèrent sur le lieu même. Beaucoup d'autres furent blessés, quelques-uns traînés jusque dans les salles du palais, où on leur prit leur ar-

suis privati. Ex illis in ecclesia praedicta existentibus fuit extractus unus violenter ab Hispanis, ductus ad palatium praedictum, et ibidem similiter spoliatus et depraedatus. Illi qui urbem exiverant, confugerunt ad unam domum extra portam sitam, in qua se libere defenderent. Rumore sedato, capitaneus palatii Papae, sine illius custodia, convocatis omnibus ipsis Suizzeris, associavit et conduxit eos ad hospitia Campanae et Angeli, prope Campum flore, ubi pluribus diebus permanserunt. Quidam nobilis Gallus cum pluribus servitoribus ad patriam rediturus per pontem Milvium equitans et post se habens tres salmas bonorum fuit per illam viam equis suis, et rebus, ac una salma tantum quae prope ipsum erat, spoliatus.

Filius cardinalis Macloviensis ad urbem revertens, fuit prope insulam Ursinorum circiter tribus millibus scutorum spoliatus, et occisus.

Deinde exppsitum est cardinalem Valentinum praedicta contra Suizzeros ordinasse, et in vindictam statuisse, pro eo quod Suizzeri, Rege Franciae in urbe existente, vi et absque ratione matrem suam indebite spoliaverant et depredati fuerant.

Die sabatti, quarta aprilis, nunciatum est in urbe ligam inter sanctissimum dominum nostrum Papam, serenissimum Maximilianum Romanorum regem, et Hispaniarum Regem ac Venetiarum et Mediolani duces pro communi christianorum beneficio, et cura, ac totius Italiae quiete, Venetiis conclusam esse et approbatam existere.

gent et jusques à leurs vêtemens ; un de ceux qui étaient
dans l'église en fut arraché violemment par les Espagnols
et conduit jusques au palais où il éprouva le même traitement que les autres. Ceux qui étaient déjà sortis de la
ville se réfugièrent dans une maison hors des portes pour
s'y défendre vigoureusement. Le trouble étant apaisé, le
capitaine de la garde du Pape alla seul rasembler tous les
Suisses pour les accompagner et les conduire aux quartiers
de Campana et de Saint-Ange, près de Campo-Flore,
où ils restèrent plusieurs jours. Un seigneur français qui,
suivi de plusieurs de ses gens, et se disposant à retourner
dans sa patrie, traversait à cheval le pont Milvius, et marchait devant trois chariots chargés de ses bagages, se vit enlever ses chevaux, ses effets et un de ses chariots.

On assassina également, près de l'île des Ursins, le fils
du cardinal de Saint-Malo, à son arrivée à Rome, et on lui
prit trois mille écus.

Le bruit courut ensuite que le cardinal Valentin avait
ordonné le massacre des Suisses pour se venger de ce que
ces mêmes Suisses, pendant le séjour du Roi de France à
Rome, avaient violemment, et contre tout droit, dévasté
et pillé la maison de sa mère.

Le samedi 4 avril, on annonça à Rome qu'une ligue
avait été conclue entre Sa Sainteté le Pape, le sérénissime
Maximilien, Roi des Romains, le Roi d'Espagne, le doge
de Venise et le duc de Milan, dans l'intérêt général de la
chrétienté et pour la sûreté de l'Italie (1).

(1) La Ligue fut conclue à Venise, le 31 mars 1495. L'alliance devait durer
25 ans, et avoir pour but de défendre le pape, la dignité, les droits de tous les
confédérés, et les possessions de tous ; les puissances alliées devaient entre elles
toutes mettre sur pied trente-quatre mille chevaux et vingt mille fantassins ;
mais à ces articles qui furent publiés les confédérés avaient joint des clauses
secrètes qui changeaient absolument la nature de l'alliance, et la préparaient
pour une guerre offensive contre les Français.

Feria sexta duodecima aprilis, de mandato sanctissimi dom. nostri Papæ, per urbem proclamatum fuit et populo nunciatum, quod dominica proxima publicaretur liga prædicta in basilica Sancti-Petri, in qua ostenderetur vultus Domini, et Papa daturus esset interessentibus plenarias indulgentias.

Dominica Palmarum, post missam, episcopus Concordiensis fecit orationem de liga supradicta quæ fuit impressa eadem die; qua oratione finita, pronunciavit populo plenarias indulgentias, quibus publicatis, incepit cantare *Te Deum* quod cantores persequuti sunt.

Le vendredi 12 avril, Sa Sainteté fit annoncer aux habitans de Rome que le dimanche suivant l'on publierait solennellement la ligue susdite dans l'église de Saint-Pierre, que le visage de Notre-Seigneur y serait offert à l'adoration des fidèles, et que le Pape accorderait des indulgences plénières aux assistans.

Le dimanche des Rameaux, après la messe, l'évêque de Concorde prononça sur cette même ligue un discours qui fut imprimé le même jour; après quoi il proclama les indulgences plénières accordées au peuple; il entonna ensuite le *Te Deum*, que les chantres achevèrent.

Le Vergier d'Hon-

neur nouuellement imprime a Paris. De l'entreprinse et voyage de Naples. Auquel est comprins
comment le roy Charles huitiesme de ce nom a ba
niere desployee passa et repassa de iournee en iour
nee depuis Lyon iusques a Naples, et de Naples
iusques a Lyon. Ensemble plusieurs aultres cho
ses faictes et composées Par reuerend pere en dieu
Monsieur Octoiven de saint Gelais euesque
Dangoulesme Et par maistre Audry de la Vigne
secretaire de la Royne et de monsieur le duc de
Savoye, auec aultres.

On les vend a Paris en la grand rue saint
Jacques, a l'enseigne de la Rose blanche cou
ronnée.

AVERTISSEMENT

Le *Vergier d'honneur* est un recueil de pièces en vers et en prose, composées par André de la Vigne, Octovien de Saint-Gelais et autres poètes du même temps. Cet ouvrage, imprimé à peu près à l'époque où il fut composé, est aujourd'hui très-rare, et la relation de l'expédition de Charles VIII qu'il renferme est considérée comme un des plus précieux documens que l'on possède sur ce sujet. L'extrait que nous en publions est destiné à compléter le récit de Burchard; il commence au départ du roi de Rome, et finit à son retour en France. Nous ferons connaître les autres parties du recueil par une analyse succincte de ce qu'il contient.

Le volume commence par une espèce de prologue, dans lequel l'auteur feint que, transporté en songe dans des régions inconnues, au milieu d'un désert aride, il rencontra une dame d'une beauté remarquable, et qui paraissait en proie à la plus vive douleur; c'était dame *Chrestienté*. Elle se plaignait amèrement de la profanation des lieux saints par les barbares, et de l'abandon dans lequel elle semblait tombée depuis long-temps. Déterminée à venir chercher des défenseurs en France, elle arrive au pied des Alpes, et elle se trouve dans un verger délicieux (1). *Une princesse magnanime nommée Noblesse, descendue de l'impériale et Priamide lignée troyenne,* l'aborde respectueusement, et la conduit dans *un très-noble consistoire, tendu de belles fleurs de lis, dans lequel estoit assis Majesté royale.* Dame *Chrestienté* raconte ses malheurs, dont le récit attendrit *Majesté royale*, qui lui promet de la venger et d'extermi-

(1) C'est le seul endroit de l'ouvrage qui paraisse avoir donné lieu au titre de *Vergier d'honneur*. Les manuscrits de la Bibliothèque royale portent celui de *Ressource de la chrétienté*. Au reste c'était une mode du temps de faire figurer le mot *honneur* dans le titre des ouvrages : on a *le Palais d'honneur*, *le Séjour d'honneur*, etc., etc.

ner les Turcs. Ce dessein est vivement combattu par un personnage nommé *Je-ne sais-qui*; mais *Bon-Conseil* réfute victorieusement ses objections et affermit *Majesté royale* dans sa résolution.

Le poète fait, en terminant sa vision, un tableau assez comique de ce qui se passa dans le conseil après que *Majesté royale* eût manifesté sa volonté de secourir *Chrestienté*. « Ung moult grant » effroy se commença à sourdre là-dedans pour ce que les opinions » de la plus grant partie d'iceulx estoient différentes les unes aux » autres, et sur ce ung chacun se retira vers la partie qui mieux » avoit parlé à son advantaige; c'est assavoir devers Majesté royale, » dame Chrestienté, Bon-Conseil, et la plus grant partie de l'assem- » blée, et l'autre partie, avec Je-ne-sais-qui, qui s'en alla par un » petit destourné, grongnant, groussant, gromelant tellement que, » par l'effroy qu'ils firent, mon povre esprit, qui si longuement » avoit esté en ceste fantaisie comme travaillé et troublé, fut con- » traint de soy réveiller.

» Lors me levay si prins mon escriptoire. »

La relation de l'expédition de Naples suit immédiatement ce préambule; elle est écrite en vers jusqu'à la prise de Naples; le reste est entremêlé de vers et de prose. Cette partie est la plus curieuse du volume; mais comme les faits qu'elle contient sur les commencemens de l'expédition étaient déjà relatés dans le *Journal de Burchard* et dans le récit de *Desrey*, nous n'avons réimprimé que ce qui avait rapport à la fin de l'expédition, à dater du départ du roi de Rome pour Naples.

Le volume est terminé par des rondeaux et ballades de divers auteurs, sur la conquête de Naples et sur la mort de Charles VIII. La lecture de la plupart de ces pièces ne serait plus supportable aujourd'hui; d'ailleurs on n'y trouve pas de faits.

André de la Vigne, auteur de la partie que nous publions, fut d'abord secrétaire du duc de Savoye, et séjourna long-temps à Chambéri. On trouve même dans ses ouvrages plusieurs termes particuliers à cette province. Il fut ensuite attaché, pour la même charge, à la reine Anne de Bretagne. Il accompagna Charles VIII dans l'expédition d'Italie, et écrivit son journal par le commandement de ce prince. On ignore l'époque précise de sa mort; mais il est certain qu'il ne vivait plus en 1527, puisque Jean Bouchet, épistre 57, le met au nombre de ceux qui reçurent Jean d'Auton aux Champs-Élysées. Cet auteur est très estimé comme historien pour son exactitude minutieuse à reproduire les plus simples détails.

Le *Vergier d'honneur* a été plusieurs fois imprimé in-4° goth., sans date. Toutes les éditions sont très-rares ; mais la plus recherchée est la première, Paris, in-fol. sans date. Den. Godefroy donna dans son recueil sur Charles VIII un extrait du *Vergier d'honneur ;* mais n'ayant pas connu le vrai texte de cet ouvrage, et l'ayant publié d'après un manuscrit de la Bibliothéque, il présente de notables différences avec les exemplaires imprimés.

LE VERGIER

D'HONNEUR.

COMMENT LE ROY PARTIT DE ROMME POUR S'EN ALLER A NAPLES.

Le mercredy, vingt-huytiesme jour
De cedit moys (1), sans prendre autre séjour,
Dévotement à Sainct-Marc ouyt messe,
Et pour tousjours maintenir la promesse
Qu'avoit au Pape, il s'en alla grant erre
Pour desjeuner et disner à Sainct-Pierre.
Et cela fait comme l'on doit entendre,
Expressément pour de luy congié prendre,
Après disner luy bien accompaigné,
Ce nonobstant qu'il eust jà besongné
En quelque affaire touchant sa bien allée,
Le Pape vint, par une longue allée,
Parler à luy pour aulcuns cas exprès,
Qui grans effectz sortirent puis après.
Et quant ilz eurent longuement devisé
De leurs affaires, et très-bien advisé,
Le Pape au Roy, par grant affection,
Si luy donna sa bénédiction;
Et qui plus est, pour tousjours confermer,
De mieulx en mieulx tenir et affirmer
Leur bonne paix, accord et convenance,

(1) *Cedit moys* : janvier 1495.

Son filz, pour lors, cardinal de Valence (1),
Très-bien en point, de bon cueur luy bailla,
Lequel soubdain avec luy s'en alla.
Aussi du Turcq (2) qui, au chastel Sainct-Ange,
Estoit pour lors comme captif estrange,
A ceste fois ses mains en délivra,
Et au bon Roy nuement le livra.
Lors print congé débonnaire et humain
Le Roy du Pape, en luy baisant sa main.
Le Pape aussi, d'ung grant vouloir prefiz,
Luy dist : « Adieu, mon très-crestien filz. »
Adonc partit en bonne compaignie,
Laquelle estoit en nombre infinie ;
Car, sans la flotte de l'ost et de l'armée,
Et aultre belle compaignie famée,
Comme piétons, rustres, avancoureux,
Laquais, Suysses, Allemans valeureux,
Qui jà marchoient quant et l'artillerie,
Avec luy avoit grant seigneurie.
Premièrement les cent pensionnaires,
Frisques mignons, gorgias débonnaires,
Semblablement tous ses cent gentilz hommes
Montez, bardez de moult diverses formes.
Et si avoit six cens arbalestriers
Comme Gascons et maintz aultres routiers,
Six ou sept mille Suysses ou Allemans,
Lancequenetz et aultres truchemens ;
Et oultres plus de droictes ordonnances,
Bien dix-sept ou dix-huyt cens lances,
Qui tout du long des rues s'estendoient,
Ce temps, pendant que le Roy attendoient,

(1) César Borgia.
(2) *Le Turq* Zim-Zim ou Gem, frère de Bajazet.

En grans triomphes et gloires non pareilles :
Dequoy le Pape se donna grant merveilles.
Pareillement s'y firent les Rommains
Qui avoyent veu en leurs temps des gens maintz,
Mais en leurs vies ne virent tel arroy
Ne es Ytalles telle issue de Roy.

 Ainsi partit, comme j'ay déclairé,
Dehors de Romme, très-bien délibéré;
Et emmena le Turcq pour sa plaisance
Avec le grand cardinal de Vallence,
Et s'en alla quant il eut bien disné,
Pour celluy jour coucher à Marigné (1).
Qui est sans plus une très-bonne ville
Dehors de Romme, à bien sept ou huyt mille,
Et qui sçavoir à qui elle est vouldroit,
Je dis qu'elle est au Coulonnois par droit.

 Le lendemain à Marigné disna;
Puis luy disné tout son fait ordonna
Et s'en alla coucher dedans Bélistre (2);
Ung moult beau lieu qui a nom de tel tiltre,
En tels enseignes que toute la journée
La pluye au dos nous fut habandonnée.
Et furent là le Roy et le Turc avecques
Le fils du Pape, tous logiez chez l'évesque.
Et se tint jusqu'au moys de février
Où cependant, plus viste qu'ung levrier,
Le fils du Pape, secrettement par nuyt,
Se desrobat et de fait s'enfuyt
Devers le Pape, dont tous deux mal gardèrent
Leur foy promise, car ils se parjurèrent,

(1) *Marigné*, Marino, bourg de la campagne de Rome, qui appartenait en fief à la maison Colonna.

(2) *Belistre*, Velletri, petite ville située à neuf lieues de Rome.

Et ne tindrent leur grant accord parfaict ;
Qui fut à eulx très-villainement fait (1).
    Le samedy, trente et ungniesme jour
De cedit moys, voyant le villain tour
Qu'avoit commis le très-déloyal traistre,
Le Roy se tint audit lieu de Bélistre,
Et, en l'église dudit lieu cathédrale,
Il ouyt messe d'entente espéciale.
Et en baillant offrandes et chandelles.
Ung poste vint qui apporta nouvelles
Que prins estoient ville et château tant fort.
Que pour les vaincre rien n'y valloit effort,
Comme on disoit toutesfois de prin-sault
On luy bailla si très-bel assault
Et chargea tant de tort et de travers
Engilber, vray conte de Nevers (2),
Grant capitaine de tous les Allemans,
En fait de guerre cruelz et véhémens,
Et avec luy plusieurs gens d'ordonnances,
Qu'incontinent, par leurs fières vaillances,
Ce néantmoins leurs resistances fortes,
Hommes et femmes, villes, chasteaulx et portes,
Sans espargner leur fiance équippée,
Que tout fut mis au feu et à l'espée
Cruellement cedit jour au matin
Et s'appelloit la ville Montfortin (3) :
Appartenant à seigneur Jacques Conte (4),

(1) On peut voir dans le journal de Burchard des détails sur la fuite de César Borgia, page 303 de ce volume.
(2) Engilbert de Clèves, comte de Nevers, qui commandait l'avant-garde de l'armée.
(3) La forteresse de Montfertino.
(4) Jacques Conti, baron romain, qui avait quitté le parti du roi de France par haine contre la famille Colonna.

De qui personne ne doit tenir nul conte,
Car il avoit fait au Roy le serment
Et se fioit en luy si grandement;
Et pour garder de faire ung tel désordre
Il l'avoit fait des chevaliers de l'ordre.
Mais audit lieu fut si bien acoustré
Et si soubdain des Françoys rencontré,
Ce nonobstant ses espesses murailles,
Qu'il y perdit bouge, bas et boutailles;
Et fut si fort de son honneur surpris,
Que ses deux fils furent illecques pris,
Lesquelz tantost avec des aultres maints,
Soubdain les eut prisonniers en ses mains,
Pour leur monstrer leur desloyaulx revers,
Engillebert, hault conte de Nevers;
Car il estoit alors propos final
Grant capitaine pour le Roy genéral.

 Le dimenche, premier jour de février,
Et le lundy qui n'estoit jour ouvrier,
Mais comme on scet feste de chandeleur,
Affin de mieulx prospérer en valeur,
Pour révérence de la feste et du jour,
Dedans Bélistre esleut certain séjour.
En l'église cathédrale du lieu
Fut au service pour mieulx complaire à Dieu;
Avecques luy disant ses audinos
Six arcevesques et quatre cardinaulx,
Ses gens aussi, pour oster tous dangiers,
Et la grant messe chanta monsieur d'Angiers,
Son confesseur, maistre Jehan Darly dit,
Saige docteur sans meffaict ne mesdit.

 Le lendemain gayement partit-on
Pour s'en aller devant Valemonton.

Le mercredy, du moys quatriesme jour,
Après la messe, fut disner à la Tour;
Et luy disné tappant de la botine
Il s'en alla coucher à Florentine.
A Florentine, le jeudi ensuyvant,
Il s'arresta sans tirer plus avant;
Car ung juif de franche volonté
Luy supplia en toute humilité
Que par luy eust s'il luy plaisoit baptesme,
Laquelle chose il obtint ce jour mesme;
Car par la main le Roy tantost le print,
Et sur les fons humainement le tint.
Aussi afin de mémoire ou renom,
Il le nomma Charles par son droit nom.
Monsieur d'Angiers qui de ce l'advisa,
Dévotement l'oignit et baptisa;
Puis baptisé et doctriné très-bien :
Audit juif le bon Roy fist du bien,
Parquoy chascun dès-lors se retira,
Et hors l'église où il voulut tira.

 En ceste ville hault à ung monastère
A une chasse où une fierté entière,
Ainsi qu'on dit et qu'on propose,
Là où le corps sainct Ambroise repose,
Advironné de joyaulx précieux;
Et est le lieu moult fort dévocieux.

 Le vendredy, plus tost qu'on ne dit pic,
Il fut disner et coucher à Verlic.
Le samedy au matin à grant presse,
Le Roy voulut aller ouyr sa messe,
Là où repose, ainsi que je suis seur,
Saincte Marie Jacobi, propre seur
De Nostre-Dame, en une fierté exquise.

Parquoy soubdain les seigneurs de l'église,
Et plusieurs aultres à tout reliquaires,
Torches, flambeaulx, chandelles, luminaires,
En grant triumphe et merveilleux arroy,
Vindrent trestous jusqu'au logis du Roy,
Luy apportèrent les clefz très-humblement,
Signifiant qu'à luy totallement,
Ilz remettaient, pour garder de tout blasme,
L'église toute, et la très-digne dame.
Ainsi le Roy alla sans plus attendre,
Jusqu'au dit lieu et luy fist-on descendre
Le digne corps ou en prières grandes,
Dévotement il parfist ses offrandes
Et largement de ses biens y donna;
Puis au logis cela fait s'en tourna.

Le dimenche de Verlic ne partit,
Mais le lundy avec grans gens sortit.
Après la messe, et que desjeuné eut,
Il s'en alla pour disner à Bahut.
Auquel Bahut a une forte place.
Mais luy disné, tantost sans plus d'espace,
Ainsi que le Roy vertueux, franc, et liége,
Il s'en alla veoir le merveilleux siége,
Avec plusieurs de ses féaulx amys,
Qu'au mont Sainct-Jehan les François avoient mis;
Car là avoit ville et chasteau moult fort,
Plaine de vivres et d'aultre grant effort,
Comme sont gens de toutes nations,
Qui avoient fait leurs préparations
D'artillerie, d'armures et bastons.
Et si estoient Lorrains, Liégois, Bretons,
Picars, Gascons, Espaignolz, Allemans,
Lombars, Rommains, Suysses et Normands,

Larrons, meurtriers, bannis, essoreillez,
Qui là estoient si bien appareillez,
Que pour ce jour si asprement ruèrent,
Dessus noz gens que plusieurs en tuèrent.
Mais toutefois François encouraigez,
De les avoir à demi enraigez,
Tant par approche que par grant basterie,
D'esnormes coups de grosse artillerie,
Ce neantmoins ainsy que gens vaillans,
Se défendirent contre les assaillans.
Tantost après, maulgré leur résistence,
Si bien ne sceurent eulx conduyre en deffence,
Car assiégez estoient tout autour,
Que par la brèche d'une moult forte tour,
Là où avoit quelque trace de sang,
Qu'on y entrast soubdain de ranc en ranc,
A si horrible et dure inimitié,
Que c'estoit trop exécrable pytié ;
Car les François tous ses pillars tuèrent,
Et des murailles bas ès fossez ruèrent.
Et fut présent en personne le Roy,
Tant que dura ce merveilleux effroy,
Ce dangereux et très-cruel asssault
Qui fut le plus soubdain, estrange et hault
Qu'on vit jamais, car huyt heures peu moins,
Lors il dura ruant coupz inhumains,
Et tenoit-on ce dit lieu imprenable,
Pour en donner sentence véritable,
Le Roy de Naples, lors n'avoit pas long temps,
Y avoit bien tenu siége sept ans,
Et onc par luy ne toute sa puissance,
N'en peut avoir que par paix jouyssance.
Et les François en huyt heures regaignèrent

Ce que sept ans maintz aultres barguignèrent.
Des nostres furent ce jour à mort livrez
Trente ou quarente, et plusieurs fort navrez.
Mais de la ville et chasteau bien assis,
En mourut bien neuf cens cinquante six,
Et eut la charge d'apostiller leur fosse,
Monsieur d'Angiers (1) et monsieur de la Brosse.
Pareillement monsieur de Taillebourg,
Tant de la ville du chasteau que du bourg
Eut en sa garde les filles et les femmes,
Pour les garder de déshonneur et blasme;
Et si porta si bien le bon seigneur,
Qu'il y acquist un singulier honneur.

Cest exploit fait, ung chascun s'atourna,
Et à Verlic le Roy s'en retourna,
Où il se tint tout le jour du mardy;
Mais le lendemain qui fut le mercredy,
Il s'en alla coucher audit Bahut,
Où environ minuyt nouvelles eut
Que brief le duc de Calabre inhumain
Si s'en estoit fuy de Sainct-Germain,
Voyant l'assault que l'on avoit donné.
De belle nuyt tout fut habandonné,
Et au dangier laissa les habitans
Quant retenuz il avoit jà long-temps.

Sainct-Germain (2) est la clef et le passaige
Où passer fault, soit à gain ou dommaige,
Et dont se doit saisir et acoustrer
Qui au royaulme de Napples veult entrer.
Car il y a ville et ses effors

(1) *Monsieur d'Angiers*, Jean de Rely, évêque d'Angers.

(2) *Saint-Germain*, ville du royaume de Naples, au pied du mont Cassin, à dix-neuf lieues de Capoue.

Avec aussi deulx ou trois chasteaulx fors.
Et sur la ville de merveilleuse sorte,
Une abbaye grandement belle et forte,
Dedans laquelle le digne corps repose
De sainct Benoist qui est moult belle chose.

 Quant de la fuyte au duc l'on sceut la guise,
Les compaignies de soubz monsieur de Guyze
Incontinent toutes s'enharnachèrent
Et fièrement à Sainct-Germain marchèrent.
Jeudy, douziesme de février, sans attendre,
Après disner, comme l'on peult entendre,
Le Roy alla coucher à Cyprienne,
Petite ville, grandement ancienne.
De Cyprienne, le vendredy matin,
Alla disner en la ville d'Aquin (1);
Mais le seigneur du lieu n'y estoit pas
Pource que lors trop plus tost que le pas,
Petitement en son cueur resjouy,
Il s'en estoit légièrement fouy;
Car il avoit fait la trompette pendre,
Qui le sonna de tost au Roy se rendre,
Parquoy la ville, comme bien y parut,
En son absence très-mal le comparut.
Dedans laquelle ville, nommée Aquin,
Fust une fois né sainct Thomas d'Aquin.

 Après disner, ce jour, tout d'une main,
Le Roy alla coucher à Sainct-Germain.
Le samedy, après la messe ouye,
Il s'en alla veoir ladicte abbaye
Là où le corps sainct Benoist dessusdit
Gist et repose, ainsi comme j'ay dit;

---

(1) *La ville d'Aquin*, Aquino, à huit lieues de Gaëte et à quatorze de Capoue.

Là où se fait mainte bonne prière
Et maintz miracles de chose singulière.
De là soubdain, comme homme vertueux,
Il alla veoir le chasteau somptueux
De forteresse grant et innumérable.
Assis en lieu et place imprenable,
Et de ce temps que le Roy Charlemaigne
Dessus les Turcqz desploya son enseigne
Et qu'au pays la guerre maintenoit
Illec dedans pour seureté se tenoit;
Car c'est l'entrée, tant de çà que de là,
De tous les bons pays de par delà.
 Le lendemain, sans faire à nul oppresse,
A Sainct-Germain le Roy ouyt sa messe.
Et luy disné, ainsi qu'il le convint,
A Mignague le Roy coucher s'en vint.
Lundy, seiziesme dudit moys de février,
Après la messe, comme parfait ouvrier,
A Nostre-Dame de Corrège disna,
Et à Triague pour coucher s'en alla.
Mais toutesfois au devant de luy vindrent,
Ceulx de la ville qui moult belle ordre tindrent
Et si luy firent une entrée en substance
Aussi belle qu'on sçauroit faire en France.
 Là sceut nouvelles que le duc de Calabre
De paour qu'il eut aussi froit comme ung marbre,
Denicordé grandement marmiteux,
S'estoit fuy de Cappe tout honteux,
Laissant illec grosse gendermerie
Avec foison de bonne artillerie,
Pour résister en effect et substance
Contre le Roy et toute sa puissance,
Lesquelz voyans sa grande lascheté,

Et des Françoys le grant pouvoir noté,
Tantost après eulx mesmes sans attendre,
Très-humblement au Roy se vindrent rendre
Luy apportant des portes de la ville
Et du chasteau, en manière servile,
Toutes les clefz : luy suppliant aussi
A joinctes mains qu'il les print à mercy.
 Le lendemain de plaisir assouvy,
Le Roy se tint tout ce jour à Couy (1).
Le mercredy, pour tenir bonne estape,
Le Roy disna sur les faulxbourgs de Cappe (2).
Après disner il y fist son entrée ;
Là où que fut sa puissance monstrée ;
Car de la ville gouverneurs et régens
Ne virent onc ensemble tant de gens,
Ne ung tel ost si bien appareillé,
Dont tout le peuple fut bien esmerveillé.
Et fut le Roy soubdain et de nouveau,
Luy et son train logé dans le chasteau,
Lequel est fort puissant et pénétrable,
Par impossible ce semble advis prenable ;
Car ledit duc l'avoit fortifié,
Devant qu'il fust en ce point défié,
De boulouvars tant à pierres qu'à boys
Pour bien tenir les Françoys aux aboys.
Et en la ville à grans pontz sur rivière,
Fortifiés de choses singulières,
Et mesmement d'une grosse tour forte
Aboutissant tout joignant de la porte,

---

(1) *Couy*, Calvi, petite ville du royaume de Naples, à trois lieues de Capoue, dans la terre de labour.

(2) *Cappe*, Capoue. Cette ville est à trente-huit lieues de Rome. Charles VIII y arriva le 18 février ; il était parti de Rome le 28 janvier.

Aussi les fors ad cela consonans
Pour bien tenir encontre tous venans,
Et de la sorte que le Roy on reçeut
Dès le soir mesmes à Napples on le sceut.
Jeudy matin, tantost après la messe
Disner s'en vint et coucher dedans Verce (1);
Et luy fut fait l'entrée entièrement
Qu'il appartient moult honnorablement.
Et fut logé en la façon requise,
Chez l'évesque près de la grant église.

   Le vendredy vingtiesme dudit moys,
Vindrent de Napples nobles, marchans, bourgoys,
Certifier que sa partie adverse,
Le Roy Alphons et son fils par la mer
Si s'en estoient fuyz (2) en dueil armez,
Parquoy eulx tous sa grace requérans,
Avant que cheoir ès-mains des conquérans,
Les clefz de Napples alors luy présentèrent,
Et en sa garde leurs corps et biens boutèrent.
Dont pour soubdain à celuy faict pourvoir,

(1) *Verse*, Aversa, petite ville à trois lieues de Naples.

(2) Dès que Ferdinand, roi de Naples par l'abdication d'Alphonse son père, fut informé de l'arrivée de Charles VIII à Capoue, il prit résolution d'abandonner Naples. Il fit alors assembler sur la place du Château-Neuf les habitans de cette ville, les dégagea du serment de fidélité qu'ils lui avaient prêté peu de temps auparavant, et leur permit de faire leur traité avec le roi de France. Guichardin a rapporté les paroles touchantes que Ferdinand prononça en cette occasion. Cependant le peuple n'eut pas plus tôt appris qu'il n'avait plus de roi qu'il commença à piller le palais; à peine Ferdinand eut-il le temps de sortir et de monter sur une galère qui l'attendait dans le port. Don Frédéric, son oncle, la reine, femme de son aïeul, avec Jeanne sa fille, et un petit nombre de ses domestiques, s'embarquèrent avec lui. Ils firent voile pour l'île d'Ischia, et tant que le roi fut à la vue de Naples, il répéta plusieurs fois ce verset du psaume : *Nisi Dominus custodierit civitatem, frustra vigilat qui custodit eam.*

Le mareschal de Gye y fut veoir,
Avec plusieurs des seigneurs dessusdictz
Qui, dedans Napples sans aulcuns contredictz,
Incontinent fort et foible luy mirent,
Et grant honneur en y entrant luy firent.
Celuy jour mesme par manière subtille,
Fut prins à Nosle le domp seigneur Virgile (1),
Semblablement le conte Petilenne (2),
Qui aux Françoys cuidoient faire de l'asne.
 Le samedy son armée diverse
Assez matin se partit dudict Vercé,
Et tost après il monta à cheval,
Pour aller boire dedans Pouge-Réal (3)
Qui est un lieu de plaisance confit,
Aussi Alphons pour son plaisir le fit
Auprès de Napples, où en toutes manières,
Y a des choses toutes singulières,
Comme maisons, amignons, fenestrages,
Grans galeries, longues, amples et larges,
Jardins plaisans, fleurs de doulceurs remplies,
Et de beaulté sur toutes accomplies,
Petis préaulx, passaiges et barrières
Costes, fontaines et petites rivières,
Pour s'esjouyr et à la fois s'esbatre,
Où sont ymaiges anticques d'albastre,
De marbre blanc et de prophire aussi,
Empres le vif ou ne fault ca ne si,
Ung parc tout clos où sont maintz herbes saines,
Beaucoup plus grant que le bois de Vincennes,

(1) Virgile des Ursins.

(2) Le comte de Petiliane.

(3) *Pouge-Réal*, maison de plaisance qu'Alphonse II fit construire lors-qu'il n'était que duc de Calabre.

Plains d'oliviers, orangiers, grenadiers,
Figuiers, datiers, poiriers, allemandiers,
Pommiers, lauriers, rommarins, marjolaines,
Et girofflées sur toutes souveraines,
Nobles heueilletz, plaisantes armeries,
Qui en tous temps sont là dedans flories,
Et de rosiers assez bien dire l'ose,
Pour en tirer neuf ou dix muytz d'eaue rose ;
Daultres costez sont fossez et herbaiges,
Là où que sont les grans besies saulvaiges,
Comme chevreulx à la cource soudains,
Cerfz, haulx branchez, grosses biches et dains.
Aussi y sont sans cordes ne ataches,
Aux pastouraiges grans beufz et grasses vaches,
Chevaulx, muletz et jumens par monceaulx,
Asnes, cochons, truyes et grans pourceaulx.
Et puis au bout de toutes ses prairies,
Sont situez les grandes métairies,
Là où que sont avec chappons, poullailles,
Toutes manières et sortes de voulailles,
Cailles, perdriz, pans, signes et faisans
Et maintz oyseaulx des Yndes moult plaisans,
Aussi a ung four à œufs couver (1),
Dont l'on pourroit, sans geline, eslever
Mille poussins, qui en auroit affaire,
Voir dix mille qui en vouldroit tant faire.
De cedit parc sort une grant fontaine,

(1) On voit par ce passage que l'art de faire éclore des poulets dans des fours qui, suivant Diodore de Sicile, était autrefois très-commun en Égypte, était connu en Europe à la fin du 15e siècle. On trouve de curieux détails historiques sur cette matière dans l'ouvrage de Réaumur, intitulé : *Art de faire éclore et d'élever en toute saison des animaux domestiques de toute espèce, soit par le moyen du fumier, soit par le feu ordinaire*. Paris, 1740, in-12.

Qui de vive caue est si très-comble et plaine,
Que toute Naples peult fournir et laver,
Et toutes bestes grandement abeuvrer.
  Aussi y a vignoble d'excellence
Dont il en sort si très-grant habondance
De vins clairez, de vin rouge et vin blanc,
Grec et latin que pour en parler franc,
Sans les exquis muscadetz et vins cuytz,
On y queult bien tous les ans mille muytz;
Voire encore plus quant le bon heurt revient,
Et tout cela au prouffit du Roy vient,
Et au regard des caves qui y sont,
En lieu certain approprié par font;
Si grandes sont si longues et si larges
Et composées de si substilz ouvraiges,
Tant en pilliers comme voulsture ronde,
Qui n'en est point de pareilles au monde.
  Le dimenche quant il eut bien disné,
Joyeusement sans point estre indigné,
En ses habitz richement s'acoustra,
Et dedans Naples pompeusement entra,
Là où que fut sa puissance monstrée,
Quoyque ce jour n'ordonna son entrée,
Si la fist-il tenant terme exprès
Un autre jour que nous dirons après,
Et au chasteau d'Escapoue logé
Fut seurement; car piéca deslogé
Si s'en estoit Alphons le Roy antique,
Luy et les siens par subtile praticque,
Dont il acquist de merveilleux reproches.
Cedit jour mesme furent faictes aproches,
Au chasteau Nosve de grosse artillerie,
Qui ne fut pas sans lourde baterie,

Et pour la place tenir plus fort rengée,
La citadelle fut soubdain assiégée,
Qui de forteresse estoit innumérable;
Et à la veoir se sembloit imprenable,
Car d'ung costé elle avoit la grant mer,
Pour seurement et sans dangier s'armer,
Et par derrière vers le chasteau, fossez,
A fons de cuve grandement renforcez,
De boulevars divers emparemens,
Et d'aultres efforts rudes et véhémens;
Tant qu'en effect pour entrée vaillable,
(-) Elle n'estoit batable ou assiégable,
Que par la ville. Touteffois de prin sault
Elle fut prinse par vertueulx assault,
Et entra on dedans sans plus attendre.
Là on avoit, ainsi qu'on peult entendre,
La plus terrible et grosse artillerie
Qu'on vit jamais et la mieulx accomplie,
Grosses bombardes de métal et de fonte,
Dont les Françoys tindrent merveilleux compte,
Pouldre, charbon fin, soulfre, salpestre,
Assez pour vaincre ung grant pays champestre,
Lances, bastons, espées et guisarmes,
Harnois completz pour bien mille hommes d'armes,
Fins aubregons, bringandines, salades
Jacques, plastrons, voulges et halbardes,
Grans couleuvrines, arbalestres, guindaiges.
Arcz, flesches, dars et tant d'aultres bagaiges
Pour ung pays ou ung ost encombrer,
Qu'il n'est possible de les sçavoir nombrer,
Si brief en vers comme on feroit en prose;
Semblablement maint aultre belle chose
Qui bien requiert, pour dire vérité,

Parfait advis de grant célérité
Dont je dispose pour matière abréger,
Et pour l'esperit de plusieurs alléger,
Qui se délectent et font trop plus d'estime
Cent mille fois de prose que de rime,
Que desormais, affin que bonheur semble,
Puis qu'ainsi est de prose et rime ensemble
Sur le retour quant le besoing verray,
Useray des deux au moins mal que pourray.

En ladicte citadelle fut tant trouvé de biens de diverses sortes et d'estranges manières, que l'on fut plus de huyt jours entiers à les vuyder par force de gens et de charrettes ; encore n'en pouvoit-on venir à bout, tant en y avoit. Les capitaines du guet estoient messire Gabriel de Montfaulcon, Jehan de la Grange et plusieurs aultres gens de bien. A cest assault se trouva ung nommé Gentil Garçon, dit maintenant Provence, hérault d'armes de chez le Roy, lequel vit aucuns de noz gens montez sur les tours, et par les batures d'artillerie commença à monter tant et si bien, qu'il se trouva tantost au plus hault avec les dessusditz, et fut le cinquiesme monté. Et avoit lors vestu ledit Provence une robbe de drap d'or fourrée de letisses, que le seigneur Propre des Coulonnois (1) luy avoit donnée. Ceulx qui estoient sur les tours du chasteau commencèrent à jetter javellines, darcs et pierres qui riens ne prouffitèrent, car de cest assault ladicte citadelle fut vertueusement et vaillamment prinse. Et les Allemands, Espaignolz et Neapolitains contraires au Roy qui restèrent dudict assault se retirèrent dedans ledit chasteau.

Le mercredy, vingt-cinquiesme jour de février, le Roy en Naples ouyt messe à l'Annunciade, et après le dis

(1) Prosper Colomne.

ner vint au logis de monsieur de Montpencier. Et de là acompaigné de tous les seigneurs du sang alla veoir comment ladicte citadelle avoit esté batue et assiégée, et ce fait fut advisé comment on auroit ledit chasteau. Parquoy l'artillerie du costé de la citadelle fut assiégée, car autre lieu propre n'y avoit. Et ladicte artillerie bien affutée et mise en estat qu'il appartenoit, fut tellement et dépiteusement batue, que tous ceulx qui estoyent dedans, ou la pluspart, furent contrains d'eulx enfouyr et quitter la place, et en eulx en allant bruslèrent et mirent les feulx ès faulx bourgs de ladicte place, où furent destruyctes plusieurs belles maisons. Item le lendemain, qui fut le jeudy, ceulx qui demourez estoient audict chasteau requirent à parlementer : parquoy l'on cessa de tirer l'artillerie, et vindrent pour parler à eux, Engillebert monseigneur de Clèves, comte de Nevers, monseigneur de Ligny (1), le baillif de Dyjon (2) et le grand escuyer de la Royne (3), lesquels demandèrent et requirent ausditz seigneurs que le bon plaisir du Roy fust de leur donner vingt-quatre heures de trèves; qu'il leur fut accordé. Et le lendemain pource qu'ilz demandèrent de sortir leurs bagues saulves, rien ne leur fut octroyé, et incontinent plus fort que par devant, commença la batterie et les approches si merveilleusement, que c'estoit piteuse chose de veoir la ruyne et démolicion dudict chasteau Neuf, lequel estoit fort à merveilles; mais la puissance des faulcons, bombardes, canons, serpentines et bombardelles y firent si horrible déluge, que tout alloit par terre en pièces et en lopins; parquoy ceulx de dedans voyant estre si de près chassez, chargèrent ung mor-

---

(1) Louis de Luxembourg, seigneur de Ligny, fils de Louis, connétable de France.
(2) *Le baillif de Dyjon*, Antoine de Bessey, baron de Trichastel.
(3) *Le grand escuyer de la royne*, le duc de Clèves, frère d'Engilbert.

tier (1), puis mirent le feu dedans, et vint cheoir tout droit sur la nef de l'église des frères mineurs, cordelliers de l'Observance, et rompit ladicte nef sans faire mal à homme ne à femme du monde qui fust en la dicte église, et si en avoit largement de tous costez. Ladicte batterie dura depuis le jeudy jusques au lundy ensuyvant. Et ce dict jour mesme, pour ce que le Roy fut disner en la maison d'ung seigneur de la ville de Naples qui estoit auprès du lieu où l'artillerie avoit esté assiégée, après disner les canonniers et les bombardiers saichant le Roi là où il estoit, et qu'il les pouvoit veoir et adviser, se parforcèrent si très-dépiteusement à tirer et tempester ladicte place du chasteau Neuf, moyennant aussi quelques gracieux dons d'argent que le Roi leur envoya, afin qu'ilz fissent bon devoir, que environ troys heures après disner, ceulx de dedans voyant l'énorme batterie que on leur faisoit de toutes parts, le Roy en propre personne illecques présent, furent contrains de rechief à parlementer et cessa l'artillerie, et parla à eux le comte de Nevers Engillebert monsieur de Clèves, avecques le baillif de Dyjon, et parlèrent en allemant ; lors firent les dessusditz leur demande en la manière qui s'ensuyt : c'est assavoir qu'ilz requéroient sortir leurs bagues saúves, et qu'ilz seroient payez pour troys moys, en servant le Roy s'il luy plaisoit, ou sauf conduit pour leur en aller à leur advanture. Ce parlement dura jusques au mardy, troysiesme jour de mars; et le lendemain, quant les seigneurs vin-

---

(1) M. de Foncemagne (Acad. des inscrip., t. 17) fait remarquer que ce passage tendrait à prouver que l'usage des bombes était déjà connu en 1495, contrairement à l'assertion de Strada, qui avance qu'on s'en servit pour la première fois au siége de Wachtendonck, ville de Gueldres, en 1588. On peut consulter sur cette matière le P. Daniel, *Hist. de la milice franç.*, t. 1, p. 580, et Blondel, *Art de jeter les bombes.*

drent pour sçavoir si ilz se rendroient on non, ils firent responce que si le Roy de Naples ne leur venoit donner secours en la dicte place, ou que il vint en si grande puissance que il combatist le Roy et son armée, dedans le samedy prochain ensuyvant ilz se rendroient et metteroyent les gens du Roy audit chasteau. Et à se faire baillèrent ostaige, c'est assavoir quatre hommes des plus gens de bien que ilz fussent entre eulx; parquoy furent les trèves continuées jusques audit samedy, et ce jour mesme l'on avoit mené une quantité d'artillerie devant un lieu fort, où avoyt une basse-tour assez forte de bonnes murailles, et une grosse tour très-forte qui moult nous estoit nuysible. Lors lesdits ennemys voyant que leur secours ne venoit point, et qu'on recommençoit la batterie pire que jamais contre leurdicte place par assault hardy et furieulx, furent contrainctz de tout habandonner, et se rendirent à la personne du Roy mesme, lequel les rèceut eulx et leurs bagues sauves, en laissant l'artillerie que ilz avoient et les vivres en ladicte place; auquel lieu incontinent mist ses gens et bons capitaines pour la garder.

Le mercredy, quatrième jour de mars, le Roy fist mettre le siége au chasteau de Louve (1), quasi envers le point du jour. Lequel fut merveilleusement batu d'artillerie du costé devers la terre, par ce que l'autre costé estoit devers la mer. Et le Roy ouyt la messe cedit jour aux Chartreux, et disna au logis de monsieur de Clerieux, et après disner alla veoir son siége; et ceulx de l'artillerie, voyant le Roy qui les estoyt venus veoir, commencèrent à tirer plus furieusement que ilz n'avoient encores fait, tellement que pour l'habondance des pierres des tours qu'on abatoit dedans la mer, grant quantité de poisson estant dedans

(1) Le château de l'Œuf, *castel dell'Ovo*, ainsi nommé de sa forme allongée et ovale, construit en 1154 par Guillaume I*er*, roi de Naples.

furent tuez et meurtris. Et environ cinq heures de vespres, ceulx du chasteau demandèrent à parlementer, le Roy estant illec présent ; ce que voulontiers leur octroya. Et envoya par devers eulx monsieur de Fonès et monsieur de Myolan, lesquels allèrent parler à eulx et raportèrent la responce au souper du Roy au chasteau de deçà. Plus est assavoir que en ces jours, à une après disnée, la fille de la duchesse de Malfy, en la présence de sa mère, en ung lieu dit Pouge Réal sumptueulx et magnifique ainsi que dit a esté, icelle fille avoit ung coursier de Peulle (1) et à bride avallée tant qu'il en pouvoit porter, le fist courir et estrader quatre ou cinq longues courses ; et ce faict, elle fist contourner, virer, saulter et pennader ledict coursier aussi bien ou mieulx que eust sceu faire le mieulx chevauchant du monde.

Le jeudy, cinquiesme jour du moys de mars, en Naples, le Roy ouyt la messe aux Chartreux ou Célestins, près de la maison de monsieur de Clerieux, et après disner alla veoir son siége devant le chasteau. Et luy estant audit siége aux trenchées de son artillerie, le prince de Tarente vint par devers le Roy pour parler à luy ; et avoit esté le maistre d'hostel Brillac de devers ledit prince, monsieur de Guyse et monsieur de Ligny, jusques à tant que ledit prince fust retourné de son parlement. Et parla ledit prince au Roy en ung jardin joingnant l'artillerie soubz ung olivier au bout dudit jardin, arrière de toutes gens un petit jet de pallet, ou environ de loin, jusques à ce que le Roy appella ceulx que bon lui sembla. Le Roy estoit monté sur une mulle fauve à tout un harnoys de drap d'or. Aussi avoit vestu ung sayon de drap d'or bordé et bendé de veloux noir, et par dessus ung manteau en escharpe bandé de cramoisy, et des brodequins blancz ; et sur la teste la belle tocque

(1) La Pouille.

d'escarlate et le riche affiquet, aussi son espée au costé, si très-bien acoustré que bien sembloit estre bon gendarme et homme d'entendement exquis.

Le prince de Tarente estoit vestu d'une robbe de velours noir fourré de martres fines et bonnes, d'ung pourpoint de fin satin noir, et ung bonnet noir sur la teste, et tous ses habillemens à la mode de France; aussi avoit des brodequins blancz, et estoit monté sur une petite mulle baye. Et parlèrent ensemble le Roy et luy, environ heure et demye, et fist le Roy moult belle contenance en parlant vertueusement audit prince. Et semblablement ledit prince, bien saigement se contenoit selon leurs paroles.

Après leur parlement tenu, appella le Roy monseigneur de Montpancier, monsieur de Fonès (1), monsieur de La Trimoille, monsieur de Myolan, monsieur de Clerieux, monsieur le mareschal de Gyé, avecque plusieurs aultres, et parlèrent ensemble assez bonne pièce, le guet et les gardes joingnant espécialement les capitaines ad ce ordonnez. Leurs paroles finies, ledict prince print congié du Roy, et s'en retourna en sa gallée qui flottoit sur mer devant nostre siège, et le convoyèrent monsieur de Fonès, monsieur de Clerieux, monsieur de Myolan et d'aultres grans seigneurs par le commandement du Roy. Et quant il fut sur le bord de la mer il print congié desditz seigneurs cy devant nommez, et en ce recommandant à la bonne grace du Roy.

Devant que ledit prince de Tarente fut retourné en sa gallée, ceulx qui y estoient par le commandement du Roy dirent, quant ils furent retournez, les bonnes chères et les grans honneurs que leur firent les seigneurs dudit prince;

---

(1) *Monsieur de Fonès*, Jean de Foix, vicomte de Narbonne, qui épousa Marie d'Orléans, sœur de Louis XII, dont il eut Gaston de Foix, duc de Nemours, tué à la bataille de Ravenne, et Germaine de Foix, seconde femme de Ferdinand le Catholique, roi d'Espagne.

car plusieurs joyeusetez leurs furent monstrées en ladicte galée, ce pendant que le prince parlementoit au Roy. Et de rechief quand il fut retourné en ladicte galée d'aultres choses plus singulières leur monstra, en les festiant honnestement comme bien le sçavoit faire. Finalement print congié dudit prince monsieur de Ligny, monsieur de Guyse avec monsieur le maistre d'hostel Charles de Brillac : lequel avoit eu la charge dudit parlement (1); et iceulx s'en vindrent devers le Roy faisans les recommandations dudit prince au Roy comme il appartient honnorablement. Et cedict jour ne fut tirée artillerie de costé ne d'autre en quelque façon ou manière que ce fust.

Vendredy, sixiesme jour de mars, le Roy ouyt la messe aux Célestins, puis fut disner en la maison de monsieur de Clerieux; ce jour se continuoit en les trèves du chasteau Nove jusqu'au samedy midy. Et ce jour se partirent plusieurs gens du chasteau Nove en grant nombre, entre lesquelz y en avoit plusieurs blessez. Les Espaignolz allèrent au prince de Tharente et les Allemans se vindrent rendre au Roy tous par sauf conduyt, et de ce jour entra audit chasteau, par commandement du Roy, monsieur de Cressol, messire Gabriel de Montfaulcon avec ses archiers, une quantité de ses gens, lesquelz eurent la charge du chasteau et des biens estans audit chasteau en grant nombre, qui est une belle chose à ouyr les biens qui estoient dedans ledit chasteau de toutes sortes et plusieurs façons.

Samedy, septiesme jour de mars, le Roy audit Napples alla ouyr messe à Sainct-Dominicque et disner à son logis, et, luy disné, il alla veoir le chasteau Nove, après que les Allemans et aultres nations furent dehors. Et entra au chasteau à telle compaignie qu'il luy pleut. Et le Roy ayant veu ledit chasteau neuf à son ayse, se partit et vint veoir son

(1) Pourparler.

siége devant le chasteau de l'Ouve, et sur le lac le prince de Tharente vint parler au Roy joignant l'artillerie, dont monsieur de Ligny et monsieur de Guyse estoient en ostaige jusques à son retour. Le parlement fut brief, car il estoit tard; le prince print congié du Roy en sa gallée, et incontinent monseigneur de Ligny et monsieur de Guyse revindrent devers le Roy.

Nota que ce jour le prince de Salerne (1) arriva à Napples, lequel avoit esté fugitif cinq ans pour la crainte du Roy Alphons de Napples, et ce jour trouva un sien petit-filz, que ledit Alphons avoit tenu prisonnier; mais le cardinal Petri ad Vincula (2) l'avoit rachapté et baillé grosse rançon pour luy.

Dimanche, huitiesme jour de mars, le Roy audict Napples ouyt la messe aux Chartreux ou aux Augustins et alla disner chez monsieur de Clérieux, et après disner, le Roy alla jouer en son siége, et là fut faicte la responce que le Roy ne feroit pas ce que les autres demandoient; et fut envoyé le prevost de Paris et l'escuyer Galiot qui les sommèrent d'eulx rendre, ou aultrement on leur monstreroit de beaulx poinctz, ce que l'on fist sans nulle faulte; car, en moins de troys heures, on tira plus de troys centz coups d'artillerie contre ledict chasteau. Et sur le tard, le Roy s'en retourna en son logis en la ville accompaigné de plusieurs grans seigneurs.

Lundy, neufviesme jour de mars, le Roy à Napples ouyt messe à l'Annunciade et disna à son logis, et après disner alla veoir le siége, vit la batterie qui se fist ce jour, et le soir revint en son logis à la ville, et fut grande batterie ce jour merveilleusement, laquelle chose estonna fort ceulx de dedans.

(1) *Le prince de Salerne*, Antoine de San Séverin, qui s'était réfugié en France en 1489.

(2) *Le cardinal Petri ad Vincula*, Julien de la Rovère, depuis pape sous le nom de Jules II.

Mardy, dixiesme jour dudict moys de mars, le Roy ouyt messe aux Chartreux et après la messe alla disner aux tranchées de son artillerie, devant ledit chasteau de l'Oure et disna soubz ung pavillon. Et fut tant batu ledit chasteau de bombardes et gros canons, gros faulcons et grosses couleuvrines qu'ilz abbatirent en la mer l'une des plus grosses tours qui y feust : tellement que on veoit dans ledit chasteau partout, et telle tourmente fut d'ung ton (1) de ladicte artillerie que les gros poissons venoient tous mors sur la mer, par l'impétuosité et l'habondance des grosses pierres qui chéoient dedans.

Mercredy, onziesme jour de mars, le Roy en Napples ouyt la messe aux Chartreux et alla disner aux tranchées dudit siége et fut de rechief tellement batue ladicte place de artillerie que ceulx de dedans ne se sçavoyent où eulx saulver. Et le Roy estant audit siége vit ses gens aller par dessus la chaussée jusques en leur boulevart et se combatirent ensemble tellement que ceulx du dedans envoyèrent quérir des arbalestriers. Mais ainsi que iceulx arbalestriers venoient à ladicte batterie qui se faisoit audict boulevart, ung des canonniers du Roy qui les vit venir, de ung coup de faulcon tua le principal desdictz arbalestriers du chasteau, qui fut merveilleusement bien tiré et droit, pour lequel coup le Roy luy donna et fist livrer dix escus d'or. Alors ceulx du chasteau se saulvoient le mieulx qu'ilz pouvoient ; et en ce faisant ung des gens du Roy nagea au travers de la mer depuis le siége jusques audit chasteau de Louve pour veoir leur contremyne ; mais ceulx de dedans ledict chasteau l'apperceurent, et à force de pierres le chassèrent, car de artillerie ne le pouvoyent-ilz grever, et revint en nostre dit siége ; le Roy voyant toutes ces choses luy donna vingt escuz, et ledit jour fut tiré plusieurs coupz de

(1) *Ton*, bruit.

mortiers et de bombardes, tellement que une de noz bombardes se rompit et tua ung Ytalien des nostres dont ce fut dommage, et avecques ce bleça plusieurs aultres de nos gens; et, ce fait, s'en retourna le Roy en son logis.

Jeudy, douziesme jour dudit moys de mars, le Roy ouyt messe au chasteau et disna en son siége, et fut ce jour le chasteau tant batu d'artillerie bas et hault qu'il convint au capitaine estant audit chasteau, sortir pour venir parler au Roy en son siége à genoulz, la teste nue, qui estoit un bel homme, les chéveulx tous blancz, à mains joinctes il requist avoir trèves jusques au lendemain; ce que le Roy luy octroya : pourquoy furent avec le capitaine dudit chasteau le prince de Salerne et le mareschal de Gyé pour parlementer à ceulx dudit chasteau et allérent par mer avec ledict capitaine.

Vendredy, treiziesme jour, le Roy ouyt la messe aux Chartreux et disna ausdictes tranchées de son siége. Et après disner monsieur le prince de Salerne et monsieur le mareschal de Gyé menèrent le cappitaine Claude de la Chastre avec son filz, des archiers de la garde audict chasteau de par le Roy jusques ad ce que le Roy y mist capitaine. Et depuis le Roy ordonna le capitaine Claude de Rabandaiges et monsieur de Lavernade avec certain nombre de gens requis par eulx. Et depuis s'en vint et sortit ledict capitaine Claude et son filz devant nommez et ses gens sans riens oster de ladicte place, fust de vitailles ou autres choses.

Samedy, quatorziesme jour de mars, le Roy ouyt la messe au mont D'olivet, et disna chez monsieur de Clerieux.

Dimanche, quinziesme jour de mars, le Roy audit Napples ouyt la messe à l'Annunciade, et ne bougea du chasteau de Capouane, sinon pour aller ouyr la messe, jusques au dimanche vingt-deuxième jour dudit moys, en recevant les fidellitez et hommages des princes et princesses du royaulme, ensemble des aultres seigneurs et nobles hommes, tant de la ville de Napples et terre de Labeur, de Calabre, de Poille, que d'aultres pays qui ne sont cy nommez, subjectz audit royaulme.

Lundy, le Roy audit Napples alla ouyr messe à l'Annunciade, et après disner alla jouer à Pouge Réal, et devant luy la fille de la duchesse de Malfy, comme cy devant a esté escript, fist mille pennades saulx et courses sur ung grant coursier de Poille, laquelle chose estoit merveilleuse à veoir d'une fille faire ses choses si oultrageuses, et cuyde que au siège de Troye la grant, les dames qui vindrent au secours desditz Troyens n'eussent sceu faire la centiesme partie des choses qu'elle faisoit.

Le mardy, le Roy ouyt la messe au mont d'Olivet et disna au chasteau de Capouanne, en recepvant d'aultres gens en fidélité et hommaige, et estoit estably le lieu où l'on faisoit la chancellerie, comme en France, et président en estat, comme monsieur le président de Guesnay, monsieur le chancellier et les secrétaires du Roy soubz luy, ayant seaulx grans et petis, à queue simple et double, queues donnant graces et rémissions ainsi qu'en France, aubaines et forfaictures, ordonner coing à monnoye d'or, d'argent et aultre métal en plusieurs sortes comme escutz, ducatz à double, non double, coing du Roy nouveau fait de par luy, les armes de France d'ung costé, et les armes de Cecille d'aultre part, à croisette de Jhérusalem. Oultre, le Roy mist et fist pour lors de la monnoye, nouveau maistre, Moreau; aux dommaines maistre nouveau; aussi en tous estatz à son vouloir et plaisir, aussi il fist don à ses gens des offices des pays cy devant nommez, tant aux seigneurs, capitaines, gentilz hommes, gensdarmes, que à ses officiers, et tout passe par la court de la chancellerie chez le Roy comme au royaulme de France.

Le mercredy, vingt-cinquiesme jour dudict moys, le Roy ouyt la messe à Sainct-Pierre, qui estoit le jour de la Nostre-Dame, joignant son logis, et alla disner à sondit logis, et ouyt vespres à Nostre-Dame-de-Consolation ; et ce jour vindrent les nouvelles que Gayette estoit prinse.

Jeudy, vingt-sixième jour dudit moys, le Roy en Napples ouyt la messe à Sainct-Jehan ; ce jour monsieur le séneschal de Beaucaire repartit de Napples, et alla prendre la possession dudict Gayette.

Vendredy, vingt-septième jour de mars, le Roy audict Napples ouyt la messe à l'Annunciade, et après disner alla jouer à Pouge Réal.

Samedy, vingt-huitième jour de mars, le Roy ouyt la messe à Nostre-Dame-de-Consolation, et disna à son logis et alla veoir la muraille neufve d'autour Napples par aucuns lieux.

Dimanche le Roy audit Napples, le vingt-neuviesme jour dudict moys, alla ouyr la messe à l'Annunciade, et disner à son logis, après disner alla jouer à Pouge Réal. Et ce pendant que le Roy estoit audit Pouge Réal, le fol du Roy de Napples, nommé messire Jehan, monta sur une des tours du chasteau de Capouanne, au logis du Roy, et en se jouant print un aix, en recullant arrière, l'aix fut plus pesant que ledict fol, parquoy elle l'emporta du hault en bas, et se tua, dont le Roy fut moult courroucé, et ledict jour furent criées les jouxtes en la grant place, près le Chasteau Neuf, aultrement dit Castel Nove.

Lundy, trentiesme jour de mars, le Roy en Naples alla ouyr la messe à Nostre-Dame-de-Consolation, et disna en son logis, et après disner alla jouer à Pouge-Réal.

Mardy, trente-un et dernier jour de mars, le Roy, audit Naples, ouyt la messe à Sainct-Pierre, et après disner alla jouer audit Pouge-Réal.

Mercredy, premier jour d'avril, le Roy, en Napples, ouyt la messe à l'Annunciade. Ceste matinée ung povre homme des champs monta sur ung puis pour monter sur son chevail; sondict cheval se tira tout à coup près dudit puis si soudainement que ledist homme cheut en icelluy puis et fut noyé, et fut cela joignant le chasteau dudit Capouanne; et après disner le Roy alla jouer audit Pouge-Réal.

Jeudy, deuxiesme jour d'avril, le Roy, en Naples, ouyt messe à l'Annunciade, et alla disner en son logis; et après disner, alla jouer chez monseigneur de Clérieux.

Vendredy, troisiesme jour d'avril, le Roy, audit Naples, ouyt messe à l'Annunciade et disna à son logis. Et après disner alla jouer chez monsieur de Montpencier.

Samedy, quatriesme jour d'apvril, le Roy, audit Napples, ouyt la messe à l'Annunciade et disna en son logis; et, après disner, alla jouer devers la mer du costé du marché, en tirant contre Calabre.

Dimenche, cinquiesme jour d'apvril, le Roy, audit Napples, ouyt la messe à Sainct-Pierre et disna dedans son logis, puis, après disner, alla jouer à Pouge-Réal.

Lundy 6, mardy 7, mercredy 8 et jeudy 9 dudict moys, le Roy ouyt messes en plusieurs lieux; et en ces jours il alla veoir les douannes, tant de marchandise que ès aultres douannes où l'on faisoit les gallées et galliennes, nefz et navires et où on forgeoit choses appartenantes ausdictes navires.

Vendredy, 10 dudict moys d'apvril, et samedy 11, le Roy ouyt la messe à Sainct-Dominique et disna en son logis, et après disner, alla veoir ramener son artillerie du siége et celle qui avoyt esté prinse et trouvée ausdictes places de Naples dont la plus part fist amener en France. Et en ces jours monsieur d'Aubigny partit de Napples pour aller en Calabre, accompaigné de ses gensdarmes et Allemans qui estoient en grant nombre.

Dimenche, 12 d'apvril, le Roy, en Naples, ouyt la messe à Sainct-Jehan, disna en son logis, et, après disner, alla jouer à Pouge-Réal.

Lundy, 13 d'apvril, le Roy ouyt la messe au Mont-d'Olivet et aussi disna chez monsieur de Clérieux.

Mardy, 14 d'apvril, le Roy, en Napples, ouyt la messe aux Cordelliers et disna chez monsieur de Montpencier. Et ce jour les navires vindrent de France en Napples à grant triumphe dont le bon Roy fut moult joyeulx et tous les Françoys.

Mercredy, quinziesme jour d'apvril, le Roy, en Napples, ouyt la messe à l'Annunciade où il se confessa, et guérist les mallades des escrouelles, et estoient lesdictz mallades en grant et merveilleux nombre de toutes parts des Ytalles comme Lombars, Ytalliens, Vényciens, Néapolitains, Peullois, Pruciens et d'aultres nations, ensemble d'aultre monde de toutes gens que c'estoit belle chose à les veoir; et ceulx des marchés de par de là faisoient grant estime et grant compte de celle dignité. Ce jour, messire Virgille et le conte de Pétillane vindrent au Roy après leur prinse.

Le jeudy absolu, seiziesme jour d'avril, le Roy, à Naples, ouyt le service à Sainct-Jehan, qui est une église que les Roys de Cecille ont fondée, moult riche et belle, et le Roy fist céans sa cène, moult dévotement comme en France, à treize povres et à chascun son disner, ainsi qu'il est de coustume et 13 escuz d'or. Et fist le sermon ung très-notable docteur de Paris nommé monsieur Pynelle; aussi fut la grant messe chantée par maistre Robinet, chanoyne de Rouan.

Le lendemain, qui estoit le grant vendredi, le Roy fut au service audict Sainct-Jehan, et prescha monseigneur

(1) *Le jeudi absolu*, le Jeudi Saint.

Pynelle devant dit, aussi fist le service ledict maistre Robinet. Et disna le Roy céans.

Samedy, 18 d'apvril, veille de Pasques, le Roy ouyt le service audit lieu de Sainct-Jehan, à faire l'eaue bénoiste, et fut la grant messe chantée par monseigneur de Sainct-Malo (1); et disna le Roy céans.

Dimenche, 19 d'apvril, jour de Pasques, le Roy fut confessé à Sainct-Pierre, joignant son logis, et toucha les malades des escrouelles pour la deuxiesme fois, qui fut belle chose à veoir mesmement à ung tel jour, dont la seigneurie de Naples se donnoit grant merveille; et, après les malades touchez en ceste dicte église, le Roy alla à Sainct-Jehan à la grant messe et service, et fist le service monsieur de Sainct-Malo; et disna le Roy céans. Et après disner alla au sermon que fist ledit seigneur Pynelle; puis ouyt vespres, souppa audict Sainct-Jehan et coucha en son logis.

Lundy, vingtiesme d'avril, le Roy, en Naples, ouyt la messe à l'Annunciade, et disna en son logis, et ne bougea de son logis.

Mardi, 21 d'avril, le Roy, en Napples, ouyt la messe à Nostre-Dame-de-Consolation, disna en son logis et n'en bougea.

Mercredy, 22 d'apvril, le Roy, en Napples, ouyt la messe au Mont-d'Olivet, et disna chez M. de Clérieux, marquis de Coteron. Et après disner alla ledit Roy aux lices où se devoient faire les jouxtes, et là trouva le Roy plusieurs grans seigneurs, tant de Florence que d'Ytalie, et des dames du pays, espécialement de Napples; et furent faictes lesdictes jouxtes en une grant rue près le Chasteau-Nove, devant une église fondée des roys de Cecille, c'est assavoir de ceulx d'Anjou. Et durèrent lesdictes jouxtes dès le mercredy 22 d'avril jusques au premier jour de may, et se

(1) *Monseigneur de Saint-Malo*, Guillaume Briconnet.

nommèrent, les tenans du dedans desdictes jouxtes, Chastillon et Bourdillon.

Au regard des deffendans du dehors le nombre est incongneu, car c'estoit à tous venans pourveu que ce fussent gentilz hommes de toutes lignées. Durèrent lesdites jouxtes le temps cy-dessus escript, sans mal faire, sans noise, sinon à une après disnée, quelque noyse se esmeut entre les tenans desdits jouxstes et quelques Allemans; toutesfois le Roy voyant le bruyt, y alla en personne et appaisa tout; puis joustèrent comme devant, et fut nécessité que le Roy y allast; et furent finies lesdictes jouxtes par monseigneur de Dunoys, cousin du Roy à cause de sa mère, et par l'escuyer Galliot, à présent capitaine.

Samedy, deuxiesme jour de may, le Roy alla ouyr la messe à l'Annunciade et disner en son logis. Puis après disner alla jouer à Pouge-Réal.

Dimenche, 3 de may, le Roy en Napples ouyt la messe à Sainct Genny (1), qui est la feste de la grant église cathédralle, où il y eut grant assemblée de prélatz, tant cardinaulx comme évesques et autres prélatz, constituez en dignitez, et en icelle église fut monstré au Roy le chief dudit Sainct-Genny, qui est une moult riche chose à veoir, digne et saincte. Quant le Roy fut devant le grant autel, on alla quérir de son précieux sang en une grande ampole de verre, et fut monstré au Roy, et luy bailla l'on une petite verge d'argent pour toucher ledict sang qui estoit dedans l'ampole de verre dur comme une pierre, ce que le Roy toucha de la verge d'argent, laquelle fut mise sur l'autel devant le chief dudict glorieux sainct; incontinent commença à eschauffer et à mollir comme le sang d'ung homme en l'heure bouillant et frémissant, qui est ung des grans miracles que jamais homme vit, dont tout le peuple françoys, tant

(1) *Sainct Geny*, sainct Janvier.

nobles que autres, se donnoient grant merveilles de ce veoir, et disoient les seigneurs de Napples, tant de l'église que de la ville, que par ce précieulx chef et sang avoient congnoissance de beaucoup de requestes envers Dieu, car quand ilz faisoient leur prière, et celle estoit bonne, le sang amollissoit, et si elle n'estoit de bonne requeste, il demouroit dur. Aussi par ce sang avoyent la congnoissance de leur prince, s'il devoit estre leur seigneur ou non.

Lundy, 4 de mai, le Roy en Napples ouyt la messe à l'Annunciade et disna en son logis, et ès jours précédens il envoia maistre Jehan Duboys-Fontaynes et le maistre d'hostel de Bresse pour mettre les biens qui estoient au chasteau Nove par inventoire, car moult en y avoit de toutes sortes. Tout premièrement il y avoit grant nombre de bledz, tant fromens, orges, mil blave, poys, febves que aultres grains et vivres : oultre plus y avoit grant nombre de vins de toutes sortes comme vin grec, vin bastart, vin de Grenade, vin latin, vin de Sainct-Severin que vin aigre en grant nombre, puis y avoit lars et aultres huylles, gresses de toutes sortes, largement appotiquairerie la plus belle du monde. En tout Paris n'en a point autant, et de toutes sortes de drogues servantes à ladicte appotiquairerie. Audit chasteau a bon puis et source de fontaines, aussi avoit drap d'or, drap d'argent, veloux, satins cramoisiz, camelotz, taffetas et de toutes autres sortes de drap de soye en grant nombre. Au regard des draps de layne, il y en avoit en grant quantité, comme escarlate de Paris, Florence, de Millan que aultres draps d'Angleterre, de Perpignan et d'aultres sortes en grant nombre, semblablement y avoit de beaulx draps de soye et de lin d'estranges sortes et de Flandres inumérablement, de litz sans nombre, de fin duvet, de fines toilles tant de Holande, de France que de toutes aultres contrées. Item y avoit toutes aultres toilles tainctes comme bougrans, futaines de toutes sortes, de sarges et sayettes de toutes couleurs ung nombre infiny, aussi force laines fines et moyennes, cotons, chanvres et fils de toutes sortes, grant nombre de tapisserie fort riche et de diverses manières, tentes, pavillons, courtines, cielz, franges; la plus part de drap d'or, d'argent, de veloux, de cramoisy et les moindres de soye, tappis, veloux de Turquie, de Chippre, de Venise et de toutes sortes en grant nombre, tant es chappelles comme es chambres, salles et autres lieux où le Roy se alloit jouer à son privé. Aussi de cuyrs il y en avoit de toutes façons du monde, c'est assavoir cuyr de bœufz, cuyr de vaches, cuyr de buffles, cuyr de cerfz, de bisches, de chevreaulx, marroquins, corduoans, basannes, cuyr de cheval blanc et corroyé, cuyrs tannez de toutes sortes à faire bardes, selles d'armes, harnoys de chevaulx et mulles innumérablement et de toutes aultres sortes. Aussi y avoyt des selles de toutes façons et manières, tant pour jouxtes, pour armes, pour coursiers, pour genetz, pour haquenées, pour mulles et mulletz, plus que jamais homme n'en vit en maison du monde. Oultre plus il y avoit deux chambres plaines d'estriers et d'estrivières de toutes sortes; il y avoit deux aultres chambres plaines de mors, de brides à chevaulx pour coursiers, chevaulx moyens, pour mulles et mulletz, fournies d'estrilles. Aussi y avoit deux aultres chambres plaines d'arbalestres d'acier, montées et à monter et une aultre chambre plaine de tous traitz et d'arcz de fin yf, guindaz, carquoys, cordaiges de toutes sortes. Item il y avoit une chambre plaine de coulevrines fournies de boulles et de pouldre sans nombre. Item il y avoit une grant salle plaine de harnoys blans de toute manière. Item il y avoit une chambre toute pleine de rapières à monter et montées, javelines, pertisaynes et cousteaulx.

Au regard de l'artillerie tant y en avoit que c'estoit une horrible chose à veoir; fournie de souffre, de salpaistre, plomb et métal, et sans nombre d'aultres choses sumptueuses y avoit en icelle maison et chasteau comme ès chappelles et aultres tant ymaiges, hystoires, d'alebâtre fin que de marbre, aussi d'or et d'argent que c'estoit merveilleuse chose. Aussi il y avoit du cristallin de Venise, tant en couppes, en bassins, esguières que autres choses sumptueuses de toutes couleurs ouvrées que c'estoit moult grant chose. Plus y avoit de toutes manière d'ouvraiges tant de terre de Venise que d'aultres lieux, armoyées des armes du Roy et de la Royne une grant riche besongne qui valloient mieulx tant les choses cristallines que les aultres choses faictes de verre que de chose de terre de 20,000 ducatz, et croy que à l'heure que le Roy Alphonce se partit de celle place, que c'estoit la maison la plus riche du monde et la mieulx fournie de tous biens. Et au surplus, je croy qu'en la maison du Roy, de monsieur d'Orléans et de monsieur de Bourbon ensemble, n'y a pas autant de biens qu'il y avoit là dedans pour lors. Aux regard de la vaisselle d'or et d'argent il y en avoit ung grant nombre merveilleusement.

Mardy, cinquiesme jour du moys de may, le Roy en Naples ce jour ouyt la messe à Sainct-Pierre et disna en son logis. Et, après disner, fut coupée la teste d'ung Ytalien, qui avoit tué un paige des Françoys et mengé son cueur: dont plusieurs Ytaliens et Neapolitains furent moult honteux de ce reproche et honte advenue à ceulx de leur nation.

Mercredy, sixiesme jour de may, le Roy en Naples ouyt la messe au Mont-d'Olivet, et disna en l'hostel de monsieur de Clairieux. Et ce jour le Roy donna les galées neufves faictes en la douanne de Naples, l'une desquelles eut monsieur le séneschal et l'autre messire Gracien de Guerre. Aussi, ce jour mesme, fut mise celle de monsieur le séneschal en mer, bien fournie d'artillerie et bien équippée au demourant.

Jeudy, septiesme jour de may, le Roy en Napples alla ouyr la messe à l'Annunciade. Après disner alla jouer aux douannes où se faisoient de grans gallées et galliaces, et cedit jour messire Gracien de Guerre tira sa gallée hors de la douanne à force de gens et la mist en mer en grant triumphe, bien artillée et équippée de toutes choses.

Vendredy, huytiesme jour de may, le Roy en Napples, ce jour ouyt la messe à Nostre-Dame de la Cité, à deux mille de Napples, fondée de sainct Augustin, et en celle église a merveilleusement de vœux apportez, tant des villes d'Ytalie que de dessus la mer, que est une belle et noble église. Et disna le Roy audit couvent bien content des religieux, et le remercièrent de l'honneur qu'il leur avoit fait de les estre venu veoir, et au partir de l'église le Roy alla par sur le bord de la mer jusque au commencement de la Montaigne de la Grotte que Virgile fist percer bien subtillement, car celle montaigne est moult haulte joignant de la mer et n'y a aultre chemin selon le train de la mer que celuy-là (1).

La haulteur du commencement de ladicte grote, c'est-à-dire de la caverne ou du pertuys est de la haulteur plus que ung homme d'armes à cheval, la lance sur la cuysse et y peult ou quatre ou six hommes d'armes de front, et dure ung quart de lieue de long. Aux entrées et yssues fait cler, et au meillieu obscur ung petit, et dient ceulx du pays

---

(1) Le chemin ou grotte de Pausilippe, qui perce la montagne de ce nom, dans une étendue de 2,123 pieds. Une antique tradition, conservée parmi le peuple de ces campagnes, attribuait à Virgile la construction de cette galerie souterraine.

que jamais ne fist nul mal en ladicte grote ne soir ne
matin, et ont de coustume qu'ilz tiennent le costé de la
mer, à quelque heure que ce soit ou à l'aller ou à venir et
jamais ne se fait nul mal qui est céans une grant merveille à le veoir et l'ouyr conter. Oultre celle grote à ung
beau pays plain, assez loignent de la mer, joignant aux
montaignes tout plain d'orengiers, oliviers, prez, froment,
arbres, poyriers, pommiers; et après ce petit plain pays
l'on va en une petite ville sur le bord de la mer, près d'une
autre ville qui est périe en la mer. Et passa le Roy lesdites
grotes bien accompaigné, tant de grans seigneurs que ces
gentilz hommes et ses gardes, et vint prendre son vin près
d'icelle petite ville cy devant nommée. Et ung petit arrière de là est le lieu où l'on fait le souffre en une grant
montaigne moult fort; et celle montaigne tousjours art sans
feu, et vit le Roy faire le souffre en sa présence, tant bou-
teilles dudit souffre que aultres choses que s'en font et sont
aucunement médicinables quant au corps de l'homme. Aussi
fut monstré au Roy tout ledit lieu que est merveilleux à
veoir à gens qui jamais ne le virent.

Item en la plaine d'icelle montaigne et souffrerie a deux
sources de eaue dont l'une est chaulde et noire comme en-
cre, et boult comme une grande chauldière sur le feu;
l'autre source est blanche et froide et boult comme l'autre;
En icelle valée est trou merveilleux, car d'icelluy trou
sault ung merveilleux vent, lequel est si fort et si puissant
au sortir dudit trou qu'il soustient pierres, bois et tout ce
que on luy gecte dedans ledit trou, sans brusler et est
moult chault, et disent aucuns des pays de par delà que
quant on mect des œufz cuyre en celle eaue, dessus nommée quelque garde que on y face, on en pert ung.

Item, après ce lieu, le Roy alla à ung aultre lieu moult
noble et de grant excellance là où on fait l'alun de roche;

et vit le Roy la façon et chauldière et l'eau qui se convertit en pierre et forme sel. Après celuy lieu le Roy vint en ung aultre val où il y a ung grant lac large, long et profond d'eaue froide et joignant cedit lac à des estuves, et chauldes et seiches, sans aulcun feu : fors la chaleur de la montaigne qui est belle chose à veoir, car tout se fait sans artifice. Après toutes lesquelles choses, fut monstré au Roy ung trou tout rond dedans l'une des montaignes joignant ledict lac qui est une chose merveilleuse et douteuse ; car incontinent qu'une chose y est mise, incontinent elle prend mort, et devant le Roy fut illec le cas expérimenté, car on y gecta ung asne vif que subitement mourut et un chat pareillement. Et croy que c'est ung lieu sathanique ou gouffre infernal. Toutes ces choses vueues, le Roy vint coucher en Napples, en son logis, et repassa les grotes.

Samedy, 9 de may, le Roy, en Napples, ouyt la messe aux Chartreux, de hault sur une montaigne dont l'on voit tous les chasteaux de Napples et la mer ; aussi toute la ville de Napples et Pouge-Real, et vindrent au devant de luy tous les religieux revêtuz de chappes, moult bien riches, portans plusieurs dignes relicques et luminaires. Et, à l'entrée du couvent, ilz luy firent grant honneur et révérence, puis le menèrent à leur église à grant joye et solennité. Et après la messe ouye, le Roy disna audit couvent et fut montré au Roy une table longue et large que le Roy Alphonce avoit fait faire pour luy, mais en ce temps ung des religieux prophétisa et dist que ce seroit pour le Roy de France et que jamais le Roy Alphonce ne y mangeroit ne le Roy Ferrant aussi. Et après disner, le Roy alla veoir une place forte joignant desdictz Chartreux, puis s'en retourna coucher dedans Napples.

Dimenche, dixiesme jour du mois de may et le lundy,

unziesme dudit moys, le Roy, audict Napples, fist faire les préparatifves de son entrée.

COMMENT LE ROY FIST SON ENTRÉE DEDANS NAPPLES, ET QUEL HONNEUR ON LUY FIST, ET COMMENT IL DISPOSA DE SES AFFAIRES.

Mardy, douziesme jour de may, le Roy, en Napples, ouyt la messe à l'Annunciade; et, après disner, il s'en alla en Pouge-Real, et là se assemblèrent les princes et seigneurs tant de France, de Naples, que des Ytalles, pour accompaigner le Roy à faire son entrée dedans Napples comme Roy de France, de Cecille et de Jhérusalem. Ce qu'il fist à grant triumphe et excellence en habillement impérial, nommé et appellé Auguste (1), et tenoit la pomme d'or ronde en sa main dextre, et à l'autre main son ceptre, habillé d'ung grant manteau de fine escarlate, fourré et moucheté d'ermines, à grant collet renversé, aussi fourré d'ermines, la belle couronne sur la teste, bien et richement monté et houssé comme à luy affiert et appartient. Le poille, sur luy, porté par les plus grans de la seigneurie de Naples, accompai-

(1) Ce fut en vertu de la cession qu'André Paléologue avait faite de ses droits sur l'empire de Constantinople à Charles VIII que ce monarque fit son entrée à Naples, revêtu des ornemens impériaux. Cette cession fut faite par l'entremise du cardinal de Gurk, et l'acte en fut dressé le 6 septembre 1494. On peut lire cette pièce curieuse dans le tom. 17 des Mém. de l'acad. des inscriptions, p. 572. Plusieurs historiens ont en outre avancé qu'Alexandre VI avait déclaré Charles VIII empereur de Constantinople, mais il est à remarquer que Burchard et André de la Vigne, qui assistèrent l'un et l'autre à la messe pontificale, où l'on prétend que le roi fut proclamé empereur, ne disent pas un mot de cette circonstance. Au reste, André Paléogue disposa une seconde fois de ses droits sur l'empire de Constantinople comme d'un bien dont il ne s'était jamais dessaisi. Par son testament du 7 avril 1502, il fit une semblable donation aux rois de Castille dans la personne de Ferdinand et d'Isabelle.

gné à l'entour de luy, de ses laquaiz, tous habillez richement de drap d'or. Le prevost de son hostel, luy aussi, accompaigné de ses archiers, tous à pied ; monsieur le sénéchal de Beaucaire, représentant le connestable de Napples, et, devant luy, estoit monsieur de Montpencier, comme vis-Roy et lieutenant-général ; monsieur le prince de Salerne avecques d'aultres grans seigneurs de France, chevaliers de l'ordre et parens du Roy, comme monsieur de Bresse, monsieur de Foues, monsieur de Luxembourg, Loys, monsieur de Vendosme et grant nombre d'aultres seigneurs, lesquelz seigneurs dessus nommez estoient habillez en manteaulx comme le Roy. Monsieur de Piennes, avecbues le maistre de la monnoye, audit Naples, eurent la charge d'aller par toutes les rues de ladite ville de Naples pour faire serrer noz gens tant de guerre que autres, affin de laisser approucher ceulx de Naples en espécial ès cinq lieux et places où se vont jouer et solacier les seigneurs et dames dudit Naples, à toutes heures que bon leur semble. En cesdictz lieux estoient les nobles de Naples, leurs femmes et aussi pareillement leurs enfans, et là, plusieurs desditz seigneurs, en grant nombre, présentoient au Roy leurs enfans de huyt, dix, douze, quinze, seize ans. Requérans que il leur donnast chevallerie et les fist chevalliers à son entrée de sa propre main, ce qu'il fist que fust belle chose à veoir et moult noble, et leur venoit de grant vouloir et amour. Comme dit est ledit seigneur de Piennes et maistre de la monnoye alloit ès dictz lieux ci-devant nommez pour faire lieu ausditcz seigneurs de Napples. Au regard de la compaignie que le Roy avoit avec luy, c'estoit la plus gorgiase chose et la plus triumphante qu'on vit jamais, car il avoit avec luy grans seigneurs, chamberlans, maistres d'hostelz, pensionnaires et gentilz hommes sans quatre centz archiers de sa garde, deux centz arbalestriers, tous

à pied, armez de leurs habillemens acoustumez. Jehan
Dausnoy estoit armé de toutes pièces, avec ce avoit ung
sayon de cramoisy découppé bien menu sur son dit harnoys, monté sur ung grant courcier de Peuille, bien bardé
de riches bardes, et disoient ceulx de Napples, que jamais
n'avoient veu si bel homme d'armes. Après que le Roy eust
esté en les cinq lieux ci-devant nommez, où il y avoit plusieurs enfans des seigneurs de Napples et d'aultres seigneurs
circonvoysins qui estoient venuz en ladicte entrée du Roy
pour estre faictz chevalliers de sa main. Il fut mené en la
grande et maistresse église de Napples au maistre autel.
Et sur l'autel de ladicte église, estoit le chief de monsieur
sainct Genny et son précieulx sang de miracle, qui avoit
esté autres fois monstré au Roy, comme ci-devant a esté
déclairé assez au long. Et en ycelle église devant ledit
autel, le Roy fist le serment à ceulx de Naples; c'est assavoir, « de les gouverner et entretenir en leurs droits. » Et
sur toutes choses il luy prièrent et requirent franchise et
liberté. Ce qu'il leur octroya et donna, dont lesdictz seigneurs se contentèrent à merveilles et firent de grans so-
lennitez tant pour sa venue que pour le bien qu'il leur faisoit. En ladicte église fut assez bonne pièce, car les seigneurs de l'église y estoient aussi tous acoustrez de leurs
riches ornemens, lesquelz semblablement firent leurs requestes et demandes au Roy, touchant leurs cas particuliers. Ausquelz le dit seigneur, comme débonnaire et humain, leur fist et donna responce à tout, en façon telle
qu'ilz se tindrent pour contens. Puis tout ce fait et ordonné
en la façon et manière que dit est, et de là se partit et s'en
alla le Roy, et alla souper et coucher en son logis.

Les mercredy, jeudy, vendredy, samedy et dimenche, le
Roy, estant audit Napples, receut plusieurs ambassades des
villes, tant de Calabre, de la Pouylle que de Prucc, touchant le

faict de leur gouvernement, et sçavoir qui devoit demeurer audict pays pour leur gouverneur et vis-Roy comme il estoit de raison. Et disna ce dimenche au Chastel-Nove, dit le Chasteau-Neuf.

Le lundy, 18 de may, le Roy, en Napples, ouyt la messe à Nostre-Dame-de-Consolation et disna en son logis, et puis alla souper au Chastequ-Neuf, dit Chasteau-Nove, où il y eut ung grant bancquet que le Roy fist aux nobles et princes du pays cy-devant nommez, et soupa en la grant salle dudit chasteau, où l'on monte à plusieurs degrez de pierre, et fut servy par le grant séneschal de Napples, tout à cheval, habillé tout de blanc en tous ses metz et force trompettes et clairons. Aussi soupperent lesdictz princes et seigneurs en ladicte salle ou souppoit le Roy et estoient en deux tables, les seigneurs au soupper tant de France que d'Ytalie. Et après soupper, le Roy print le serment desdictz pays, puis s'en alla coucher en son logis.

Mardy, 19 de may, le Roy ouyt messe aux Cordeliers de Napples, et disna en l'hostel du prince de Salerne, ung beau et noble lieu, car il est fait à pointe de pierre, en façon de dyamans où il y eut grant triumphe.

COMMENT LE ROY SE DISPOSA DE S'EN RETOURNER DE NAPPLES EN FRANCE.

Le mercredy, vingtiesme jour de may,
Pource qu'à Napples avoit grant pièce esté.
De retourner fut ce jour en esmay.
Pourquoy soubdain fut son ost appresté.
Lors pour avoir seur eulx la majesté
Il leur laissa monsieur de Montpencier (1),
Pour leur régent, notable justicier.

(1) Gilbert de Bourbon.

Puis print congé de toute la noblesse.
Adonc de hait, monté sur son courcier,
Il s'en alla, ce soir, au gist à Verce.

Ledit mercredy, comme dit est, en grant triumphe et solempnité, le Roy ouyt la messe à l'Annunciade, puis alla disner, et après disner tous les princes et seigneurs, tant de France, de Naples que aultres pays, vindrent au logis dudit seigneur pour prendre congié de luy et eulx tous ensemble en une grant salle. Après tout conseil tenu et que leur congié fut prins, il print aussi débonnairement et humainement congié d'eulx et de tous ceulx du pays qui là estoient, en leur présentant monsieur de Montpencier pour leur Roy, maistre, seigneur et gouverneur en son absence. Et de ceste heure, lesdictz seigneurs et aultres du dit royaulme de Napples, le receurent et acceptèrent pour vis-Roy, et régent et gouverneur dudit royaulme de Napples. Et ce faict, conclud et par achevé, après tous congiez prins, comme dit est, à belle et noble compaignie triumphalement acoustrée, tant de seigneurs, gentilz hommes, gensdarmes, Souysses, allemans que aultres gens. Ce jour, le mercredy, 20 du moys de may, il fut au giste à Verce.

Le lendemin, soubdain après la messe,
Sans la tenir petite ou grant estape,
Moult bien en point se partie de Verce
Et s'en alla en la ville de Cape (1).
A tous venans on fist mettre la nappe,
Et si eut-on des vivres grant largesse.
Le vendredy, quant il eut ouyt la messe,
Avec son ost légièrement et viste
Il s'en alla chez l'évesque de Cesse (2)

(1) Capoue.
(2) *Cesse*, Sessa, petite ville à trois lieues de Capoue.

Disner, souper et là prendre son giste.
Le samedy, sans faire trop grant traicte
Cuydant passer au bac sur la rivière,
Comme il venoit pour repaistre à Gayette,
Ledit chasteau se rompit par derrière ;
Parquoy à Cesse s'en retourna arrière
Et de rechief y disna et souppa
Ou à donner sur ce ordre s'occupa ;
Mais le dimenche, qui fut le lendemain,
Sans nul dangier ung chascun eschappa
Et s'en vint on coucher à Sainct-Germain (1).

De Sainct-Germain, le lundi ensuyvant,
Dedans Pont-Corve alla bande sienne,
Et le mardy, la fist tirer avant
Pour s'en aller coucher à Cyprienne,
Petite ville assez praticienne.
Le mercredy, en ordonnance bonne,
Son giste fut au lieu dit Forcelonne,
Ville interdicte de populaire vague
Tant fut contre son évesque félonne.
Et le jeudy, il s'en vint à Lyague.

Forcelonne en ce temps estoit interdicte de nostre Sainct Père le Pape, pource que les citains dudict lieu avoient tué et couppé les bras de leur évesque, lequel estoit natif d'Espaigne ; et la cause fut pource qu'il vouloit formellement tenir le party du Roy Alphons de Napples, encontre le Roy, lequel n'eust point ouyt messe cedit jour, se ne n'eust esté la puissance qu'il avoit de faire chanter en tous lieux où que bon luy sembloit.

Le vendredy, son ost de grant Renom,

(1) Saint-Germano, ville de la terre de Labour, au pied du mont Cassin, à dix-neuf lieues de Capoue.

En fait de guerre soubdain et valeureux,
Au giste vint dedans Valle-Monton,
Qui estoit traistre, souspeçonneux ;
Car là avoit force gens noz haigneux
Au bois estoient du pays les paysans,
Comme courcez et trop fort desplaisans
Dont l'on avoit Montfortin fulminé ;
Mais touteffois, maulgré leurs motz cuisans,
Le samedy l'ost fut à Marigné.

Le dimenche, trentiesme et dernier jour
Du moys de may, pour en parler en somme,
A Marigné print soulas, et ce jour,
Chez ung expert couleuvrinier, bon homme.
Et le lundy, il entra dedans Romme,
Ayant des gens innumérablement,
Et fut logé moult honorablement
Dedans l'hostel, sans question ne guerre,
Du cardinal du tiltre Sainct-Clément,
Qui n'est pas loing de l'église Sainct-Pierre.

Comme dit est, ce lundy, premier jour de juing, le Roy entra dedans Romme à son retour de Napples, et fut logé au palays dudit cardinal de Sainct-Clément, et estoit moult bien accompaigné de tous ses gensdarmes, avec ses pensionnaires et gentilz hommes, ses gardes, ses arbalestriers, Suysses et Allemans en moult grant nombre ; et incontinent qu'il fut à Romme, ainsi que bon et loyal catholique, il alla en l'église monsieur Sainct-Pierre de Romme faire ses offrandes, en rendant grâces à Dieu de la victoire qu'il avoit eue à l'encontre de ses ennemys, et de ce qu'il estoit venu au dessus de son entreprise en ce voyage de Naples. Et après ses offrandes faictes, il retourna en son logis. Et ledit seigneur meu de bon vouloir pour éviter esclandre, dissension et esmeute entre les Allemans et ceulx de Romme, tant de l'église comme seigneurs, bourgeois, marchans et Juifz. Il fut advisé que lesditz Allemans seroient logez au palays du Tertre ou ès environs; et fut chargé monsieur de Piennes de ce faire et ordonner avec leurs capitaines et mareschaulx des logis, et leur fut illec porté vivres de toutes sortes à moult grant plante, en laquelle ordonnance se portèrent, et gouvernèrent moult saigement. Car le Pape s'en estoit allé hors de Romme à ung lieu dit Useht, et ce fut la cause que meut le Roy d'ordonner les choses, tellement qu'il n'y eut nulles insolences à l'encontre de ceulx de Romme ne de l'église.

Le mercredy, disna à Ysola,
Et pour le soir coucha à Campanole,
De Campanole à Soulte s'en alla,
Luy et son ost marchant de chaulde colle.
Le vendredy, sans tenir grant parolle,
A Rossillon fist petite disnée.
Après disner, banière déployée,
Dedans Viterbe entra l'armée toute
Où elle fut par deux jours séjournée
Pour révérence du jour de Pentecouste.

Ledit jour de vendredy, cinquiesme jour de juing, furent tuez quelques paiges et aultres de noz gens ès bois. Et depuis furent trouvez ceulx que les avoient tuez lesquelz furent penduz et estranglez. Et les seigneurs de Viterbe, tant de l'église que aultres en telle magnificence, honneur et révérence qu'ilz avoient fait à l'aller, vindrent au devant du Roy moult honnorablement.

Le samedy, le Roy ouyt la messe en l'église cathédrale

dudit Viterbe et après la grant messe alla veoir le corps de madame Saincte-Rose, qui repose audit Viterbe en chair et en os et n'est que transie. Après disner, le Roy s'en alla à vespres en ladicte grant église et fist le service monsieur de Sainct-Malo.

Dimenche, septiesme jour de juing et jour de Penthecouste, ouyt le Roy la messe à la grant église cathédrale, et fist le service ledict seigneur de Sainct-Malo. Et cedit jour, passa l'arrière-garde du Roy en grant nombre, avecques l'artillerie dont ceulx de Viterbe furent esmerveillez de veoir tant de gens à une arrière-garde. Et, après disner, le Roy alla au sermon, lequel fist monsieur Pynelle, saige et prudent docteur en théologie, à Paris. Et, après ledit sermon, le Roy ouyt les vespres aux Cordeliers de Viterbe, hors la ville, qui est ung moult beau et dévotieulx lieu. Cedit jour, vindrent nouvelles au Roy, que les gensdarmes de son avant-garde avoient prié et requis aux habitans d'une petite ville, nommée Toustanelle, de leur faire ouverture et leur administrer vivres pour l'argent, ce qu'ilz reffusèrent par plusieurs fois. Parquoy lesditz gensdarmes, voyant leurs maulvaises voluntez les assaillirent, tellement que à force d'eschelles et aultres choses, entrèrent dedans par vif et vertueulx assault où furent tuez plusieurs desdits habitans et en grant nombre aussi blécèrent-ilz, navrèrent et tuèrent plusieurs des nostres, dont ycelle ville fut toute pillée; avec ce qu'ilz pugnirent bien arrière ceulx qui estoient demourés consentans de cette besongne, dont le Roy fut moult courroucé et mal content, car ladite ville estoit au Pape. Aussi, ce dit jour, vindrent au Roy les nouvelles de la prinse de monsieur de l'Esparre.

Lundy, huytiesme de juing alla au giste

A Mont-Flascon, puis à Aiguependant;
Et le jeudy, quant la messe fut dicte,

Tout bellement son ost sur attendant
Jusqu'à la Paille, comme saige et prudent,
Fist tous ses gens en ordre chevaucher.
Le vendredy, pour disner et coucher,
Il print Ricolle et Sainct-Clés à grant paine.
Le samedy, au matin, fist marcher
A Pont-Saval et puis coucher à Sene.

Le lundy, huytiesme jour de juing, mil quatre cens quatre-vingz et quinze, le Roy partit de Viterbe après qu'il eut ouyt messe à Saincte-Roze et alla coucher à Mont-Flascon où croissent les bons vins muscadetz; et leva, le Roy, le capitaine des Toilles, nommé Gavaiche, et ses archiers des Toilles, que estoient demourez en garnison au chasteau de Viterbe, et le rendit aux gens du Pape.

Le jeudy, fut tué le serc de l'eaue du Roy, lequel fut enterré en ung couvent des Cordeliers, qui est en une petite ville nommée Ridicossonne.

Item, audit logis, de la Paille furent beaucop de gens mal traictez de logis, mais il eut force vivres à l'ayde de la seigneurie de ceulx de Sènes, lesquelz vindrent au devant du Roy en grant triumphe et magnificence, tenant tel ordre et manière qu'ilz avoient fait à l'aller. Et finablement, après toutes bonnes chères, grant recueil et vraye obéissance, tous d'ung accord, luy prièrent et supplièrent humblement qu'il luy pleust de sa grâce les tenir et maintenir en sa bonne, seure et certaine sauvegarde, car, comme ilz disoient, ilz se donnoient à luy, le recevant et prenant pour leur Roy, seul seigneur et vray protecteur, ce qui leur fut accordé; et encore à les gouverner et maintenir en paix et union, il leur bailla pour gouverneur monsieur de Ligny, lequel laissa ung sien lieutenant, nommé monsieur de Villeneufve (1).

(1) Il se nommait Gaucher de Tinteville. Charles VIII le laissa à Sienne avec trois cents hommes; mais avant la fin de juillet des soulèvemens l'avaient chassé de cette ville avec tous les Français.

Après toutes ces choses faictes, le lundy, le Roy disna à
l'Hostel-de-Ville et alla souper en l'hostel dudit cardinal,
joignant de la Grant-Église et là lesditz seigneurs de Séne,
envoyèrent leurs trompettes, clairons et aultres instrumens
pour resjouyr le Roy. Après souper, le Roy alla à ung
bancquet en l'hostel de la ville, où lesdictz seigneurs l'a-
voient invité et les dames de ladicte ville, auquel lieu elles
se trouvèrent triumphamment et singulièrement accous-
trées, belles par excellence, et festièrent le Roy magnifiquement, ce que jamais ne firent à prince, ne à Roy, qui
là arrivast et tout par honneur. Aussi les petits enfans té-
noient par toutes les rues d'icelle ville panonceaulx et
escussons armoyez de fleurs-de-lys, criant à haulte voix :
Vive le Roy de France, et puis : *Vive France, par mer et par
terre*. Aussi les aucuns d'iceulx en deffault desditz panonceaulx tenoient en leurs dictes mains rameaulx, et bran-
ches d'oliviers et de palmes, qui estoit chose moult plaisante veoir. Après lequel bancquet fait, ledit seigneur
print congé desdictes dames humainement, comme celuy
que le sçavoit bien faire, lesdictes dames de luy en se
recommandant à sa très-noble garde et protection, comme
en celle de leur Roy et souverain seigneur.

Le mercredy, dix-septiesme en juing,
Il se partit de Séne après disner
Et pour ce jour, selon le train commun,
A Pongipond (1) fist tout son cas mener.
Le lendemain fist chascun ordonner
Pour révérence du Très-Saint-Sacrement,
De se trouver bien et dévotement
A le conduyre à la procession;
Parquoy seigneurs moult honnorablement
L'acompaignèrent en grant dévocion.

(1) *Pongipond*, Poggibondi, bourg à cinq lieues de Rome.

Ledit jour du Sainct-Sacrement, audit Pongipoud, le Roy se monstra vray catholique et ferme pillier de la foy; car, au matin, il manda tous les seigneurs, barons, chevaliers et aultres pour l'acompaigner en la procession et faire honneur au Sainct-Sacrement. Et dès-lors qu'il fust prest il s'en alla à la Grant-Église, où tous les seigneurs l'attendoient, aussi les chantres de sa chappelle; et de là, avec les seigneurs de ladicte église, tous revestuz et garniz d'ornemens et reliquaires riches et sumptueulx, luy estant après le *corpus Christi* marcha en dévotion grande et belle ordonnance, acompaigné de tous les seigneurs et portoient le poille du Sainct-Sacrement, monsieur de Vendosme, le marquis de Ferrare, monsieur le vidasme et Françoys de la Salle, et devant grant force cierges, torches et luminaires. Aussi, devant le *corpus Christi*, trompettes et clairons, tabourins, ménestriers et toutes sortes d'instrumens jouoyent à qui mieulx mieulx. Le Roy alla par tous les lieux et places acoustumés en ceste procession, en laquelle avoit tant de seigneurs, nobles, barons, gensdarmes et aultres avec plusieurs seigneurs d'Ytalie, que tout le pays qui là s'estoit assemblé pour veoir la magnificence du Roy, estoit tout émerveillé de veoir si belle et si triumphante compaignie, et fist le service monsieur l'évesque de Cornouaille. Ledit jour vindrent nouvelles au Roy, que monsieur d'Orléans estoit entré dedans Novarre maulgré le duc de Millan et ses alliez.

Après disner, au chasteau Florentin,
Il s'en alla devisant à Plaisance,
Puis arriva, le vendredy matin,
Dedans Campane, assez près de Florence.
Mais au moyen de la griefve insolence
Que Florentins, gens dignes de reprise,
Firent, lors que Pont-Velle fut prise,

Et s'en alla gayement dedans Pise
Où receu fut trop mieulx que par avant.

Le samedy, 20 de juing, le Roy disna à Cassine, et après disner, les nouvelles vindrent au Roy que les Florentins avoient prins Pont-Velle d'emblée, faignans estre François de l'arrière-garde du Roy, et avoient tuez hommes et femmes ensembles et pillé la ville. Et incontinent le Roy y envoya monsieur de Cressol à tous ses archiers, mais il n'y trouva âme, pource qu'ilz s'en estoient déjà allez. Après lesdictes nouvelles ouyes, il s'en alla coucher dedans Pise, en laquelle fut receu le Roy et tous les siens humainement et moult singulièrement. Au devant de luy, le plus richement qu'ilz peurent, furent les seigneurs de la ville, avec toute leur suyte, luy faire honneur et révérence, en luy disant qu'il fust le très-bien retourné de son voyage en sa très-humble, obéyssante et subjecte ville. Après vindrent les enfans desdictz seigneurs de Pyse, tous vestuz de satin blanc, semé de fleurs-de-lys d'or, lesquelz faisoit moult beau veoir; et cryoient ensemble, à haulte voix: *Vive le Roy, vive France*. Les rues estoient tendues et parées aussi bien ou mieulx que auparavant, en faisant grans feux de joye, et parmy les fenestres, portes, et aultres lieux des maisons avoit banerettes ou escussons, semez de fleurs de-lys. A l'entrée de ladicte ville on luy mist ung riche poille de drap d'or sur le chief, que les plus grans de la ville portoient, et tout le peuple, tant femmes, hommes que petits enfans, cryoient à haulte voix par tous cartiers : *Vive le Roy, vive le Roy*, en demandant *libertate* ou *liberte*. Et au bout du pont de pierre, qui est en ladicte ville, avoit ung grant eschaffault orné, garny et acoustré de riches tapisseries, de courtines de soye et autres richesses, auquel avoit ung Roy, armé de toutes pièces, à tout ung armet ou timbre couronné comme celluy de France, et sur son harnoys avoit une cotte blanche, semée de fleurs-delys; et son espée, toute nue, en son poing hault et élevée, regardant contre Naples, et soubz les piedz de son cheval avoit ung lyon pour les Florentins et ung grant serpent pour le duc de Millan, et avoit escripteaulx à la louenge du Roy de France. Et fut logé en son logis de devant, près la citadelle, et le soir recommencèrent à faire feux en plus de cent lieux, en jettant fusées ardans, lances enflambées de feu grégeois; tables mises et bancquetz par tous les carrefours, à tous ceulx qui vouloient boire et menger.

Le dimenche, 21 de juing, les habitans de Pise vindrent au matin devers le Roy, et luy prièrent et requirent qu'il luy pleust de sa grâce les prendre à serviteurs et que ilz fussent subjetz à luy pour faire et acomplir deslà en avant tout son bon plaisir, et pour seureté qu'il leur baillast garnyson en leur dicte ville, et moult voulontiers la receveroyent. A laquelle requeste ne feist certaine responce; mais alla à la messe en la Grant-Église, puis disna et souppa en son logis.

Le lundy au matin, à son lever, la pluspart des dames et bourgeoises de ladicte ville de Pise, mesmement les plus principalles et espécialles dudit lieu vindrent devers le Roy, et pour avoir plus grant révérence et honneur envers luy, aussi pour plus facilement le mouvoir à pitié et compassion, la pluspart d'icelles dames bourgeoises et aultres femmes estoyent nudz piedz et en deuil, et se mirent à genoulx, mains joinctes, en luy priant et suppliant très-humblement que son bon plaisir fust de prendre ladicte ville de Pise, ensemble tous les hommes et femmes, enfans et tous leurs biens entièrement en sa main, protection et saulvegarde; et de ceste heure le recepvoyent et prenoient pour leur Roy et souverain seigneur, et, en signe d'obéissance, luy firent lors foy et hommaige. Pourquoy le Roy

voyant leur bonne affection, il leur respondit qu'il seroit
si bien que chascun seroit content, et que il aymoit la ville
et les habitans beaucoup plus que il n'en monstroit les sem-
blans. Et le lendemain, en prenant congié d'eulx, leur laissa
garnison de gens de bien (1) qui tindrent pour luy, lesquelz furent bien traictez et gouvernez desditz habitans
tant qu'ilz furent là dedans.

    Le mardy, print des bons Pisains congié,
    Et s'en alla disner dedans Pommart.
    Après disner, haultement hébergé,
    Il fut à Luques quant ce vint sur le tard.
    Le jour sainct Jehan-Baptiste de grand art
    Fut festié moult honnorablement
    En submettant la ville entièrement,
    Le corps, les biens des hommes et des femmes
    A son plaisir et bon commandement,
    Pour le servir de cueur, de corps et d'ames.

Adoncques les habitans dudit Luques vindrent au devant
de luy à tout trompettes et clairons, les seigneurs d'église
et de la ville, acoustrez le plus richement qu'il leur fut
possible, et tout à tel honneur et révérence qu'ilz avoient
faict à son aller, firent-ilz à son revenir et encores mieulx;
car en tout triumphe et singulière joye entra il dedans et
fut mené en son logis de par avant chez l'évesque de Lucques, et les seigneurs de la ville vindrent devers luy à l'yssue
de son soupper, luy prier qu'il leur fist cet honneur de venir mettre le feu en leur brandon; car c'estoit le soir de la
Sainct-Jehan, au lieu acoustumé, en la grant place de la
ville où il y avoit ung grant peuple, tant des nostres que
ceulx de la ville. Le Roy estoit bien acompaigné, tant des
seigneurs de France que d'Ytalie et mist le feu à tout une

(1) Le roi donna le commandement de la citadelle à Robert de Balzac, seigneur d'Entragues, *homme bien mal conditionné*, dit Commines.

torche dedans ledit brandon, lequel fust tantost plus grant et plus hault flambant que celluy de Grève a Paris; et ce faict, le Roy, avecques la suyte, fist neuf tours autour du dit feu, dont la seigneurie de Lucques, tant en hommes que en femmes, fist merveilleuse feste et joye solempnelle. Ce faict, le Roy print congié d'eulx et s'en alla à son logis devant dit. Et, au coucher du Roy, vindrent des plus grans seigneurs dudit Lucques luy prier et requérir que son bon plaisir fust de avoir la ville, en semble les corps et les biens d'icelle en sa protection et sauvegarde.

Le mercredy, vindrent à Lucques les principaulx de la ssigneurie de Pise, devers luy, en luy requérant qu'il leur donnast certaine responce de leur requeste. Et le jeudy, que le Roy estoit à Petre-Saincte, se trouvèrent les seigneurs de Lucques et ceulx de Pyse, de rechief pour demander au Roy certaine responce de leur requeste.

Le jeudy fut pour repaistre en substance
A Masse-Crotte, et puis à Petre-Saincte.
Le vendredy, il disna à Lavance
Puis s'en alla à Sarsanne sans crainte.
Le samedy, séjourna par contrainte
Et à la Boulte il disna le dimenche;
Après disner, joignant de Villefranche
Et oultre l'eau ce parqua ce jour mesme.
Lundy matin, sans passer pont ne planche,
Il fut disner au dessus de Pontreme.

Cedit lundy, de juing vingtneufviesme,
Pour mettre gens et de brief en besogne,
Il se parqua, sur le soir, fort et ferme
Tout droit aux piedz des Alpes de Boulongne
Et là se tint, sans faire quelque eslongne,
Quatre ou cinq jours avec sa seigneurie,
Et cependant fist son artillerie

Passer les Alpes, lieu de roches haultaines,
Avec aussi leur pouldre et pierrerie,
Qui ne fut pas sans exécrables peines.

Ledict vendredy (1), le Roy, estant à Petre-Saincte, leva la garnison qu'il y avoit auparavant laissée. Et le samedy, luy estant à Sarsanne, il eut nouvelles de l'assemblée du duc de Millan et des Véniciens; il ne voulut point coucher à Villefranche, mais oultre la rivière, il fist parquer son camp. Et illecques soubz ses tentes et pavillons souppa avecques ses gensdarmes. Et estoit le camp du Roy du costé des ennemys devers Pontreme, parquoy toute nuyt trompettes et clairons ne cessèrent de jouer en attendant l'artillerie et les Allemans de l'avant-garde avec les gensdarmes.

Ledit lundy, trentiesme jour de juing, le Roy partit de son camp près Villefranche. Et, après la messe, il alla disner à ung monastère au-dessus de Pontreme (2); auquel lieu il disna pour la cause que les Allemans avoient bruslé Pontresme, pour le tort que ceulx dudit Pontresme leur avoyent fait, quant ilz tuèrent leurs gens à l'aller; et après disner, le Roy alla coucher droict au pied des Alpes. Et là, fist parquer son camp jusques à tant que toute son artillerie fut passée, ou plusieurs grans diligences se firent, tant par le maistre de l'artillerie Jehan de la Grange que aultres de ladicte artillerie. Et demoura le Roy en sondict camp, jusques au vendredy, troysiesme jour du moys de juillet, et fut la plus grant entreprinse que jamais prince fist, ne jamais fera : car, chars ne charette n'y avoit passé, mais si bon conseil et si bonne diligence fut faicte que tout y passa, tant l'artillerie, pouldres, boulles de fer et de plomb que toutes choses servant ladicte artillerie. Voir sans mort ne inconvénient en personne quelconque. Et fut de

(1) 26 juin.
(2) Pontremoli.

par le Roy, solliciteur de faire passer ladicte artillerie et aultres choses nobles et très-puissant seigneur, monseigneur de La Trimoille, premier chambellan du Roy et chevalier de l'ordre, lequel si porta si vaillamment qu'il y acquist ung grant honneur, car, luy-mesme mettoit la main à porter les grosses boulles de fonte, de plomb et de fer qui estoit ung très-estrange faiz à porter, pource que il les convenoit porter entre les mains et en chapeaulx qui n'estoit pas sans grant ennuy et peine merveilleuse. Jehan de la Grange, capitaine des Allemans et lesdictz Allemans, par qui l'artillerie fut tirée et menée par lesditz Alpes et montaignes par le col des hommes, en la manière de chevaulx, en montant ycelle dont on y soubtint une exécrable peine, merveilleux travail et très-pénétrant ennuy, attendu la façon de procéder, le lieu estrange et la chaleur grande et terrible que lors il faisoit. Et est à entendre que si ce n'eust esté la grant sollicitude dudict seigneur de La Trimoille, qui faisoit boyre et menger souvent les gens travaillans en ceste affaire et par les grandes proüesses et vaillances sur ce faictes à grant peines l'eussent voulu faire lesditez Allemans. Et après icelle artillerie ainsi péniblement montée une des Alpes ou montaigne dudict lieu quant elle estoyt au-dessus, le plus fort estoit arrière de la descendre bas pour, de rechief, la remonter à l'autre montée ensuyvant. Et de fait il falloit atteler les chevaulx et grant nombre de hommes par derrière, affin de retenir ladicte artillerie en devallant contre bas, laquelle chose fut plus pénible ou du moins trop plus dangereuse beaucoup que à la monter. Et de fait plusieurs compaignons d'icelle artillerie, comme canonniers, chargeurs, charretiers, aydes, boutteffeux, arbalestriers, gens à pied suyvans ladicte artillerie, pyonniers, maçons, mareschaulx, serruriers et aultres gens de toutes practiques, duysans au fait de ladicte artillerie avec les Suysses et Allemans, et les capitaines eurent et soubstindrent des peines innumérables en ceste affaire, pource que il convenoit le plus souvent rompre et tailler le bout d'une roche pour contourner les pièces d'artillerie, aucune fois eslargir et bien souvent remplir les concavitez du chemin ou rocher, selon le besoing qu'il en estoit, en monstant et descendant; et est à entendre qu'il y avoit à chascune heure cris et hurlemens merveilleux pour parvenir à la fin de leur entreprinse, qui fut l'une des plus grandes du monde; car, à bien regarder les cronicques et hystoires du temps passé on ne trouve point si grande ne si pénible entreprinse avoir esté faicte. Toutes fois moyennant l'ayde de Dieu, le bon conseil du noble seigneur de La Trimoille, et vertueuse diligence desdessus nommez tout passa au proffit et honneur du Roy; et quant ledit seigneur de La Trimoille vint devers le Roy luy faire assavoir comme on y avoit ouvré, il sembloit à veoir estre more pour la grant chaleur que il avoit soubstenue, cecy faisant. Oultre est assavoir que pour encourager et donner hardiesse aux dessusditz compaignons tout le long du jour, au tour et emprès eulx, jouoient tabourins de Suysses et aultres instrumens, ce pendant qu'ilz tiroient et halloient à la vercolle, ainsi que dit est. En cedit temps monsieur le mareschal de Gyé, accompaigné de six centz lances et quinze centz Suisses avecques leurs cappitaines, tant des compaignies que desditz Suysses, passa devant esdictes Alpes à l'avant-garde au devant de noz ennemys, qui fut bien fait à l'honneur du Roy. Pendant icelluy temps que le Roy estoit en sondit camp, près Pontresmes, luy vindrent plusieurs nouvelles, tant de monseigneur Daubigny que de Gayette et de ceulx de Napples qui, le jour du Sainct-Sacrement, avoient voulu tuer tous nos gens, ensemble plusieurs aultres nouvelles. Pareillement est à présumer que le

Roy ne vivoit pas si aysément en sondit camp, comme il
eust fait aultre part; mais à l'ayde de tous ses bons officiers, il fut supporté et joyeusement entretenu.

Le vendredy, troiziesme de juillet,
Il se partit après la messe ouye
Et commença fièrement et dehait
D'entrer aux Alpes en belle compaignie,
Laquelle estoit de bons Françoys garnie,
De gens de bien et de grant efficace,
A Verse beut, puis vint au giste à Cassé.
Le samedy, tenant bonne ordonnance,
Oultre passa et en une grant place,
Parquer son ost fist auprès de Térence.

Le dimenche, à Fournoue s'en vint,
Tenant bon ordre sans point s'esquivoquer,
Après disner departir luy convint
Pour s'en aller auprès de là parquer,
Déliberé de Lombars estoquer,
Mieulx que jamais s'il en estoit besoing;
Et pour ce faire, il print curieux soing,
De recevoir en bataille rengée
Ses ennemys, qui n'estoient pas loing,
Et donner ordre à toute son armée.

Lundy matin, sixiésme de juillet,
Sur les six heures il fist chanter sa messe
Dedans son camp où pas n'estoit seulet,
Puis disna, sans moleste ou presse,
Et à huyt heures, avecques sa noblesse,
Virillement il monta à cheval,
Et comme preux, vertueux et loyal.
Quant son armée fut bien encouraigée,
Il fist marcher tant d'amont que d'aval,
Seigneurs et aultres en bataille rangée.

Noz ennemys tantost se descouvrirent,
Car contre nous estoient jà marchans,
Voyre si bien qu'ils nous consuivirent
En gens de guerre et nompas en marchans.
Incontinent chascun se mist aux champs
Pour batailler et nompas pour s'esbatre;
Mais pour tuer, fouldroyer et abatre,
Poiltrons, Lombars, Bougerons furieux,
Tant et si fort que, sans plus en débatre,
Le Roy françoys fut lors victorieux.
Dieu besongna par miracle en ce fait,
Car ils estoient ainsi que scet chascun
Cinquante mille, et plus de gens de fait,
Ou aultrement contre nous dix pour ung,
Encores estoient, à l'explet importun,
Frez séjournez sur leur pays privez,
Et les Françoys de loing, de leur ranc grevez,
Du grant chemin qu'avoient fait par devant,
Puis leurs chevaulx, si las, si aggravez,
Qu'à peine estoit nul qui peust hay avant.

 Après la chace et la grant tuerie,
A son enseigne chascun se retira,
Et mesmement toute la seigneurie
Auprès du Roy incontinent tira;
Et les Lombars, à qui trop empira,
Semblablement entre eulx se retirèrent,
Ne plus avant celuy jour ne tirèrent;
Parquoy Françoys, comme assez est notoire,
Avec le Roy dedans le camp couchèrent,
Très mal repeuz en signe de victoire.

 Mardy matin il fist son camp lever
Pour s'en aller, à ung mille de là,
Près Magdelan, où il fist eslever

Ses pavillons et tentes çà et là ;
Ne de ce jour plus avant il n'alla,
Pour soulager gensdarmes et chevaulx,
Qui avoyent tant soubstenu de travaulx,
Tant de misère, de peine et de martire,
Tant de souffrances, de dangiers et de maulx,
Qu'il n'est possible de la disme en escripre.

   Le mecredy de Magdelan partit
Pour s'en aller jusques à Florensolle ;
De Florensolle le lendemain sortit,
Car là survint quelque alarme frivolle :
Ce néantmoins ce jour de chaulde colle,
On chevaucha de si très-grand rendon,
Qu'on fut coucher au lieu dit Salmedon.
Le vendredy, pour nous mettre en abboys,
Près le chasteau Sainct-Jehan, lieu bel et bon,
Nous nous parquasmes au beau milieu d'ung boys.

   Le samedy marcha jusques à Tortonne ;
Et le dimenche à Nosle et Capriate.
Lundy matin en ordonnance bonne,
Auprès de Nyce l'on s'en vint à grant haste ;
Et pour garder qu'on ne baillast là baste,
Parquer se fist en ung champ bien propice.
Mardy matin il tira jusqu'à Nyce ;
Et puis de Nyce, sans faire aultre dégast,
Le mecredy, pour avoir franc service,
Luy et ses gens vinrent coucher en Ast.

   Pource que en la matière précédente il y a plusieurs choses qui bonnement ne se pourroyent accoustrer en ryme si briefvement, comme l'on pourroit faire en prose, à raison de ce que la matière est de grant efficace, et que plusieurs choses y sont comprinses, qui requièrent estre escriptes, selon qu'elles ont esté dictées, proférées, ou venues, allées et exécutées, aussi pour les noms des personnaiges des lieux du temps et des termes tenuz en cest affaire. Parquoy, au plus brief que je pourroy, selon la vérité, en ensuyvant l'abrégé de ma ryme, en diray en prose ce que je verroy qui sera bon de dire, sans plus. Et pourtant est-il assavoir que le vendredy, troysiesme jour du moys de juillet, le Roy ouyt la messe en sondit camp; et d'icelluy partit en moult belle compaignie, pour commencer à passer les Alpes et montaignes, dont ce jour il disna à Versay et alla coucher à Casse, pourquoy ce jour fut passé sans alarme, esclandre et insolence. Combien que de maulx logez et mal repeuz en y eult assez pour les destroitz et malles façons dudit lieu.

Le samedy, quatriesme jour dudict moys de juillet, le Roy ouyt la messe à Casse, et alla disner et coucher à Térence, et coucha le Roy et tout son ost en son camp, soubz la seureté de bon guet et certaines gardes.

Le dimenche, cinquiesme de juillet, le Roy ouyt la messe audict Terence, puis alla disner à Fournoue, l'avant-garde devant l'artillerie. Après le Roy en la bataille et l'arrière-garde derrière, qui estoit conduicte par monsieur de La Trimoille, en laquelle charge il acquist grant honneur dudict lieu de Fournoue. Plusieurs gensdarmes, seigneurs et gentilz hommes, se rafreschirent et firent menger, penser et traicter leurs chevaulx, mesmement ceulx de l'artillerie. Après le disner, l'avant-garde marcha en moult belle ordre, son guet devant elle, avecques ses esles, et les Allemans à coustière de la grève.

Item, après marcha l'artillerie en ordre requise; après vint le Roy, et la bataille luy estant en icelle et la conduysant en aussi bonne ordre que homme du monde sçauroit faire bien acoustré, bien monté, bien armé et délibéré, autant ou plus que nul de toute la compaignie, et puis marcha l'arrière-garde pareillement en moult belle ordre, son guet et ses gardes par derrière elle. Ensemble ses esles ung petit à costé, et alla ainsi le Roy et sa bende environ deux mille du pays. Lors se leva quelque alarme ou escarmouches d'aulcuns avant-coureux. Mais ce ne fut riens, et en marchant fut regardé où le Roy mettroit son camp pour le mieulx. Lors fut regardé et advisé de le mettre en une belle place toute plaine de saulsoyes, prayeries et fontaines, pour ce soir se trouva assez foing, froment et avoyne : doncques ledit camp fut ordonné, comme il appartient, en cedit lieu, joignant d'une montaigne, où sur laquelle il avoit ung chasteau, comblé et garny de moult grans biens, au moyen de quoy les Allemans le pillèrent, et puis mirent le feu dedans, de quoy le noble Roy fut moult courroucé, pourceque il estoit au comte Galeasse. Au bout dudit camp, du costé de noz ennemys, estoit nostre artillerie en ung beau parc, les Allemans auprès de ceulx de l'avant-garde, et près le logis du Roy et de la bataille.

Item du costé de Fournoue, l'arrière-garde, et fut fait bon guet par les escoutes et le guet ordinaire. Toutesfois, environ deux heures après minuyt, il se leva quelque alarme, mais ce ne fut rien.

S'ENSUYT LA JOURNÉE DE FOURNOUE.

Le lundy, sixiesme jour du moys de juillet, l'an mil quatre centz quatre-vingtz et quinze, le Roy estant en son camp auprès de Fournoue, environ six heures de matin, il ouyt messe bien et dévottement en ung grant pavillon, où toute la nuyt l'on avoit fait bon guet. Et après la messe il disna, et environ huyt heures il monta à cheval, bien armé et moult richement acoustré, ainsi que il luy appartenoit. Lors luy estant arrivé à l'artillerie, incontinent on commença à marcher, et marchèrent toutes les escoutes avec le guet assez loing et devant l'armée, puis après l'avant-garde marcha en moult belle ordonnance, et conduyte ses esles aux deux costés, ensemble ses trompettes et chevaucheurs, avecques ycelle les chiefz de l'avant-garde, et en estoient chiefz monsieur le mareschal de Gyé et messire Jehan-Jacques; et aussi marcha ladicte avant-garde et joignant d'eulx les Suysses, en belle et bon ordre, qui estoient conduytz par ceulx qui s'ensuyvent, c'est assavoir : monsieur de Nevers et Gilbert de Clèves, monsieur le baillif de Dyjon et le grant escuyer de la Royne, nommé Lornay. Après marcha l'artillerie en belle ordre, bien attinctée de ce qu'il luy falloit; et estoit chief de ladicte artillerie ung des maistres-d'hostel de chez ledit noble et vaillant Roy, nommé Guyot de Lousières, avecques le baillif d'Aussonne, nommé Jehan de la Grange.

Item après, marcha la bataille où le Roy en personne estoit triumphamment accoustré, autour de luy estandars, banières et guidons desployez, armoyez, et les nobles fleurs-de-lys, aussi trompettes et clairons à grant nombre. Semblablement après marcha l'arrière-garde bien ordonnée et en bel estat, et estoit chief de ladicte arrière-garde mondict seigneur de La Trimoille et monsieur de Guyse qui se portèrent moult vaillamment, en laquelle arrière-garde estoient les esles et le guet accoustumé. Item il fut ordonné, avant que partir du dict camp, que tous les bagaiges, coffres, bahuz, vivres de gens, de chevaulx, vivandiers et aultres gens non armez, tant à pied comme à cheval, yroient par oultre les grèves à main gauche; car en fut bailler la conduytte au capitaine Houdet qui y fist le possible; mais à grant peine voulloient-ilz tenir ordre dont il se courrouça moult; car l'ung vouloit marcher, l'autre non; l'ung vouloit boire, l'autre menger; aultres voulloient faire boire et repaistre leurs chevaulx, et plusieurs aultres voulloient aller au logis devant où l'on disoit que le Roy voulloit aller loger, qui fut cause de leur perdition, et par eulx mesmes, car en ce faisant ilz se mettoient en désordre coup sur coup, combien qu'ilz fussent grant nombre merveilleusement. Or est-il assavoir que après que la bataille fut ordonnée et l'artillerie mise en son train, on commença à marcher en tel ordre et manière que le cas le requéroit contre les ennemys, lesquels estoient jà partis de leur camp et marchoient en semblable ordre pour venir combattre, lesquels eulx venuz en place avantageuse pour eulx faire ce qu'ilz avoient entreprins, ils commencèrent à lascher une grosse pièce d'artillerie vers le cartier de l'avant-garde, et venoit du costé où estoient les sommiers, dont plusieurs furent blécez; mais ce ne fut rien et au regard de la dicte advant-garde elle ne fut en rien descampée pour ladicte artillerie des ennemys, car toujours elle passoit oultre.

Or tantost après quelques grans coupz ruez d'artillerie par les ennemys, incontinent que les maistres canonniers du Roy peurent choysir de l'œil ycelle, ilz affutèrent ung gros canon à tout une grosse boulle de fonte, en telle manière que du deuxiesme coup qu'il délascha, il rompit et mist en plus de mille pièces les bastions qui ainsi fort tiroient contre les Françoys. Et aussi fut-il tué l'ung de leurs principaulx canonniers ainsi qu'il fut sceu par une des trompettes ausdictz ennemys qui fut prinse tantost après. Tant continuèrent lesdictz Françoys canonniers à tirer si très-impétueusement, que les aultres furent contraintz d'eulx retirer aultre part. Et en ces entrefaictes, les ungz sur les aultres se commencèrent à escarmoucher çà et là; mais l'avant-garde en seure et certaine ordre marchoit pas à pas ensemble, l'artillerie après icelle bien accompaignée d'ung costé et d'aultre de Suysses et Allemans en ceste façon et manière en ordre de vertueuse et virille hardiesse; toute l'armée entièrement marcha avant environ demye-lieue de France. Et au regard des sommiers, bagaiges et autres gens de suyte, pource qu'ilz se mirent en désordre malheur en print; car les ennemys voyant la bataille marcher et estre en conduicte de toute perfection ne bougeoient, mais regardoient et advisoient comment ilz pourroient trouver le moyen de la desrigler et mettre hors de son train. A quoy faire ilz envoyèrent une grant quantité d'estradiotz (1) albanoys et aultres manières de gens du costé devers la montagne en passant par devers Fournoue, lesquelz donnèrent et chargèrent sur le bagage, tellement que les ennemys pensoient que ladite bataille se descamperoit et mettroit en desarroy en confermant et adjoustant foy ad ce que par autresfois ils avoient ouy dire des Françoys; c'est assavoir que les Françoys tenoient aux champs la plus maulvaise ordre que toutes les aultres nations du monde; mais on leur donna bien à congnoistre le contraire de leur maulvaise pensée; car jamais meilleure ordre ne feut tenue en bataille du monde. Aussi le besoing y estoit grant, et de si bonne sorte se comportoit à l'honneur et prouffit du Roy et de son royaulme, que tous ceulx qui là estoyent monstrèrent avoir cueur franc, amour royalle, et vouloir entier, et croy certainement que il n'est si dur cueur au monde, au moins du zèle, de la qualité aux amoureux, de la fleur bienheurée qui lors eust veu, et ymaginé le port de l'ardant désir que les vertueux et nobles gensdarmes qui là estoyent, avoyent de servir leur vray prince et seigneur, veu le dangier merveilleux où ilz estoyent, qui n'eust esté commeu et provocqué à larmes de piteuse

(1) *Estradiotz*, Stradiotes, de Στρατιώτης, homme de guerre, cavaliers albanais armés à la légère et munis de longs sabres qui leur donnaient l'avantage sur les cavaliers français armés de lances.

compassion. Et semblablement s'il eust veu le très-vertueux Roy, attendu le lieu où il estoyt, soy mettre en avant si vaillamment comme il faisoit, nompas seullement par la force et puissance qui en sa personne estoit, la proesse d'effort certain que en luy povoit avoir, considéré son jeune aage et la corpulence de luy, mais avecques ce en manière et contenance, geste, façon, délibéré en parolle, en conseil et en demandes couraigeuses qu'il faisoit à ses familiers et principaulx amys, lesquelles estoient telles ou semblables : « Que dictes vous, messieurs, n'estes-» vous pas délibérez de bien me servir aujourd'huy? ne vou-» lez-vous pas vivre et mourir avecques moy? » Et la responce eut de chascun que à sesditz appartenoit. Il disoit : « N'ayez point de paour, mes amys, je sçai de vray qu'ils » sont dix fois autant que nous, mais ne vous chaille, » Dieu nous a aydé jusques icy; il m'a fait la grâce de vous » avoir amenez et conduitz jusques à Naples, où j'ai eu » victoire sur tous mes adversaires; et depuis Napples je » vous ay admenez icy sans oppression et esclandre vi-» laine, et si son plaisir est eucores, je vous remèneray en » France, à l'honneur, louenge et gloire de nous et de no-» tre royaulme. Et pourtant, mes amys ayez couraige, nous » sommes en bonne querelle, Dieu est pour nous, et Dieu » bataillera pour nous. Dieu veult aujourd'huy monstrer » la bonne amour et dilection, et la charité singulière qu'il » a aux bons et loyaux Françoys; pourquoy je vous prie » que ung chascun se fie plus en luy et en son ayde que à » la force de soy mesme. Et ce faisant, ne doubtez point que » il nous donnera faculté victorieuse, vengeance de noz en-» enmys et gloire bienheurée. » De ces propres motz ou aultres termes en substance semblable, le très-preux et couraigeux Roy consoloit et encourageoit ses gens, lesquelz estoient au lieu de paour, chemin de paour, et voye de crainte mortelle.

Donc lesdictz ennemys voyans tenir si bon ordre ausditz Françoys sans eulx esbranler, ne muer pour quelque fourbe qu'on leur sceust faire, pource que ilz ne sçavoient bonnement en quel endroit estoit la personne du Roy, ilz envoyèrent ung hérault d'armes devers luy en la bataille, faignant d'avoir affaire à luy. Et ledit hérault venu, il le receut humainement et bénignement en luy demandant qu'il quéroit. Lequel dist qu'il demandoit ung prisonnier, grant personnage de la seigneurie de Venise. Et le bon seigneur incontinent fist demander par une trompette à tous les compaignies se il y avoit personne qui eust ung prisonnier des Véniciens, que dedans trois jours il le rendist. Et lors ledit hérault s'en retourna vers les Véniciens, lequel dist le lieu et la place où le Roy estoit, quel habillement il avoit, desquelz couleurs il estoit vestu, quel cheval, quelles bardes et quel acoustrement il avoit. Et la responce par eux ouye, ilz tindrent conseil ensemble comment et par quel moyen ilz pourroient venir à la personne du Roy. Et fut conclud par eulx, qui estoient de cinquante à soyxante mille, de faire une grant bande si forte et si puissante, que ceulx qu'ilz trouveroient devant eulx fussent ruez jus en la place. A raison de quoy ilz eslirent en tout le grant nombre d'eulx les mieulx en point, les plus fors hardiz, plus nobles et tous les mieux montez, acompaignez aussi des meilleurs et plus courageux hommes à pied que ilz eussent, ce que voluntiers ils firent. Aussi furent-ils receuz gayement et chauldement; et ce pendant qu'ilz entendoient à cecy, leurs estradiotz passèrent la montagne et vindrent charger sur le bagaige, sur les sommiers et mulletiers portans les coffres et autres besongnes. Le Roy estant adverty que ceulx du camp de ses ennemys se mesloient, et qu'il falloit que ilz voulissent faire quelque chose de nouveau, et en peu de temps, le guet et semblablement les escoutes les virent

saillir en grant nombre, bien montez, armez et bardez le
mieulx du monde. Joignant le long de leur bataille et leur
bende assemblée, ilz tindrent une espace de temps. Lors
fut sur cecy advisé qu'on prendroit pareillement pour toutes les compaignies de la bataille les meilleurs et les plus
asseurez gensdarmes qui y seroient, point oultre sans riens
desrompre, ne mettre en désordre. Le Roy print des capitaines aulcuns des plus gens de bien, tant Allemans que
aultres avecques ses cent gentilzhommes et pensionnaires,
avec tous ceux de sa maison, comme messire Charles de
Maupas, qui ce jour fut fait chevalier. Gilles Charmet, de
Normandie, qui portoit l'enseigne des pensionnaires, avec
ces deux bendes avoit deux cents arbalestriers à cheval. Aussi avoit, ledit seigneur, ses Escossois et tous ses
archiers françoys avec leurs capitaines, et, par espécial,
Claude de la Chastre qui toujours estoit joignant du Roy,
lequel saigement le conseilloit de ce que il devoit faire des
modes et des manières hardies que il devoit tenir pour tousjours l'encouraiger. Or, pour parler de l'acoustrement
du Roy, il est assavoir que il estoit aussi bien armé en
prince de grant renom que jamais homme fut, car il
avoit sur luy tout son harnoys, moult beau et riche à
merveilles; et sur ledit harnois, avoit une moult riche
jacquette à courtes manches, de couleur blanche et violette, semée de croisettes de Jherusalem et fine broderie,
de riche orphaverie. Son cheval estoit de poil noir, lequel
luy avoit esté donné par monseigneur de Savoye, aussi ledit cheval s'appelloit Savoye, lequel estoit et bardé le
possible, et sur ladicte barde estoient les couleurs devant dictes blanches et violettes, à croisettes de Jherusalem moult riches. Et touchant son habillement de teste, il
estoit sumpteux pour un armet de guerre, peu d'orphaverie, garny de plumaceaulx espais magistrallement faicts,

à couleurs de blanc et violet, et la bonne espée, la bonne dague à son costé. Et, au surplus, de toutes les choses appartenantes à ung bon gensdarme qu'il estoit posssible de deviser, il en estoit garny par singularité plus que nul autre. Et pour l'acompaigner, aussi le tenir en bonne et seure garde contre les ennemys dessusditz, il pouvoit avoir autour de luy des gens d'entendement exprès et de bonne fiance, deux mille hommes tous vaillans et vertueux gensdarmes, car ilz le monstrèrent bien quant besoing en fut. Aussi le Roy les voulut eslire et prendre en toutes les aultres compaignies sans riens entrerompre pour renforcer l'advangarde. Semblablement, fist mestre les deux cents archiers de monsieur de Cressol à tout leurs arcz avec les Allemans, lesquelz tindrent bonne ordre et longuement. Et ung peu devant que la bende deust partir, il en y eut aucuns des nostres qui contrefirent l'abillement du Roy, et aussi la monsture avec les couleurs, pour donner la bricolle ausditz ennemys.

Lors incontinent que ceulx du guet virent venir les ennemys, ilz en vindrent advertir le Roy derechief, et que sans point de doubte ilz marchoient; mais la plus part d'iceux gagnoient le bois et les buyssons. Lors le très-preux et vertueux Roy, soubz la bonne fiance qu'il avoit en Dieu et en ses bons amys, marcha avecque sa bande jusques oultre la grève, tellement que ilz commencèrent à voir les ungz les aultres; et, sans mentir, les ennemys venoient gayement, bien délibérez et en bonne ordonnance, car ilz estoient bien montez, bien bardez et trop plus beaucoup que les Françoys, et les meilleurs de tous eulx, comme les meilleurs des nostres, estoient tous devant. Parquoy de prime face les avantcoureux vertueusement se choquèrent et firent bon devoir de costé et d'autre; mais la grant bende se tenoit tousjours couverte au plus qu'elle pouvoit, et incontinent qu'ilz sortirent au descouvert, impétueusement, courageusement et très-fièrement, les ungz sur les aultres de tous costez commencèrent à choquer et donner dedans, et fut la rencontre merveilleusement soubdaine et aspre; car, comme dit est, lesditz ennemys estoient moult bien armez, aussi bien montez qui estoit possible d'estre, et bardez à l'avenant; et, pour ce qu'ilz sçavoient l'acoustrement du Roy entièrement par le hérault qui estoit venu demander le prisonnier, ilz firent tant, qu'ilz vindrent jusques à luy, et chargèrent dessus fort et ferme; lequel couraigeusement et chevaleureusement se deffendit comme preux et hardy, tant que au moyen de luy et de ceulx qui estoient autour de luy jamais ne frappèrent coup plus avant ceux qui s'estoient par leur oultrecuydance tant avancez; et ne croy point que à ung tel acte et danger merveilleux où il estoit, jamais depuis que le monde est créé fust veu un tel personnaige comme luy plus virillement ne fièrement donner dedans qu'il faisoit sans paour, sans crainte et sans frayeur; mais sembloit que par opération et œuvre divine, il besongnoit et faisoit tout ce qu'on luy veoit faire. Et, à proprement parler, il mérita cedit mesme jour d'estre appellé vray fils de Mars, successeur de César, compaignon de Pompée, hardy comme Hector, preux comme Alexandre, semblable à Charlemaigne, couraigeux comme Hanibal, vertueux comme Auguste, heureux comme Octovien, chevaleureux comme Olivier et délibéré comme Rolant; car, lorsqu'on frappoit sur luy, le couraige luy croissoit, et, qui plus est, encourageoit ses gens et leur faisoit enfler le cueur tant par ses vertueux faitz. Et plus eust encore faict par le grant couraige qu'il avoit qui luy eust laissé acomplir son vouloir, mais les gens de bien qui estoient autour de luy, et qui bien sçavoient le mestier de la guerre, de paour d'inconvenient, à toutes forces le

mirent hors du dangier auquel il vouloit tousjours estre et
où il se estoit mis; et firent tant par leurs vertueux faitz,
que la plus grant partie desditz ennemys qui, ainsi que devant est dict, s'estoient assemblez et délibérez de donner
sur la personne du Roy, furent illecques tuez, meurtriz et aca-
blez et les plus gens de bien d'entre eulx. Et, pour leur honneur, les mieulx montez le gaignèrent à fuir, quant ilz veirent
et apperceurent la tuerie et résistance si chaulde et si cruelle
en bien peu d'heure. Et ne fut faict prisonnier de noz
gens, que Monsieur le bastard Mathieu de Bourbon pour
homme de nom, lequel vertueusement deffendit la personne du Roy, car il estoit tousjours auprès jusques à
l'heure qu'il fust prins en cuydant prendre ung des grans
seigneurs de Venise qui s'enfuyoit; et, en le suyvant, ne
peut estre maistre de son cheval qui estoit eschauffé, et
auquel on avoit en la presse couppé la resne de sa bride, si
tost qu'il ne se trouvast ès dangiers desdictz ennemys,
voire jusques en leur barrières, où celluy que il suyvoit se
saulva, et luy prins fut rué par terre et apouprès que il ne
fut assommé. Et n'y eut de mors que environ huyt ou dix
gentilz hommes d'estime, moyennant l'ayde de Dieu qui besongnoit en cest affaire, aultrement tout ce fust malporté, car
ilz avoient délibéré que le Roy ne les siens ne retourneroient
en France. Mais Dieu y pourveut de remède; car, comme
ce c'eust esté par divin miracle ou ordonnance de Dieu,
les ennemys qui estoient bien dix contre ung, et si deux en
valloient trois des nostres à bien prendre où ils estoient, et
le grant voyage qu'ils avoient fait, la paine, le soing, la
cure et le travail qu'ilz avoient soutenu depuis leur partement de France jusques à Naples, et de Napples jusques
audict lieu où ilz avoient souffert et enduré, tant de nuyt
que de jour, toutes les malheuretez, souffrettés, et aultres
nécessitez qui peuvent survenir à povres gensdarmes sur

les camps et aussi en aultres maintz lieux, nompas ung jour ne en une semaine tant seullement, mais l'espace de dix moys continuels sans cesser ès dangiers de leurs ennemys mortelz. Et les adversaires estoient en leur pays, sur leurs fumiers, prests, promptz et appareillez, bien nourriz, bien pencez, fraiz, séjournez et bien acoustrez, eulx et leurs chevaux, attendans d'acomplir leur faulce et desloyalle volonté en si grant nombre, comme de cinquante à soixante mille hommes contre huyt ou neuf mille au plus et en tout; encore la plus grant partie d'iceulx très-mal repeuz, les ungs malades, les aultres mal montez, les autres mal armez et mal acoustrez; car chascun n'avoit pas chevaulx ne autres choses pour porter ou fournir à ses nécessitez. Et toutesfois, moyennant la grâce de Dieu, et nompas celle des hommes, aultrement ne le fault entendre, ilz en vindrent à chief; car selon la disposition de droit jugement naturel, les ennemys eussent deu combattre, voire vaincre et batre dix foys autant de gens que ledit Roy en avoit. Et ne fut point la victoire par la puissance des hommes qui batailloient, mais estoit Dieu qui batailloit pour eulx, tant que par sa bonté et vouloir divin, pour garder et saulver le très-chrestien Roy, pillier de la foy catholique, ensemble tous ses subjects et bous amys, les ennemys furent vaincuz, tuez, meurtriz et mis soubz les pieds des vertueux Françoys. Et qui plus est, pour donner à entendre la desloyalle entreprise desdictz ennemys, et comme faulcement et maulvaisement, ainsi que traystres, desloyaux que ilz estoyent, avoient entreprins la querelle sur le Roy, je croy que Dieu leur voulut monstrer par signe évident, car autant que dura la tuerie, la chasse et escarmouche, oncques ne cessa de venter, de plouvoir, de tonner et d'esclairer, comme si tous les dyables eussent esté par les champs.

Item, le Roy fut tout le jour armé et à cheval, au moins jusques à ce que tout fust retiré en camp, qui fust une très-grande et merveilleuse vertu à luy. Ledit lieu où fut faicte la bataille se nomme Virgera : et là, aultresfois, y a eu bataille, et est joignant le Vau-aux-Rux, selon le langaige du pays, près de Fournoue, environ deux mille, ou comme on pourroit dire environ autant qu'il y a de Paris jusques au camp du Landit et près de Parme quatre mille. Et est icelluy lieu entre Fournoue et ledit Parme, du costé delà les Rux. Et le camp des ennemys estoit joignant la rivière qui passe par là.

Item, les mors, tant des leurs que des nostres, demourèrent où ils estoient toute la nuyt jusques au lendemain, que les ennemys envoyèrent demander saufconduyt au Roy pour enterrer leurs gens mors, ce qui leur fut octroyé.

Item, le Roy et tous les siens, en signe de triumphe et victoire, coucha audict camp de bataille et jaçoit ce que les povres gensdarmes eussent toute jour besongné virilement et vertueusement, comme dit est, et eussent deffendu et servy leur maistre loyaulment en tel dangier où ilz s'estoient trouvez, si furent-ilz mal souppez, mal traictez et mal logez ; et mesmement, la personne du Roy qui pour ceste nuyt en une petite maisonnette qui estoit là toute seullette, pour cause de la pluye et du maulvais temps, s'estoit retiré, et fut luy-mesme aussi mal soupé en son endroit que nulz des autres ; car les estradiotz avoient couru sur les vivres et deschargé sur le bagaige ; parquoy l'indigence de la mengeaille vint. Et cuydoient lesdictz estradiotz, ensemble tous les ennemys, que, pour ruer sur les bagaiges, l'armée se mettroit en désordre, qui estoit la chose à quoy ilz tâchoient. Mais pour chose qu'ilz sceussent faire, la bataille n'en fist compte nomplus que se ce n'eust rien esté. Ains en laissa faire à ceulx à qui en comptoit la charge, dont lesditz estradiotz n'eurent pas du tout l'avantaige, car il en demoura sur le lieu autant d'eulx comme des nostres; et de fait, lesdietz estradiotz ne firent pas tant de mal sur ledit bagaige qu'on pourroit bien dire. Mais, soubz umbre d'eulx, plusieurs paillars et meschans gens, qui conduysoyent et menoient lesdiets bagaiges, firent la plus grant partie dudit pillaige, et rompoient les coffres et bahus de leurs dietz maistres pour prendre ce qui estoit dedans.

Le mardy, septiesme jour de juillet, l'an mil quatre cens quatre-vingtz et quinze, le Roy au matin, après ouyt la messe, fist lever son camp et alla loger à un mille de là, qui est une demi-lieue de France ou environ, en un hault lieu qui s'appelle Magdelan, et là demoura le jour. Et fut telle diligence faicte par tous les maistres de l'artillerie, que toute ladicte artillerie estoit environ huyt heures de matin audict camp où estoient les tentes et pavillons tenduz ainsi qu'il appartient en tel cas.

Item, ledit jour vindrent devers le Roy aucuns de ceulx du camp desdietz ennemys prier qu'il leur envoiast gens pour parlamenter. A quoy faire y fust envoyé Monsieur de Piennes et maistre Florimond Robertet; mais il y eut quelque différent, pource que les Véniciens vouloient que on passast l'eaue devers eulx, et nos gens vouloient qu'ils vinssent aussi devers eux, parquoy ilz ne firent rien. Toutefois, comme dit a esté, ilz eurent saufconduyt de leur en aller enterrer leurs mors estans au lieu où la bataille avoit esté faicte.

Item, ce dict jour fut prins, par aucuns des biens vueillans du Roy, ung messaiger qui alloit vers le duc de Millan porter le nombre des gens de bien qui avoient esté tuez en cette bataille; ainsi la puis-je bien dire et nommer, nompas rencontre; car lesditz ennemys tenoient camp ordinaire tous les jours du monde, en attendant le Roy, et par icelluy messaigier, au moins par les lettres qu'il portoit, on sceut quelz gens estoient mors, tant gens de bien que aultres gensdarmes. Et quant on luy demandoit combien il y en avoit esté despesché, il ne respondit autre chose, sinon que trop y en avoit de mors. Mais au regard des gens de nom ainsi qu'ilz estoient escriptz esdictes lettres envoyées par la seigneurie de Venise audict duc de Millan la leur malencontre, j'en ay cy touché la teneur d'icelle en briefz motz.

Premièrement, pour donner à entendre les princes de leur armée, c'estoit le marquis de Mantoue (1) pour les Véniciens; et pour le duc de Millan, le conte Galiach (2) et le seigneur Fercasse avecques d'aultres grans capitaines assez, et doit-on sçavoir qu'ilz estoient en grant nombre, duquel nombre, selon la teneur desdictes lettres, moururent ceulx qui s'ensuyvent.

S'ENSUYVENT LES PERSONNAIGES DE NOM QUI MOURURENT A LA JOURNÉE DE FOURNOUE DU CAMP DES VÉNITIENS ET DU DUC DE MILLAN.

Premièrement, le seigneur Redoulfo de Courango (3), oncle dudit marquis de Mantoue.

Item, le magnificque Johanni Maria de Courango, cousin du dessusnommé, marquis bien aymé et favorisé du peuple de Venise.

Item, Guidone de Couzango, vaillant seigneur.

Item, noble homme Anthonio Scalabor de Brunio, capitaine de cinquante lances vénitiennes, fort plaint à Venise.

Item, le filz de monsieur Nicolo Dextro, grant seigneur.

Item, le filz de messire Guidonne de Baignors.

Item, le seigneur Galiache de Cozero (4).

Item, le filz du conte Johanni de Gayolle.

(1) *Le marquis de Mantoue*, François de Gonzague, qui commandait en chef l'armée des confédérés. Il n'était alors âgé que de dix-neuf ans.
(2) Le comte de Cajasso.
(3) Rodolphe de Gonzague.
(4) Galeas de Correggio.

Item, le filz de messire Johanni de Courango.

Item, le Verto.

Item, d'une autre bende environ vingt cinq hommes, tous grans seigneurs et de grans maisons. Autrement en ladicte lettre ne se nommoient.

Item, d'aultres Venyciens mors : c'est assavoir : messire Remigero, grant seigneur.

Item, le seigneur Bernadino des Moutons (1).

Item, le conte Ludovico Danogardo.

Item, le conte Berandino Preremo et plusieurs aultres, dont le nombre et le nom estoient en ladicte lettre; mais pour chascun nom il n'y avoit seulement que une lettre, que celuy à qui elles s'adressoient entendoit bien.

Item de une aultre compaignie millannoyse, soubz la charge du seigneur Galias, en furent tant despeschez, que on n'en sçauroit encor le nombre ne le conte.

Item des blessez; c'est assavoir des plus grans des leurs estoient Christofle de Castillonne.

Item, le gendre de Labatuzo.

Item, l'ung des cappitaines véniciens et plusieurs aultres, qui n'estoient pas de grant estat de toutes les compaignies, tant de pied comme de cheval. Et est à sçavoir que comment qu'il en allast, il ne demoura guères de gens de pied que tous ne fussent mors ou blessez, s'ilz n'avoient plus tost arpenté que ceulx qui les chassoient de trop près. Et mesmement aussi ceulx de cheval ausquelz la meilleure pièce et la plus certaine de tout leur harnoys qu'ilz portoient estoit la poincte de leurs esperons.

Item, en la subscription desdictes lettres y estoit ce qui s'ensuyt :

Et dixi nunc cepi. Hæc mutatio dexteræ excelsi.

(1) Bernardino de Montone, petit-fils du général Braccio, fut laissé parmi les morts; mais il guérit de ses blessures.

Le mercredy, haytiesme jour de juillet, le Roy partit de Magdelan à tout son armée, moult bien équippée de son artillerie, et conduysoit l'avant garde d'icelle monsieur Jehan Jacques (1); avecques plusieurs de nos gensdarmes, et alla coucher aux fauxbourgs de Florensolle (2). En venant, survint quelque alarme en passant par Sainct-Denis; mais ce ne fut riens. Et disoient aulcuns que c'estoit monsieur de Brece qui estoit allé à Gennes avecques une belle bende de gensdarmes, tant arbalestriers que aultres, qui eussent bien servy à ladicte bataille, s'ils y eussent été, car la bende estoit belle et bonne et en nombre de seize à dix-huyt centz gentilz compaignons bien délibérez.

Le jeudy, neufviesme jour dudit moys de juillet, le Roy partit de Florensole pour aller coucher à l'abbaye de Salmedou; mais ce jour, ceulx du pays avoient rompu ung pont par où il falloit passer l'artillerie, qui fut ung très-grant destourbier et empeschement pour l'armée; car il convint amasser tous les pionniers de ladicte armée et mettre incontinent en besongne, tellement que tantost après, maulgré tous les villains, ladicte artillerie passa gayement. Et cependant qu'on rabilloit ledict pont, la pluie vint en si grande quantité, que tout l'ost et l'armée fut merveilleusement ennuyée; car sans cesser en grant habondance dura bien quatre grosses heures, dont les chemins furent si fort rompuz qu'il n'estoit homme de pied ne de cheval, tant fust-il bien monté, que y peust mettre ung pied avant l'autre, et que plus fort est ceulx qui menoient l'artillerie ne peurent pas davantaige; car pour tirer une seulle pièce d'artillerie, il y convenoit bien quarante ou cinquante chevaulx et autant de pyonniers, qui ne fut pas sans une merveilleuse peine. Et, pour plus aggraver l'ennuy et la

(1) Jean-Jacques Trivulce.
(2) Firenzuola.

peine, ce jour mesme estoit forcé que toute l'armée passast auprès de Plaisance, qui est une des fortes villes et dangereuses de toutes les Ytalles; car la nuyt précédente s'estoit mis dedans le seigneur de Fercasse, devant dit nepveu du duc de Millan, à tout quatre mille chevaulx et gens de guerre, qui estoient bien pour espovanter ladite armée, attendu la peine, le travail et la grant charge qu'elle avoit soustenue, toutesfois la grâce à Dieu, sans nul dangier, elle passa oultre, moyennant la bonne ordre qui y fut tenue; laquelle chose fist si belle vezarde audit Fercasse, qu'il n'osa oncques sortir hors ne les siens avecques. Et passa ladicte armée cedit jour la rivière du lieu, qui encore n'estoit guères grande; mais la nuyt ensuyvant, elle creut tant, que le matin nul n'estoit qui y peust passer.

Le vendredy, dixième jour de juillet, le Roy partit après la messe, luy et toute son armée avec l'artillerie, et alla disner aux fauxbourgs du chasteau Sainct-Jehan, et ne voulut-on point entrer dedans de paour qu'on le pillast. Les hommes de la ville dudit chasteau Sainct-Jehan fournirent des vivres, par dessus les murailles, à grant habondance, tant pour hommes que pour chevaulx, en payant chèrement. Et à la requête de messire Jehan Jacques, le Roy alla coucher en ung bois, et là fist son camp et coucha celle nuyt en ses tentes et pavillons avec son armée.

Le samedy, onzième jour de juillet, le Roy partit, après messe ouye bien matin, pour aller à Tortonne, qui estoit une journée de là trop grande, car il fut advertit que Fercasse s'estoit départy de Plaisance, et estoit venu audit Tortonne pour garder le passaige contre le Roy et tous ses gens; et pour ce faire, ils estoient en grant nombre dedans Tortonne. Et au bout d'une levée, le long des prez et maretz, avoit une forte tour joignant ung pont, qui estoit le commencement du passaige, où il y avoit quelques gens ytalliens qui gardoient ledit passaige. Mais incontinent que les Françoys arrivèrent devant ladite tour, ils furent bien esbahys, et non sans cause, car ilz n'avoient pas adverty de veoir tant de testes armées devant ne si grosse artillerie qu'on leur monstra de prime face; parquoy, comme gens estonnez et surprins, pour chose qu'on sceust dire, ne faire parler, ne voulurent ouvrir les portes; mais firent les sours tellement qu'il convint rompre les portes de ladite tour, et on entra dedans par force, et ou moyen dequoy lesditz paillars furent tous tuez, et par leur faulte. Et ce fait, le Roy envoya à Tortonne ung de ses héraux-d'armes par devers ledit Fercasse, nepveu du duc de Millan, qui avoit amené audit lieu lesditz gensdarmes; lequel Fercasse fist bon recueil audict hérault, nommé et appellé Provence, tellement qu'il offrit la ville et le chasteau, et tout tant qui y estoit, au Roy, se son plaisir estoit d'y loger; et luy-mesme vint à la porte dudit Tortonne au-devant du Roy, et parla à luy en luy offrant de rechief ladicte ville et tous les biens d'icelle, dont le Roy le remercia. Lors le Roy print congie dudit Fercasse, qui estoit ung très-gracieulx et beau gendarme; et passa l'artillerie avec tous les gensdarmes du Roy parmy les faulxbourgs dudit Tortonne, et par dedans mesme de la porte. Qui plus est, le Roy fist mettre et planter son camp devant et auprès dudit Tortonne, auquel il demoura jusques au lendemain matin.

Ledict seigneur Fercasse fist illec admener des vivres si largement que c'estoit merveilles, tant pour les gensdarmes que pour les chevaulx. Semblablement pour raffreschir lesdictz gensdarmes et racoustrer ceulx qui en avoient nécessité; il fist aussi porter audit camp grant foison d'abillemens, comme robbes, pourpointz, chemises, chappeaulx, bonnetz, chausses, souliers et autres choses nénessaires, de pain, de vin, de viandes, foin, avoyne et blave, à merveilleuse quantité.

Le dimenche, douzième jour de juillet, le Roy partit de son camp après qu'il eut ouy la messe, et fut disner aux faulxbourgs de Nosle, et après le disner alla à Capriate; mais il ne voulut pas pour ce disner qu'on entrast en la ville dudit Nosle, pour ce que ceulx de ladicte ville baillèrent force vivres, ainsi comme ceulx des villes précédentes avoient fait, et aussi affin que ladicte ville ne fust pillée et desrobée. Mesmement pour ce qu'elle estoit au seigneur Jehan Jacques qui conduisoit par les Ytalles l'armée du Roy, par ce qu'il en estoit, et sçavoit les entrées et les passaiges mieulx qu'autre.

Le lundy 13 de juillet, le Roy partit dudit Capriate après qu'il eut ouy messe, et disna audit lieu, et fut coucher à six mille de Nyce, terres de la marquise de Montferrat, et là furent tendues les tentes et les pavillons; si fut le camp clos comme il appartient, et ceulx de ladicte ville de Nyces envoyèrent force vivres.

Mardy 14 de juillet, le Roy partit de son camp, et fut disner et coucher audit Nyce, à huyt mille d'Ast.

Le mercredy, quinzième jour de juillet, le Roy, après ouye la messe, se partit de Nyce ensemble toute l'armée en l'ordre acoustumée, et vint passer la rivière qui est auprès d'Ast, luy, ses gens et son artillerie qui fut une grant chose et grant hardiesse, et fut coucher en Ast, où il demoura jusques au vingt-septiesme jour de juillet. Et cependant les gensdarmes et ceulx de l'artillerie se refraîchissoient et habillèrent, car grant besoing en avoient. Aussi le Roy ouyt nouvelles de toutes pars, c'est assavoir tant de ceulx de Napples qui c'estoient trouvez contre luy pour recevoir le Roy Ferrant (1), que du Pape, des Vénitiens, de

(1) *Le roy Ferrand*, Ferdinand d'Aragon.

Ludovic, duc de Millan, de la grant assemblée de gens qu'il avoit faicte contre monsieur d'Orléans, lequel estoit entré dedans Noarre, et de toutes autres choses dont saigement et brief y fut pourveu. Aussi luy estant audict Ast et toute son armée, vivres vindrent de toutes pars à grant habondance tellement que sur le marchié, les chars et chariotz estoient si espès qu'on ne si povoit tourner, plains et chargez de bledz, de vin, pain, chair, poulailles, volailles, foin, estrain, avoyne, blave, et génerallement de toutes autres choses appartenans tant aux hommes qu'aux chevaulx; aussi les meilleurs et les plus grans veaulx du monde, tous nourris de laict, grans comme vaches, de frutaiges, herbaiges et d'aultres telles petites négoces en pouvoit-on veoir à aussi grant plante qu'on eust sceu faire dedans Paris qui est une grant chose, considéré la longue demourée que monsieur d'Orléans et ses gens d'armes y avoient faict, le passage du Roy, de ses gens et aultres, dont il est à présumer qu'il n'y a pays en France qu'il n'eust eu bien affaire d'avoir porté telle charge. Semblablement que le Roy et l'armée estant à Thurin et ès environs d'Ast, toujours les vivres en venoient et autant ou plus qu'on en vouloit. Parquoy il est assavoir que le pays d'Ast est ung très-bon pays plantureux et fertil de tous biens. Avecques ce aussi les gens y sont débonnaires amyables et paisibles.

Lundy suivant, d'Ast partit voluntiers,
Et s'en alla pour ce jour gayement
A Ville Neufve, puis le soir à Quiers
Où receu fut moult honorablement;
Aussi ses gens traictez humainement,
A force vivres, de chairs, pain, de vin.
Puis se partit vendredy matin,
Acompaigné d'excellence noblesse,
Et d'une traicte alla jusques à Thurin,

Où il trouva madame la duchesse.

A Thurin fut plus de trois jours entiers,
Puis à Quiers s'en retourna de rechief;
Dudict Thurin alla jusques à Quiers,
Et de Quiers à Thurin pour à chief
Venir en brief du merveilleux meschief
Que préparoient Lombars et Millannoys,
Trop fièrement aux povres Norroys,
Lesquelz s'estoient comme borgne aux yeulx cloz,
Par le mérite de leurs Nyces desroys
Dedans Noarre enfermez et encloz.

Finablement pour amplement pourvoir
A recouvrer ceulx qui estoient léans,
Et mesmement pour franchement avoir,
Sans nul danger, le bon duc d'Orléans,
Le bastard Charles et plusieurs gens vaillans,
Loyaulx François fermes comme ung pillier,
Jusques au nombre d'environ ung millier,
Toujours se tint, puis cedit jour troysiesme,
En Ast, Thurin, Quiers et Moncaillier,
Jusqu'en octobre des jours trente et uniesme.

Ledit lundy, 17 de juillet l'an mil quatre cent quatre-vingtz-et-quinze, le Roy partit d'Ast après qu'il eut ouy la messe, et fut disner à Ville-Neufve, puis le soir coucher à Quiers (1), et y demoura ensemble tout son train, depuis cedit jour jusques au 30 du moys de juillet, durant lequel temps que ledit seigneur estoit audit lieu de Quiers, il receut plusieurs nouvelles tant de monsieur d'Orléans, du duc de Millan, des Vénitiens et de leurs entreprinses que de tous autres lieux, et luy estant en ce dit lieu ensemble tous ses gensdarmes, eurent toujours assez vivres pour eulx et pour leurs chevaulx.

(1) Chieri, à trois lieues de Turin.

Item, est assavoir que par excellence et singularité, fut amenée la fille de messire Jehan de Solyer, hoste du Roy, noble homme et de grant renommée, ung soir après soupper, devant le Roy, en une salle, ledict messire Jehan de Solyer son père et aussi sa mère présens, ensemble tous les plus grans seigneurs de chez le Roy, laquelle en toute humilité, doulceur bénigne, révérence et honneur fist, proféra et dist par cueur, tenant les meilleurs gestes du monde, et si saigement que l'on ne pourroit mieulx sans fleschir, tousser, cracher, ne varier en nulle manière, a harengue qui cy-après s'ensuyt (1).

Le vendredy, trentiesme jour du moys de juillet, le Roy se partit de Quiers, et fut à Thurin où madame la duchesse luy vint au-devant moult bien acompaignée. Et fut ledict seigneur logé en l'hostel du vis-chancellier de Savoye, auquel lieu il parla longuement à ma dicte dame et bien familièrement de toutes les affaires qu'ilz avoient à besongner ensemble touchant leurs pays et aultres négoces ; offrant ladicte dame audit seigneur tous ses pays, terres et seigneuries entièrement ; où estoient présent, pour accompaigner ma dicte dame, monsieur de Bresse et son fils François, monsieur de Luxembourg, le chancellier et le mareschal de Savoye, monsieur de la Chambre et plusieurs aultres grans seigneurs de nom. Et après tous devis et bonnes chères, elle print congé du Roy, ensemble ses damoyselles, lesquelles estoient toutes vestues de noir comme elle. Et le Roy avoit vestu ung sayon de drap d'or avecques une manteline de satin gris et violet en escharpe, et bien sembloit estre acoustré en bon gendarme. Et demoura audict Thurin jusques au troyziesme jour d'aoust, lequel jour il retourna de rechief à Quiers ; mais la plus part

(1) Le discours de la demoiselle de Solyer n'est qu'un long verbiage dénué de faits. Nous avons cru devoir le supprimer.

de ses gensdarmes demourèrent à Thurin. Et le lendemain, quatriesme jour dudict moys d'aoust, le Roy retourna audict Thurin. Lequel jour l'artillerie partit pour aller à Versay (1), et de là donner secours à monsieur d'Orléans. Touteffois le Roy demoura audict Thurin jusques au septiesme jour d'aoust que il alla disner et coucher à Quiers, auquel lieu il demoura jusques à l'onziesme jour dudit moys, lequel jour de rechief il partit pour aller à Thurin, auquel lieu ainsi que il souppoit, luy vindrent nouvelles que ceulx de Florence avoyent prins une place appartenante aux Pisains par composition, et après, les avoyent tuez et puis mangé leur cueur.

Le samedy, quinziesme jour du moys d'aoust, le Roy, audict Thurin, pour l'honneur de la feste et solempnité de Nostre-Dame, ouyt la grant messe aux Augustins dudict lieu, et fist le service monsieur de Cornuaille. Et après disner le Roy alla au sermon que fist ung très-excellent docteur de l'ordre desditz Augustins, et puis ouyt vespres et complies audit couvent qui est hors la ville dudit Thurin. Auquel service estoient tous le jour ses chantres et sa chappelle entièrement que il faisoit moult bon ouyr. Et icelluy jour le baillif de Dyjon partit pour aller quérir des Suysses ès Allemaignes.

Le mardy, 18 d'aoust, le Roy partit de Thurin pour aller de rechief à Quiers, et là demoura jusques au vingt-deuziesme jour dudit moys que trespassa maistre Jehan Michel, premier médecin du Roy, très-excellent docteur en médecine, duquel le Roy fut moult fort marry.

Le vingt-deuxiesme jour d'aoust vint devers le Roy, monsieur de Cernon des pays de Provence disant que luy approchant sur la mer la terre de Gennes, en venant des pays de Napples, il envoya son patron de gallée en une pe

(1) Verceil.

tite ville de la seigneurie de Gennes, pour avoir des vivres en les bien. Payant parquoy il entra en ladicte ville avecques aucuns de ses gens, et eulx serchant et faisant leurs provisions de vivres par icelle veirent ung eschauffaut dressé en l'ung des carreffours d'icelle où l'on faisoit ung mistère tel qu'il y avoit ung Roy représentant le Roy de France, lequel estoit assis en une chaire, et luy mestoient du feu au cul, dont icelluy patron et ses gens pource qu'ilz estoient les plus foibles se teurent, mais firent leurs provisions, puis sortirent hors, disans que ilz se repentiroient de l'injure qu'ilz avoient faicte à la représentation du Roy. Lors incontinent que ils furent arrivez en leur navires le dict patron conta et récita l'injure et opprobre qu'on cuydoit faire au Roy par tel jeu et mistère, audict seigneur de Cernon, lequel incontinent fist équipper son navigaige qui estoyt grant nombre, et à la poincte du jour, environ l'heure de deux heures après minuyt, vint ledict seigneur de Cernon, avecques toute sa puissance pour venger ladicte injure faicte au noble Roy, et mist le siège devant ycelle ville, tellement que à l'ayde de ses gensdarmes et mariniers, ilz assaillirent ladicte ville tant par mer à force d'artillerie que par terre, si très-bien qu'ilz la prindrent par force d'assault. Et, quant ilz furent dedans, ilz tuèrent et mirent tout à feu et à sang, rez pied rez terre, puis s'en retournèrent en leurs navires sur mer, et vindrent gaigner le pays de Provence. Et de là vint ledit seigneur de Cernon conter au Roy l'infameté de ces meschans gens, et comment il les avoyt pugniz de leur oultraige. De laquelle chose fut faicte en court grant risée, et disoit-on qu'ilz prénostiquoyent leur malédiction; car ilz faignoyent de brusler autruy, et eulx-mesmes furent bruslez à bon escient.

Item cedict jour vindrent nouvelles au Roy, que ceulx du camp du duc de Millan avoient prins une petite ville de la terre de Savoye et l'avoient pillée, dont le Roy fut fort courroucé, et semblablement ma dame de Savoye.

Le sixiesme jour du moys d'aoust, le Roy alla de Thurin à Quiers, et monseigneur le prince, avecques plusieurs aultres grans seigneurs, tirèrent à Versay pour donner secours à ceulx qui estoient dedans Noarre. Et après ce faict partit Pierre de Valetault, grant mareschal du Roy, en tout son voyage de Naples, pour aller au-devant des Suysses et Allemans, que le baillif de Dyjon et aultres estoient allez quérir ès Allemaignes, pour les recepvoir et faire faire leurs monstres, par ce que il parloit et sçavoit bien leur langaige. Le Roy se partit de Thurin pour de rechief retourner audit Quiers, auquel il demoura jusques au trentiesme jour dudict moys d'aoust, lequel jour il retourna auldict Thurin. Et le jour ensuyvant fut créé et faict grant-chancellier de France monseigneur Brissonnet, archevesque de Reins. Et ce jour mesme, environ deux heures de nuyt, fist une si grande tempeste de grosse gresle qu'elle cheoit en plusieurs pars aussi grosse que œufz, et sembloit avoir dedans la figure d'une teste et face d'homme, et en tomba en si grant habondance qu'elle contenoit demy pied de hault, ou environ, sur terre. Le Roy séjourna audict Thurin jusques au cinquiesme jour du moys de septembre, lequel jour il s'en partit pour aller à Moncallier, qui est une très-gente petite ville et bien troussée, assise en ung hault lieu, et au bas d'icelle passa la belle et bonne rivière.

Le dimenche, sixiesme jour dudit moys, le Roy ouyt messe à une Nostre-Dame grandement requise, qui est à une abbaye de dames audit Moncallier, et là disna et souppa.

Le lundy, septiesme jour de septembre, le Roy ouyt la messe à ladicte abbaye, et commanda que on donnast force vivres à une grant bande de Suysses qui passoient par devant ledit lieu de Moncallier en moult belle ordonnance, comme ilz ont de coustume de ce faire. Et alloient lesditz Suysses à Nyce, en Provence, de par le Roy, pour monter sur mer avec ceulx dudit Provence, qui s'en alloient à Naples. Cedict jour, après que le Roy eut souppé, par manière de passe-temps, bien accompaigné de plusieurs gens de bien, il s'en alla jouer sur la grève, près du pont dudict Moncallier, et là fist amener les faulcons d'artillerie et en fist charger aulcuns pour tirer luy-mesme à son plaisir; et de faict il les acoustra, et fist acoustrer, comme bien l'entendoit, tous près à tirer, puis fist mettre ung drapeau blanc attaché au bout de deux mastz de bataulx, et tira luy mesme desdicts faulcons audict drapeau, lequel il approucha près de deux doigtz, ou environ, à trois coupz ensuyvant; puis l'escuyer Galiot tira ung coup, mais il passa par-dessus ledit drapeau plus de deux piedz.

Le mardy, huitiesme de septembre, l'an mille quatre cent quatre-vingtz et quinze, le Roy, audict Moncailler, pour l'honneur et révérence de Nostre-Dame, ouyt la messe à la grant église, et fist le service monseigneur de Moncallier. Et après la messe dicte, les bouviers dudict Moncallier amenèrent ung chariot à tous deux grans beufz, qui tiroient ledit chariot; et sur iceluy avoit ung grant cierge pesant à deux centz livres de cire et plus, lequel cierge fut offert par les maistres varletz bouviers devant Nostre-Dame, accompaignez de tous les aultres généralement dudict lieu, des environs, tous habillez d'une parure ou à peu près. Et ce faict, ilz sortirent hors de ladicte église à tous leurs beufz et chariot. Et est assavoir que le maistre varlet des aultres, c'est assavoir le plus habille d'eux tous, prins et choisy pour leur Roy, ainsi qu'on a de coustume de faire telles et semblables choses, estoit monté sur ledit chariot, sans avoir autour de luy à quoy se tenir ne prendre tout debout. Et tant que on pouvoit chasser les dessusdictz beufz, ne que ne pouvoyent aller au long du marché de toutes les rues dudict Moncallier, le maistre varlet, en la façon et manière que dit est, estoyt sur ledict chariot, qui dansoit et jouoit des piedz et des mains, sans cheoir, qui estoit grant chose à veoir, car les aultres bouviers, entièrement et tant qu'ilz povoyent, aguillonnoient les beufz, pour plus tost courir et aller, pour le faire tumber, ce que à la fin ilz firent ; car quant ce vint à passer la rue où estoit le Roy et les seigneurs, ilz aguillonnèrent si aygrement lesdictz beufz, qu'il sembloit que tous les dyables les deussent emporter, et tirèrent si despiteusement droictement vis-à-vis du logis où estoit le Roy, que ledict maistre varlet tomba si grant sault qu'il se cuyda rompre les bras et les jambes, de quoy le Roy avecques tous ses princes et seigneurs se prindrent très-grandement à rire.

Et est assavoir que en la ville a telle franchise, que s'il est aucun maistre varlet bouvier qui veuille entreprendre de faire le mistère que dit est, et il le puisse faire sans tomber à terre, ses beufz et son charroy seront francz toute l'année audit Moncallier ; mais ledit bouvier perdit ycelle franchise et sa peine, et encores en dangier de se rompre le col. Ce faict, le Roy alla disner à son logis, puis après disner il partit pour aller à Quiers.

Le mercredy, neuviesme jour de septembre, le Roy, audit Quiers, ouyt messe aux Jacobins, disna en son logis, et souppa à la rive de Quiers et coucha audit Quiers (1).

Le jeudy, dixiesme jour dudict moys, le Roy ouyt

(1) Il paraît qu'une des causes du long séjour que le roi fit à Quiers ou dans les environs, était la passion qu'il avait conçue pour Jeanne de Soliers qui l'avait si bien harangué à son arrivée dans cette ville.

messe audit lieu de Quiers, disna à Thurin et coucha à
Chevaulx, en Pymont, où ceulx de ladicte ville firent audit seigneur telle entrée, honneur et révérence que on
sçauroit en la meilleure ville de son royaulme; car les nobles, l'Église, les manans et habitans vindrent au-devant
de luy en luy présentant les clefz de la ville et du chasteau, puis mirent un poille moult riche sur son chief, en
signe de triumphe et victoire, lequel fut porté par les
quatres plus grans maistres de toute la ville, cloches sonnans, les rues tendues, tapissées le possible, et fut mené
à la grant église faire ses offrandes, puis à son logis, où il
fut traicté humainement; et tout par le commendement
de madame de Savoye.

Le vendredy, unziesme jour de septembre, le Roy
partit dudit Chevaulx, après la messe, et alla disner à
Sainct-Prat; et le samedy, après la messe, il partit de
Sainct-Prat et alla disner aux faulxbourgs de Sainct-Germain, en une bonne hostellerie, puis après disner alla
coucher à Versay. Et par toutes les villes où le Roy passoit, il fut fait ne plus ne moins que j'ay dit devant, selon
la puissance des lieux, et tout par le commandement de
madicte dame de Savoye. Et quant le Roy fut arrivé audit
Versay, après souper il alla voir son camp, ensemble les
seigneurs et cappitaines ausquelz le Roy parla et commanda
que ilz fissent bon devoir, et que il les récompenseroit
bien, mesmement aux cappitaines des Allemans; de laquelle visitation et bonne chère lesdictz cappitaines furent
moult joyeulx et contens.

Le dimenche, treiziesme jour dudit moys, le Roy, audict Versay, ouyt la messe auprès de son logis; et après la
messe, il alla disner en sondit camp, puis après disner,
s'en vint soupper et coucher à la ville.

Le lundy, quatorziesme jour de septembre, le Roy, après

la messe, alla disner et soupper en son camp et fut dit que on le visiteroit pour le mettre aultre part. Mais riens n'en fut faict, car il vint une trompette du duc de Millan pour parler au Roy.

Le mardy, quinziesme jour de septembre, le Roy ouyt la messe audict Versay et y disna; puis après disner, alla coucher en son camp où estoient ses tentes et pavillons et au sortir dudit Versay, il estoit accompaigné de plusieurs grans seigneurs, c'est assavoir monsieur de Bresse, monseigneur de Foues, monsieur de Guyse, monsieur de Ligny, monsieur de Dunoys, monsieur le marquis de Ferrare, le conte de Sainct-Martin et plusieurs aultres grans seigneurs qui ne sont cy-nommez pour cause de briefveté. Aussi avecques luy avoit ses pensionnaires, ses cent gentilz hommes, deux centz arbalestriers à cheval et quatre centz archiers de sa garde, avecques plusieurs autres bendes de ses gensdarmes d'ordonnance, qui fut lors une des belles yssues qu'il est au monde possible de veoir, et incontinent que il fut en son camp son logis fut fossoyé, barrières faictes bonnes et fortes, bien garnies de pièces d'artillerie, grosses et menues. Lors arriva gentil garçon dit Provence, hérault d'armes du Roy, lequel venoit du camp du duc de Millan, et avecques luy venoit une trompette du duc de Millan pour parler au Roy. Et, cedit jour mesmes, le Roy envoya le capitaine Coquebourne, par son dit camp, pour faire tendre en plusieurs aultres lieux aultres tentes et pavillons pour les disperser et ordonner dedans le logis de ses gentilz hommes et pensionnaires de sa maison.

Item, il est assavoir que le Roy estoit aussi bien en point de toutes choses qu'on sçauroit jamais deviser. Premièrement il estoit monté sur le cheval qu'il avoit le jour de la journée de Fournoue, nommé Savoye, bardé d'une barde couverte de veloux cramoisy déchiqueté sur blanc et violet par moytié, et l'autre moytié estoit de veloux gris, sur lequel cheval, bien chevauchant, il estoit armé de toutes pièces, réservé son habillement de teste. Et sur ledit harnoys il avoit ung riche sayon des couleurs mesmes de ses bardes, c'est assavoir cramoisy, violet et gris déchiqueté pour veoir ledict harnoys bien mistement; et par dessus ledit sayon, il avoit ung manteau en escharpe frisquement intrejecté de la couleur que portoient ses pensionnaires.

Le mercredy, seiziesme jour de septembre, l'an mil quatre centz quatre-vingtz et quinze, le Roy, estant en son camp près de Versay, les ambassades de la seigneurie de Venise vindrent devers luy, acompaignez de plusieurs gens de bien, tant des nostres mesmes que ceulx de Venise et du duc de Millan, lesquelz, après tout recueil fait de par le Roy, ilz luy prièrent que son plaisir feust de leur donner trefves de quatre jours seulement, à quoy le Roy répondit : « Qu'il ne vouloit point de trèves, et qu'ilz en allassent sercher aultre part, car de luy n'en auroient-ilz point; pource que il estoit besoing qu'il avitaillast ceulx qui estoient en Noarre, entre lesquelz estoit monsieur d'Orléans, son frère. Et que brief, il luy cousteroit plustost tout son royaulme ou il l'auroit et de brief. » Et la responce du Roy ouye par lesditz ambassadeurs, affin d'avoir ce que ilz demandoient, ilz se accordèrent voulontiers que vivres leurs fussent portez. Parquoy, tout incontinent, le Roy envoya grans foysons de vivres comme de pain, vins, viandes, chairs, bœufz, lardz, bledz, avoyne, foing, blaves et toutes aultres choses généralement qui leur faysoient besoing, par saufconduyt.

Après lesquelles choses faictes, le Roy feist monstrer son camp ausditz ambassadeurs, pource que le duc de Millan ne voulloit jamais souffrir que on veist le sien, ne que personne estrange entrast dedans de paour que l'on sceust son ordre, estat et façon de faire ; mais le Roy ne fist pas ainsi, car lesditz ambassadeurs furent conduytz et menés de bout en bout, et de long en long tout à leur bon plaisir, lesquelz s'esmerveillèrent moult du bon ordre, de l'excellence et de la puissance du Roy de France. Et ce faict, pour leur monstrer l'humanité et la bonté des Françoys, ilz furent menez et conduytz à Versay, auquel lieu le Roy les fist festier singulièrement, et eurent ceste charge monsieur le mareschal de Gyé et le maistre d'hostel messire Rigault Doreilles qui leur firent, en faveur du Roy, tout ce qu'il estoit possible de aire. Et furent menez aux Trois-Roys dudict Versay, auquel lieu, pource que c'estoit le mercredy des quatre temps et que on ne mangeoit point de chair, on leur fist apporter pain et vins de toutes sortes, ypocras, espices, confitures et aultres nouvelletez singulières, tellement que lesditz ambassadeurs se tindrent grandement contens de l'honneur que le Roy leur faisoit faire.

Le jeudy, dix-septiesme jour de septembre, le Roy vint à Versay, et ainsy luy fut-il conseillé pource que l'habondance des eaues qui avoit esté avoit suffoqué tout ledit camp. Et le lendemain ceulx de Venise furent festoyez de par le Roy moult honnorablement d'aultre façon qu'ilz n'avoient esté le jour précédant. Et après disner, ilz allèrent au conseil chez monsieur de Sainct-Malo, accompaigné de monsieur Dargenton, monsieur de Gyé et monsieur le maistre d'hostel, messire Rigault Doreilles, chevalier. Et après responce faicte, ilz s'en retournèrent en leurs camps, acompaignez dudit seigneur Rigault Doreilles, maistre Florimont Robertet et monsieur Dargenton pour raporter la responce desditz Véniciens et du duc de Millan qui estoit en son camp.

Le vendredy, 18 de septembre, le Roy, estant à Versay, luy vindrent nouvelles que le pont de la rivière dudit Versay, estoit rompu par la crue des eaues dont il fut bien marry, car il n'estoit pas possible de passer pour aller dudict Versay au camp, ne mettre vivres dedans pource que la rivière estoit si grande qu'elle ne pouvoit en ses bouges. Parquoy incontinent, le Roy manda quérir des basteaulx en la rivière de Paust pour en faire ung pont passant, ce qui fut faict; car à toute diligence on besongna si bien, que sur lesditz bateaulx et grant foison de tonneaux, l'on fist ung pont où l'on pouvait aller facillement et sans danger de Versay audit camp et dudit camp à Versay. Le Roy souppa, cedit jour, auprès dudit pont pour veoir ouvrer ceulx qui le faisoyent. Et cedit jour vindrent plusieurs bendes de Suysses et Allemans qui furent bien recueillis.

Le samedy, 19 de septembre, le Roy, audit Versay, ouyt la messe et y disna, et le soir alla soupper audit pont où il rencontra plusieurs autres bendes d'Allemans qui venoient pour le servir, parquoy il les fist bien festier.

Le dimenche 20 de septembre, le Roy estant à Versay, furent prolongées les trèves jusques au 25 dudit moys. Et le soir, la rivière de rechief creut si très-grande, qu'elle rompit le pont et les bateaux, et emmena tout à val eaue. Toutesfois, arrière en moult grant diligence fut reffait aussi bien ou mieulx que devant.

Le lundy, 21 dudict mois de septembre, arriva une des plus grans bendes d'Alemans qui n'estoit point encores venue, laquelle faisoit moult beau voir. Et le mardy, le Roy ne partit dudit Versay pour entendre au conseil et adviser à ce qu'il avoit affaire.

Le mercredy, 23 dudit moys de septembre, le Roy estant audict Versay, arriva par devers luy monsieur d'Orléans qui venoit de Noarre, lequel fut receu du Roy moult honnorablement, débonnairement et amyablement, puis le soir soupèrent ensemble; et, depuis ce jour, monsieur d'Orléans mengea et fist son disner en son logis, mais le Roy luy faisoit porter et envoyer tout ce qui luy estoit nécessaire, tant pain, vin, viandes, poulailles que toutes aultres choses qui luy appartenoient.

Le jeudy, 24 de septembre, avoit esté achevé de faire le pont de bateaulx et de clayes, pour passer de Versay audit camp, et l'alla veoir le Roy après disner. Et lendemain, qui fut le vendredy 25 de septembre, faillirent les trèves qui estoient entre le Roy et le duc de Millan. Parquoy le Roy tint son conseil assavoir se il seroit bon qu'on les prelongeast. Et, pour ce faire, furent appellez en conseil ceulx qui s'ensuyvent. Premièrement, monsieur d'Orléans, monsieur de Bresse, le jeune monsieur de Ligny, monsieur de Vendosme et son frère, monsieur de Nevers, Enguillebert de Clèves, monsieur de Dunoys, monsieur le de Foys, François, monsieur de Luxembourg, monsieur le prince le marquis de Ferrarre, monsieur de La Trimoille, monsieur de Piennes, monsieur le mareschal de Gyé, monsieur Dargenton (1), messire Jehan Jacques (2), messire Troyen, messire Camillo, Ytaliens, monsieur le cardinal Petri ad Vincula, monsieur le cardinal de Sainct-Malo, monsieur d'Angiers (3), monsieur de Cournouaille, monsieur de Rouan (4), monsieur d'Embrun, arcevesques et évesques avecques plusieurs aultres grans seigneurs, tant capitaines, gouverneurs et entremetteurs des affaires du Roy

(1) Philippe de Commines.

(2) Jean-Jacques Trivulce, créé maréchal de France en 1500, mort en 1518. On peut lire son éloge dans Brantôme.

(3) Jean de Rely.

(4) Georges d'Amboise, qui fut depuis cardinal et principal ministre de Louis XII.

et de toute son armée. Et fut par eulx advisé que lesdictes trèves seroient alongées et continuées tant qu'il plairoit au Roy pour aucunes raisons à ce le mouvans. Et cedit jour, arrivèrent plusieurs gens de ceulx qui s'estoient enclos en Noarre.

Le samedy, 26 jour de septembre l'an mil quatre cenz quatre-vingtz et quinze, sortirent de Noarre plusieurs des gens de monsieur d'Orléans, comme hommes d'armes, archiers, piétons, bagages, artilleries et aultres choses. Et cedit jour, environ six heures après midy, les gens du Roy, qui estoient allez au camp des Véniciens et du duc de Millan, s'en revenoient et les raconduysoit le conte Galiach avecques sa bende et estoient ceulx qui s'ensuyvent. Premièrement, monsieur de Piennes, monsieur le mareschal de Gyé, monsieur Dargenton, messire Rigault Doreilles et maistre Florimont Robertet, secrétaire du Roy. Et quant ledit Galiach les eut conduyt jusques auprès du camp du Roy, il s'en retourna avecques ses gens vers le camp des Véniciens. Lequel Galiach en s'en retournant, il rencontra de ceulx de Noarre, devant ditz, qui amenoient aulcunes pièces de l'artillerie, et ses gens en prindrent par force et violence deux pièces. Parquoy incontinent que les nouvelles en vindrent au camp du Roy, il se meut tout incontinent ung merveilleux alarme, voire tellement que tout le monde se mist en arme pour les aller rescourre; et de fait, les nouvelles en vindrent jusques au Roy et monsieur d'Orléans qui estoient à Versay, lesquelz incontinent commencèrent à faire armer tout le monde; et eulx-mêmes, en propres personnes, en firent leur devoir si très-bien, que monsieur d'Orléans sortit du logis incontinent qu'on luy dit qu'on emmenoit son artillerie, et s'en alla tout à pied sans armures quelzconques, seullement à tout ung arc et sa trousse, jusques sur le pont là où là il fut armé et acoustré.

Semblablement, le Roy sortit à tous ses gentilzhommes, ses pensionnaires, ses archiers de la garde avec tous les grans seigneurs de sa court. Et sortit hors par la porte portelle, tellement que le pont ployoit dessoubz les gensd'armes pour la grant multitude qui passoit par dessus. Et avec ce quatre mille Suysses et Allemans qui estoient à la ville, soubdainement commencèrent à sonner fleustes et tabourins et marcher aux champs à tout leurs enseignes desployées, qui estoit la plus merveilleuse chose qu'on avoit encores veu de piéça pour ung alarme. Et ce fait, quant on cuyda marcher oultre pour aller donner dedans, les avant coureux vindrent qui dirent que ce n'estoit riens, car le conte Galiach ne sçavoit riens de tout cecy; mais incontinent qu'il le sceut, il fist rendre ladicte artillerie que ses gens avoient prinse, et très-bien pugnir après. Parquoy le Roy, avec tous ses gens, s'en retourna audit Versay, et chacun en sa chascune.

Le dimanche, 27 de septembre, le Roy, à Versay, ouyt la grant messe ès cordeliers; et ce jour furent de rechief continuées les trèves jusques au premier jour d'octobre.

Le lundy, 28 de septembre, le Roy ouyt messe aux Frères de l'Observance, hors de Versay, puis alla disner à son logis; et après disner, il s'en alla jouer en son camp.

Le mardy ensuyvant, ouyt sa messe audit couvent; puis, après disner, fist assembler son conseil, auquel il alla, et fut advisé d'aucuns grans affaires touchant l'armée comment on y pourvoiroit. Et le mercredy, après qu'il eut ouy messe et qu'il eut disné à son logis, environ vespres, bien accompaigné de tous ses gentilz hommes, pensionnaires et aultres, il s'en alla en son camp pour passer temps et s'esbatre.

Le jeudy, premier jour d'octobre, vindrent les ambassadeurs du duc de Millan et des Véniciens vers le Roy audit Versay; et les fist le Roy honnestement festier et humainement traicter, car ilz couchèrent audit Versay. Aussi les gens du Roy qui allèrent vers le duc de Millan furent très-bien traictez. Lors après que le Roy et son conseil eurent advisé leur cas firent venir lesdicts ambassadeurs qui estoient ceulx-cy: premièrement, le conte Galiach, l'évesque de Côme, messire Francisque et plusieurs autres de leur party qui conclurent plusieurs articles entre eulx, touchant principallement la paix et union des parties; mesmément que le duc de Millan et ses alliez requéroit estre d'acort avec le Roy. Parquoy il convint de rechief renvoyer devers luy, pource que le Roy ne vouloit accorder ses demandes, monseigneur le mareschal de Gyé, monsieur le président Guesnay (1), monsieur d'Argenton, monsieur le vidame de Chartes et maistre Florimond Robertet secrétaire du Roy. Or est assavoir, qu'en traictant et poursuyvant ses matières tousjours y avoit devers le Roy des gens des Véniciens, et aussi devers les Véniciens, y avoit des gens du Roy. Et furent prolongées les trèves jusques au 8 d'octobre.

Le vendredy, 2 du moys d'octobre l'an 1495, trespassa audit Versay le très-saige et débonnaire seigneur monsieur de Vendosme (2), duquel trespassement le Roy fut tant courroucé que merveilles, ensemble toute la seigneurie de France, et non sans cause, car, à la vérité dire, c'estoit l'ung des beaulx et bons prince du monde.

Item en ses jours vint monsieur le bastard Mathieu de

(2) De Gannay.

(1) François de Bourbon, comté de Vendôme, mort à l'âge de vingt-cinq ans. Il n'avait pas fait le voyage d'Italie avec le roi, mais il était venu rejoindre l'armée depuis peu de temps, espérant se distinguer dans une bataille.

prison vers le Roy, dont il fut moult joyeux. Aussi en ses jours où environ mourut le bailly de Chartres qui aultresfois avoit esté capitaine de la garde écossoise. Item, en ces jours, de Mantoue, accompaigné d'aucuns grans seigneurs de Venise, vint devers le Roy, lequel le receut moult honnestement, et pourparlèrent ensemble plusieurs fois seul à seul. Et après plusieurs parolles et devis, ledit marquis print congé du Roy jusques après disner, et disna icelluy marquis en ung logis que le Roy lui avoit fait apprester, auquel logis pour luy faire compaignie, disnèrent avecques luy monsieur le grant bastard Mathieu de Bourbon, monsieur le mareschal de Gyé et plusieurs autres grans seigneurs desquelz il fut honnorablement receu et festié tout aux despens du Roy.

Item après disner, ledit marquis de Mantoue retourna devers le Roy, et le remercia grandement du grant honneur qu'il luy avoit fait et faict faire. Le Roy luy donna ung moult beau coursier qu'il avoit achapté du bastard de Liége, 500 écuz, et, ses choses faictes, il parla au Roy grant pièce en prenant congé de luy, et s'en alla au camp des Véniciens. Et, luy parti, monsieur de Bresse et monsieur de Foyx allèrent au-devant du duc de Ferrare qui venoit devers le Roy, lequel fut amiablement receu du Roy et de tous les seigneurs. Et après le recueil fait et aucuns devis, le Roy le fist mener au logis, où ledit marquis de Mantoue avoit esté festié; semblablement aussi par le commandement du Roy, fut-il noblement festié ensemble son filz et tous ses gens.

Le mardy, 6 du moys d'octobre, fut fait audit Versay, le service de monsieur de Vendosme, en la grant église dudit lieu de Versay, nommée saincte Eusebie, auquel service fut fait le plus grant dueil de prince que jamais fut veu. Hélas! il le valoit; car c'estoit l'escharboucle des princes de son estat en beaulté, en bonté, en humanité, saigesse, doulceur et bénignité, Et est assavoir que le Roy en fut si très-marry, qu'il n'estoit nul qu'il le peust reconforter dont pour monstrer qu'il le vouloit aymer à sa mort comme il avoit fait en sa vie, il ordonna et voulut expressément que tel et semblable honneur fust à l'enterrement du corps que s'il eust esté son propre frère. Et premièrement, pour parler en brief de l'ordre qui fut tenue audit enterrement, c'est assavoir que toutes choses furent observées et gardées tant en cérimonies, honneurs et révérences, que en toutes autres choses qu'il appartient à ung grant seigneur du sang royal, tel comme il estoit et prouchain parent du Roy; dont pour ce faire fut mis le corps à l'entrée de son logis, lequel avoit esté embaulmé, ouvert et mis en tel et semblable estat, qu'il est requis en l'office royale, bien cloz et fermé dedans ung beau cercueil de plomb couvert de bois, à raison dequoy il le falloit apporter en France; sur lequel cercueil y avoit une grant couverture de veloux noir, à tout une grant croix de satin blanc où pendoient les armes dudit seigneur de costé et d'aultre. Or pour obvier au désordre, aussi pour faire place et lieux à ceulx qui devoient aprocher le corps de degré en degré, vint premier le prévost de l'hostel du Roy avecques ses archiers et ses gens, tous habillez en dueil, qui avoient assez affaire de faire reculer le peuple, tant des Françoys que aultres qui venoient plaindre et plourer la mort du très-débonnaire deffunct.

Item vindrent les gens d'église qui de toutes pars avoient estez mandez et requis de par le Roy, pour venir à l'église et faire le service dudit corps, c'est assavoir les quatre mendians, comme cordeliers, jacopins, carmes et augustins qui estoient en moult grant nombre. Aussi avecques eulx vindrent toutes gens de religion, c'est assavoir de sainct

Benoist, de Citeaulx, prieurs, abbez, moynes blancz et noirs autant qu'il en avoit par delà à tout leurs croix et eaue benoiste, la plus part d'iceulx pleurant et regrettant ceste mort trop piteuse.

Item vindrent file à file, en moult belle ordre, les croix de toutes les paroisses dudit Versay et des environs, après lesquelles s'ensuyvoient et estoient premièrement plusieurs petits enfans de cueur, tous revestuz de sourpeliz. Les chappelains, prestres, vicaires et curez d'icelle en moult grant nombre.

Item après marchèrent les chanoynes, doyens, archediacres, gens constituez en dignitez d'église, dévotement et piteusement chantans, et plusieurs d'iceulx pleurans, lamentans et regrettans la mort du bon et vertueux prince de Vendosme; car tel ne le congnoissoit, ne ne l'avoit jamais veu que, seullement pour veoir doulouser et plourer ceulx qui le congnoissoient et à si grant multitude, estoient contrainctz d'estre meuz à pitié et compassion, tant qu'ilz ne se fussent sceu tenir de plorer, souspirer, ou du moins regretter ceste piteuse et trop douloureuse amère mort.

Item après marchèrent en grant révérence les prestres de l'église qui s'ensuyvent. Premièrement, monsieur le cardinal Petri ad Vincula, monsieur le cardinal de Gênes, monsieur le cardinal de Sainct-Malo, monsieur de Rouan, qui fist l'office celuy jour, monsieur l'évesque d'Embrun, monsieur l'évesque d'Angiers, confesseur du Roy, monsieur l'évesque de Cornouaille, monsieur l'évesque de Syon, et plusieurs autres grans seigneurs constituez en dignité.

Item après et devant ledit corps y avoit grande et merveilleuse habondance de grosses torches, cierges et luminaires, tous armoiez des armes dudit seigneur, portez par gens à ce ordonnez, tous vestuz en dueil et de neuf.

Item, quant tous lesdits seigneurs généralement furent passez en une ordre si piteuse qu'il n'estoit personne qui se peust tenir de plorer, vint le piteux et lamentable corps, sur lequel, comme dit a esté, avoit une couverture de veloux noir, croisé de satin blanc avec lesditz armes pendans de costé et d'autre, devant lequel corps estoient, ainsi qu'il est requis à ung grand seigneur du sang royal, deux huyssiers à masse, habillez en dueil, faisans et exerçans leur office ainsi qu'en tel cas appartient.

Item, aussi devant ledit corps y avoit grant nombre à merveilles de gentilz hommes, officiers, maistres d'hostelz, varletz de chambre, escuyers et eschançons, pages, servans et toutes autres de train de sa maison qui est en cris piteux, lamentables, pleurs, griefz soupirs et amers exclamations, habillez en dueil, se comportoient si douloureusement pour la mort de leur bon feu maistre, qu'il n'est possible de le dire, ne racompter, car ilz avoient perdu leur père, leur seigneur et leur bon maistre; non sans cause; ilz le regrettoient, car le noble seigneur, lors qu'il estoit au lict de la mort, quant il les véoit plorer pour luy, il les reconfortoit tant doulcement et tant humainement qui n'estoit cueur qui ne fondit en pleurs et en larmes, et leur disoit telles ou semblables parolles : « Mes amis, mes enfans, ne plorez point pour moy, car
» c'est le plaisir de Dieu que je meure, et puisqu'il luy
» plaist, je prens la mort en pacience et le remercie et
» gracie du bien qu'il me fait de le recongnoistre et de le
» requérir à secours au dernier de mes jours. Et pourtant,
» mes amys, ne plorez point, mais priez Dieu qu'il luy
» plaise que j'aye congnoyssance de luy jusques à ce que
« mon ame soit séparée de mon corps; après laquelle sé-
« paration, je me recommande à vos bonnes prières. » Et le très-noble et prudent seigneur, ung petit devant que il trépassast, il escripvit une lettre au Roy, en laquelle, pour principalle substance, il disoit que il estoit venu par

soit mandement et commandement oultre les mons pour le servir loyaulment, ce qu'il avoit bonne intencion de faire, se Dieu luy eust donné grace de vivre plus avant, mais puisque il luy plaisoit de le appeller, il estoit content que sa volonté fust accomplie en luy, et le plus grand regret qu'il avoit, c'estoit qu'il mouroit hors de son pays et arrière de sa bonne femme (1) et ses petits enfans (2). A parler proprement, en sa dicte maladie, il ne regrettoit autre chose, et croy que cela luy abrégea fort ses jours. Et, de fait, la dernière clause de ses lettres estoit telle ou semblable : « Mon très-cher seigneur, je vous dy adieu,
» en vous recommandant trois choses principalles après
» ma mort. Premièrement ma povre ame, ma très-bonne
» et loyalle femme et mes petits enfans, lesquelz demeu-
» rent vefve et orphelins; si vous supplie, en faveur d'a-
» mour et d'équité, qu'il vous plaise estre leur mary et
» père, ou du moins leur vray seigneur, garde et protec-
» teur, tant de leurs corps comme de leurs biens. En la-
» quelle garde et protection, pour d'icy en avant, je les
» remetz entièrement pour la bonne fiance que je y ay. »
Et quant le Roy vit les lettres à peu que le cueur ne luy partit en deux pars de pitié et de compassion, car il veoit bien qu'il perdoit ung des bons amys qu'il eust au monde et ung des loyaulx, des beaulx et des bons princes de son royaulme. Parquoy, après la mort d'icelluy il monstra bien qu'il avoit à cueur et aymoit bien et affectueusement ce que luy avoit esté recommandé à la fin dudit notable seigneur de Vendosme, laquelle fut la plus belle, la plus constante et la plus saige, voire jusques à rendre l'ame qu'on vit jamais, ne qu'il est de veoir pour mort de prince. Si prie à Jésus

(1) Marie de Luxembourg, comtesse de Saint-Paul, qu'il avait épousée en 1487.

(2) Charles, son aîné, duc de Vendôme, a été l'aïeul du roi Henri IV.

rédempteur de tout le monde qui luy pardoint ses faultes.

Comme dit a esté, ses gentilzhommes et autres de son hostel, tous habillez en dueil, marchoient et alloient devant le corps, entre lesquelz l'ung desditz gentilz hommes, plus suffisant, portoit son heaulne et tymbre, comme l'on a acoustumé de faire à ceulx du sang royal ; l'autre portoit son escu et ses armes, et ung aultre portoit sa coste d'armes, son espée, et aultres portoient son estandart, son guydon et son enseigne et toutes aultres choses à ce appartenantes et puis ses trompettes et clairons, huyssiers, officiers, chevaucheurs, tous habillez en dueil, piteux, portans lesdites armes; après lesquelz vint le corps couvert, comme dit est, lequel portoient douze grans gentilz hommes. Et ès quatre coingz dudit corps tenoient les quatre bouts d'ung poille de drap d'or qui estoient par dessus monsieur de Bresse, monsieur de Foues, monsieur de Ligni, monsieur de Guyse (1). Et quant ledit corps fut passé, après marchoient ceulx qui faisoient le dueil, c'est assavoir premièrement monsieur Loys de Vendosme, son frère, et le me noit monsieur d'Orléans ; après monsieur de Nevers, Engilbert de Clèves, monsieur le Bastard de Bourbon, monsieur de la Gretuze, monsieur le mareschal de Gyé monsieur de Dunoys, monsieur de La Trimoille, monsieur de Piennes, monsieur le vydame, messire Jehan Jacques et monsieur Camille, Ytaliens avec plusieurs aultres grans seigneurs de France, de la maison du Roy et de l'armée, tous en moult belle ordre et dueil sumptueux ; après lesquelz marchèrent semblablement, tous en dueil en moult belle ordre, car le Roy l'avoit ainsi commandé faire, les centz gentilz hommes de son hostel, ses cent pensionnaires et puis infiny nombre de peuple, tant gens-

(1) Louis d'Armagnac, comte de Guise, depuis duc de Nemours et viceroi de Naples, mort en 1503.

darmes, gentilzhommes Françoys, Allemans, Ytalliens et aultres la plus grant partie de tous eulx plourans ou regrettans piteusement la dure mort de ce bon seigneur; et y avoit tant de monde parmi les rues de Versay qu'on ne si pouvoit tourner ne virer.

Item quant le corps fut à l'église, on fist le service et fut à ce commis monsieur de Rouan, qui fut l'ung des beaulx et des sumptueulx qu'on vit jamais faire de par de là, en France ne aultre part et où il y avoit plus de grans gens, car toute la noblesse de France, au moins la plus grande partie y estoit, et toute l'armée avec plusieurs cardinaulx, arcevesques et évesques, laquelle chose ne vient pas souvent en France ne ailleurs.

Item, quant le service fut dit, auquel pour abréger en général et en particulier tous les honneurs, toutes les révérences, façons de faire, ordonnances et cérémonies furent faictes, gardées et observées comme l'on eust sceu, peu et deu faire du propre frère du Roy mesme, se le cas fut advenu. On print congé de l'église et on emporta le corps ainsi acoustré qu'il a esté dit, autour duquel estoient ses héraulx, huyssiers, trompettes, clairons sans mot sonner et officiers, tous portans les armes dudit seigneur sur leur dueil, ensemble ceulx qui portoient les cottes d'armes, timbre, espée, estandars, guidons et aultres choses par ordonnance, comme dit a esté et fut raconduyt du long de la ville de Versay jusques au-dehors des portes dudit Versay, auquel lieu furent ordonnez gens de bien et d'honneur pour avoir la charge de conduyre et faire mener ledit corps en France, laquelle chose fut faicte, car dedans une litière moult honnorablement, tousjours force torches allumées autour dudit corps tout au long du jour et la nuyt estoit mis reposer ès églises par où il passoit, et là faisoit-on chanter messes et services pour l'ame de luy, puis remis arrière sur ladicte littière et convoyé, comme dit est, par tous les gens de sa maison et plusieurs aultres grans seigneurs commis de par le Roy, tous habillez en duell, lesquelz de journée en journée passèrent ainsi tous les monts et tous les aultres pays, jusques à ce qu'ilz vindrent à Moulins en Bourbonnoys, auquel lieu monsieur et madame de Bourbon firent faire ung très-sumptueux et grand service. Puis de là en avant fut ledit corps mis sur le banc et aussi toujours autour d'icelluy avoit ung nombre de religieux qui, jour et nuyt, disoient suffrages et oraisons pour l'âme dudit seigneur, tant qu'il fut à Vendosme où l'on luy fist derechief tout ce que il estoit possible de faire ainsi que à leur vray prince et seigneur (1).

Le mercredy 7 du moys d'octobre, l'an 1495, arriva à Versay, devers le Roy, l'évesque de Syon, acompaigné de plusieurs Suysses et Allemans des légues d'Allemagne à pied et à cheval, tous gens de fait, entre lesquelz y avoit plusieurs gentilzhommes dudit pays; et en nombre de huyt à dix mille Suysses et Allemans bien déliberez, lesquelz le Roy receut voluntiers. Puis deffroya ledit évesque et les seigneurs desdictes légues d'Allemaignes, qui les avoient conduytz et admenez, tant que ilz furent audit Versay. Aussi, à leur partement, il leur fist grans dons, semblablement à leurs tabourins, trompettes et clairons et aultres joueurs d'instrumens servans au mestier de la guerre

Le jeudy, huitiesme jour d'octobre, les ambassadeurs du duc de Millan vinrent à Versay devers le Roy, et quant ilz eurent parlementé ensemble pource que les trefves failloyent entre eulx, aussi quant ilz virent tant de gensdarmes pour le Roy prestz et appareillez de donner dedans, ilz mirent en terme la paix, et dirent que ilz demandoyent

(1) Nous avons supprimé les épitaphes et complaintes composées par André de La Vigne.

appoinctement et faire le traicté de paix ainsi que il plairoit au Roy, s'il vouloit à ce vacquer et entendre.

Le vendredy, neufviéme jour d'octobre, l'an mil quatre cens quatre-vingts-et-quinze, le Roi, voyant la requeste que on luy faisoit, lequel a toujours esté et est prince de paix et protecteur de concorde et d'union, non desirant faire espandre le sang humain ou que possible est à son honneur par voyes justes et raisonnables d'y pourvoir, et envoya avecques lesditz ambassadeurs et le provideur de la seigneurie de Venise devers ledict duc de Millan, et iceulx de Venise monsieur le mareschal de Gyé, monsieur le président Guesnay et messire Rigault Dorcilles, pour passer le traicté de la paix, ainsi qu'il avoit esté concludentre le Roy et lesditz ambassadeurs, et faire lever leurdit camp. Ce que volontiers acordèrent lesditz seigneurs de Venise et ledit duc de Millan. Et, ce fait, lesditz seigneurs firent audit camp des Véniciens publier, à son de trompe, le traicté de paix, comme il avoit esté accordé entre le Roy de France d'une part, et la seigneurie de Venise avec le duc de Millan d'aultre, dont les gensdarmes véniciens et lombards furent moult joyeulx, et bien le monstrèrent par leur effect; car si tost que ledict traicté fut publié, incontinent, sans aucun delay, ilz commencèrent à lever leur camp, et s'en aller chascun chez soy.

Le samedy, 10 d'octobre, tout le camp entièrement desdit Véniciens et du duc de Millan fut levé et descampé. Et de faict lesditz Véniciens, Lombars et Millannoys partirent trois heures après minuyt avecques toute leur artillerie, bagaiges, vivres et aultres choses, et pour monstrer que ils n'y vouloyent plus retourner, ilz mirent le feu dedans leuredit camp; tellement que tout fut en feu et en flambe. Ce fait, lesditz seigneurs, monsieur le mareschal de Gyé, monsieur le président, messire Rigault Dorcilles, monsieur d'Argenton et maistre Florimont Robertet, avecques eux Gentil Garçon dit Provence, hérault d'armes du Roy, revindrent à Versay devers le Roy assez matin, et certifièrent au Roy comment ledit camp des Véniciens et du duc de Millan estoit levé, bruslé et ars, et toute leur artillerie ammenée, ensemble les gensdarmes tous partis pour eulx en aller chascun chez soy, sur peine de la hart; lors le Roy feist ce jour publier en sondict camp, à son de trompe, comme l'on avoit faict le traité de ladicte paix. Parquoy cedit jour fut ordonné au baillif de Dyjon, à messire Charles de Brillac, maistre d'hostel du Roy, et aultres de faire faire les monstres des gendarmes et des Allemans audit camp du Roy, ce qui fut fait. Et estoit encores le duc de Ferrare audit Versay, qui devoit aller à Gennes. Ledict jour monsieur le prince, monsieur de Dunoys et aultres grans seigneurs allèrent à Trinc attendre le Roy pour faire le serment de ladicte paix, comme lesdictz Vénitiens et le duc de Millan avoient fait entre les mains des dessus nommez; et de rechief lesditz ambassadeurs véniciens refirent arrière le serment comme le Roy l'avoit fait, disans que les ennemys du Roy estoient les leurs, et qu'ilz vouloyent servir le Roy de cueur, de corps et de biens. Monsieur Dangiers receut leurs sermens, présens, monsieur de Cornouaille, monsieur d'Embrun, avecques aultres prélatz. Et des nobles y estoient, le duc de Ferrare et son filz, monsieur de Bresse; monsieur de Foues, monsieur d'Argenton, monsieur de la Gretuze, messire Rigault Doreilles et maistre Florimont Robertet, secrétaire du Roy. Aussi de l'autre partie estoient plusieurs seigneurs de Venise, et d'aultre part avecques les ambassadeurs dessusditz. Puis, ce fait, ilz prindent congé amiablement les ungz des aultres. Et prépara on le partement du Roy, lequel fut le lendemain.

Le dimenche 11 d'octobre, le Roy ouyt la messe ès Cordelliers joignant son logis. Et après disner fut coucher à Trinc; et là demoura jusques au quinziesme jour d'octobre, auquel lieu devoit venir parler le duc de Millan à luy; toutesfois il ne vint point, mais manda au Roy qu'il luy pardonnast, et qu'il estoit malade, tellement qu'il ne se eust peu transporter devers luy, dont le Roy n'en tint pas grant compte; mais fist apprester tous ses gens pour lendemain partir, ce qu'il fist : car le jeudy, quinziesme jour d'octobre, le Roy ouyt messe audict Trinc, et après la messe et le disner, il fut coucher à Cresentin.

Le vendredy 16 d'octobre, le Roy audict Cresentin ouyt la messe, puis alla disner à ung lieu dit Sillon, et coucher à Cesse.

Le samedy 17 d'octobre, le Roy partit de Cesse après la messe, et fut disner à une abbaye qui est à moytié chemin dudit Cesse et de Thurin, puis alla au giste audit Thurin.

Le dimenche 18 d'octobre, le Roy ouyt la messe audit Thurin, et y disna; et après disner alla coucher à Quiers.

Le lundy, dix-neufviesme jour d'octobre, demoura audit Quiers; et le lendemain, qui fut mardy, vingtiesme dudit moys, il ouyt messe et disna à Quiers, puis après disner fut coucher à Thurin.

Cedit jour, dont conte vingt et uniesme
Du moys d'octobre, de Thurin print congié,
Et le lendemain qui fut vingt et deuxiesme,
Fut à Rivolle puis à Suze logé.
Très-bien receu, doulcement hébergé,
Ses gens traictez de très-bonne façon,
Tant du gibier, de chair que de poisson,
De vins, viandes, de pain blanc et pain brun.
Le vendredy il atteint Briançon;
Le samedy Nostre-Dame d'Ambron.

Le lendemain à Savine disna,
Et de Savine il fut à Gap coucher:
A Sainct-Exibe, le lundy, desjeuna,
Puis fist ses gens à la meure marcher;
Et le mardy, pour pays despescher,
Passant par Tault à Grenoble s'en vint,
Où, pour ung mal qui au cueur luy survint,
Le mercredy ne partit de sa chambre,
Et pour le mieulx séjourner luy convint
Jusques au quatriesme du moys de novembre.

   Cedit jour, dont totallement guéry,
De Grenoble partit alègre et sain,
Et fut disner joyeulx et non marry,
A Sainct-Rambert et coucher à Morain.
Jeudy matin, sans avoir le cueur vain,
Il fut disner à ung beau petit lieu,
Qu'on dit Sillon, lequel est au milieu
D'un lieu champestre, ostoré de tout bien.
Après disner, la coste Sainct-Andrieu
Pour giste print ou receu fut très-bien.

   Le vendredy tout le monde marcha,
Et fut le Roy à Chatonay disner.
Puis en ung lieu de plaisance coucha;
Et de là fist en triumphe ordonner,
Pour en Lion très-bien l'acompaigner,
Seigneurs et aultres gros et graps personnaiges,
Semblablement on fist devant mener
Tous les bahuz, cheriotz et bagaiges.

   Le samedi, septiesme de novembre,
Le Roy, des Roys preux entre ung million,
Plus net que un voirre et plus franc que ne est l'ambre,
Fist gayement son entrée à Lyon,
En tout honneur, en paix, en union,

En gloire, en lotz, en port, en préférence,
Et en ses armes portant par excellence,
Ce que on ne vit puis le temps d'Abraham,
Ainsi que le Roy, les fleurs de lys de France
Et les très-dignes croix de Jhérusalam.

Dedans Lyon, en très-puissant seigneur,
En triumphe de bruyt chevalereux,
Le per sans per de vertus enseigneur,
Alors se tint comme victorieux,
Vray possesseur de renom glorieux,
Incomparable en décoration,
Grave Empereur, Roy, sans exception.
Noble et inclit, portant double couronne,
En son royaulme où digne lys floronne.

Comme dit a esté cy-devant, ledit seigneur disna à Quiers, puis fist ses préparatives pour aller couchier à Thurin.

Le mercredy, vingt et uniesme jour dudict moys d'octobre, le Roy ne partit de Thurin; mais le lendemain, en belle ordonnance, bien accompaigné de ses gensdarmes, il alla disner à Rivolle et coucha à Suze.

Le vendredy, vingt-troisiesme jour dudit moys, fist chanter sa messe audit Suze, puis alla disner et coucher à Briançon, et cedit jour repassa son artillerie de Savoye en Daulphiné.

Le samedy, vingt-quatriesme dudict moys, après la messe, le Roy partit de Briançon, et alla disner et coucher en Nostre-Dame-d'Embrun.

Le dimenche, vingt-cinquiesme jour dudict moys, le Roy fist chanter sa messe devant Nostre-Dame-d'Embrun, et là fist ses offrandes, en la regraciant du bien qu'elle luy avoit fait de luy avoir donné victoire encontre ses ennemys, et grace d'avoir parachever son entreprinse à son grant honneur, puis alla disner à Savine et coucher à Gap, en Daulphiné.

Le lundy, vingt-sixiesme jour dudict moys d'octobre, après la messe, il partit de Gap et fut disner à Sainct-Exibe, auquel lieu vindrent les gens des paroisses, tant hommes comme femmes, filles et enfans, pour luy faire honneur et révérence. Et après le disner firent, devant le logis du Roy, dances et esbatemens, et aultres joyeusetez, pour la grant joye qu'ilz avoyent du bon retour du Roy, et puis, ce fait, il partit dudict lieu de Sainct-Exibe et alla coucher à la Meure auquel lieu il arriva bien tart.

Le mardy, vingt-septiesme jour dudict moys d'octobre, le Roy partit de la Meure après qu'il eut ouyt messe, puis monta à cheval pour aller disner à Tnuit, et après disner alla à Grenoble.

Ledit mardy, vingt-septiesme jour dudit moys d'octobre, le Roy, environ vespres, arriva à Grenoble, auquel lieu luy vindrent au-devant de luy tous les seigneurs de la ville, tant de l'église comme séculiers, pour luy faire l'honneur et la révérence que ilz luy devoyent, et fut recueilly en la manière acoustumée, auquel lieu de Grenoble le Roy disposa de ses affaires particulières. Puis luy survint quelque petite maladie, tellement que il convint envoyer quérir des médecins par tous quartiers, car son bon médecin, comme dit a esté, estoit trépassé. Toutesfoys, devant que les médecins fussent venus, il se commença à guérir, ainsi qu'il fut la grace à Dieu, et ne fut à malaise que troys ou quatre jours, non sans cause, car il avoit souffert en son voyage, à mon advis, autant de paine, de travail, de soulcy, de chagrin, et d'aultres choses que peult avoir ung prince et ung Roy qui ayme son honneur comme il faisoit, que pourroit, ne sçauroit faire homme vivant du monde. Et pour raison ou d'aultres choses nécessaires à la conduite de son fait, séjourna audit lieu de Grenoble depuis ledict jour, 27 du moys d'octobre, jusques au quatriesme jour du moys de novembre, lequel jour il fist acoustrer ses gens tous près à partir et se mettre en voye pour tirer à Lyon.

Le mercredy, quatriesme jour de novembre, le Roy, après la messe, partit dudit lieu de Grenoble, alla disner à monsieur Sainct-Rambart et coucher à Morain.

Le jeudy, cinquiesme jour dudit moys de novembre, le Roy partit de Morain après la messe ouye, alla disner à Sillon et coucher à la coste Sainct-Andrieu.

Le vendredy, sixiesme jour dudit moys de novembre, le Roy partit après la messe ouye de la coste Sainct-Andrieu, puis fut disner en ung lieu appelé Chatonay et coucher près de Lyon.

Le samedy, septiesme jour dudit mois de novembre, l'an mil quatre cens quatre vingtz et quinze, le Roy, après la messe, alla disner à Venissière et coucher à Lyon. Et est assavoir que de Lyon sortirent les manans et habitans pour le recueillir ainsy qu'il luy appartenoit. Premièrement les prélatz, seigneurs, comtes et chanoines de Sainct-Jehan de Lyon avec tous les aultres chanoines et curez dudit lieu, les quatre mendians et autres religieux, tous revestuz de ornemens sumptueux portans reliquaires, châsses, fiertés et aultres précieuses relicques et vindrent faire la révérence au Roy, ainsi qu'il est acoustumé de tousjours faire en tel cas.

Après vindrent les gouverneurs de Lyon, tant de justice que aultrement accompaignez de grans et riches marchans, ensemble plusieurs aultres; et furent faire la révérence et bien venant au Roy, lequel estoit oultre le pont de Rosne, où il faisoit pour son plaisir courir la lance à deux ou trois de ses mignons.

Après, sortirent tous les principaulx enfans de Lyon,

montez, bardez, acoustrez de chesnes, bagues, joyaulx et aultres singularitez le mieulx que l'on avoit jamais veu; et tous vestuz et habillez de grans, larges sayons, l'ung comme l'autre, lesquels faisoit beau veoir.

Item quant tous ceux à qui il appartenoit furent au devant du Roy faire le devoir en quoy ilz estoient tenuz, le Roy fist marcher chascun en son ordonnance dedans la ville, laquelle estoit, par toutes les rues où il devoit passer, tendue, tapissée, garnie et acoustrée le plus sumptueusement qu'on avoit sceu faire de grans tapisseries et autres choses moult belles.

Item par la porte où il passa, aussi par tous les carrefours où il devoit passer, il y avoit eschaffaulx, mistères et hystoires avec leurs ditz et sentences par escript fait et comprins d'entendemens merveilleux.

Item par plus de cent lieux y avoit au travers des rues, pendans en l'air, escussons faitz à la mode d'Ytalie, avironnez de gros chapelletz de fleurs et aultres verdures joyeuses; dedans lesquelz escussons estoient les armes my parties du Roy, c'est assavoir, du hault costé, les croix de Jhérusalem d'or, sur camp d'argent, comme Roy de Jhérusalem, et d'aultre costé, trois fleurs de lys d'or sur camp d'azur, comme Roy de France. Et par dessus ledict escusson estoit la couronne, couronnée du lierre impérial magnificquement et triumphamment fait.

Ainsi entra le Roy, avecques toute sa noblesse moult bien acompaigné de tous ses gensdarmes tant archiers, gentilz hommes, pensionnaires que de tous aultres domestiques, familiers de sa maison, triumphant en victoire, glorieux en geste, nompareil en magnificence et immortel en excellence.

Item, ledit seigneur, par la compaignie dessusdicte fut mené au logis de l'arcevesque de Lyon, costé Sainct Jehan, auquel lieu l'attendoient la Royne, madame de Bourbon et plusieurs aultres grandes dames, desquelles il fut receu à grant joye et lyesse moult singulièrement.

Item après tout recueil et aultre bien venue faicte, vint devers luy ledit maistre Andry de la Vigne, lequel il avoit commis à coucher et mettre par escript ce présent voyage comme il appert, qui, à sa bien-venue, luy apporta entre aultres choses faictes et composées par luy le rondeau qui s'ensuyt (1).

(1) Le volume est terminé par plusieurs pièces de vers qui n'ont aucune valeur historique.

FIN DU PREMIER VOLUME.

TABLE DES MATIÈRES

CONTENUES EN CE VOLUME.

INTRODUCTION .... page	
Le Cabinet du Roy Louis XI, contenant plusieurs fragmens, lettres missives, et secrètes intrigues du règne de ce monarque.......	1
Chronique sur le comte de Dammartin.....................	77
Extraits des comptes et dépenses de Louis XI.............	91
Discours du Siége de Beauvais par Charles, duc de Bourgogne, en l'an 1472...	111
Procès de Jean II, duc d'Alençon, 1458 à 1474.............	139
Mémoire touchant Charles VIII, les personnes principales de son temps, et celles par lui élevées, les actions plus considérables et dicts plus mémorables..	161
Relation du voyage du Roy Charles VIII pour la conqueste du royaume de Naples, par Pierre Desrey....................	199
Diarium Joannis Burchardi, capellæ Alexandri sexti Papæ ceremoniarum Magistri	225
Le Vergier d'honneur de l'entreprinse et voyage de Naples, par André de La Vigne...	315

ERRATA.

Page 92, au lieu de *adorer*, lisez : *odorer*.
Page 160, au lieu de 209, lisez : 309.
Page 240, ligne 16, *hujus*, lisez : *hujusmodi*.
 ibid. ligne 1 , *passim*, lisez : *passum*.

www.ingramcontent.com/pod-product-compliance
Lightning Source LLC
Chambersburg PA
CBHW051817230426
43671CB00008B/742